WULIU HANGYE GANGWEISHIWU ZHINAN CONGSHU
物流行业岗位实务指南丛书

采购供应实务指南

人力资源和社会保障部教材办公室　组织编写

编审名单

主　编　刘　伟　何　婵
审　稿　冯启泰

中国劳动社会保障出版社

图书在版编目(CIP)数据

采购供应实务指南/人力资源和社会保障部教材办公室组织编写. —北京：中国劳动社会保障出版社，2016

（物流行业岗位实务指南丛书）

ISBN 978-7-5167-2837-6

Ⅰ. ①采…　Ⅱ. ①人…　Ⅲ. ①采购管理-指南②物资供应-物资管理-指南　Ⅳ. ①F253-62

中国版本图书馆 CIP 数据核字(2016)第 310940 号

中国劳动社会保障出版社出版发行

（北京市惠新东街 1 号　邮政编码：100029）

*

三河市华骏印务包装有限公司印刷装订　新华书店经销

787 毫米×1092 毫米　16 开本　20.5 印张　424 千字

2017 年 1 月第 1 版　2017 年 1 月第 1 次印刷

定价：43.00 元

读者服务部电话：(010) 64929211/64921644/84626437

营销部电话：(010) 64961894

出版社网址：http://www.class.com.cn

前 言

近几年来，伴随着我国经济的持续快速发展，物流产业也蓬勃兴起。从某种意义上说，物流产业的发展水平已成为决定一个国家和地区的综合竞争力和生产力发展水平的重要指标。

目前，国内物流人才的供需矛盾十分突出，这不仅表现在社会对物流人才的需求量越来越大，而且还突出表现在物流专业毕业生所掌握的专业技能与企业需求有着较大的差距。缓和我国物流人才供求矛盾，一方面，要注重培养更多理论与实际紧密结合、具有较高实际业务操作能力的教师。另一方面，教学及培训机构要建立从订货开始，通过生产、存储、配送、运输等物流网络模拟教学实训室，并与企业建立紧密的产学研合作关系。更为重要的是，要加强实训项目的研究，设计和开发，编写、出版符合实践性教学特点和规律，适应物流职业岗位需求的培训教材。为此，人力资源和社会保障部教材办公室顺应了社会的需求，组织各地专家编写了这套培训教材。

本丛书的作者，都是在物流岗位上具有很高造诣的实际工作者和培训教育专家。他们深入企业调研，进行职业岗位分析，从物流各岗位的业务流程出发，整理实践中积累的丰富经验，梳理出相应职业岗位应具备的专业技能和必要的理论知识。

本丛书具有可操作性强、与实际工作环境模拟程度高、教学环节及教学内容设计合理，具有创新性和科学性的特点，是一套物流岗位职业培训的适用教材。相信它的出版一定会对我国物流职业教育起到很好的推动作用。

由于物流职业岗位层次多，系统性强，理论与实践联系密切，编写物流行业岗位实务指南丛书在我国又是一种新的尝试，因此，在编写过程中难免会存在错误和不足之处，恳请广大读者批评指正。

人力资源和社会保障部教材办公室

内容简介

采购活动是现代经济活动的基本环节，无论是生产领域还是流通领域，都离不开采购活动。采购与物流具有紧密的关系，是物流与商流相统一的过程。物流是物品从供应地向接收地的实体流动过程，根据实际需要，将运输、储存、采购、装卸、搬运、包装、流通加工、配送、信息处理等基本功能有机结合起来实现用户要求的空间和时间位置的转移过程。而商流是指发生交易活动时进行的对货物所有权的转移。采购过程实际上是货物所有权转移和位置转移的完整结合，只有这两个方面都完全实现了，采购过程才算完成。随着经济全球化和信息技术的发展，企业间竞争的加剧，采购活动开始受到越来越多的关注，采购管理的作用日益突出。采购被赋予了新的含义，已由单纯的商业买卖发展成为一种职业、一门专业技术，是一项跨功能和跨专业的工作，社会需要大量具备特定职业知识和必要职业道德的专业采购人才。

采购人员需要拥有丰富的产品知识，要求买什么要懂什么。采购还需要对供应链有充分的了解，需要对所购产品或服务的流程了如指掌。对于采购而言，财务知识也是不可或缺的，而具备国际化视野、对国际贸易的熟悉程度，对库存管理的实践能力，对供应市场的深入分析，对价格趋势的掌握，成本分析的水平也都是必备的。此外，采购从业者还必须是一个谈判高手，懂得心理分析的相关技巧。

进入 21 世纪以来，中国经济保持快速发展，成为世界第二大经济体，并已经成为世界重要的制造中心和采购中心。但是，我国企业过去一直采用的传统采购模式明显不适应现代企业发展和国际竞争的要求，迫切需要具有采购职业技能和业务的专业人才。因此，我们以培养知识完备、具有较强适应能力和动手能力的现代采购人才为目标，编写了这本教材。

本教程以《采购师国家职业标准》为指导，基于培养职业人、社会人的目的，从采购的具体操作实务的诸多环节出发，结合作者对采购的认识、感悟，借鉴了国内外有关采购与物流管理专家、学者的理论观点、著作和研究成果，以及从事采购业务工作人员的实践经验和总结的基础上编写而成的。本书的内容涵盖了采购工作所需的基础知识、能力、技能，采购实施过程中所涉及的采购计划、价格谈判、供应商管理和交期管理等具体业务环节及常规操作方法。同时重点阐述了战略采购、绿色采购、供应链采购、国际采购、政府采购、招标采购、订货点采购、电子商务采购、JIT 采购、MRP 采购等十种常用的典型采购模式的特点和运作过程。书中相关章节配有简明的采购操作流程图及常用采购管理表格，方便学生活学活用；每章都配有相应的学习目标和课后习题；书末附录典型采购实际运作的案例，可引导学生进行合作式学习、探究式学习和实训以扩展其思维空间，加强对学生动手、动口、动脑能力的培养。本书注重实用性和可操作性，内容新颖，阐述简练，案例突出，与市场对采购人才的需求结合紧密，可用于培养我国急需的具备采购职业技能和业务的专业人才。

全书共分十章，内容包括采购业务概述、采购组织与人员职责、采购计划与预算管理、供应商选择与关系管理、采购谈判与合同管理、采购质量管理、采购成本控制与结算管理、采购绩效评估、现代典型的采购方式以及采购相关法律、标准、制度和规范附录。本书由刘伟、何婵主编。参加本书资料收集和初稿编写工作的还有朱彬姣、李伟彬、刘思琦、谢亚雄、杜楠、孙冰、孔娟、彭杨和张广胜等。张广胜、彭杨对全部书稿进行了最终文字校对、结构调整和格式编排。

本教材由冯启泰教授主审，在编写过程中得到上海第二工业大学张健雄教授、上海海事大学、上海电机学院等个人和单位的大力支持，在此一并表示衷心感谢。

由于作者水平有限，书中难免有疏漏之处，敬请业内专家及广大读者给予批评指正。

编者

目录

CONTENTS

第一章 采购业务概述 …………………………（1）

第一节 采购概述 …………………………（1）

第二节 采购的基本原则与流程 …………………………（4）

第三节 采购管理简述 …………………………（7）

复习与思考 …………………………（8）

第二章 采购组织与人员职责 …………………………（9）

第一节 采购总监与采购主管 …………………………（9）

第二节 采购部专职岗位 …………………………（14）

复习与思考 …………………………（69）

第三章 采购计划与预算管理 …………………………（70）

第一节 采购环境与供应市场分析 …………………………（70）

第二节 采购需求分析与计划编制 …………………………（79）

第三节 采购计划编制 …………………………（83）

第四节 采购预算管理 …………………………（91）

复习与思考 …………………………（98）

第四章 供应商选择与关系管理 …………………………………… (99)

第一节 供应商选择概述 ………………………………………………… (99)
第二节 供应商选择流程与执行 ………………………………………… (104)
第三节 供应商关系管理 ………………………………………………… (124)
复习与思考……………………………………………………………… (135)

第五章 采购谈判与合同管理 ………………………………………… (137)

第一节 采购价格和采购谈判 …………………………………………… (137)
第二节 采购招标与评标 ………………………………………………… (142)
第三节 采购合同的订立 ………………………………………………… (152)
第四节 采购合同的执行 ………………………………………………… (156)
复习与思考……………………………………………………………… (162)

第六章 采购质量管理 ………………………………………………… (163)

第一节 采购质量管理工作 ……………………………………………… (163)
第二节 物料质量判定与偏差处理 ……………………………………… (171)
复习与思考……………………………………………………………… (178)

第七章 采购成本控制与结算管理 ………………………………… (179)

第一节 采购成本概述 …………………………………………………… (179)
第二节 降低采购成本的策略 …………………………………………… (181)
第三节 采购结算的周期与支付方式 …………………………………… (183)
复习与思考……………………………………………………………… (188)

第八章 采购绩效评估 ………………………………………………… (189)

第一节 采购绩效评估指标的设计 ……………………………………… (189)
第二节 采购绩效方法 …………………………………………………… (192)
第三节 提升采购绩效的措施 …………………………………………… (195)
复习与思考……………………………………………………………… (197)

第九章 现代典型的采购方式 ……………………………………………… (200)

第一节 战略采购……………………………………………………… (200)
第二节 绿色采购……………………………………………………… (203)
第三节 供应链采购…………………………………………………… (206)
第四节 国际采购……………………………………………………… (209)
第五节 政府采购……………………………………………………… (215)
第六节 招标采购……………………………………………………… (218)
第七节 订货点采购…………………………………………………… (223)
第八节 电子商务采购 ……………………………………………… (227)
第九节 JIT 采购 …………………………………………………… (229)
第十节 MRP 采购…………………………………………………… (233)
复习与思考……………………………………………………………… (238)

第十章 案例分析 ……………………………………………………… (239)

第一节 采购计划与预算 …………………………………………… (239)
第二节 采购环境与供应市场 ……………………………………… (242)
第三节 供应商选择与关系管理 …………………………………… (243)
第四节 采购谈判……………………………………………………… (245)
第五节 采购合同订立与管理 ……………………………………… (247)
第六节 采购订单管理 ……………………………………………… (248)
第七节 采购质量管理 ……………………………………………… (249)
第八节 采购成本控制与库存管理 ………………………………… (251)
第九节 采购结算管理 ……………………………………………… (252)
第十节 采购绩效管理和监督稽查 ………………………………… (254)
第十一节 现代典型的采购方式 …………………………………… (257)

附录 1 采购管理制度范例 ………………………………………… (259)

附录 2 采购人员行为规范 ………………………………………… (265)

附录 3 中华人民共和国招标投标法 ……………………………… (268)

附录 4 中华人民共和国仲裁法…………………………………… (276)

附录 5　采购管理术语及解释 ……………………………………………………（284）

附录 6　国家采购师职业标准 ……………………………………………………（291）

附录 7　中华人民共和国政府采购法 ……………………………………………（302）

附录 8　采购合同样本 ……………………………………………………………（312）

参考文献……………………………………………………………………………（317）

第一章 采购业务概述

学习目标

- ➤ 掌握采购的概念、特点、分类与相关关系
- ➤ 了解采购的地位与作用
- ➤ 掌握采购的基本流程与原则

第一节 采购概述

采购是现代社会中最常见的经济活动。采购作为生产经营活动的初始环节，对企业的产、供、销影响极大，是构成企业核心竞争力的重要内容。它不仅能保证企业生产的正常运转，也能为企业降低成本、增加盈利创造有利条件。

一、采购的概念、特点、分类与相关关系

1. 采购的概念

在现代社会中，人们所消耗的物品都需要通过采购活动来获得。一般认为，采购是指单位或个人以生产、销售、消费为目的，购买商品或劳务的交易行为。根据人们取得商品方式途径的不同，采购可以从狭义和广义两种角度来理解。狭义的采购通常是指企业根据自身需求提出采购计划、审核计划、选好供应商、经过谈判确定交易条件，最终签订合同并按要求收货付款的全过程。这种以货币换取物品的方式，是最普通的采购模式。广义的采购是指除了以购买的方式占有物品之外，还通过其他途径（如租赁、借用和交换等）来获取物品的使用权，以达到满足需求的目的。

（1）租赁

租赁即一方以支付租金的方式取得他人物品的使用权。如个人可以租房、租车，企业可以租写字楼、厂房、设备等。

（2）借用

借用即一方以无须支付任何代价的方式取得他人物品的使用权，使用完毕即返还物品。这种方式通常是基于借用双方的情谊与密切关系，尤其是在信任的基础上让对方无偿使用。

（3）交换

交换即通过以物易物的方式取得物品的所有权和使用权，而无须支付物品的全部价款。换言之，当双方交易的物品价值相等时，不需要以金钱补偿对方；当交易的物品价值不等时，仅由一方补贴差额给对方。

2. 采购的特点

（1）采购是从资源市场获取资源的过程

采购可提供满足各种生产或生活需要但目前缺乏的资源。这些资源既包括物质资源也包括非物质资源。提供资源的供应商组成了资源市场。采购就是从资源市场获取资源的过程。

（2）采购既是一个商流过程，也是一个物流过程

商流是指物品在流通过程中发生形态变化的过程；物流是指货物实体发生转移的过程。商流是无形的，但物流是有形且可预见的。每一次采购过程都是商流与物流的统一，二者缺一不可。

（3）采购是一种经济管理活动

首先，采购是一项经济活动，需要进行收益与成本分析。其次，采购还是一项管理活动，在采购过程中需要进行计划、组织、协调、指挥、控制等工作。公司追求采购经济效益最大化，就要不断降低采购成本，即以最少的成本获取最大的效益。而要做到这一点，科学采购是必然要求。

3. 采购的分类

（1）商品采购按采购商品用途分类可分为工业采购和消费采购

1）工业采购。工业采购是为了保证生产、经营活动的正常进行而实施的采购行为。工业采购通常是机关、企业等机构理性的集体行为，其采购数量较大，价格相对稳定。

2）消费采购。消费采购是个人为了消费目的而以一定代价获得物品的所有权或使用权的采购行为。和工业采购相比，消费采购无论在采购目的、动机，还是在采购决策和特点等方面都有明显的差别。消费采购的随意性较大，主要为满足个人消费需求，其动机带有个人喜好，采购量也相对较小。

（2）商品采购按采购主体分类可分为个人采购和集体采购

1）个人采购。消费者为满足自身需要而发生的购买消费品的行为。个人采购一般是单一品种、单次、单一决策且随机发生的，并带有很大主观性和随意性。

2）集团采购。集团采购通常是指两人或两人以上共用商品的采购行为。一般是多品种、大批量、大金额、多批次甚至持续进行的，集团采购直接关系到多个人的利益，故往往由集体决策。

（3）商品采购按采购科学化程度分类可分为传统采购和科学采购

1）传统采购。传统采购通常是指议价采购，是采购者根据采购品种、数量、质量等方面的要求，货比三家，通过谈判达成一致并得以成交的采购行为。

2）科学采购。科学采购通常是指在科学理论的指导下，采用科学的方法和现代科技手段实施的采购行为。科学采购根据指导理论和采取的方式方法不同，可分为订货点采购、JIT 采购、MRP 采购、供应链采购、招标采购和电子商务采购等。

4. 相关关系

（1）采购与供应的关系

采购是指以各种不同途径（如购买、租赁、借贷、交换等）取得物品和劳务的使用权或所有权以满足使用需求的过程。供应是指供应商或卖方向买方提供产品和服务的过程。采购是从企业外部的环境中获得资源，而供应则是将这些资源供给内部客户。采购和供应是一个连贯的动作，一个对外一个对内，二者相辅相成。具体关系如图 1—1 所示。

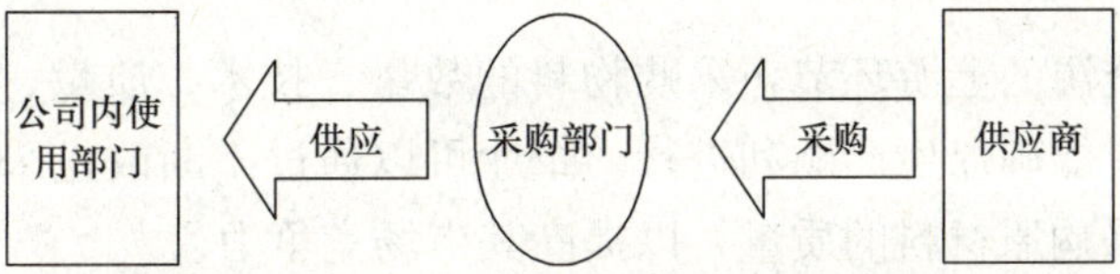

图 1—1 企业供应链系统采购与供应的关系

一些公司把采购与供应归并到一个部门完成，就是考虑到动作的连贯性和一致性，而另一些公司把采购与供应分开到两个部门完成，则是考虑到采购计划的准确性和及时性。对于小公司来说，采购与供应就是一个动作；而对于大中型公司来说，如何合理分配采购和供应职能就是一个比较值得研究的课题。

（2）采购与购买的关系

采购一般是商业行为，而购买则往往是自然行为。一般来说，采购是一套包括购买行为在内的程序，有相关的要求和规定，且多涉及成批量的大宗材料。而购买通常表现为具体的行为，比较随意直接，其更倾向于零售性质，覆盖面较窄。

二、采购的地位与作用

1. 采购的地位

（1）采购的供应地位

采购的供应地位即源头地位。供应物流是保证企业生产经营正常进行的必要前提。采购为企业保证供应、维持正常生产和降低缺货风险创造了条件。物资供应是生产的前提条件，生产所需的原材料、设备和工具都要由采购来提供；没有采购就没有生产条件，没有物资供应就不可能进行生产。由此可见，采购在企业生产经营中处于“控制上游”、确保供应的主导地位。

（2）采购的质量地位

质量是企业的生命。企业一般都要按照质量的控制顺序将其划分为来料质量控制、过程质量控制及出货质量控制。由于产品价值的60%是由供应商提供的，所以企业产品质量不仅要在企业内部加以控制，更重要的是要加强供应商的质量过程控制，这也是“上游质量控制”的体现。供应商上游质量控制得好，不仅可以为下游质量控制打好基础，而且可以降低质量成本，减少来货检验费用等。可见，企业将质量管理延伸到供应商的过程管理，是提高企业产品质量水平的基本保障。

（3）采购的成本地位

采购部门开展采购商务活动时，需投入大量精力降低采购成本，包括前期参与新产品或新项目的开发、进行价值工程分析、使采购物料达到最佳性价比、推进产品标准化，使降低采购成本从产品开发设计开始。采购部门还要同需求部门充分沟通，尽早了解需求部门对物料的质量、技术及交货期的要求，使采购与工程进度同步化，以便获得更多的时间进行询价比价，选择成本更低的供应商，取得采购主动权。

2. 采购的作用

（1）提高质量

采购作为提供资源的上游环节，采购物料的数量、技术、质量、包装等只有符合生产与客户的要求，才能确保生产顺利进行。企业可以通过不断改进采购过程并加强对供应商的管理来提高采购原材料的质量，以提高其市场竞争力。

（2）控制成本

采购成本的高低是衡量采购成功与否的重要指标。因此，在采购过程中必须控制和降低包括以直接采购成本和间接采购成本为主的采购相关成本。直接采购成本的控制和降低可以通过提高采购工作效率、定期谈判、优化供应商、实施本地化等途径来实现。间接采购成本则可通过缩短供应周期、增加送货频次、减少原材料库存、循环使用原材料包装、合理利用相关政策等方法来降低。

（3）建立供应配套系统

企业的采购任务包括建立可靠、最优的供应配套体系。一方面要减少供应商的数量，使采购活动尽量集中，以降低采购成本；另一方面要避免依赖少数个别供应商，防止供应商借机垄断，哄抬价格。

（4）与供应商建立合作关系

企业采购的另一个重要任务就是利用供应商的专业优势，让其积极参与到产品开发或过程开发中去，使供应商纳入到企业的整体经营中。

第二节　采购的基本原则与流程

一、采购的原则

1. 合作性原则

合作性原则是指施行采购的企业要有合作精神。供应商、制造商、分销商和顾客之间只有具备合作精神才能建立起良好的战略伙伴关系，保证信息的有效传递，并以此实现各方的互惠共赢。

2. 互惠原则

互惠原则是指通过采购的施行，使得购销双方的成本最小化及各方利益的最大化。

3. 目标一致性原则

目标一致性原则是指参与采购的各方都要明确各自权责，并在观念上达成一致。如库存放在哪里、何时支付、是否需要管理费等都要解决，并且要体现在框架协议中。

二、采购的基本流程

采购流程包含为生产需要而选择供应商并购买物料所涉及的全部活动。采购流程运行是否成功将直接影响企业生产、最终产品定价和整个供应链的获利状况。通畅的采购流程是保证高效采购的基础。采购流程应具备优化、无冗余、并行作业的特性。企业的采购流程通常可以分为四个阶段，即准备阶段、决策阶段、供需衔接阶段和进货准备作业阶段。采购的一般流程如图 1—2 所示。

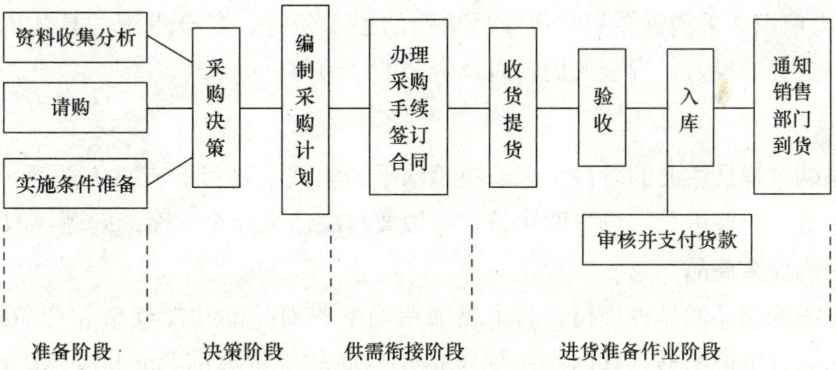

图 1—2　采购的一般流程

1. 准备阶段

（1）资料收集分析

在进行采购决策和组织采购之前，企业要加强基础数据和各种信息资料的收集、整理及加工工作，建立市场采购信息管理系统，充分发挥各种信息的作用。企业要收集和分析的资料主要包括：

1）环境因素的资料，如经济发展前景，国家经济政策，有关市场购销、经济合同、物价管理等法律法规，以及技术创新和利率变化等资料。

2）商品需要情况资料，如流通企业的销售量和库存量等有关资料。

3）统计资料，包括企业进出、存运的历史资料并分析其变化动态。

4）采购商品的特点，主要指所需商品的性能，对运输、保管条件的要求，采用替代品的可能性等。

（2）请购

企业有关部门根据库存、销售情况，以及随时收集的储运和销售人员提出的采购建议，及时填写请购通知单，并上报主管业务部门经理批准。可以通过导入或者手工来创建请购单。请购一旦批注，就要根据请购的来源判断是内部请购单，还是采购用请购单。不同请购单的运行方式不同。

（3）实施条件准备。实施条件准备是指在商品采购过程中人力、物力和财力的组织安排。

1）人力组织。商品采购涉及企业的方方面面，这些部门和人员充当不同的角色，并形成一个采购中心，如实际经销者、采购者和决策者等。在人力组织的准备中，一是要考虑这个采购中心作用的有效发挥，二是要建立具体组织采购业务的职能机构，三是要有一支得力的专业采购队伍，四是要有一套科学的企业采购管理体制和严密的采购工作制度。

2）物力组织。采购的商品资源经过复杂的流程才能最终到达企业，这就需要一系列与商品运输、装卸、检验和保管有关的物力组织来进行运输工具、装卸设备的选择和安排及保管场所、保管设施和设备、保管方法的确定等工作。

3）财力组织。采购资金是实现商品采购的根本条件。资金组织的具体内容包括资金的筹集、资金的投人、资金的周转以及资金的增值等。

2. 决策阶段

这是采购过程最主要的阶段。采购决策水平与实践采购目标有重大关系，是决定采购质量的关键。企业进行市场采购决策，一般要解决以下几个方面的问题：

（1）采购什么商品

即确定采购商品的品种规格。为了更加明确采购商品的功能规格和产品技术规范，需要编制采购订单说明书，其内容主要包括采购商品质量标准、交货要求、维修要求、法律和环境要求及编制说明书。

（2）采购多少

即确定计划期的采购总量。

（3）向谁采购

即选择市场供应渠道和供应单位。在选择供应商时，要经历以下几个步骤：第一，决定对外转包的方法，主要是在总包和分包之间做出选择；第二，供应商资格的初步认定和确定投标人名单，经过调查、收集资料、询价等，对供应商进行物色和选择；第三，确定供应商。对筛选或审核出来的供应商的准确信息进行技术和商业评估以及潜在风险分析，以最终确定供应商。

（4）如何采购

这是解决市场采购的形式和方法问题，如采用现货采购还是远期合同采购；同种商品向一家采购还是向多家采购；定期、定量采购还是随机采购等。

（5）一次采购多少

即决定采购批量。

（6）什么时候采购

即确定采购时间和进货时间。

3. 供需衔接阶段

企业采购部门根据采购计划与供货单位协商，亦可委托经纪人按照采购要求办理采购手续，签订采购合同。对于不同的产业，合同可能涉及特定的附加条款和条件。特定的商业、法律条款和条件，会使每份合同存在一定的差异，而差异是由采购政策、公司文化、市场情况和产品特征等方面引起的。这也限制了标准购货合同的使用。经谈判、协商，合同的条款和条件达成一致，就可以发订单进行订购。

4. 进货准备作业阶段

搞好进货准备和进货作业各环节的组织工作是实现采购目标的重要保证。这项工作包括采购合同管理、商品的接运或提运、到货商品检验、入库和付款结算等环节。

第三节 采购管理简述

采购管理是指为了达成生产或销售计划，从适当的供应商那里，在确保质量的前提下，在适当的时间，以适当的价格，购入适当数量的商品所采取的一系列管理活动。采购管理对采购活动的顺利进行有着至关重要的影响。

一、采购管理的内容

采购管理是对采购整体活动的管理过程，涉及采购人员、采购部门、采购过程、供应商和采购结果等。采购管理的目的在于以最低的成本保证采购工作的正常进行，并避免由于采购中的问题而影响企业生产和产品质量。从实务操作的角度来看，采购管理主要包括物料质量管理、采购成本管理、库存控制、供应商管理和采购信息管理五个方面。

二、采购管理的三项职能

采购管理的职能有三项，即供应保障、供应链管理和信息管理。

1. 供应保障，是采购管理最首要的职能

即要实现对整个企业的物资供应，保障企业生产和生活的正常进行。

2. 供应链管理，是采购管理的重要组成部分

企业为了正常开展日常生产和销售活动，需要大量供应商进行采购工作的协调与配合。只有把供应商组织起来，建立一个供应链系统，才能够形成一个良好的采购环境，保证采购供应工作的高效顺利进行；采购管理部门与供应商交流较多，只有通过与供应

商的沟通、协调和采购供应操作，才能建立友好协调的供应商关系，从而建立起供应链，并进行供应链运作和管理。

3. 信息管理

采购管理除了有承担保障物资供应、建立友好供应商关系的任务之外，还要随时掌握资源市场详细信息，并及时反馈到企业管理层，为企业的经营决策提供准确有力的支持。

三、采购的管理方法

1. 信息基础建设

首先，建立企业内部、外部网络，并且与互联网连接；其次，要开发管理信息系统，建立企业电子商务网站，建设信息传输系统；最后，还要进行标准化、信息化的基础建设，如POS系统、EDI系统等。

2. 进行供应商的选择

首先，要成立供应商评选小组来控制实施供应商评价，分析市场竞争环境，确认客户需求，建立供应关系。其次，要确立供应商选择的目标并建立供应商评价机制，寻求理想供应商。最后，通过调查、收集有关供应商的运作等全方位信息，进行供应商评选与合作关系的实施。

3. 采购基础建设

在采购实施过程中，根据实际需要来选择不同的采购策略，而在做相应的选择之前要完善采购机制基础建设，具体包括供应商管理库存、连续补充货物、数据共享机制、自动订货机制、准时化供应链采购机制、付款机制、效益评估和利益分配机制、安全机制等。

4. 采购计划的实施

把制订的采购计划落实到每个人，并根据既定计划实施。通过反复审核和信息化处理及时监控整个采购计划的实施过程。

5. 采购评价

通过建立各种绩效指标评价机制对每一次的采购进行评价。例如，对于供应商，可以通过质量绩效指标（商品的质量及质量体系）和数量绩效指标（商品的储存和积压）来对其进行客观评价；对于采购部门，可以通过采购计划完成率、采购成本降低率以及采购资金的使用情况进行衡量；对于采购人员，可以通过时间绩效指标、价格绩效指标、采购效率指标等对其进行评估评价。

复习与思考

1. 什么是采购？
2. 企业供应链中采购与供应是什么关系？
3. 通常的采购流程是怎样构成的？

第二章 采购组织与人员职责

学习目标

➢ 了解采购部门的建立方式

➢ 熟悉采购部门的职责

➢ 掌握采购人员的职责及素质要求

第一节　采购总监与采购主管

一、采购总监

采购总监是采购部门的总负责人，直接对公司总经理负责，按照公司高层的要求制定采购战略规划、采购部门工作方针和工作目标等并指导开展各项采购业务。根据企业生产运营的需要制订企业采购计划，组织采购原材料、设备等物资，选择和管理供应商，确保企业所需物资能够及时供应。根据各公司的组织架构不同，有些公司采购经理的具体工作职责与采购总监一致。

采购总监需要在采购领域具有良好的业绩和职业道德，同时要求分析能力强，具有优秀的谈判技巧和供应商管理能力。采购总监有专门职责、具体的工作职责细分和岗位责任制度，但每个公司采购总监的工作职责又可以根据公司的实际业务做出适当变动。

1. 工作职责

采购总监工作职责见表2—1。

表 2—1　　采购总监工作职责

工作职责	职责细分
（1）制定采购战略规划、管理制度体系以及工作流程和计划	1）调查、分析并评估市场，同时根据企业经营计划制订物资采购计划与采购预算，保证采购物资能够满足企业经营活动的需要 2）根据企业管理要求和采购战略建立健全采购管理制度，并监督采购管理制度的执行情况 3）根据采购业务模式和各岗位职责分工情况，制定科学合理的采购流程，根据企业发展和市场变化及时调整各项工作流程 4）审核采购部门内部各岗位工作计划，积极落实各项采购管理制度及相关规范与工作标准等
（2）采购业务管理	1）组织实施物资供应市场的调研与预测，审批年度采购预算和采购计划 2）监督采购计划的执行情况，审核采购部门内部各岗位工作计划，并监督落实 3）监督并参与大型设备和大批量物资订购业务的洽谈，做好市场调研，开发合格的供应商 4）告知供应商物资质量要求、环境安全方针及目标，定期组织对供应商的考核、评估工作，与供应商建立良好的合作关系 5）负责组织对供应商进行全面评价，对不合格的供应商提出处理意见，否则将选择新的合格供应商，并对其进行审批 6）主持采购招标、合同评审工作，对采购物资的种类和价格进行审核，签订采购合同，检查采购合同的执行与落实情况，建立合同账台
（3）采购成本管理	1）审核采购成本控制目标和计划，监督采购预算管理，审核采购订单和物资调拨单，严格控制采购成本 2）紧密跟踪采购物资价格的市场趋势，指导下属做好供应市场调研，及时调整采购战略
（4）部门组织管理	1）负责采购部各部门的日常管理工作，明确采购系统相关人员的工作职责，筛选并任用采购主管、专员级别的人员；与其他部门进行协调并予以指导，发展和维护采购部、销售部与市场部、物流部以及其他组织相关职能部门的内部沟通渠道 2）定期召开部门例会，传达本企业最新指示精神和决议；负责部门下属人员的业务培训，定期给予相应的培训，开展职业道德、法制观念教育，使员工适应市场经济快速发展的要求 3）负责采购人员的考核管理工作，监督及检查各采购部门执行岗位工作职责和行为规范的情况，在授权范围内核定员工的升职、调动、任免等 4）撰写部门周报或月报

2. 岗位责任制度

采购总监岗位责任制度见表 2—2。

表 2—2　　　　　　　　　　**采购总监岗位责任制度**

制度名称	采购总监岗位责任制度			受控状态	
				编号	
执行部门		监督部门		编修部门	

第 1 章　总　　则

第 1 条　目的

根据企业生产经营需要制定企业的采购战略规划、工作方针和工作目标等，监督指导采购部开展各项采购工作，确保物资能够按时、保质、保量供应而制定本制度。

第 2 条　适用范围

本制度适用于对采购部各项业务进行指导和管理。

第 3 条　管理职责

(1) 供应商管理；

(2) 采购质量控制；

(3) 采购部门组织管理及其他。

第 2 章　供应商管理

第 4 条　市场调研

组织实施市场调研，发展、选择和管理供应商关系，对新供应商品质体系状况（产能、设备、交期、技术、品质等）进行评估及认证。

第 5 条　供应商的监督考核体系

监督供应商的考核、维护工作，采用评分制或预订标准如价格谈判、采购环境、产品质量、供应链、数据库等衡量供应商的绩效。

第 6 条　与供应商建立良好的关系

建立与供应商的良好关系，灵活运用供应商的伙伴关系、策略联盟、供应链管理、供应商培训等战术性的方式，处理供应商的问询、异议及要求。

第 3 章　采购质量控制

第 7 条　采购物资质量检验

监督、指导下属检验采购物资质量，确保物资及时供应并且质量符合企业要求。

第 8 条　制定督导各项指标

负责主要原料或物料的采购，制定并督导各部每月、每季、每年各项销售指标的落实，以及利润和各项业务指标的完成。

第 9 条　质量事故预防与处理

负责采购物资的废料、质量事故的预防与处理工作，并定期编制采购报告，分析并解决采购审计报告中出现的问题。

第 4 章　采购部门组织管理

第 10 条　采购部人员升职考核

负责采购部的日常管理工作，明确采购系统相关人员的工作职责，筛选并任用采购主管、专员级别的人员。

第 11 条　定期开展例会

定期召开部门例会，传达本企业最新指示精神和决议。

第 12 条　控制采购部预算：控制部门相关费用预算。

第 13 条　指导并考核采购部门管理人员

负责采购管理人员的考核和指导工作，协调下属及相关部门之间的工作关系。

第 5 章　附　　则

第 14 条　本制度由采购部及管理部门共同制定，经总经理办审核批准后通过。

第 15 条　本制度自公示之日起实施。

编制日期		审核日期		批准日期	
修改标记		修改处数		修改日期	

二、采购主管

采购主管一般是采购部门的具体负责人，计划、组织、指挥、协调、控制各采购部门工作人员以及有关单位，为各类采购专员分配具体的工作任务；参与采购过程中的决策活动，特别是一些重大决策活动；进行有效的采购工作，对整个采购流程进行宏观把控。因为各公司的组织架构不同，有些公司的采购负责人被称为采购科长、采购部长、采购部副总监、采购部副经理等，其具体工作职责与采购主管一致。

采购主管也有其工作职责细分和岗位责任制度，但各公司的采购主管工作职责可以根据公司的实际业务进行适当调整。

1. 工作职责

采购主管工作职责见表 2—3。

表 2—3　　采购主管工作职责

工作职责	职责细分
（1）采购计划及预算的编制	1）协助采购总监制定采购制度，并及时反馈制度落实过程中发现的问题 2）协助采购总监制定采购流程，并及时优化、调整流程 3）在采购总监的指导下，根据各部门采购需求计划编制采购部工作计划，并监督其实施情况 4）在采购总监的指导下参与编制采购预算，并合理控制采购费用 5）负责本部门全部商品价格决定及商品价格形象的维护 6）负责本部门全部商品群的品项合理化、数量合理化及品项选择
（2）供应商管理	1）指导进行供应商调查与考核 2）收集、整理、分析供应商信息，参与供应商的选择和评估并协助已通过企业评审的供应商进行认证 3）做好供应商维护工作，协助采购总监及时处理不合格供应商，奖励优秀供应商 4）决定与供应商的合作方式，审核与供应商的交易条件是否有利于公司运营
（3）采购谈判与合同管理	1）主持签订小额采购合同，对大额采购合同进行评审并交由采购总监签订 2）对保险、公证、索赔进行督导，参与 A 类供应商的采购，为公司争取最大利益
（4）采购物资验收管理	1）组织及协调各部门做好采购物资的接收及检验工作，发现不合格物资应及时联络供应商，并进行相应处理 2）监督采购专员制作采购物资入库的相关单据，积极配合仓储部门保质保量地完成采购物资的入库工作 3）督导新商品的引入，开发特色商品及开发新供应商，督导滞销商品的淘汰
（5）采购成本控制管理	1）定期编制降低采购成本的方案 2）组织实施各类采购成本控制措施，核定采购定货量、订货费用、库存水平等 3）负责本部门毛利率、销售额及库存周转预算的落实
（6）日常工作管理	1）全面协助采购总监开展采购业务及部门管理等工作 2）分派、指导、监督采购人员及文员的日常工作 3）协助采购稽核人员开展检查工作，监督采购人员的行为，防止出现受贿、串标等腐败现象 4）协助采购人员与供应商谈判价格、决定付款方式、交货日期等事项 5）对公司分配给本部门的业绩及利润指标进行细化并进行考核

2. 岗位责任制度

采购主管岗位责任制度见表2—4。

表2—4　　采购主管岗位责任制度

制度名称	采购主管岗位责任制度			受控状态	
				编号	
执行部门		监督部门		编修部门	

第1章　总　　则

第1条　目的

计划、组织、指挥、协调、控制各采购部门工作人员以及有关单位，为各类采购专员分配具体的工作任务，从而进行有效采购。

第2条　适用范围

本制度适用于对各类采购部具体业务进行管理、督导。

第3条　管理职责

（1）采购谈判与合同管理；

（2）采购物资验收管理；

（3）采购价格控制管理及其他。

第2章　采购谈判和合同管理

第4条　合同谈判

协助采购总监与供应商谈判价格、付款方式、交货日期等。

第5条　签订小额采购合同

主持签订小额采购合同，对大额采购合同进行评审并交由采购总监签订。

第6条　A类采购

对保险、公证、索赔进行督导，参与A类供应商的采购，为公司争取最大利益。

第3章　采购物资验收管理

第7条　采购物资的接收及检验

组织协调各部门做好采购物资的接收及检验工作，发现不合格物资应及时联络供应商，并进行相应处理。

第8条　仓储验收

监督相关专员制作采购物资入库相关单据，积极配合仓储部保质保量地完成采购物资的入库工作。

第9条　督导开发新商品

督导新商品的引入，开发特色商品及供应商，督导滞销商品的淘汰。

第4章　采购价格控制

第10条　询价

利用网络、行业协会、市场采价等多种渠道，快速获取市场最高价、最低价、一般价格这三类信息，从而保障采购询价效率。

第11条　比价

分析各供应商提供的物资规格、品质、性能等信息，建立比价体系。

第12条　估价

成立估价小组（由采购管理人员、营运人员、财务人员组成），自行估算出较为准确的底价资料。

第13条　议价

根据底价资料、市场行情、采购量大小和付款期限的长短等因素与供应商议定出合理的价格。

第14条　绩效考核

如果实际物资采购价格低于最高限价，公司将给予经办人一定比例的奖励；如果实际采购价格高于最高限价，则必须获得财务部核价人员的确认和总经理的批准，同时给予经办人一定比例的罚款。

第5章　附　　则

第15条　本制度由采购部及管理部门共同制定，经总经理办审核批准后通过。

第16条　本制度自公示之日起实施。

编制日期		审核日期		批准日期	
修改标记		修改处数		修改日期	

第二节　采购部专职岗位

一、采购计划主管

1. 工作职责

采购计划主管工作职责见表 2—5。

表 2—5　　采购计划主管工作职责

工作职责	职责细化
（1）接受各部门的请购需求	1）接受各部门上交的请购单 2）审核并汇总各部门的请购需求，确定物资总需求
（2）编制采购计划	1）根据企业经营发展战略及生产销售计划，组织制订年度、季度、月度采购总体计划，并对其进行分解 2）汇总企业物资材料的月度申购计划，结合年度计划制订详细的月度采购计划
（3）采购计划执行	1）监控采购计划的执行并协调计划进度，组织编制增补计划或临时计划 2）平衡采购计划，并根据生产、销售的实际情况随时调整采购供货商 3）定期向采购经理汇报采购计划执行情况及存在的问题 4）评审采购专员是否按照计划完成采购工作，为以后的工作改进奠定坚实的基础
（4）处理其他工作	1）深入了解市场的竞争态势，多方收集供应商信息，不断拓宽供货渠道 2）完成领导交办的其他工作

2. 操作流程

采购计划主管操作流程如图 2—1 所示。

3. 常用报表

（1）采购申请单（见表 2—6）

表 2—6　　采购申请单

编号：　　　　　　　　　　　　　　　　日期：____年____月____日

申请部门			部门编号			项目编号	
需求时间			收货地址			联系人	
申请理由							
采购对象	□固定资产　□生产用料　□办公用品（家用、文具） □低值易耗品　□其他						
采购项目描述	名称	规格	用途	数量	需求日期	预计单价	金额

续表

	年度预算	已用预算	部门可用预算	预算编号	尚余预算
预算情况					
审核	财务部		申请人		
	使用部门经理		预算负责人		

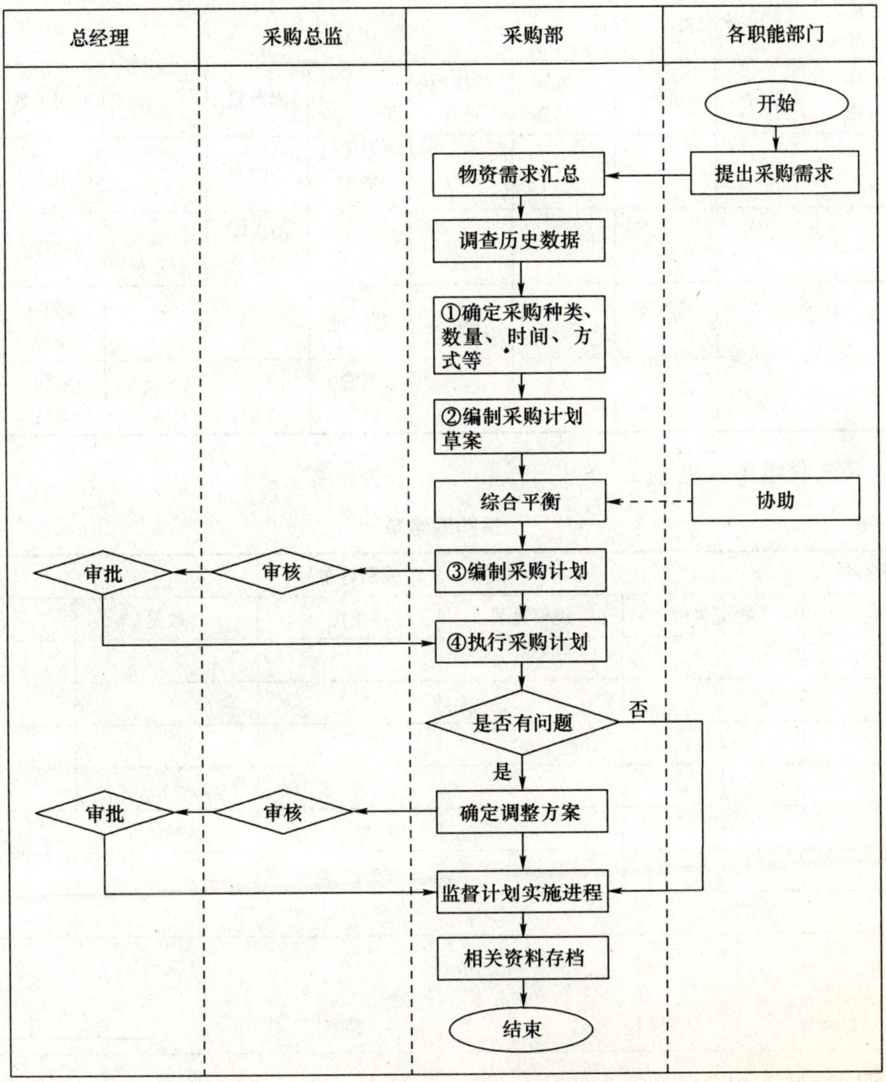

图 2—1　采购计划主管操作流程

（2）生产请购单（见表 2—7）

表 2—7　　　　　　　　　　　　生产请购单

编号：　　　　　　　　　　　　　　　　　　　　　　日期：____年____月____日

	品名		规格		料号		部门		数量	
请购项目										
	用途说明		需要日期				预算编号			
			总经理				生产部经理			
			采购总监				经办人			
	料别	□原料　□物料　□设备　□零配件　□其他								
	交货情况	□一次交货　□分批								
询价记录	供应商名称	单价	总价	交货期及品质	供应商选择	参考资料	库存量		可用天数	
							请购量		可用天数	
							前次购买单价		供应商	
						总经理			采购部经理	
						主管副总			采购专员	

（3）采购联络单（见表 2—8）

表 2—8　　　　　　　　　　　　采购联络单

供应商名称			采购订单号		
序号	物资名称	规格型号	单位	数量	备注
1					
2					
3					
4					
5					
6					

说明：

采购经理：

签字：　　　　　____年____月____日

总经理审批：

签字：　　　　　____年____月____日

（4）物资采购计划表（见表2—9）

表2—9　　**物资采购计划表**

编号：　　　　　　　　日期：____年____月____日

物资名称	规格	部门	全年采购数量	单价	金额	每月采购计划							
						1月		2月		3月		……	
						数量	金额	数量	金额	数量	金额	……	……

批准日期：____年____月____日　　审核日期：____年____月____日　　制表人：

（5）设备采购计划表（见表2—10）

表2—10　　**设备采购计划表**

<table>
<tr><td>序号</td><td>名称</td><td>型号规格</td><td>零件编号</td><td>数量</td><td>单位</td><td>参考价格</td><td>要求到货时间</td><td>购买单价</td><td>备注</td></tr>
<tr><td></td><td></td><td></td><td></td><td></td><td></td><td></td><td></td><td></td><td></td></tr>
<tr><td></td><td></td><td></td><td></td><td></td><td></td><td></td><td></td><td></td><td></td></tr>
<tr><td rowspan="2">申请部门</td><td>经办人</td><td colspan="4"></td><td rowspan="2">备注</td><td colspan="3" rowspan="2"></td></tr>
<tr><td>负责人</td><td colspan="4"></td></tr>
<tr><td rowspan="2">审批意见</td><td colspan="2">设备部经理</td><td colspan="2">采购部经理</td><td colspan="2">采购总监</td><td colspan="3" rowspan="2">总经理</td></tr>
<tr><td colspan="2"></td><td colspan="2"></td><td colspan="2"></td></tr>
</table>

（6）物资需求计划表（见表2—11）

表2—11　　**物资需求计划表**

编号：　　　　　　　　日期：____年____月____日

序号	物资名称	规格型号	单位	单价	需求数量	需求金额	采购日期	备注

审批人：　　　　　　审核人：　　　　　　制表人：

（7）项目采购计划表（见表 2—12）

表 2—12　　　　项目采购计划表

编号：　　　　　　　　　　　　　　　　　　　　　　　　日期：____年____月____日

项目名称						项目经理						
采购计划编号	采购物资名称	规格型号	单位	数量	单项金额	询价时间	订货时间	签订合同时间	到货时间	采购方式	采购负责人	备注

制表人：

（8）临时采购计划表（见表 2—13）

表 2—13　　　　临时采购计划表

编号：　　　　　　　　　　需求部门：　　　　　　　　　　日期：____年____月____日

<table>
<tr><td>物资名称</td><td></td><td>需求时间</td><td colspan="2"></td><td>负责人</td><td></td></tr>
<tr><td>项目类型</td><td colspan="6">□生产设备采购　□生产材料采购　□办公用品采购
□办公设备采购　□研发仪器采购　□工程建设采购
□其他采购：________________________</td></tr>
<tr><td>申请采购方式</td><td colspan="6">□比价采购　□招标采购　□网络采购
□国际采购　□其他采购：________________________</td></tr>
<tr><td rowspan="3">临时采购计划</td><td>时间</td><td>负责人</td><td colspan="3">具体事项</td><td>备注</td></tr>
<tr><td></td><td></td><td colspan="3"></td><td></td></tr>
<tr><td></td><td></td><td colspan="3"></td><td></td></tr>
<tr><td>采购部审核意见</td><td colspan="6">采购部经理：　　　　____年____月____日</td></tr>
</table>

（9）月度采购计划表（见表 2—14）

表 2—14　　　　**月度采购计划表**

编号：　　　　　　　　　　　　　　　　　　　　　　日期：___年___月___日

物资名称	规格	部门	全年采购数量	单价	金额	每月采购计划							
						1月		2月		3月		……	
						数量	金额	数量	金额	数量	金额	……	……

批准日期：___年___月___日　　　审核日期：___年___月___日　　　制表人：

（10）采购变更申请审批表（见表 2—15）

表 2—15　　　　**采购变更申请审批表**

请购部门			原请购单编号		
品名		规格		采购日期	
变更内容					
变动原因					
联系电话			经办人		
采购部意见	采购专员			___年___月___日	
	采购主管			___年___月___日	
	采购部经理			（盖章）___年___月___日	
财务部意见	经办人			___年___月___日	
	负责人			（盖章）___年___月___日	
主管副总意见				（盖章）___年___月___日	
总经理意见				（盖章）___年___月___日	
备注	随附资料：原采购请购书复印件、已采购合同复印件 本表一式四份，请购部门、采购部、财务部、仓储部各一份				

4. 岗位责任制度

采购计划编制制度见表 2—16。

表 2—16　　　　**采购计划编制制度**

制度名称	采购计划编制制度			受控状态	
				编号	
执行部门		监督部门		编修部门	

第 1 条　目的

为编制合理的采购计划，加强对采购计划的管理，确保企业生产经营顺利进行，特制定本制度。

第 2 条　适用范围

本制度适用于企业采购计划的编制工作，另有规定的除外。

第 3 条　职责划分

1. 采购部负责组织制订年度、季度、月度采购计划，并严格监督其执行情况。

续表

2. 总经理负责审批采购计划。

第 4 条　采购计划分类

年度采购计划是根据企业年度经营计划，在对市场信息和需求信息进行充分调查和分析的基础上，根据与历史数据的对比预测制订的。

季度采购计划是在对年度采购计划进行分解的基础上，依据上一季度的实际采购情况、库存情况以及市场行情制订的。

月度采购计划是在对季度采购计划分解的基础上，依据各部门每月的实际采购情况、库存情况、下月度需求预测和市场行情制订的。

临时采购计划是指在特殊情况下，为满足各部门的紧急采购需求而制订的短期采购计划。

第 5 条　采购计划的编制依据

采购人员制订采购计划时，应全面考虑经营计划、需求部门的采购申请、年度采购预算、企业库存状况和现金流状况等相关因素。

第 6 条　制订采购计划时应注意的事项

1. 制订采购计划应避免过于乐观或保守。
2. 制订采购计划应考虑企业年度目标达成的可能性。
3. 注意分析销售计划、生产计划的可行性和预见性。
4. 注意物资需求计划与物资清单、库存状况的确定性。
5. 考虑保障生产与降低库存的平衡。
6. 注意物资采购价格和市场信息的可能变化。

第 7 条　编制采购计划的步骤

1. 明确企业经营计划

(1) 采购人员需要明确企业于每年年底制订的下一年度的经营计划。

(2) 采购人员需掌握年度经营目标、客户订单意向、市场预测等信息，从而较准确地预测销售。

2. 明确企业生产计划和库存状况

(1) 采购部应及时掌握生产部制订的生产计划，以及生产部根据库存状况制订的物资需求计划。

(2) 采购部应掌握各部门根据年度目标、经营计划和生产计划等预测的各种消耗物资需求量。

3. 制订采购计划

采购部汇总各种物资的需求和请购单据等，据此制订采购计划并上报总经理审批。

第 8 条　采购计划专员应审查各部门的申请采购物资是否能由现有库存满足或者有无可替代的物资，只有现有库存不能满足的采购物资申请才能被列入采购计划中。

第 9 条　如果“采购申请表”中所列的物资为公司内其他部门所生产的产品，在质量、性能、交货期、价格相同的情况下，须采用本公司产品。

第 10 条　对于已申请的采购物资，请购部门若需要变更规格、数量或者撤销请购申请，必须立即通知采购部，以便根据实际情况及时更改采购计划。

第 11 条　如遇急需物资，应填写“紧急采购申请表”，经部门负责人审核签字、报公司主管副总核准后列入采购范围。

第 12 条　采购计划应同时报送财务部门审核，以利于公司资金的安排。

第 13 条　采购部负责本制度的制定、解释、修改和废止等工作。

第 14 条　本制度自公布之日起执行。

编制日期		审核日期		批准日期	
修改标记		修改处数		修改日期	

二、采购预算主管

1. 工作职责

采购预算主管工作职责见表 2—17。

表 2—17　　　　　　　　　　采购预算主管工作职责

工作职责	职责细分
（1）编制采购预算	1）在采购计划主管和财务部预算员的指导下，确立采购预算的原则 2）收集、整理采购预算的编制依据 3）编制采购预算草案，报上级审核
（2）监督预算执行	1）监督采购预算执行情况，确保采购预算不超支 2）执行成本控制措施，并审核采购支出 3）根据采购需求变化情况，对采购预算进行修订，并及时上报审批 4）根据预算执行情况编制分析报告
（3）处理其他工作	1）组织、检查、指导下属员工完成分管的工作 2）完成上级领导交办的其他工作

2. 操作流程

采购预算主管操作流程如图 2—2 所示。

3. 常用报表

（1）采购用款申请书（见表 2—18）

表 2—18　　　　　　　　　　采购用款申请书

××采购用款申请书

财务部：

根据本月生产任务指标要求，结合本季度××材料采购预算表相关信息，本月需要××材料 1 000 千克，单价为 30 元/千克。目前，我部门采购经费严重不足，无法满足车间基本生产需要，特向财务部申请采购用款人民币 3 万元整，以下为具体的采购用款明细单。

希望相关部门领导确认后尽快核准，以免耽误正常生产活动。

采购用款明细表

部门名称（盖章）：　　　　　　　　　　　　　　　　　　　　＿＿年＿＿月＿＿日

<table>
<tr><td colspan="2">用款事由</td><td colspan="2">采购××材料</td><td rowspan="8">会计
分录</td><td>借或贷</td><td>科目</td><td>金额</td></tr>
<tr><td rowspan="2">金额</td><td rowspan="2"></td><td rowspan="2">付款方式</td><td rowspan="2">□现金
□转账支票</td><td rowspan="4">借方</td><td>材料采购</td><td>￥30 000</td></tr>
<tr><td></td><td></td></tr>
<tr><td rowspan="5">收款
单位</td><td>全称</td><td colspan="2"></td><td></td><td></td></tr>
<tr><td>开户行</td><td colspan="2"></td><td></td><td></td></tr>
<tr><td>账号</td><td></td><td>经济性质</td><td rowspan="3">贷方</td><td>现金</td><td>￥30 000</td></tr>
<tr><td>合同</td><td colspan="2"></td><td></td><td></td></tr>
<tr><td>附记</td><td colspan="2"></td><td></td><td></td></tr>
</table>

审批：　　　　　　　　　　　　　　　　　用款人：

会计：　　　　　　　　　　　　　　　　　出纳：

申请人：采购部

日期：＿＿年＿＿月＿＿日

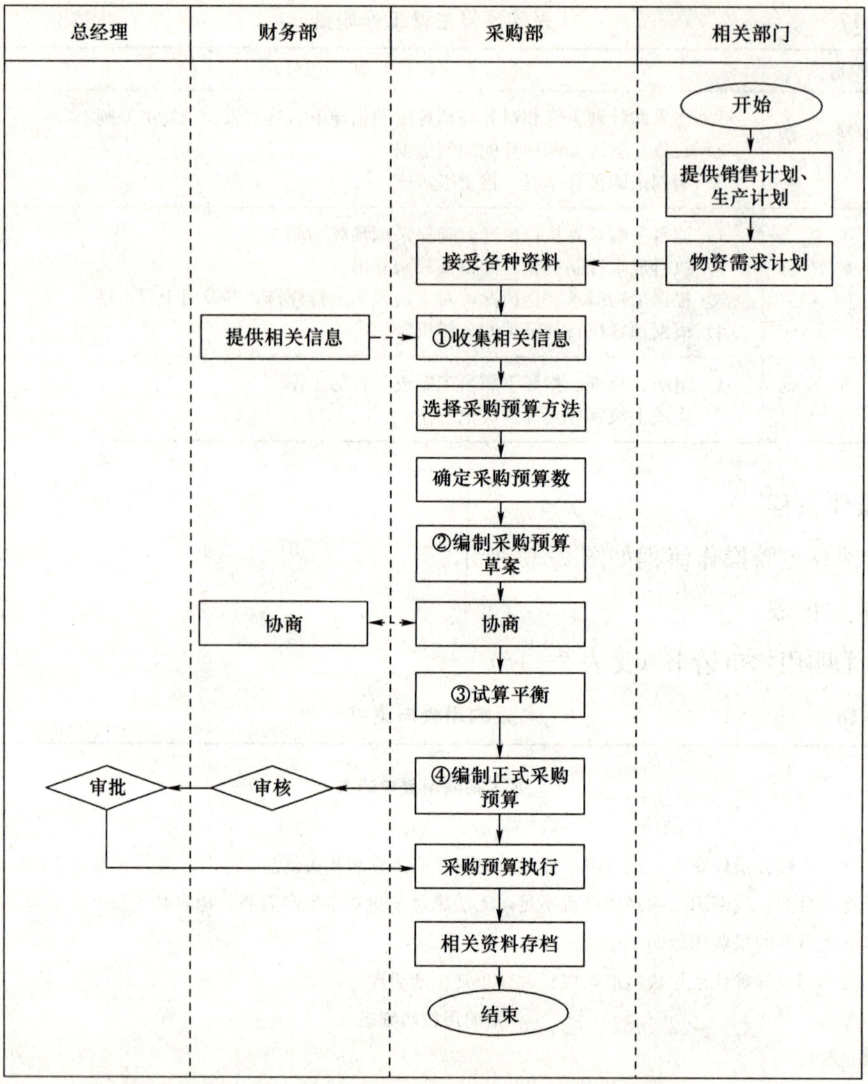

图 2—2 采购预算主管操作流程

（2）年度采购预算表（见表 2—19）

表 2—19　　　　年度采购预算表

编号：　　　　　　　　　　　　　　　　日期：____年____月____日

年度预算总额													
季度预算	第一季度			第二季度			第三季度			第四季度			备注
采购项目	1 月	2 月	3 月	4 月	5 月	6 月	7 月	8 月	9 月	10 月	11 月	12 月	累计
物资 A													
物资 B													
物资 C													
……													

制表人：　　　　　　　　　　　　采购经理：

（3）采购现金预算表（见表2—20）

表2—20 **采购现金预算表**

序号	物资类别	1月			2月			3月			……
		新购	预付	到期	新购	预付	到期	新购	预付	到期	……
1											
2											
3											
…											

（4）采购预算控制表（见表2—21）

表2—21 **采购预算控制表**

编制单位： 编制日期：____年____月____日 单位：万元

序号	品名	单位	购买价			运输率			关税
			采购价（含税）	税率	成本价	运费	税率	成本价	
合计									

制表人： 审批人：

（5）采购预算变更表（见表2—22）

表2—22 **采购预算变更表**

编制单位： 编制日期：____年____月____日 单位：万元

变更类别	□预算调整 □预算增加 □预算追减				
预算科目	细项说明	原核定预算	拟核定预算	拟变更内容	调整幅度
预算变更原因					
采购部经理审核					
财务部经理审核					
财务总监审核					

（6）采购预算审核表（见表 2—23）

表 2—23　　　　采购预算审核表

审核日期：____年____月____日

申购部门			申购单编号	
品名			数量	
采购记录	序号	供应商	价格	品牌
	1			
	2			
	3			
	4			
签署意见				
总经理（签名）：	副总经理（签名）：		采购经理（签名）：	承办人（签名）：

4. 岗位责任制度

采购预算编制制度见表 2—24。

表 2—24　　　　采购预算编制制度

制度名称	采购预算编制制度		受控状态	
			编号	
执行部门		监督部门		编修部门	

第 1 条　目的

为达到以下目的，特制定本制度。

1. 规范采购预算编制工作，加强企业对采购预算的管理。

2. 提高采购资金利用率，有效降低采购成本。

第 2 条　适用范围

本制度适用于本企业采购预算的编制工作，另有规定除外。

第 3 条　职责划分

1. 采购部负责根据采购计划编制采购预算，并严格执行。

2. 财务部负责协助采购部制定采购预算，并整合企业整体预算。

3. 总经理负责审批采购预算。

第 4 条　采购预算的编制目标

1. 采购部按照采购预算进行采购，严格控制采购费用的支出。

2. 财务部依据采购预算筹措和安排采购所需资金，保证资金支付的准确性和及时性。

第 5 条　采购预算的编制依据

1. 生产经营所需的物资数量。

2. 预计的物资期末库存量。

3. 本期计划未结转库存量，由仓储部和采购部根据各种物资的安全库存量和提前采购期进行确定。

4. 物资计划价格，由采购部根据物资的当期价格，结合可能影响物资价格变化的因素进行确定。

第 6 条　制订采购预算编制计划

1. 采购部应结合采购预算编制的时间、重点工作等内容制订采购预算编制计划。

2. 采购部应就编制采购预算的时间与财务部协商沟通，以获得财务部的帮助。

3. 采购部应与各部门加强沟通，索取采购预算编制的相关文件，以便对采购物资进行整体把控。

续表

第7条　采购预算编制方法 采购部根据采购物资的具体项目选择编制采购预算的方法，具体的采购预算编制方法有弹性预算、滚动预算、概率预算和零基预算。 弹性预算也称为变动预算，它是根据计划期间可能发生的多种业务量，分别确定与各种业务水平相适应的费用预算数额，从而形成适用于不同生产经营活动水平的一种费用预算。 滚动预算是将采购预算期与会计年度脱离开，随着预算的执行不断调整或者修订预算，逐期向后滚动，使采购预算期始终保持在一定的期限（一般为12个月）。 概率预算，大体估计各项因素发生的可能性，从而判断和估算出各种因素的变化趋势、范围和结果，然后进行调整，计算出期望值的大小。 零基预算，对于所有的预算项目均以零为起点，不考虑以往的实际情况，根据未来一定期间的采购需求，分析每项采购预算是否有支出的必要和支出数额的大小。 第8条　确定预算数字 1. 采购部应采用目标数据和历史数据相结合的方式确定预算数字。 2. 采购部必须对预算留有适当的余量，以应对可能出现的紧急状况。 第9条　编制采购预算草案 1. 采购部根据预算数字编制采购预算草案，报财务部审核。 2. 采购部应与财务部协商，在充分考虑企业的现实状况、市场状况和企业预算的基础上，综合平衡采购预算草案。 第10条　改善采购预算 采购预算应根据下面的三个步骤加以改善。 1. 确定预算偏差范围。采购部应根据实际情况选定一个偏差范围，偏差范围可根据行业内平均水平或企业的实际经验确定。 2. 计算预算偏差值。为了控制和确保采购工作的顺利开展，应比较采购实际支出和采购预算支出的差距，计算预算偏差值。 3. 调整不当预算。如果预算偏差值超过允许范围，采购部应及时分析原因，对预算提出修改建议，进行必要改善。 第11条　提交采购预算 1. 采购部应根据试算平衡的采购预算草案以及采购预算修改建议来编制正式的采购预算。 2. 采购部将正式的采购预算报总经理审批。 第12条　采购部负责本制度的制定、解释、修改和废止等工作。 第13条　本制度报总经理办公室审议批准后，自公布之日起执行。

编制日期		审核日期		批准日期	
修改标记		修改处数		修改日期	

三、供应商关系主管

1. 任职资格和标准

（1）大学本科及以上学历，人力资源等相关专业。

（2）具有相同岗位工作经验三年以上。

（3）熟悉行业中供应商关系管理的相关规定。

（4）具备较强的沟通、协调能力。

（5）能够独立处理好供应商关系突然断裂等应急事件。

（6）能够为企业培养更多的关系处理员。

2. 岗位职责范围

(1) 负责供应渠道的开发，并根据企业的发展需要拟订供应商开发计划，经审核批准后监督执行。

(2) 了解供应商的生产流程和关键控制点，协助其解决生产过程中质量控制方面的问题，避免出现不良产品。

(3) 协调采购部门内部及与其他部门的关系并保证各项信息能够及时沟通。

(4) 维护和发展与重要供应商的关系，掌握供应商的发展变化情况，并定期上报部门领导。

(5) 紧密配合供应商工作，迅速解决供应商产品的质量、交期问题，并不断提高采购质量。

(6) 积极创建符合公司发展需求的供应链条，扩大全国的供应商开发范围，并拟定考核机制。

(7) 负责建立供应商评价、分级体系，并对其进行月度、季度、年终考核的评审及淘汰。

(8) 定期指派下属人员对市场进行调查，及时更新供应商维护策略。

(9) 定期参与采购合同及采购过程的成本分析与审核。

(10) 向本部门或其他部门人员提供相关的培训支持。

(11) 组织人员建立供应商管理数据库，并拟定相关管理制度。

(12) 完成上级领导交办的其他工作。

3. 操作流程

供应商关系主管操作流程如图 2—3 所示。

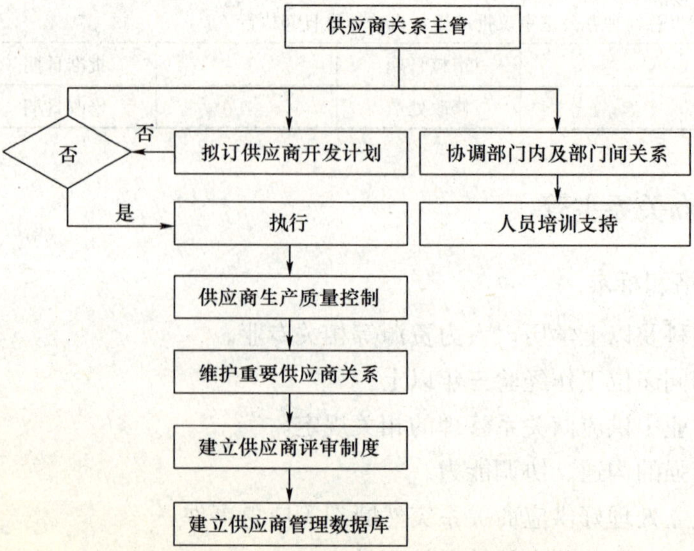

图 2—3　供应商关系主管操作流程

4. 常用报表

（1）供应商良品率控制表（见表 2—25）

表 2—25　　供应商良品率控制表

公司名称				制表时间		
物料名称				物料编号		
采购数量				一般合格率（%）		
序号	供应商编号	供应商名称	订购数量	到货日期	良品率（%）	次品原因说明
审核员签字 年　月　日		部门负责人意见 签章 年　月　日		采购部经理意见 签章 年　月　日		
备注						

（2）供应商考核表（见表 2—26）

表 2—26　　供应商考核表

公司名称					制表时间					
编号	供应商名称	产品类型	考核项目及分配比率							
			价格（20%）	交货情况（10%）	产品质量（20%）	管理情况（20%）	服务情况（20%）	合格批次（20%）	合计	记录
考核说明	80%以上：优级供应商，经公司质检部门进一步考核，可享受免检待遇 70%～79%：良级供应商，公司可与其建立大批量采购关系 60%～69%：合格供应商，可进行正常采购 60%（不含 60%）以下：不合格供应商，予以淘汰									
考核小组意见 签章 年　月　日					采购总监意见 签章 年　月　日					
备注										

（3）合格供应商列表（见表 2—27）

表 2—27 **合格供应商列表**

公司名称							制表时间					
编号	供应商名称	公司名称	联系方式	供货项目类别	品质状况		供应商登记			调查日期		记录
					优	良	优	良	合格	初查	复查	
采购部确认意见 签章 年 月 日							总经理审批意见 签章 年 月 日					
备注												

（4）合格供应商清单（见表 2—28）

表 2—28 **合格供应商清单**

公司名称						制表时间					
序号	物料名称	物料编号	供应商名称	供应商代码	地址	联系人	电话	传真	品质保证	试订货结果	评价等级
审核员签字 年 月 日			部门负责人意见 签章 年 月 日			采购部经理意见 签章 年 月 日			总经理审批意见 签章 年 月 日		
备注											

5. 岗位责任制度

（1）遵守国家相关的法律法规。

（2）遵守公司制度规范和办事原则。

（3）勤奋工作，恪尽职守，努力保质保量地完成企业交付的采购任务。

(4) 爱惜公物，培养勤俭节约的素质，节约使用公司的财产和物资材料。

(5) 积极学习专业知识及采购技巧，提高工作能力和工作技巧。

(6) 保持良好的精神状态和谦虚谨慎的工作态度，认真完成领导交付的所有工作和任务。

(7) 注重道德素养，懂得维护企业形象，保守企业的商业秘密，未经领导批示不得将企业的机密文件、材料等擅自复印带出办公地点。

(8) 供应商管理数据库建立以后应不断加以完善，及时更新，并由专人进行管理和维护。

(9) 有重大品质、交期、价格、服务等问题时，随时可作供应商复查。

(10) 根据公司的生产要求，经管理者批准，可以随时增加合格供应商或取消不符合条件的供应商。

(11) 与供应商合同期满，由采购部门根据风险评价和供应方评价的结果，拟定是否续用的意见，报主管领导批准后实施。

四、供应商关系专员

1. 任职资格和标准

(1) 专科及以上学历，任职管理等相关专业。

(2) 至少具备两年以上同岗位工作经验。

(3) 能够独立收集供应商最新信息。

(4) 发现供应链关系出现问题时，能够最快地做出反应。

2. 职责范围

(1) 负责协助供应商关系主管进行供应商的维护和拓展工作。

(2) 协助供应商关系主管制订和实施供应商开发计划。

(3) 负责协助供应商关系主管进行供应商关系管理体系的改进及维护工作，并不断提高该体系的运作价值。

(4) 定期对市场进行调查，及时整理市场信息，编制供应商市场信息报表及分析报告。

(5) 协助供应商关系主管制定和完善供应商开发流程，并监督流程的贯彻执行情况。

(6) 协助供应商关系主管约访供应商及不定期回访合作的供应商。

(7) 参与供应商定期评价活动。

(8) 完善供应商档案库，保证数据及时更新和正常使用。

(9) 协助供应商关系主管解决供应商质量问题，并协助其不断提高供应商质量。

(10) 配合供应商关系主管利用各种方式和渠道掌握供应商及市场动态。

(11) 协助产品的询价、比价、议价，负责样品价格的确认及维护工作。

(12) 负责潜在供应商的拜访和评估工作，选择和推荐潜在供应商。

（13）协助供应商关系主管对供应商供货、交期和售后服务工作进行监督。

（14）定期检查采购记录，检验采购员是否在合格供应商处进行采购。

（15）及时完成上级安排的工作任务。

3. 操作流程

供应商关系专员操作流程如图 2—4 所示。

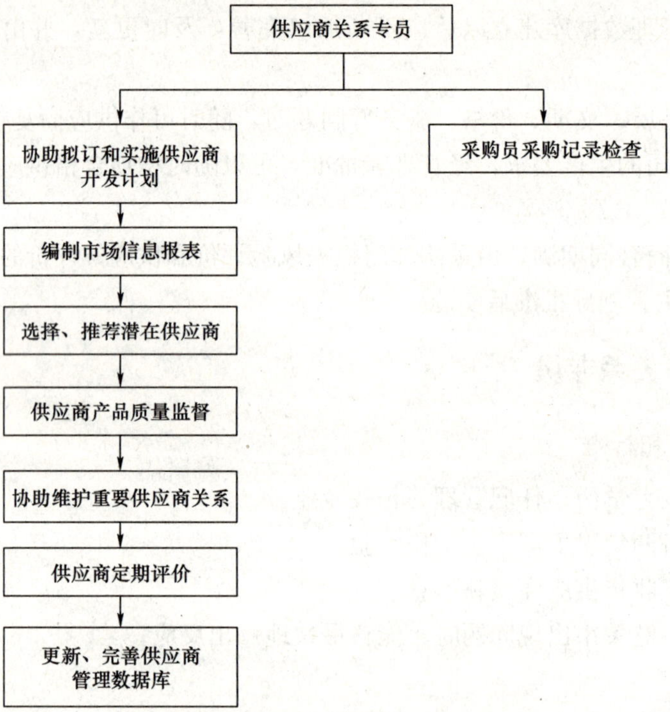

图 2—4　供应商关系专员操作流程

4. 常用报表

（1）供应商调查表（见表 2—29）

表 2—29　　　　　　　　　　供应商调查表

公司名称		制表时间	
供应商基本信息			
公司全称			
成立时间		法人代表	
注册资本		营业执照号	
经济性质		主营方向	
公司地址		邮编	
公司简介			
调查基本内容			

续表

序号	项目		说明	调查时间	调查次数	调查人
1	生产能力	交期控制能力	强，一般，弱			
		异常排查能力	强，一般，弱			
		进度控制能力	强，一般，弱			
		生产规划能力	强，一般，弱			
2	质量控制	质量规范标准	符合，不符合			
		纠正预防措施	强，一般，弱			
		质量管理组织体系	好，一般，不好			
		检验方法控制	符合，不符合			
3	技术管理	技术水准	强，一般，弱			
		工艺流程及标准	符合，不符合			
		设备情况	强，一般，弱			
		操作标准	符合，不符合			
4	价格调查	加工费用	合适，高			
		原料/辅料价格	合适，高			
		付款形式	符合，不符合			
		估价方法	符合，不符合			
5	研发能力	自主研发能力	强，一般，弱			
		来料加工	强，一般，弱			
		专业研发工程师	是，否			
		跟进生产操作人员	是，否			
6	质量体系	ISO 9001	是，否			
		QS 9000	是，否			
		TQM	是，否			
7	产品标准	企业标准	是，否			
		行业标准	是，否			
		国家标准	是，否			
		国际标准	是，否			
备注	在“说明”中选择真实的评价并打√					

（2）供应商评价表（见表 2—30）

表 2—30　　供应商评价表

公司名称			制表时间	
供应商名称				
供货起止时间				
评价基本情况				
序号	评价项目	评价结果	评价记录	评价时间
1	样品是否合格	是，否		
2	包装是否合格	是，否		
3	生产规模是否达标	是，否		
4	质量体系是否能保证	是，否		
5	材料价格是否合理	是，否		
6	供货能力是否符合标准	是，否		
7	供货速度是否合格	是，否		
8	产品质量是否稳定	是，否		
9	质量检验系统是否健全	是，否		
10	产品价格与同类产品相比是否存在较大差异	是，否		
11	产品开发能力是否强	是，否		
12	产品认证水平是否完善	是，否		
13	产品合格批次是否在规定范围内	是，否		
14	配合是否符合要求	是，否		
15	交货是否正常	是，否		
16	售后服务是否到位	是，否		
评价结果	列入免检类别的供应商	结果说明		
	合格供应商类别	结果说明		
	改善后可列入合格类别的供应商	结果说明		
	不合格类别的供应商	结果说明		
评价小组意见				
采购部核准意见				
备注				

（3）供应商筛选表（见表 2—31）

表 2—31　　　　　　　　供应商筛选表

公司名称							制表时间						
编号	供应商名称	采购项目	生产技术	产品质量	设备情况	管理水平	认证水平	交货能力	价格水平	现有合作情况	服务水平	合计	
1			优，劣	优，劣	优，劣	优，劣	优，劣	优，劣	优，劣	优，劣	优，劣	优	劣
2													
3													
4													
5													
6													
筛选结果					采购部审核意见 签章 年　月　日				总经理审批意见 签章 年　月　日				
备注													

（4）特殊承诺供应商列表（见表 2—32）

表 2—32　　　　　　　　特殊承诺供应商列表

公司名称					制表时间				
特殊承诺原因									
特殊承诺基本信息									
编号	供应商名称	特殊承诺事项	承诺起始日期	合作具体内容			年度采购量	总计金额	记录
				材料类别	计量单位	单价			
采购部意见 签章 年　月　日					总经理办公室审核意见 签章 年　月　日				
备注									

（5）供应商基本资料表（见表 2—33）

表 2—33 **供应商基本资料表**

公司名称					制表时间				
供应商基本信息									
供应商名称					供应商编号				
注册日期					负责人				
注册资本					联系人				
登记证书					电话				
电子邮箱					传真				
地址					邮编				
生产商生产条件及销售情况									
厂房面积					该公司财务状况				
人员配置	员工人数	（ ）人	技术人员	（ ）人	生产人员	（ ）人	检验人员	（ ）人	其他
获得产品认证					质量管理体系认证				
近三年来销售额					年产值				
序号	主要产品类别	月平均产量	月浮动产量	主要客户名称	销售市场	月销售额			
与公司来往情况									
开始时间					供应产品				
异常概率（%）	交货品质				付款条件				
评价等级									
供应商 签章 年 月 日					采购部审核意见 签章 年 月 日				
备注	1. 请确保填写的真实性，如有不实，我公司有权终止合作关系 2. 如有变更且涉及以上内容，应及时更新相关内容，并递交有效证明 3. 请附营业执照、税务登记证等重要相关证书								

（6）供应商评分表（见表2—34）

表2—34　　供应商评分表

公司名称			制表时间	
供应商名称			供应商代码	
类别	序号	项目内容	分数（0～5分）	特别说明
生产水平 30分	1	供应商规模		
	2	供应商信誉		
	3	创新能力		
	4	生产技术		
	5	加工工艺		
	6	产品认证水平		
供货过程 15分	7	准时交货		
	8	按数交货		
	9	途中货物完好情况		
物料评价 25分	10	不合格品控制		
	11	质量保证体系		
	12	产品质量		
	13	产品价格		
	14	产品规格型号		
服务评价 20分	15	服务范围		
	16	售后服务		
	17	紧急订购配合		
	18	不合格品处理速度及彻底性		
整体评分 10分	19	协调合作		
	20	历史合作情况		
总分100分。等级标准：一级（85分以上），二级（70～84分），三级（60～69分），四级（59分以下）				
审核员签字 年　月　日	部门负责人意见 签章 年　月　日	采购部经理意见 签章 年　月　日	总经理审批意见 签章 年　月　日	
备注				

（7）供应商月供货情况记录表（见表 2—35）

表 2—35　　　　　　　供应商月供货情况记录表

公司名称							制表时间			
供应商名称			供应商编号				记录表编号			
序号	物料基本信息						月度交货情况			
	名称	编码	型号	规格	单位	数量	交货批次	合格批次	合格率（%）	主要不合格现象
采购人签字 年　月　日				审核员签字 年　月　日				采购部经理意见 签章 年　月　日		

（8）供应商信用记录表（见表 2—36）

表 2—36　　　　　　　供应商信用记录表

公司名称							制表时间							
序号	供应商信息		采购物料信息				交货信用记录				损失金额	评价等级		
	编号	名称	编号	名称	数量	金额	采购日期	合格率（%）	交货日期	物料品质		一级	二级	三级
审核员签字 年　月　日			部门负责人意见 签章 年　月　日				采购部经理意见 签章 年　月　日				总经理审批意见 签章 年　月　日			
备注														

（9）订单更改通知单（见表 2—37）

表 2—37 订单更改通知单

<table>
<tr><td colspan="2">公司名称</td><td colspan="3"></td><td>制表时间</td><td colspan="2"></td></tr>
<tr><td colspan="2">申请人</td><td colspan="3"></td><td>更改日期</td><td colspan="2"></td></tr>
<tr><td colspan="8">订购更改说明</td></tr>
<tr><td colspan="8">更改物料基本信息</td></tr>
<tr><td>序号</td><td>更改项目</td><td>订购单号</td><td>物料名称</td><td>物料编号</td><td>订购数量</td><td>金额</td><td>摘要</td></tr>
<tr><td></td><td></td><td></td><td></td><td></td><td></td><td></td><td></td></tr>
<tr><td></td><td></td><td></td><td></td><td></td><td></td><td></td><td></td></tr>
<tr><td></td><td></td><td></td><td></td><td></td><td></td><td></td><td></td></tr>
<tr><td></td><td></td><td></td><td></td><td></td><td></td><td></td><td></td></tr>
<tr><td colspan="2">采购员签字

年 月 日</td><td colspan="2">审核员签字

年 月 日</td><td colspan="2">部门负责人意见
签章
年 月 日</td><td colspan="2">采购部经理意见
签章
年 月 日</td></tr>
<tr><td colspan="2">备注</td><td colspan="6"></td></tr>
</table>

5. 岗位责任制度

（1）遵守国家相关的法律法规。

（2）遵守公司制度规范和办事原则。

（3）勤奋工作，恪尽职守，努力保质保量地完成企业交付的采购任务。

（4）爱惜公物，培养勤俭节约的素质，节约使用公司的财产和物资材料。

（5）积极学习专业知识及采购技巧，提高工作能力和工作技巧。

（6）保持良好的精神状态和谦虚谨慎的工作态度，认真完成领导交付的所有工作和任务。

（7）注重道德素养，懂得维护企业形象，保守企业的商业秘密，未经领导批示不得将企业的机密文件、材料等擅自复印带出办公地点。

（8）应在公平公正的原则上，建立健全考核标准，并及时对供应商进行考核，定期评估。

（9）以具体的调查表对现有供应商进行全面调查的形式，来了解供方质量保证能力，做出系统的分析报告并以此作为评定的依据。

（10）严禁“只听不看”、应付了事的工作态度。

（11）不定期对供应商进行调查，确保能收集到供应商的最新信息。

（12）应以“全球化”为筛选原则，更多地考虑关键项目、物品，提高标准化程度，并与选定的供应商建立长期合作关系，以适应国际化的要求为目标。

（13）发现问题应及时与供应商联系，将信息快速反馈给供应商，以最大限度地降低采购风险，确保采购的产品符合要求。

（14）复查不合格的供应商，除非经本公司特许，否则不可列入次年合格供应商名单。

（15）负责供应商的资质鉴定、信用等级评价、产品质量检验。

五、采购谈判主管

1. 工作职责

采购谈判主管的工作职责是根据供应商相关信息制定谈判方案，组织指导谈判工作的开展等，具体为：

（1）建立采购谈判管理制度与工作规范，按照规范指导工作，并严格执行。

（2）根据采购项目以及供应商信息选择谈判目标，并拟定具体谈判方案。

（3）协助上级领导开展采购谈判工作，并对谈判过程进行记录。

（4）指导下级员工进行谈判资料、价格资料等的整理、汇总和归档工作。

（5）完成上级领导交办的其他工作。

2. 操作流程

采购谈判主管操作流程如图 2—5 所示。

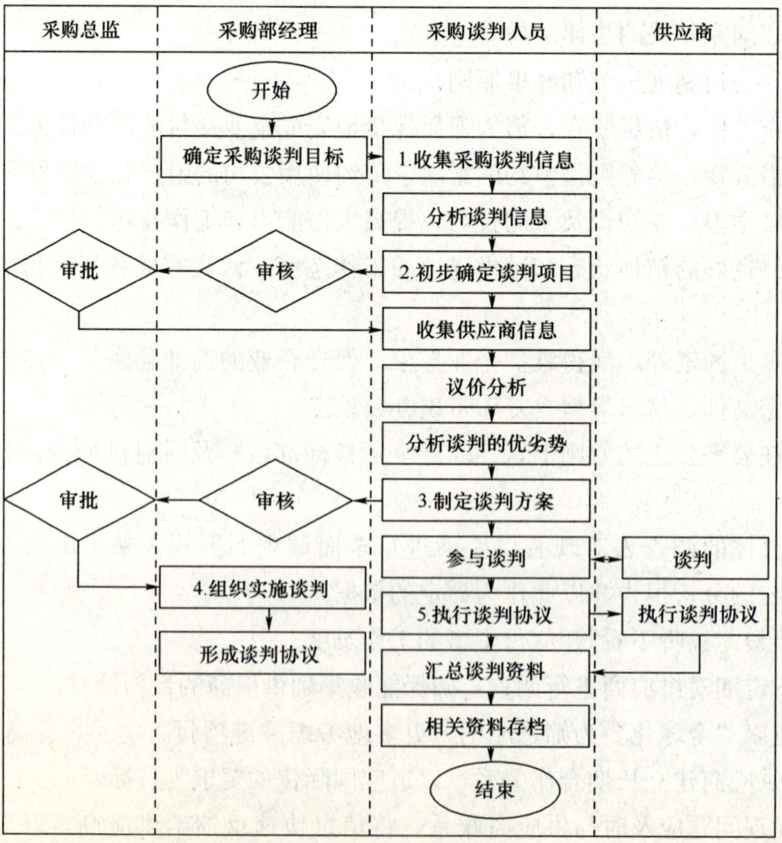

图 2—5　采购谈判主管操作流程

3. 常用报表

谈判僵局分析表见表 2—38。

表 2—38　　　　谈判僵局分析表

僵局是否存在	僵局存在，分析原因			僵局不存在，创造僵局		
	原因	是或否	具体表现	方法	是否采用	具体操作
具体分析项目及内容	议事规则	□是　□否		增加议题	□是　□否	
	双方权力均等	□是　□否		引发冲突	□是　□否	
	双方互不让步	□是　□否			□是　□否	
	一方或双方在作秀	□是　□否		双方结盟	□是　□否	
具体分析项目及内容	谈判人员行为失误	□是　□否		拖延时间	□是　□否	
	信息沟通存在障碍	□是　□否		其他	□是　□否	

六、采购谈判专员

1. 工作职责

采购谈判专员的职责主要是收集供应商相关信息并对其进行评估，拟定谈判议案，组织谈判，进行有效议价等，主要职责如下：

（1）协助采购部经理建立采购谈判管理制度与工作规范，并严格执行。

（2）收集采购价格信息，编写采购价格调研报告。

（3）协助采购谈判主管拟定具体谈判方案。

（4）开展采购谈判工作，进行有效议价等，并做好相关谈判记录。

（5）负责整理、汇总谈判资料、价格资料等，并归档。

（6）完成上级领导交办的其他工作。

2. 常用报表

（1）采购谈判计划表（见表 2—39）

表 2—39　　　　采购谈判计划表

谈判议程	谈判议题	谈判目标			谈判策略		参加人员
		最优目标	预期目标	底线目标	备选策略	实施策略	

（2）采购谈判记录表（见表2—40）

表2—40　　采购谈判记录表

记录人：　　　　日期：____年____月____日

供应商		谈判时间	
供货时间		谈判地点	
采购产品名称		数量	
产品规格和型号		目标价格	
技术要求			
质量要求			
谈判内容描述	（内容较多可以附表）		
谈判主要争议点			
谈判结果			
谈判参加会签			
主管领导审批意见	签字：　　年　月　日		

七、采购合同主管

1. 工作职责

采购合同主管负责采购合同的管理工作，开展采购谈判，拟定采购合同，监督采购合同的执行情况等，为采购工作的顺利进行提供保障。其主要职责如下：

（1）建立采购价格和采购合同管理体系，为实施采购建立执行、监控机制。

（2）制定采购合同管理制度、采购价格管理制度、谈判制度及相关流程、规范，并按照规范指导工作。

（3）编制和统一采购合同范本。

（4）负责合同谈判、合同签署以及合同执行工作。

（5）检查合同执行情况，预测合同履行风险，并制定风险防范措施。

（6）指导谈判资料、价格资料以及合同文件的整理、汇总和归档工作。

（7）完成采购部经理交办的其他工作。

2. 常用报表

合同签订审批单见表2—41。

表 2—41　　合同签订审批单

采购业务口		采购物资名称	
合同编号		送人系统时间	
合同草签基本内容			
供应商名称			
采购数量		采购单价	
采购金额		交货时间	
其他特别条款			
采购总监审核意见	签字：　年　月　日		
法律顾问审核意见	签字：　年　月　日		

填表人：

八、采购跟单催货员

1. 工作职责

采购跟单催货员的主要职责是在采购订单主管的领导下，完成采购订单相关操作，跟踪采购订单信息并及时催货，保证供应商按时、保质、保量交货。具体工作职责见表 2—42。

表 2—42　　采购跟单催货员岗位职责

工作职责	职责细分
1. 熟悉订单情况	（1）掌握所负责各种物资的规格型号及相关标准
	（2）掌握采购订单的要求、交期等信息
2. 采购订单操作	（1）负责采购订单操作，制作满足采购条件的采购订单
	（2）维护采购订单信息系统，及时更新相关信息，做好订单金额、发票、到货状态等信息的维护
3. 跟踪到货信息	（1）及时跟踪与确认每日应到物资并做好记录
	（2）及时向上级反馈未能按时到货的订单信息
	（3）通过邮件和电话为相关人员提供查询服务，准确提供订单信息
4. 采购物资催收	（1）根据采购合同或订单催促供应商发货
	（2）实时追踪货物运输情况并解决相关问题
	（3）交货出现质量问题时，协助采购人员与供应商进行沟通，并填报“交货异常信息反馈表”

2. 操作流程

（1）制作订购单

跟单员接到所需部门的请购单，要制成订购单传给供应商。制作订购单时须注意：审查请购单；熟悉订购的物料，确认价格和质量标准；确认物料需求量，制定订单说明书，发出订购单；将要采购的物料名称、规格、型号、数量、价格、交期等要求表达清楚。采购单经审核无误后发给供应商，并要求供应商签字回传。

（2）订单跟踪

对长期合作的、信誉好的供应商可以不进行跟踪。订单跟踪的具体工作包括：跟踪加工工艺，跟踪原材料，跟踪加工过程，跟踪组装总测，跟踪包装入库。

（3）物料检验

确定检验日期，通知检验人员进行物料检验，处理检验问题。

（4）物料进仓

协调送货，协调接受，通知送货，物料入库，处理接受问题。

3. 常用报表

（1）采购催货通知单（见表2—43）

表2—43　　采购催货通知单

编号：　　　　　　　　　　　　　　　　　　　　日期：______年____月____日

____________：

贵公司与本公司签订的下列合同已到期，迄今尚未交货，请于收到本通知后一周内交清。

____________公司

到期未交货的物资一览表

请购日期	合同编号	物资名称	规格	数量	单位	约定交货日期	备注

（2）交货异常信息反馈表（见表2—44）

表2—44　　交货异常信息反馈表

供应商名称：____________　　　　　　　　编号：____________

电话：____________　　　　　　　　　　　传真：____________

联系人：____________

<table>
<tr><td rowspan="7">延期交货</td><td>订单编号</td><td colspan="2"></td><td>落单时间</td><td colspan="2"></td></tr>
<tr><td rowspan="2">材料名称</td><td rowspan="2">材料编号</td><td colspan="2">订单要求</td><td colspan="2">实际到货</td></tr>
<tr><td>时间</td><td>数量</td><td>时间</td><td>数量</td></tr>
<tr><td></td><td></td><td></td><td></td><td></td><td></td></tr>
<tr><td></td><td></td><td></td><td></td><td></td><td></td></tr>
<tr><td></td><td></td><td></td><td></td><td></td><td></td></tr>
<tr><td></td><td></td><td></td><td></td><td></td><td></td></tr>
<tr><td>延误原因</td><td colspan="6"></td></tr>
<tr><td>纠正措施</td><td colspan="6"></td></tr>
</table>

续表

客户确认	

供应商：

签章：　　　　　　　　　　　　　　签章：
日期：　　　　　　　　　　　　　　日期：

4. 岗位责任制度

订单跟踪的基本要求是确保订单的交货时间、交货质量、交货地点、交货数量及交货价格符合合同要求。

（1）跟踪订单接受情况

采购部向供应商下单后，采购专员需及时了解供应商接受订单的情况。

1）在采购活动中，供应商会因担心最终被淘汰而拒单，所以采购专员应要求供应商在接受订单后及时向企业发送接受回执。

2）在供应商难以全部符合本企业的采购要求时，采购专员应改变价格、质量、交期等条件，在满足采购基本要求的基础上，与供应商进行充分沟通，达成共识。

3）若供应商拒单，采购专员可以另选其他供应商。采购专员应注意及时将与供应商签订的订单进行存档，以备查询。

（2）跟踪订单处理情况

1）采购专员需审核订单，审核无误后发给供应商，并要求供应商签字回传。采购专员审核订单时应注意以下三点：

①订购物资的名称、规格型号、数量、价格、质量标准等。

②订单说明书。

③交期等要求表达是否清楚。

2）供应商接受订单后，采购专员应及时跟踪供应商的订单处理情况，监督并确定供应商是否及时根据订单安排生产或安排出货。

（3）供应商跟踪管理

1）对于一般供应商，企业可采取定期检查和不定期检查的方式进行跟踪管理。

2）对于非常重要的供应商，或者经常出现供应问题的供应商，企业需派遣常驻人员对其进行技术指导、监督检查。

3）对非常重要且绩效优秀的供应商，企业需建立合作伙伴关系，签订长期采购合同。

4）对于按时或提早交货的供应商应给予一定的奖励，如比较优厚的付款条件等。

5）在采购合同中，要尽可能加重对供应商违约或单方面解约的惩罚。

6）采购专员必须对供应商保持尊重的态度，在跟单与催货的过程中，注意自己的言行举止，自觉维护企业的良好形象。

（4）采购跟单催货

1）跟单催货是指为了使供应商在规定时间内送达企业所采购的物资而采取的一种措施。跟单催货可以降低采购成本、有效控制库存量。

2）采购专员在跟单催货时可采用但不仅限于以下四种方法，具体见表2—45。

表2—45　　跟单催货方法一览表

跟单催货方法	具体说明
订单联单跟催	将订单预订的到货日期按顺序排好，提前一定时间进行跟催
订单统计跟催	将订单统计成报表，提前一定时间进行跟催
定期跟催	每周在固定的时间将需要跟催的订单进行整理，总结成报表定期统一跟催
通过“物资跟催表”跟催	通过“物资跟催表”跟催可掌握供料状况，明确跟催对象，确保进料及时

3）如果供应商无法按时交货，影响企业生产经营活动正常进行时，采购专员应采取以下措施：

①联系供应商以获得确切的交货时间，及时通知物资需求部门准确的到货时间。

②咨询技术人员、材料工程师等，了解有无可替代材料。

③供应商交货超期或质量差，而且短期内无法改善的，采购部应寻求其他供应货源。

④实施紧急采购作业。

九、采购接货员

1. 工作职责

采购接货员的主要工作是负责对合格物料进行接收。主要可分为以下几项：

（1）与供应商协调送货事项

供应商的送货时间需要在订单人员与供应商沟通过程中确定。如果在没有得到许可的情况下供应商把货送过来，可能会导致订单操作过程的混乱；如果订单人员在没有和供应商协调的情况下，通知供应商立即送货，可能导致物料不能按期送达。

（2）与仓储部协调送货事务

仓储部每天接收大量的物料项目，其过程有卸货、验收、入库信息操作、搬运、库房空间调配等。对于大数量、大体积的物料，可能因为库房没有接收计划而面临拒收，供应商送货人员及运输车辆需要等待较长时间，有时出现物料被拉回供应商处的现象，所以在供应商送货前一定要和仓储部协调。

（3）通知供应商送货

订单人员在完成上面两项工作后，即可通知供应商送货。

（4）库房接收及物料入库

物料的库房接收过程为：检查预到货清单信息是否完整（包括物料的合同、型号、数量等）、接收物料、检查送货单据及装箱单据、检查包装与外观、合同对应检查、卸货、清点物料、搬运入库、填写物料入库单据、将物料入库信息录入存储信息系统中。

（5）处理接收问题

由于供应商或订单人员方面的原因，物料接收环节可能出现以下问题：物料型号与合同中的不一致，未按照合同中指定的物料数量送货，交货日期不对，物料的包装质量不符合要求等。对于这些问题订单人员应与供应商、仓储人员一同协调解决。

2. 操作流程

一般的收货作业流程如图 2—6 所示。

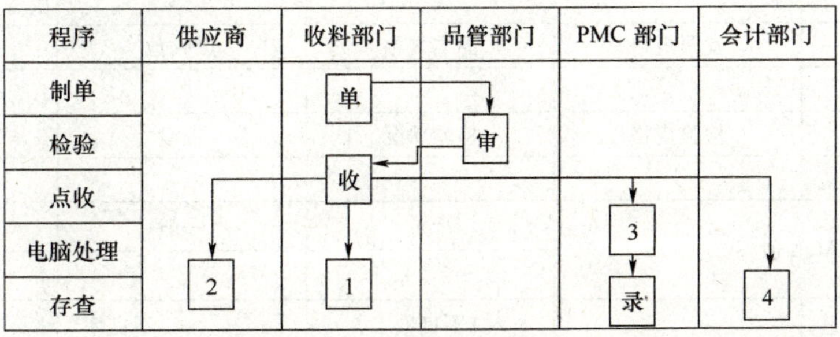

图 2—6　一般的收货作业流程

作业说明：1. 本单共四联。2. 收料部门开单后交给品管部门检验。3. 检验后交收料部门点收，无误后将第二联交供应商，留下第一联。4. 第三联送 PMC 部门进行电脑资料处理。5. 第四联交会计核算。

物料验收流程如图 2—7 所示。

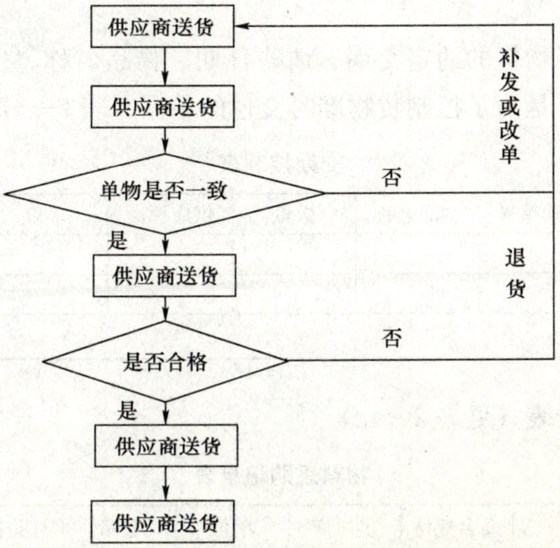

图 2—7　物料验收流程

3. 常用报表

接货过程中涉及的报表及单据主要包括进货验收单、交期控制表、物料采购记录表、来料检验月报表。

（1）进货验收单

进货验收单是在收货单中记录供应商名称、货物名称、货物数量、P/O 号、送货单号、送货日期等信息的单据。一般涉及供应商保存、收货部门保存及财会部保存的三联记录。表 2—46 所列为进货验收单。

表 2—46　　进货验收单

进货时间	货号	厂商名称	订单数	交货数
订单号码	发票规格	品名规格	点收数	实收数
检验项目	检验规格	检验状况	数量	判定
AQL 值		严重	一般	微轻
检验数量		不良数		不良率
判定	允许□　拒收□　特采□　全检□			
备注：				
仓库主管	仓管	收料	IQC 主管	IQC

说明：AQL 指合格质量标准，IQC 指内部质量控制。

（2）交期控制表

交期控制表记录了物料的约定交期、请购日期、物品名称、供应商、价格、验收日期、迟延天数等信息，是为了控制货物准时交付的单据。表 2—47 所列为交期控制表。

表 2—47　　交期控制表

预定交期	请购交期	请购单号	物品名称	数量	供应厂商	单价	验收日期	延迟天数
备注：								

（3）物料采购记录表（见表 2—48）

表 2—48　　物料采购记录表

请购日期	请购单号	料号	品名规格	供应商	单价	数量	订购日期	验收日期	品质记录

（4）来料检验月报表（见表2—49）

表2—49　　来料检验月报表

货物检验报告汇总							
供应商							
检验批次							
不合格批次							
不良率							
批退报表汇总							
货物异常报告编号	货号	品名规格	批次	不良率	不良原因	供应商	处理结果

制表人：　　　　　　　　　　　　日期：

十、采购质量管理

1. 工作职责

（1）采购质量控制主管工作职责

采购质量控制主管主要负责企业所购物资的质量控制、验收工作，保证所购物资质量优良，符合企业生产、经营和销售需要，其岗位职责如下：

1）参与制定各类采购物资质量检验标准和质量检验规范，并监督落实。

2）参加采购计划会议，提出采购物资的供应商质量保证条款。

3）参与编制各类采购物资的质量检验方案并组织实施。

4）妥善处理所购物资出现的质量异常情况，提出处理意见。

5）负责组织检验仪器、量规和试验设备的管理和保养工作，建立并更新仪器设备档案。

6）对各类购进物资的规格、质量提出改进意见或建议。

7）对供应商交货质量进行整理、分析和评价，评定供应商的质量保证能力，提出改进建议。

8）建立企业各类需采购物资的质量标准档案，关注新技术、新产品的发展。

9）完成领导临时交办的其他工作。

（2）采购质量检验员工作职责

采购质量检验专员的工作职责是在采购质量控制主管的领导下，具体实施采购物资检验方案，协调处理质量问题，具体如下：

1）协助制定各类采购货物的检验标准和检验规范。

2）协助质量控制主管编制采购货物质量检验的具体方案并实施。

3）按照相关质量检验标准，协同使用部门人员对采购物资进行质量检验。

4）按照企业规定的程序实施检验工作，防止不合格品入库或投入使用。

5）按照企业规定的程序实施检验工作，填写“检验报告单”，登记质量原始记录。

6）定期对所检物资的质量情况进行统计分析，形成报告并上报领导。

7）协助供应商评估工作，对供应商提出质量改进建议。

8）对检验不合格品提出处理意见。

9）维修与保养检验仪器、量规和实验设备，配备完善的仪器设备。

10）完成上级领导交办的其他工作。

2. 操作流程

（1）采购质量控制流程（见图 2—8、表 2—50）

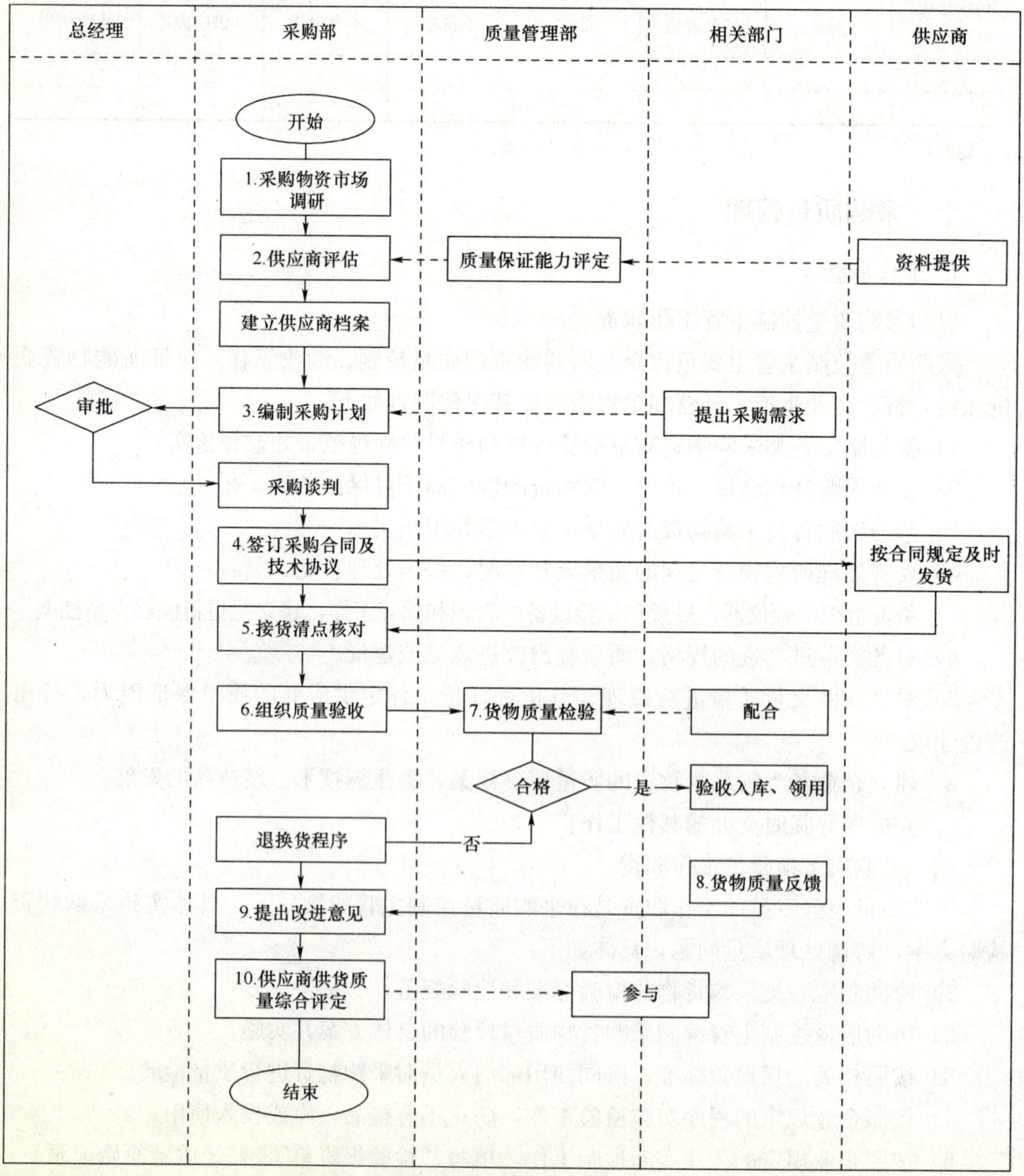

图 2—8 采购质量控制流程

表 2—50　　采购质量控制流程关键节点说明

任务概要	采购质量控制
关键节点	相关说明
1	采购专员应注意关注采购原材料、零部件等的市场供求信息、价格信息、供应商信息等，为采购决策的制定与实施提供依据
2	关注货物市场信息的同时，采购部还应对物资供应商的信用、供货能力、生产能力、产品的质量等方面进行评估，要求供应商提供相应的资料，质量管理部应协同采购部对供应商的质量保证能力进行评定，评估完毕，由采购部建立供应商资料档案
3	采购部根据请购部门提出的采购需求和库存等实际情况编制采购计划，内容包括采购货物类别、数量、规格技术要求、采购实施方案等。采购计划须上报总经理审批
4	采购专员根据已通过审批的采购计划寻找供应商，进行采购谈判，就合作细节等达成共识后签订采购合同及技术协议书。采购合同内容应包括采购产品的品名、规格、型号、数量、技术要求、交货时间、交货地点、付款方式、质量保证条款等
5	供应商按照合同规定发货，收到供应商发出的货物后，采购验收专员应将采购合同、请购单与送货单一一核对，清点货物的数量
6	数量清点无误后，由采购验收专员组织进行质量验收
7	质量管理部检验专员对所购货物进行质量检验，使用部门协同检验，保证所购货物质量合格，符合本公司生产、经营的需要
8	企业相关职能部门在使用所购货物的过程中，应对其质量问题进行记录，并及时反馈至采购部
9	采购专员应及时向供应商提出改进意见，若已给企业造成经济损失，则要与供应商协商赔偿事宜
10	采购部要协同质量管理部和其他职能部门定期对供应商的供货质量进行综合评定，评定内容包括供应商的配套产品质量、供货的技术性、价格水平和售后服务质量等

（2）采购检验管理流程（见图 2—9、表 2—51）

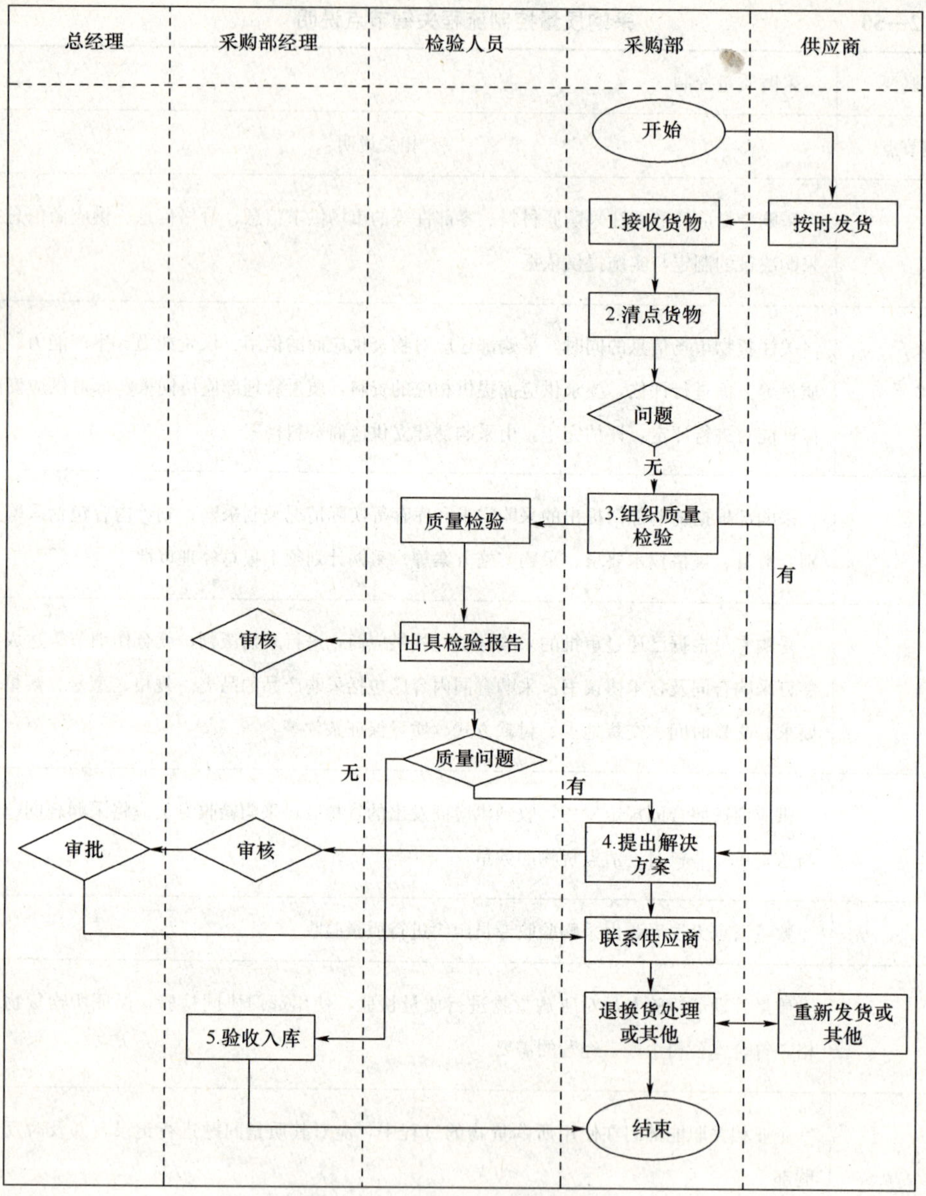

图 2—9　采购检验管理流程

表 2—51　　采购检验管理流程关键节点说明

任务概要	采购质量控制
关键节点	相关说明
1	依据采购合同规定，采购部接到供应商发货通知后接收物资
2	依据采购合同和请购单，与供应商进行核对，并清点实物数量
3	若核对无误，由采购验收专员组织质量管理部门和使用部门人员检验是否符合合同要求及工艺技术要求等，待质量检验完毕后，质量管理部应出具质量检验报告，并将报告送采购经理审阅

续表

关键节点	相关说明
4	若检验报告显示物资质量有问题，则由采购专员根据合同规定提出解决办法，报采购部经理审核、总经理审批后联系供应商，进行退换货处理。若货物数量不符，采购专员应根据合同规定提出解决方法，及时联络供应商
5	经质量检验，若所购货物不存在质量问题，则由仓储部负责入库，填写入库单等，并由财务部进行账务处理

3. 常用报表

（1）采购检验报告表（见表2—52）

表2—52 **采购检验报告表**

编号： 日期：____年____月____日

物资名称		规格	
批号		数量	
采购日期		到货日期	
供应商编号		供应商名称	

检验记录						
检验项目	检验标准	检验结果	合格	不合格	备注	总评
						□合格 □不合格
采购经理		质量控制主管	检验员		验收数量	□足 □不足

（2）检验异常报告表（见表2—53）

表2—53 **检验异常报告表**

编号： 日期：____年____月____日

物质编号		品名	
供应商		交货日期	
交货数量		样本数量	
进料异常描述	□新料 □新版 □无规格 □未承认 □无样品 □附样品件 □附检验记录 □同一异常已连续三次以上（含三次）		

续表

序号	规格	问题描述	不良数	检验方法	备注

质量工程师确认：

（3）采购质量控制表（见表2—54）

表2—54　　采购质量控制表

编号：　　　　填表人：　　　　日期：____年____月____日

供应商						交易情况										
采购单号	物资名称	采购数量	检验批书	批抽检率	质量水平	A类不良品			B类不良品			C类不良品			退货记录	备注

4. 岗位责任制度

对采购质量进行控制和检验时，相关部门岗位责任制度主要如下：

（1）采购部的主要职责

1）公司各类物资和原材料、零部件的采购。

2）配套件供应商的选点、布点及新增供应商的初选。

3）合格供应商协作配套能力调查评价的组织与实施。

4）合格供应商档案资料的管理。

5）零部件采购价格的评定。

6）采购合同（含质量保证协议）的签订、管理，并负责配套件技术文件、更改通知的传递与发放工作。

7）配合质量管理部进行各类采购物资的质量监督、质量改进及改进结果的验收、质量索赔和其他日常管理工作。

（2）质量管理部的主要职责

1）编制《进料检验控制标准》。

2）负责供应商质量保证能力的评定工作。

3）负责所有采购物资质量信息的收集、分析、反馈和处理工作。

4）负责采购物资进厂检验和试验及日常供货过程中的质量监督、新增供应商的样品质量验证及试验工作。

（3）技术部的主要职责

1）向供应商提供完整的采购材料、正确的技术文件和（或）样品。

2）同供应商签订有关技术协议和知识产权保护协议。

3）新物资开发、新增供应商的初选及新增供应商的物资技术认证。

4）必要的时候，与供应商共同进行技术开发。

十一、采购库存专员

1. 工作职责

采购库存专员的岗位职责除了负责库存保管之外，还要随时掌握库存动态，为采购计划提供信息支持，特别是库存报警。采购库存专员工作职责见表 2—55。

表 2—55　　采购库存专员工作职责

工作职责	职责细分
（1）库存成本分层控制	1）通过对物资的分析，确定需库存及无须库存的物资，确定库存的规模、周转率和分布情况，减少库存持有成本 2）负责确定正确的订货方法，制定库存的再订货点、订货周期和每次的订货量 3）负责根据生产部的生产计划和销售部的销售计划，正确作出库存的需求预测，避免因为缺货而发生损失
（2）库存分类控制	按照物资的重要性合理地控制库存量，将物资按照战略重要程度分为 A、B、C 三类
（3）库存盘点控制	1）盘点核对采购人员提供的相应的采购和入库单据 2）按时组织盘点工作，按照要求做好仓库盘点，认真复核，并及时处理盘点过程中发现的问题
（4）库存周转控制	1）加快订货频次，实行少量多次的订购，加快库存物资的周转速度 2）准确进行采购批量预测，降低每月的库存金额 3）采用先进先出的存储策略，减少呆废料
（5）其他控制措施	1）正确确定库存和非库存的物资 2）减少在途库存、淤滞库存、预留库存、待检品等不可用库存，并及时处理呆废料，提高可用库存占库存总量的比例 3）做好物资存量明细表、存量基准设定表、库存费用记录表等文件的记录

2. 操作流程

采购库存专员操作流程如图2—10所示。

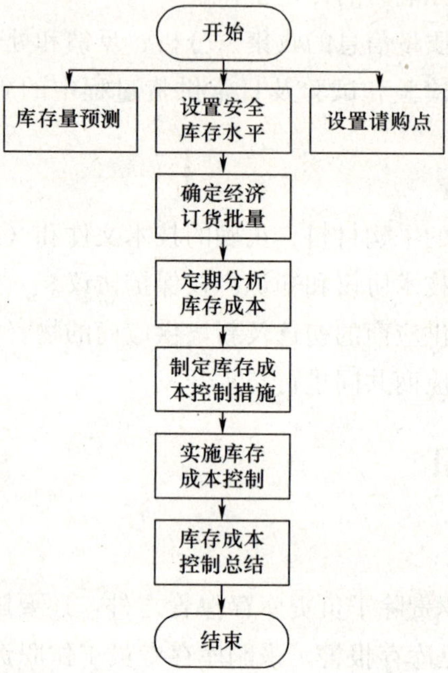

图2—10 采购库存专员操作流程

3. 采购库存常用报表

(1)库存月报表(见表2—56)

表2—56 **库存月报表**

编号: 月度:____年____月

品名	规格	单位	上期结存			本期入库			本期出库			本期结存			备注
			数量	单价	金额	数量	单价	金额	数量	单价	金额	数量	单价	金额	

(2)存量基准设定表(见表2—57)

表2—57 **存量基准设定表**

编号	品名	规格型号	单位	去年平均月用量	设定月用量	安全库存		请购量		设定请购量	最小包装量
						天数	数量	天数	数量		

仓储主管: 经办人:

（3）物资存量明细表（见表 2—58）

表 2—58　　物资存量明细表

编号：

物资名称		规格型号	
储位名称		储位编号	
物资编号		单位	
补货安全存量		最低安全库存	

日期	凭单号码	摘要	入库量	出库量	结存量	备注

（4）用量差异反应表（见表 2—59）

表 2—59　　用量差异反应表

编号：　　　　月度：　　年＿＿月

物资编号	物资名称	规格	上月用量	预估用量	实际用量	超出数量	超出百分比	原因	是否修订	拟修订用量

4. 岗位责任制度

采购库存专员岗位责任制度见表 2—60。

表 2—60　　采购库存专员岗位责任制度

制度名称	采购库存专员岗位责任制度			受控状态	
				编号	
执行部门		监督部门		编修部门	

第 1 章　总　　则

第 1 条　目的

为了保障库存货物供给，合理分布库存，降低库存管理成本，规范一系列库存控制行为，实现科学库存管理而制定本制度。

续表

第2条　适用范围

本制度适用于对各类库存货物的存量进行管理和控制。

第3条　管理职责

1. 采购库存专员职责如下：

(1) 主要负责进行库存控制分析、规划和决策。

(2) 协助进行货物盘点、库存数据记录和上报等。

(3) 在货物达到安全存量时，向相关部门发出补货需求，保证货物正常供应。

2. 采购部职责如下：

(1) 根据采购库存专员的补货计划制订物资采购计划，并合理安排采购作业。

(2) 向采购库存专员提供采购成本及费用信息。

(3) 向采购库存专员提供各类采购的提前期信息。

第2章　存量基准设置控制

第4条　预估用量

1. 需求量相对稳定的货物，根据去年的平均用量，并结合今年的业务与经营计划估计用量。

2. 遇开发或取消某一产品的生产、扩建增产计划等产销计划重大调整时，应相应修订用量。

3. 季节性与特殊性需求的货物由采购库存专员于每年3月、6月、9月、12月的25日前，依据“库存月报表”中前3个月及去年同期各月份的需求量，再考虑今年的计划情况从而设定预估用量。

第5条　设定补货点

1. 补货点＝补货作业期间的需求量＋安全存量。

2. 补货作业期间的需求量＝补货作业期限×预估月用量。

3. 安全存量＝补货作业期间的需求量×25%（差异管理率）＋等待装车（船）延误天数用量（欧美地区15天用量，日本与东南亚地区7天用量）。

第6条　设定补货提前期

采购库存专员依补货作业各阶段所需的天数确定补货提前期，经仓储主管核准后，送相关部门作为补货日期及数量的参考。

第7条　设定订货批量

1. 考虑事项包括补货作业期间的长短、最小包装量、预计到货量及仓储容量。

2. 设定数量。若为外购材料，欧美地区每次补两个月用量，亚洲地区每次补一个月用量，国内所购材料则每次补15天用量。

第8条　建立存量基准

库存管理人员将以上存量管理基准分别填入“存量基准设定表”呈仓储主管核准，并根据货物分类进行建档。

第3章　库存量控制

第9条　补货作业审核

采购库存专员提出补货需求时，由主管人员利用电脑（人工作业）查询在途量、库存量及安全存量，并对需求进行审核，核定无误后送相关部门办理补货作业。

第10条　货物需求差异管理基准

库存管理人员须严格控制库存货物需求，发现以下情况时，应视为超出了正常范围货物需求。

1. 上旬（1—10日）实际用量超出该旬设定量的____%以上者。

2. 中旬（11—20日）实际用量超出该旬设定量的____%以上者。

续表

3. 下旬（即全月）实际用量超出全月设定量的____%以上者。

第 11 条　货物需求差异反映及处理

1. 采购库存专员每月 5 日前，需针对上月开立的“货物用量差异反应表”，查明差异原因并拟订处理措施，研究是否修正“预估用量”。

2. 如需修订，应于表格的“拟修订用量”栏内修订，并经仓储部经理核准后修改存量基准。

第 12 条　库存查询及措施

采购库存专员获得核准修订月用量的“货物用量差异反应表”后，应即刻查询该货物的在途量及进度，并决定是否需修改补货点和日期。

第 4 章　采购入库及付款控制

第 13 条　相关人员办理采购物资入库时，必须同时满足以下两个条件，否则仓储部一律不予受理。

1. 到库物资符合采购订单要求。

2. 到库物资经质量管理部检验合格。

第 14 条　采购物资登记入账时，价格、质量、数量、规格型号须完全符合采购订单的要求。

第 15 条　支付物资采购费用时，必须同时满足以下三个条件，否则财务部一律不予付款。

1. 已经列入当期货币资金支出预算。

2. 双方往来账核对无误。

3. “付款申请单”已经财务部经理签字批准。

第 5 章　附　　则

第 16 条　本制度由采购部及存货管理部门共同制定，经总经理办审核批准后通过。

第 17 条　本制度自公示之日起实施。

编制日期		审核日期		批准日期	
修改标记		修改处数		修改日期	

十二、采购结算管理

1. 工作职责

采购结算主管主要负责采购部应付账款的核算与结算工作，其岗位职责如下：

（1）协助采购经理制定本部门的各种规章制度，并监督规章制度的执行情况。

（2）负责采购业务往来的分析与监督工作。

（3）负责采购结算管理协调和采购结算的日常监督工作。

（4）指导采购结算员解决工作中出现的问题。

（5）完成领导交办的其他工作。

2. 操作流程

采购结算管理操作流程见图 2—11、表 2—61。

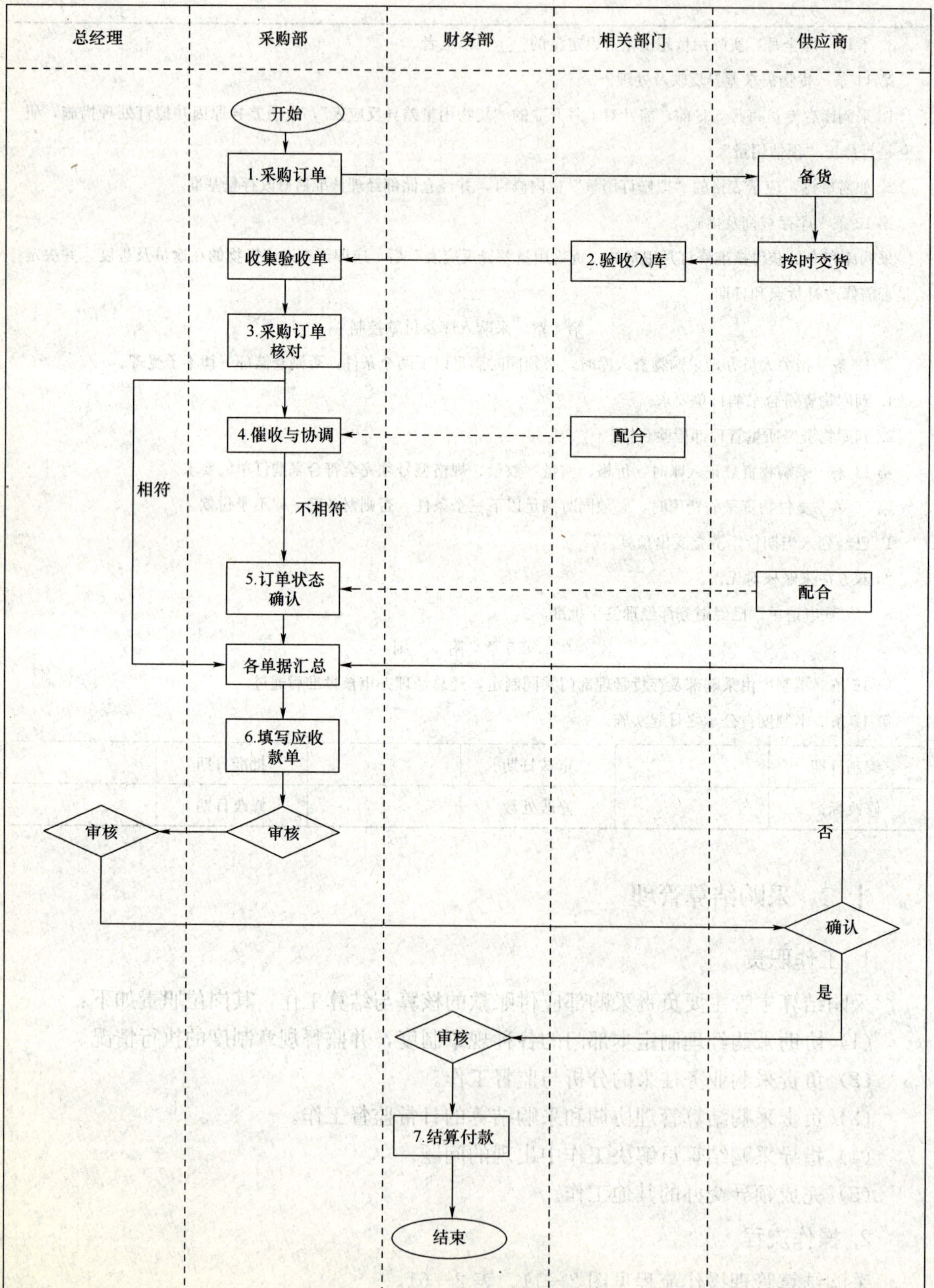

图 2—11　采购结算管理操作流程

表 2—61　　采购结算管理流程关键节点说明

任务概要	采购结算管理
关键节点	相关说明
1	采购部根据企业生产的实际需要发出采购订单，明确说明采购货品的型号、种类、技术指标、价格、数量等
2	供应商进行备货，并按订单要求按期交货，企业相关部门根据采购订单要求验货，入库，认真填写验收单等相关单据
3	采购人员将货品验收单与采购订单进行核对，若二者相符，则进行单据汇总，整理各项数据
4	若验收单不齐全或与采购订单不相符，采购人员应及时与相关部门人员进行沟通协调并催收，相关部门人员应予以配合
5	若相关部门也对采购人员提出的问题存在争议，则采购人员应及时与供应商确认订单状态，是未交货还是物资在途中或有其他原因，然后进行单据汇总
6	采购人员应根据数据汇总填写“应付账款单”，列明应付款项明细
7	采购部与供应商对“应付账款单”进行确认。采购部应将确认过的“应付账款单”交予财务部，会计人员根据采购订单、采购合同、验收单等进行审核，查验各类单据是否符合规定、数据是否相符等，若核对无误，经上级领导审批后，可安排付款

3. 常用报表

（1）预付申请表（见表 2—62）

表 2—62　　预付申请表

编号：　　　　　　　　　　　　　　　　日期：＿＿＿年＿＿月＿＿日

申请部门		申请人	
付款类别	□订金（尚未开发票）　□分批交货暂支款		
付款金额			
说明			

审核：　　　　　　财务部：　　　　　　总经理：

（2）付款申请表（见表 2—63）

表 2—63　　付款申请表

申请表编号：　　　　　　　　　　　　申请日期：　　年　　月　　日

收款供应商名称：　　　　　　　　　　合同编号：

地址：　　　　　　　　　　　　　　　电话：

序号	物资编码	名称	合同编号	合同数量	单位	单价	入库数量	金额	备注

续表

序号	物资编码	名称	合同编号	合同数量	单位	单价	入库数量	金额	备注
合计									
总金额									
特别说明	后附单据								
	其他说明								
付款申请				采购经理审批					
总经理审批				财务经理审批					

（3）现金采购申请表（见表2—64）

表2—64　　　　现金采购申请表

编号：　　　　　　　　　　　　　时间：

采购物资：　　　　　　　　　　　支票号码：

支汇汇现 票款、票金	用途	金额	供货单位全称	开户银行	账号
申请人					
财务部经理意见					
总经理意见					

（4）采购付款结算表（见表2—65）

表2—65　　　　采购付款结算表

供应商：　　　　　　　　合同号：　　　　　　　　时间：

收货单号：　　　　　　　验收单号：

品种	规格	结算规格	换算率	计算单位	数量	面积	含税单价	不含税单价	税率（%）	金额	税额	价税合计
合计												
预付金额						实付金额（大写）						
备注												

经办人：　　　　　　　　　　　　财务部经理：

4. 岗位责任制度

对采购进行结算管理时，相关部门岗位责任制度主要如下：

（1）采购部

1）负责价格信息的搜集、整理、分类和处理工作。

2）负责招标、谈判等采购价格方案的制定、调整工作。

3）负责材料价格的比对监督工作。

4）负责采购和供应价格的预警、报告工作。

5）负责供应商价格因素的评审工作。

（2）技术质量部

1）负责采购样品的取得和质量标准的制定工作。

2）负责质量信息的搜集整理和反馈工作。

3）负责重、大、新、特物资的质量检验和鉴定工作。

4）负责材料分类标准的制定和具体的分类工作。

5）负责材料技术标准的制定、判断、评价工作。

6）负责质量监督工作。

7）负责质量问题的协调、谈判、报告和处置工作。

8）负责供应商技术、质量项目的考察与评审工作。

（3）财务部

1）对采购各项规定、流程的执行情况进行监督。

2）对价格、质量、结算、供应商选择、供应配额分配的执行情况进行审计。

3）供应商经营管理资质的评审。

4）合同和票据的审查。

5）采购付款审核、结算与付款。

十三、采购招标主管

采购招标主管的岗位职责是在采购部经理的指导下全面负责招标采购的各项工作，建立招标采购工作规范，编制招标文件，开展投标评审，签订招标合同等，具体岗位职责如下：

（1）参与编制并严格执行企业的招（议）标采购管理制度和流程。

（2）制订采购招标工作计划并及时组织落实。

（3）负责从邀标、资格预审、考察、标书编制、选型封样、发标、答疑、回标到评标、清标、议标、定标的全过程组织管理工作。

（4）组织招标后合同的谈判、起草、评审和签订工作，并跟踪、监督合同的执行情况。

（5）协助进口物资采购手续的办理及报关报检工作。

（6）参与采购物资验收，协助办理入库等工作。

（7）严格执行招标采购预算，控制采购成本。

（8）收集、整理、审查供应商有关资料，参与供应商及年度合格供应商的评价工作，与供应商保持良好关系。

（9）完成上级领导交办的其他工作。

十四、采购绩效主管

1. 任职资格和标准

采购绩效主管需受过管理学、心理学、经济法、人力资源管理、财务管理等方面的知识培训，需从事过五年以上大中型企业人力资源管理工作，并担任绩效主管职位两年以上，其具体任职资格和标准如下：

（1）本科及以上学历。

（2）人力资源管理、企业管理等管理类相关专业。

（3）具备现代企业管理实操经验。

（4）具备全面的人力资源管理的专业知识、技能和经验。

（5）具备监督、指导并激励下属的能力。

（6）具有良好的职业道德素质。

（7）掌握绩效管理相关流程。

（8）善于使用绩效考核工具。

（9）具有很强的判断、决策能力。

（10）品行端正，具有亲和力。

（11）熟悉工作分析与岗位设定工作。

（12）精通各种绩效评价方法。

（13）熟练使用相关办公软件与人力资源管理软件。

（14）熟悉国家人事政策、法律法规与各种绩效评价标准。

（15）具备良好的中英文表达能力。

2. 职责范围

（1）根据公司战略与人力资源战略，建立并不断完善采购部绩效管理体系。

（2）协助部门经理制订企业各个发展阶段的各部门组织绩效计划。

（3）组织各部门绩效面谈与绩效改进计划的制订。

（4）协助上级制定公司采购部年度绩效目标、参与制定绩效管理政策。

（5）制定各业务类型绩效考核指标。

（6）对各部门绩效实施过程进行监控分析，并编制绩效分析报告。

（7）负责收集、整理、分析与确定采购各岗位绩效考核指标，建立岗位绩效指标库。

（8）负责调查绩效管理体系实施中出现的问题，并提供解决方案。

（9）充分了解部门需求，搭建绩效考核信息化平台，并对绩效考核制度进行不断完善。

（10）根据发展需求，对绩效考核标准进行及时调整，并报上级领导审核。

（11）根据绩效评价结果对员工进行奖惩，并组织实施绩效评价面谈。

（12）负责汇总各项考核信息，并撰写考核分析报告，定期向人力资源部提交审核。

（13）完成总经理临时交办的其他工作。

3. 执行标准

（1）总经理负责在企业内树立一个企业发展的总目标。

（2）采购绩效主管依据总经理制定的企业总目标，制定部门目标规划。

（3）采购人员将本部门的目标规划分解成每个具体的个人目标。

（4）采购绩效主管依据相关规定及企业的绩效制度，制订采购人员绩效评估计划，计划主要涵盖采购物资的质量绩效、采购人员工作时间绩效、采购物资的成本绩效及采购效率指标的完成情况等多方面内容。

（5）人力资源部经理对制订的采购人员绩效评估计划进行审核，符合规定的予以提交执行，否则驳回重新制订，并对不符合规定的项目计划提出改进措施和建议。

（6）根据领导的审核结果和建议，采购人员开始确立个人的采购绩效目标。

（7）采购绩效主管与人力资源部经理共同开展、实施绩效评估的管理工作。

（8）采购绩效主管与人力资源部经理共同落实绩效评估工作，主要对采购人员在采购中的物资品质绩效、价格绩效、交期及时率绩效、数量绩效、开发供应商数量及效率指标完成率等进行评估。

（9）采购绩效主管与人力资源部经理共同负责采购人员绩效反馈工作。

（10）采购绩效主管与人力资源部经理共同负责编制采购人员绩效评估报告。

（11）总经理对部门经理共同提交的采购人员绩效评估报告进行审核，符合规定的予以批准，否则驳回，按要求重新编写。

（12）人力资源部经理根据评估结果对采购人员实施奖惩措施，调整薪酬、人员培训、职位升降、奖金发放及其他相关措施。

（13）人力资源部经理负责对其审核的相关材料进行整理后的存档管理。

4. 常用报表

（1）采购绩效改进表（见表 2—66）

表 2—66　　　　采购绩效改进表

公司名称				制表时间		
所在职位				所属部门		
改进项目	负责人	查找原因	不良现状描述	改善目标计划	计划实施步骤	改进措施记录
改进效果评价及后续措施						
部门主管意见： 签字： 年 月 日			采购经理审核意见： 签字： 年 月 日			
备注						

（2）采购绩效奖惩表（见表 2—67）

表 2—67　　　　采购绩效奖惩表

公司名称		所属部门	
奖惩对象		所在职位	
采购绩效考核时间范围	年 月 日至 年 月 日		
采购绩效情况			
客观评价			
奖惩事由			
奖惩内容及形式			

采购部经理意见 签字： 盖章： 年 月 日	人力资源部审核意见 签字： 盖章： 年 月 日	总经理批审意见 签字： 盖章： 年 月 日
备注		

5. 岗位责任制度

（1）遵守国家相关的法律法规。

（2）遵守公司制度规范和办事原则。

（3）勤奋工作，恪尽职守，努力保质保量地完成企业交付的采购任务。

（4）爱惜公物，培养勤俭节约的素质，节约使用公司的财产和物资材料。

（5）积极学习专业知识及采购技巧，提高工作能力和工作技巧。

（6）保持良好的精神状态和谦虚谨慎的工作态度，认真完成领导交付的所有工作和任务。

（7）注重道德素养，懂得维护企业形象，保守企业的商业秘密，未经领导批示不得将企业的机密文件、材料等擅自复印带出办公地点。

（8）明确采购绩效考核目的：通过绩效考核，传递组织目标，引导员工提高工作绩效，挖掘员工潜能，实现公司与个人的双赢。

（9）负责考核结果的应用、奖惩、升迁等相关的人事变动。

（10）采购绩效主管在绩效考核结束后的七日之内安排绩效面谈，对与被考核者沟通出现的问题，提出自己的改进建议并记录面谈的内容。

（11）接到员工申诉后，应该在第三个工作日内作出是否受理申诉的回复，对于申诉书中没有客观事实作为依据的内容不予受理，同时应在收到申诉书五个工作日内明确答复申诉人具体的申诉处理结果。

（12）制定采购绩效改进与提升方案，保证方案的可操作性，获得管理者与员工的认可。

（13）负责绩效考核制度的修订、修改、废除等工作，并将工作情况及时向总经理汇报。

十五、采购绩效专员

1. 任职资格和标准

采购绩效专员需受过管理学、人力资源管理、财务管理等方面知识的培训，从事过三年以上大中型企业人力资源管理的相关工作，并担任本职位一年以上，其具体任职资格和标准如下：

（1）专科及以上学历。

（2）人力资源管理、企业管理等相关专业。

（3）了解国家人事政策及相关的法律法规。

（4）熟悉公司的人力资源政策，掌握绩效考核的基本方法。

（5）了解任职资格考评的基本理论和统计调查分析的基本方法。

（6）有较强的沟通、理解和分析能力。

（7）对绩效考核和培训有一定的认识。

(8) 了解各种绩效工具，熟悉绩效考核流程。

(9) 具备较强的书面和口头表达能力。

(10) 有绩效考核推行实际经验者优先。

(11) 具备良好的团队合作意识。

(12) 熟练操作办公软件，精通 Excel。

2. 职责范围

(1) 协助采购绩效主管完成绩效管理制度、方案的制定及完善工作，并监督其执行。

(2) 对各岗位人员进行绩效考核及监督控制。

(3) 协助采购绩效主管完成薪酬、福利等各项日常工作，并组织实施绩效评价制度及年度评价工作。

(4) 根据采购绩效主管的安排，对规定项目进行跟进考核。

(5) 负责收集考核制度实施过程中出现的问题，并提出解决方案。

(6) 协助采购绩效主管做好员工的培养与激励工作。

(7) 协助采购绩效主管开展绩效考核工作，并向员工解释各种相关制度性问题。

(8) 根据员工绩效考核结果，提出奖惩意见和建议。

(9) 协助采购绩效主管落实员工的奖惩工作，并组织绩效评价面谈。

(10) 参与建立、完善公司中长期激励方案的制定工作。

(11) 协助采购绩效主管完成其他与薪酬绩效有关的工作。

(12) 完成上级领导交办的其他工作。

3. 执行标准

(1) 采购部门绩效专员根据企业评估的相关规定，制定开展采购绩效评估的参照标准。

(2) 各职能部门根据自身情况，对采购部门制定的绩效评估标准提出相关的意见和建议。

(3) 采购部绩效专员再根据各职能部门反馈回来的意见和建议，对之前制定的绩效评估标准进行进一步的改进和完善。

(4) 总经理办公室要负责对制定好的绩效评估标准进行审核，符合规定的予以批准进入下个流程，不符合规定的，则给予驳回，要求继续改进标准。

(5) 采购部绩效专员根据总经理办公室给出的审核结果，确立绩效评估的标准。

(6) 采购部绩效专员负责开展实施绩效评估的具体工作，主要涉及采购计划的完成情况、库存物资的周转情况、采购成本的控制及订单处理周期等多方面内容。

(7) 采购部绩效专员负责对绩效评估的最终结果进行汇总和整理。

(8) 采购部绩效专员要根据汇总结果编写此次绩效评估的评估报告，并交由总经理审核、批阅。

（9）总经理对绩效评估报告做进一步审核，对于符合实际和规定的予以批准，否则驳回，对不符合规定的报告提出改进的建议，并要求继续改进。

（10）采购部绩效专员根据总经理办公室给出的改进建议，重新编写评估报告并确立绩效评估方案。

（11）采购部绩效专员负责根据改进后的绩效评估方案实施奖惩，同时对此次评估的相关材料进行分类、整理、存档。

4. 常用报表

（1）采购目标管理卡（见表2—68）

表2—68　　　　采购目标管理卡

公司名称					填表时间			
项目			物料合格率	计划完成率	交期准确率	库存周转率	采购成本控制	新供应商开发率
权重			30%	20%	20%	10%	10%	10%
确立目标								
选定方案								
方案	1月	计划目标						
		实际成果						
	2月	计划目标						
		实际成果						
	3月	计划目标						
		实际成果						
	……	……						
公司审评								
奖励和处罚								
负责人自评及情况说明								
备注								

（2）采购绩效考核表（见表2—69）

表2—69　　　　采购绩效考核表

公司名称				考核时间		
考核期间		年　月　日至　年　月　日				
序号	考核项目	具体内容	标准		考核结果	情况说明
			0分	1分		
1	采购流程	是否按采购的具体流程进行采购				
2	公司形象	采购过程中是否始终坚持维护公司的形象				

续表

序号	考核项目	具体内容	标准		考核结果	情况说明
			0分	1分		
3	物料合格率	所采购物料的合格率是否达到公司生产或经营规定的要求				
4	采购制度执行	是否按公司制定的采购制度进行采购				
5	采购成本控制	是否将采购成本控制在最低范围内				
6	对物料的管理	是否合理有效地对库存物料进行周转				
7	供应商的选择	是否选择对公司发展最为有益的供应商				
8	资金浪费情况	是否有错购的情况出现，造成公司资金的浪费				
9	采购计划完成情况	是否按时、按量地完成采购计划				
10	发票上交及时率	是否有采购发票上报延误或误报的现象				
11	订单延误时间	是否出现采购订单被长时间延误的情况				
部门负责人意见 签字 年 月 日		绩效主管意见 签字 年 月 日		采购经理意见 签字 年 月 日		
备注	1. 在“标准”栏下相应分值栏中打上“√” 2. 未按照规定执行的得“0分”，符合规定的得“1分” 3. 由部门主管依据数据报表开展绩效评估，肯定成果，指出不足并提出改进措施					

5. 岗位责任制度

（1）遵守国家相关的法律法规。

（2）遵守公司制度规范和办事原则。

（3）勤奋工作，恪尽职守，努力保质保量地完成企业交付的采购任务。

（4）爱惜公物，培养勤俭节约的素质，节约使用公司的财产和物资材料。

（5）积极学习专业知识及采购技巧，提高工作能力和工作技巧。

（6）保持良好的精神状态和谦虚谨慎的工作态度，认真完成领导交付的所有工作和任务。

（7）注重道德素养，懂得维护企业形象，保守企业的商业秘密，未经领导批示不得将企业的机密文件、材料等擅自复印带出办公地点。

（8）明确采购绩效考核目的：通过绩效考核，传递组织目标，引导员工提高工作绩效，挖掘员工潜能，实现公司与个人的双赢。

（9）负责绩效考核工作的前期宣传、组织、解释说明。

（10）本着公开、公平的原则，对同一岗位执行相同的考核标准，考核工作在规定的时间内准时完成，杜绝考核过程中的弄虚作假和消极应对情况，一旦发现，将给予严厉处分。

（11）实施绩效考核工作，客观评价采购人员的工作表现，并对考核工作进行监控。

（12）在考核周期内对被考核者进行绩效跟踪，收集、整理绩效过程中存在的问题，并进行记录。

（13）负责考核结果的整理、汇总、归档。

复习与思考

1. 采购总监的工作职责是什么？
2. 采购质量管理常用的表格有哪些？
3. 简述采购招标的操作流程。

第三章 采购计划与预算管理

学习目标

- ➢ 了解采购环境状况及变化规律
- ➢ 掌握采购市场分析的方法
- ➢ 了解并掌握采购需求分析与预测的方法
- ➢ 熟悉采购计划编制的方法和程序
- ➢ 掌握采购预算管理的内容

第一节 采购环境与供应市场分析

在经济全球化的背景下，采购市场的全球化初露端倪，采购方式也不断创新，进而影响着采购市场的运行，所以，采购部门负责人或采购代理公司只有事先了解采购环境，才能准确制订采购计划，有效完成采购任务。采购环境分析涉及两个方面，一方面是对采购需求市场状况进行分析，另一方面是对采购供应市场环境进行分析。同时，由于技术的不断创新、供应市场的不断变化、汇率的变动、产品生命周期及其产业转移，在实施物料采购之前，必须先对其供应市场进行仔细的调查分析，否则很难想象决定采购一个新的物料之前在对供应市场茫然无知或一知半解的情况下能真正探询到该市场的合理地位。

一、采购环境与市场调查

具体分析采购环境之前需要从宏观、中观、微观三个角度对经济环境进行整体把控，也就是进行市场调查。宏观角度就是分析宏观经济形势和政策，中观上是从行业角度来分析采购环境，微观角度则是对某一特定商品的采购环境进行分析。

1. 宏观经济形势分析

宏观经济的主要目标是高水平和快速增长的产出率、低失业率和稳定的价格水平。

宏观经济形势的分析要求我们准确把握宏观经济运行态势。通过对国民经济形势的综合分析，可以基本了解经济发展的速度，大致把握经济运行的各个方面，有利于采购需求方合理制订产销计划，进而增强各采购部门或采购代理公司制订采购需求计划的科学性和可行性。

有效进行宏观经济形势分析的前提是跟踪宏观经济变量的变化。一般来说，总供给变化、总需求变化、物价与通货膨胀率、金融市场情况等经济变量是需要实时关注的。总供给的变化实际上就是观察GDP（国内生产总值）的变化，国内生产总值反映了经济市场的供给能力。总需求的变化主要是观察消费者、企业和政府支出的总和，关键是看总需求与一般物价水平的变化关系和影响总需求的因素。通货膨胀是指商品和服务的货币价格总水平持续上涨的现象，一般通过计算物价水平的变化率来衡量通货膨胀的程度，其中主要的价格指数有消费价格指数（CPI）、GDP平减指数（GDP deflator）等。一般认为每年物价上升的比例在10％以内为温和通货膨胀，以超过10％甚至二位数或三位数的速率上涨为急剧通货膨胀，若是以每年百分之一百万甚至百分之万亿的惊人速率持续上涨就是恶性通货膨胀，这种现象反映了经济市场的极度不稳定性，需要慎重制订采购计划。

分析宏观经济形势变化有利于采购市场的发展，能够使市场变得更开阔，原料、配件的选择性更大，价格也更优惠，而产品的技术含量也将大幅度提高，且更容易进入良性循环。

2. 宏观经济政策分析

宏观经济政策的目标就是要达到高度稳定的就业水平，实现稳定的物价水平、经济增长、国际收支平衡及一定的分配目标。经济政策一般可以从财政政策和货币政策来分析。

在财政政策变化中，如果实行扩张性财政政策（在我国称为积极财政政策），政府就会扩大财政支出，降低税率，减少税种以增加总需求。这对于扭转总需求不足、经济不景气、失业增加的经济运行状态有积极意义。如果采取紧缩的财政政策，就会减少财政支出，提高税率，以控制总需求。这对于抑制总需求过剩、降低通货膨胀有重要意义。在货币政策变化中，政府会根据宏观经济形势的变化，相应调整货币政策，当经济低迷时，扩大货币供应量，降低利率，刺激总需求；当经济繁荣、通货膨胀率上升时，则实行紧缩性货币政策，缩减货币供应量，提高利率，避免经济过度膨胀。了解国家的宏观财政政策和货币政策可以大致把握宏观经济政策的发展动态，便于准确、有效地对采购需求进行分析。

3. 行业状况与商品供求形势分析

根据市场经济的发展进程及对外开放程度，深入分析行业的发展状况、增长态势，有助于对商品的供求形势做出准确判断。分析行业发展状况的方法，常采用波特五力竞争分析模型，其中五种竞争力量分别为行业内现有企业之间的竞争程度、潜在进入者的威胁、供应商的力量、替代产品的威胁、采购者讨价还价的能力，这五种竞争力量的集合决定了产业的盈利能力，其原因是它们影响产业内价格、成本和企业所需的投资，即影响了投资收益率的诸要素。例如采购者的力量影响企业能够索取的价格，替代品威胁使企业失去市场，供应商的力量决定了原材料和其他各种投入的成本，现有竞争者的力量影响企业产品价格、厂房设施、产品开发、广告宣传和推销队伍等各方面的成本，新的竞争厂商进入市场的威胁限制了价格，并造成了防御成本的增加。

预测行业的发展趋势需要分析行业增长过程中的投资、消费和出口的影响因素。投资是拉动行业增长的主要力量，全社会固定资产投资保持较快增长，尤其是民间投资成为新的亮点，将可以拉动全年增长速度。不过，投资快速增长也存在一定问题。一方面，当部分行业供求格局发生变化、企业库存开始增加的时候，企业自身的投资增长将受到一定影响；另一方面，当一些行业出现投资增速过快、投资结构不尽合理的时候，会引起“经济过热”的担心，预计部分行业的投资将受到政策方面的限制。消费对行业增长有不小的贡献，随着居民消费结构的升级，消费需求的增加将加速该行业的扩张趋势，当处于消费形态快速变化的时期，消费热点主要集中在住、行等价值量大的高档商品，增长拉动力量强劲。出口对行业增长的拉动作用很明显，出口快速增长对经济发展和行业增长都具有一定的拉动作用。

4. 预测特定商品价格走势

特定商品的价格走势可以通过调查商品价格的历史资料进行预测。国内商品价格历史资料可以通过国家统计局、中国人民银行和有关部委发布的商品价格（指数）报告获取。国家统计局定期发布全国工业品出厂价格（即 PPI）统计，中国人民银行定期公布批发价格指数，农业部每日发布全国农产品批发价格指数。此外，企业还可以通过行业协会、商品交易所和专门的数据公司等部门，获得所需商品价格的历史资料。搜集到数据之后，用图形显示商品价格变化的趋势就可以观察到行情的变化。这种变化基本可以分为 4 种类型：确定性运行趋势，在所观察的整个期间，某类商品市场价格以不同的比率稳步上升、下降或作水平运动；与一般市场运行相符合的周期性波动趋势，它以循环波动和季节波动为特征；不规则性波动趋势，不规则波动融入了许多复杂的因素；确定性波动趋势与不规则波动趋势相组合，表现为在基本确定的长期行情趋势运行中，含有短期不规则的随机波动。

5. 国内外采购市场行情

全球采购市场的综合分析包括不同市场的份额分析、各国采购量变化趋势分析、出口市场竞争状况分析、对现有市场的分析和监控以及市场交易量或市场交易价比较。

（1）不同市场的份额分析

通过不同年度各个市场从中国的进口量可以判断市场空间的大小，并对各个市场容量做出对比分析。

（2）各国或地区采购量变化趋势分析

首先对各个国家或地区在华采购某产品的量进行定期汇总。通过汇总的贸易统计数据，反映不同目标市场采购量的动态变化趋势。

（3）出口市场竞争状况分析

如果了解国内竞争对手竞争分布就可以对竞争区域的产品特点做出一个估计分析，从而采取有针对性的贸易决策。具体包括：按供应商统计的竞争状况分析，反映企业竞争对手定期的出口情况及其在该时段所占份额；按启运港口统计的竞争区域分布、区域出口量及其在目标市场的竞争状况分析竞争对手的分布状况、出口量与价格，明确企业自身市场地位，根据竞争状况调整出口战略。

（4）对现有市场的分析和监控

作为企业重点开发与维护的现有市场意义重大。但市场行情变幻莫测，企业是否能做到对该市场准确、即时的把握，在很大程度上取决于对现有市场所进行的分析。通过数据分析报告，对特定市场价格、采购量、竞争区域等类目的分析，企业可以明确在现有市场中所面临的机会与挑战，从而进一步巩固并提升企业在该市场的占有率。具体的监测内容如下：

1）价格监控——明确市场价格的波动范围，预测变化趋势。

2）采购量监控——明确市场采购量变化，掌握变动规律。

3）竞争区域监控——关注竞争对手区域分布，提高风险管理水平。

通过对目标市场价格、采购量与竞争状况的监控，明确企业在现有市场中存在的机会与挑战，确立竞争优势，稳定企业发展。

（5）市场交易量或市场交易价比较分析

国际市场总是在不断发展变化的，因此，对全球市场采购量与价格的动态分析对于客户开发或维护特定市场意义重大。通过量价动态分析图表可以为企业提供一定时段内的量价走势，具体包括以下几方面：

需求量和需求价格综合走势分析——找到需求量和价格变化趋势相对稳定的市场；明确需求量与价格之间的相互影响及其变化规律；对未来市场的需求量及价格变化做出预测。

需求量和需求价格对比分析——在确定的变化区间内制定出一个合理的价格；判断需求量对价格的敏感程度，因为一个市场需求量的增加，往往可以引起价格的提高，通过需求量的变化可以反映出其对价格的敏感程度。通过对全球各个进口市场量、价格的分析比较，明确采购量与价格的对应关系，判断目标市场走势。

6. 采购市场调查

对采购来说，市场调查是一个必不可少的环节，各采购部门或者采购代理公司在按照有效经营产生的需求确定采购商品后，需要进行市场调查，货比多家才能以最少的采购成本获得最大的收益。这里所说的商品是指广义的商品，包括产品、劳务、原材料、附加服务等。采购中的市场调查一般是针对采购前生产资料市场的调查和消费资料市场的调查，采购前各单位根据生产资料市场制订年度生产或者运行计划，然后根据年度生产或者运行计划确定采购商品进而调查消费资料市场以确定采购量。

（1）采购市场调查的目的

对于不同的企业和商家而言，采购调查的目的各不相同。但是通常情况下，以采购为核心的市场调查的目的主要包括为编制和修订采购计划进行需求确定，确定现有供应商之间的关系，明确市场竞争情况等。通过市场调查可以明确现有供货商的供货能力、价格变化、市场垄断地位等，可以帮助企业调整优化现有供应商结构，挖掘潜在市场及供应商，规划企业采购与供应战略。

（2）采购市场调查的程序

采购市场调查与一般的市场调查步骤相似，主要分为前期准备工作、正式调查、综合分析整理资料和提出调查报告四个阶段。

1）前期准备工作阶段。对企业提供的资料进行初步分析，明确调查课题的目的和范围，以选定最主要也是最需要的调查目标，制定出市场调查方案，主要包括市场调查的内容、方法和步骤，调查计划的可行性、经费预算、调查时间及调查进度等。

2）正式调查阶段。根据前期准备阶段确定的市场调查方案进行调查。市场调查的内容及方法因企业调查目的的不同而不同，主要有以下三种。①采购需求调查，调查的主要内容包括现有市场的需求量及其影响因素，特别要重点进行购买力、购买动机和潜在需求的调查，其核心是确定未来市场需求，再相应分解为各原料的采购需求；②供应商关系调查，调查内容包括供应商的供应能力、竞争力、合作倾向、经营战略、新产品和新技术开发、价格变动及定价策略等情况，还要注意观察潜在供应商的动向；③政策法规调查，政府政策的变化，法律、法规的实施都对企业的采购行为有重大的影响。

3）综合分析整理资料阶段。当统计分析研究和现场直接调查完成以后，市场调查人员就掌握了大量的一手。对这些资料首先应进行编辑，选取一切有关的、重要的，剔除没有参考价值的。然后对这些资料进行编组或分类，使之成为某种可供备用的形式。最后把有关资料用适当的表格形式展示出来，以便说明问题或从中发现问题或规律。

4）提出调查报告阶段。经过对调查材料的综合分析整理，便可根据调查目的写出调查报告，得出调查结论。值得注意的是，调查人员不应当把调查报告看作是市场调查的结束，而应继续注意市场变化，以检验调查结果的准确性，并发现市场新的趋势，为改进以后的调查打好基础。

（3）市场调查的方法

市场调查的方法可以分为统计分析研究法和现场直接调查法。一般来说，与采购有关的生产资料市场研究较多地采用统计分析研究法，而消费资料市场则以现场调查为主。现场直接调查包括询问法、观察法、实验法和问卷法四种方法。

1）询问法。询问法是指调查者用被调查者愿意接受的方式向其提出问题，得到回答，获得所需要的资料。询问法分为以下三种方法：

①结构式访问。这是事先设计好的、有一定结构访问问卷的调查方法。调查人员要按照事先设计好的调查表或访问提纲进行访问，以相同的提问方式和记录方式进行访问。提问的语气和态度也要尽可能保持一致。

②无结构式访问。这是没有统一问卷，由调查人员与被访问者自由交谈的访问。它可以根据调查的内容进行广泛的交流。例如，针对商品的价格进行交谈，了解被调查者对价格的看法。

③集体访问。这是通过集体座谈的方式听取被访问者的想法，收集信息资料的一种调查方法，可以分为专家集体访问和消费者集体访问。

2）观察法。由调查人员根据调查研究的对象，利用眼睛、耳朵等感官以直接观察的方式对其进行考察并搜集资料。例如，市场调查人员到被访问者的销售场所去观察商品的品牌及包装情况。

3）实验法。由调查人员根据调查的要求，用实验的方式，将调查对象控制在特定的环境条件下，对其进行观察以获得相应的信息。控制对象可以是产品的价格、品质、包装等，在可控制的条件下观察市场现象，揭示在自然条件下不易发生的市场规律，这种方法主要用于市场销售实验和消费者使用实验。

4）问卷法。在一般的采购市场调查中，问卷法是采用得最广的一种市场调查方式，是调查人员根据调查目的和要求，以一定的理论假设为基础提出来的，由一系列问题和备选答案及其他辅助内容组成，是向被调查者搜集资料和信息的工具。问卷调查法在网络市场调查中的运用也较为普遍。通过设计调查问卷，让接受调查对象将自己的意见或答案填入问卷中，通过被调查者填写调查表的方式获得所调查对象的信息从而获取足够的信息资料。

二、采购供应市场分析

供应市场分析是指企业为满足发展的需要，针对所采购的物品或服务进行供应商、供应价格、供应量等相关数据的调研、收集、整理和归纳，从中分析出所有相关要素以获取最大回报的过程。它包括供应商所在国家或地区的宏观经济分析、供应行业及其市场的中观经济分析，以及供应商的微观经济分析。供应市场分析需要了解供应商、供应市场结构、供应市场层次的情况。

1. 供应商调查

供应商调查可以分为三个步骤：首先是初步供应商调查，其次是资源市场调查，最后是深入供应商调查。

初步供应商调查是对供应商基本情况的了解，其目的有两个：一是为选择最佳供应商做准备，二是了解掌握整个资源市场的情况，因为多个供应商基本情况的汇总就是整个资源市场的基本情况。初步供应商调查只能了解一些简单的、基本的情况，如果能够对资源市场中所有供应商都进行调查和了解，就能够掌握资源市场的基本状况。

供应商的主要信息可以从以下 9 个方面获得：

（1）国内外采购指南。

（2）国内外新闻传播媒体（如报纸、期刊、广播电台、电视、网络等）。

（3）国内外产品发布会、产品展销会。

（4）国内外行业协会、企业协会会员名录、产业公报。

（5）政府组织的各类商品订货会。

（6）国内外各种厂商联谊会或同行业工会。

（7）国内外政府相关统计调查报告或刊物，如工厂统计资料、产业或相关研究报告。

（8）整体性的媒体招商广告，如电视、报纸做全国性或区域性的招商广告，在预定期举办说明会，介绍公司状况。

（9）同行市场调研，采购人员可通过对同行业（竞争对手）的供应商情况进行调查，发现优良商品供应商的信息来源。

初步供应商的调查可以通过互联网、制定调查问卷和实地调查的形式搜索信息，调查的主要内容为产品是竞争性商品还是垄断性商品。若是垄断性商品，那么企业在进行采购时往往处于较被动的地位。若是竞争性商品，则应考虑供应商的竞争态势，产品的销售情况，市场份额，产品的价格水平是否合适；产品的品种、规格和质量水平是否符合企业需要，产品的价格水平；供应商的成本、实力、规模，产品的生产能力，技术水平，管理水平，企业的信用度；供应商相对于本企业的地理交通情况等。

2. 供应市场结构

市场结构通常可以分为卖方完全垄断市场、垄断性竞争市场、寡头垄断下的竞争市场、完全竞争市场、买方寡头垄断市场和买方垄断市场。

（1）卖方完全垄断市场

卖方完全垄断是指市场上只有一个供应商和多个购买者。这种市场结构是购买方完全处于不利状态的市场，因为只有一家供应商提供货物，供应价格完全由供应商说了算。这种市场结构通常都是受到政府管制的，例如，在美国，为了保持价格的合理性，多数的垄断者（如公共事业）都受到管制。因为如果没有管制，作为垄断者的卖方就可能会随心所欲地定价。按其产生的原因，完全垄断可分为自然垄断、政府垄断和控制垄断。自然垄断往往来源于显著的规模经济，如飞机发动机、供电等领域；政府垄断是基于政府给予的特许经营权，如铁路、邮政及其他公用设施等；控制垄断包括因拥有专利权或专门的资源等而产生的垄断。

（2）垄断性竞争市场

垄断性竞争市场是指有少数卖方和许多买方的市场。垄断性竞争市场中供应商的数量较卖方完全垄断市场中的要多一些，新的卖方通过产品的差异性来区别于其他的卖方。一般只有少数几家公司控制市场，但是它们通过提供大量的不同产品来和其他公司竞争，并取得市场份额。这种市场结构是最具有现实意义的市场结构，其中存在若干的供应商，各供应商所提供的商品不同质，企业进入和退出市场完全自由。多数日用消费品、耐用消费品和工业产品的市场都属于此类。

（3）寡头垄断下的竞争市场

同样是少数卖方和许多买方，但这类行业存在明显的规模经济，市场准入障碍明显，价格由行业领导者控制。一个公司给出一个价格后，行业内的其他公司通常就会快速采纳这个价格。钢铁市场和石油市场是典型的寡头垄断下的竞争市场。

（4）完全竞争市场

完全竞争市场是典型的多对多市场。完全竞争市场中有许多的卖方和买方，所有的卖方和买方都具有同等的重要性。在现实供需市场中，卖方与买方具有完全同等的地位是不可能的，因此大多数市场都不是完全竞争市场，但是可以像完全竞争市场那样高效地运作，价格是由分享该市场的所有采购商和供应商共同影响确定的。该市场具有高度的透明性，不同供应商的产品结构、质量与性能几乎没有差异，市场信息完备，产品的进出障碍小。这类市场主要存在于专业产品市场、期货市场等。

（5）买方寡头垄断市场

买方寡头垄断市场是指有许多卖方和少量买方的市场。在这种市场中，买方处于主导地位，对定价有很大的影响，因为所有卖方都在为生意进行激烈竞争。汽车工业中半成品和部件的市场就是如此。一些专门采用集团采购后也容易形成这种市场。

（6）买方垄断市场

买方垄断市场是指有几个卖方和一个买方的市场。这是和卖方完全垄断相反的情况，在这种市场中，买方控制价格。这种类型的市场有美国的军事战斗机市场、铁路用的机车和车辆的采购市场等。

不同的市场结构决定了采购企业在买卖中的不同地位，因而必须采取不同的采购策略和方法。从产品设计的角度出发，应尽量避免选择完全垄断市场中的产品，如不得已，就应该与供应商结成合作伙伴关系。对于垄断竞争市场，应尽可能优化已有的供应商并发展其成为伙伴型的供应商；对于寡头垄断市场，应尽最大可能与供应商结成伙伴型的互利合作关系。在完全竞争市场下，应把供应商看作商业型的供应业务合作关系。此类市场中的供应商数量多且供应商基本已经没有超额利润，可以充分利用主动选择权，分析和预测供应市场，建立竞争性机制。同时，要使其竞争者有机会进入供应商名单，创建一个兼顾动态性和稳定性的供应商队伍。

3. 供应市场的层次分析

（1）宏观经济分析

宏观经济分析是指分析一般经济环境以及影响未来供需平衡的因素，如产业范围、经济增长率、产业政策及发展方向、行业设施利用率、货币汇率及利率、税收政策和税率、政府体制结构与政治环境、关税政策与进出口限制、人工成本、通货膨胀、消费价格指数、订购状况等。

（2）中观经济分析

中观经济分析比宏观经济分析的范围要小，它主要集中研究特定的行业、部门。在这个层次，很多信息都可以从国家的中央统计部门和行业信息机构中获得。这个层次需要处理的信息主要有供求状况、行业效率、行业增长状态、行业生产与库存量、市场供应结构、供应商的数量与分布等。

（3）微观经济分析

微观经济分析集中于评估个别产业供应和产品的优势与劣势，如供应商财务审计、组织架构、质量体系与水平、产品开发能力、工艺水平、生产能力与产量、交货周期及准时率、服务质量、成本结构与价格水平、作为供应商认证程序一部分的质量审计等。它的目标是透彻地了解供应商的特定能力和其长期市场地位。

企业内部环境分析主要体现在领导对采购工作的重视程度、各部门对采购工作的支持力度、信息技术在采购工作中的应用程度等。分析企业内部环境的方法可归纳为两大类，一类为纵向分析，即在历史分析的基础上对企业各方面的发展趋势做出预测；另一类为横向分析，即将企业的情况与行业平均水平作横向比较分析。

本节将简单介绍两种较先进的企业内部环境分析技术方法：经验效益（或称经验曲线）法和价值链分析法。

1）经验效益（或称经验曲线）法。经验效益是指企业在生产某种产品或服务的过程中，随着累积产品产量的增加，生产单位产品的成本下降。其计算公式如下：

$$C_q = C_n(q/n) - b$$

式中 q——现时的经验（累积产量）；

n——以前某时的经验（累积产量）；

C_q——第 q 个产品的单位成本（考虑到通货膨胀因素并加以调整）；

C_n——第 n 个产品的单位成本（考虑到通货膨胀因素并加以调整）；

b——取决于学习率，不同的学习率对应不同的常数。

当学习率一定（即常数 b 一定）时，单位产品成本的降低幅度取决于现时经验 q 与以前经验 n 的比值 q/n。

一般来说，经验效益有下列几方面的来源：劳动效率的提高；劳动分工与重新设计的工作方法；新的生产工艺；生产设备效率的提高；产品的标准化和产品的重新设计；有效地利用资源。经验效益所揭示的规律是随着经验的增加，单位产品成本降低。

因此，对处于有经验效益产业（如钢铁行业）中的企业来说，追求以经验效益为基础的成本领先战略是一条可取的竞争战略。一方面，较低的产品成本使企业获得高于行业平均的收益；另一方面，在价格竞争战中企业可降低产品售价，掌握竞争中的主动权。

2）价值链分析法。企业的价值链就是企业所从事的各种活动——设计、生产、销售、发运以及支持性活动的集合体。价值链中的价值活动可分为两大类，即基本活动和支持性活动（或辅助活动）。

①基本活动要素包括：

a. 进料后勤，包括收货、存储、原材料整理、发放材料与产品生产单位、库存控制、运输车辆的调度以及原料退货等活动。

b. 生产，即将生产要素投入转变成最终产品的活动，如机械加工、装配、包装、组装、机器维修、产品检查、打印和厂房设施管理等。

c. 发货后勤，有关集中、存储和将产品实际分销给客户的活动，它包括收集成品、入库储存、订单处理、发货车辆的调度等活动。

d. 销售，为顾客提供购买本企业产品的途径或方式并促使其购买的各种活动，如广告、促销、销售人员安排、分配定额、分销渠道的选择、与销售渠道的公共关系、定价策略等。

e. 服务，提供各种服务以提高或保持产品价值的活动，如安装、修理、人员培训、零配件供应以及产品的调试等。

②支持性活动（辅助活动）要素包括：

企业的价值链一方面可以对每项价值活动进行逐项分析，以发现企业存在的优势和劣势；另一方面可以分析这个价值链中各项活动的内部联系。

a. 采购，这里的采购是指购买用于价值链中的生产要素投入的一种职能活动，而非所购买的要素投入。像所有的价值活动一样，采购活动也需运用一定的“技术”，如与客户打交道的手续、标准规则以及信息系统等。

b. 技术开发，技术开发包括旨在改进产品和生产过程的一系列活动，而这些活动通常由企业的工程技术部门和研究与开发部门来完成。

c. 人力资源管理，它涉及人员的遴选、录用、培训、技能发展以及制定各类人员的报酬制度等一些活动。

d. 企业基础设施管理，企业基础设施管理包括总体管理、企业计划、企业财务、会计核算、法则事务、与政府间的事务以及质量管理等。

第二节　采购需求分析与计划编制

采购的五大要素包括供应商（地点）、时间、价格、数量及品质，即“5 个合适”，需要在理解和明确客户需求的基础上进行采购需求分析。

采购需求分析是采购作业流程的首要环节，它是指采购部门为最终得到一份确实可靠、科学合理的采购任务清单，在全面了解采购单位全部需求特征的基础上，分析、预测和确定采购内容、采购数量、采购时间以及采购方式的过程，同时为做出采购决策以及采购战略提供有效依据。

一、理解客户需求

组织的每一次采购都是为了满足组织的某种需求。有效的采购首先要求采购人员充分理解所购物品将要实现什么功能，理解怎样描述需求、怎样决定和检测质量，即决定要购买什么物品以及买入的物品是否能够满足既定的要求。所以，明确需求的第一步就是决定需要什么以及为什么需要。实际上，这一过程包含了以下三个步骤：

首先，企业的需要是通过紧紧围绕顾客的需要而产生的。

其次，决定哪个市场能够提供这种产品。

最后，在这种情况下，就什么是产品的最优价值做出结论。

采购研究普遍表明，提高采购价值的机会70%在于发现需求和描述需求这两个阶段。

理论上，只要不断检查内外部客户在当前和未来的需求，就会发现企业当前和今后应该服务的需求领域，然后将其描述即可。这听起来很简单，但实际上却存在各种困难。

例如，在质量方面，自从物料需求计划以及准时制生产方式这些概念出现后，质量被赋予了新的含义。当没有安全库存可用，并且要求部件刚好在使用之前到达时，它们的质量一定是完全可接受的。这种额外的压力，以及其他所有保证高质量的迫切要求，已经促使买方努力从供应商那里寻求质量保证。在很多情况下，这种努力已经牵涉到了供应商资格认证以及合作伙伴关系的发展。对质量的热衷已经促使企业在采购过程中更多地使用团队采购的方式。同时，它的影响还包括：促成了采购企业的一系列变革；对供应商进行合理化改革成为一种趋势；买卖双方的合作得到了加强；长期合约关系日益巩固；在采购决策中重新考虑价格和质量的协调也变得日益重要。以上所述表明，人们对质量的理解不仅一直在发生变化，而且涉及与供应商关系。可以说，客户对质量的需求处于与其他需求的互动变化当中。

在实际日常采购工作中，所明确的需求内容主要包括：

（1）确切的需求是什么（质量、型号、尺寸、性能等）。

（2）如何检测质量（物资检验标准）。

（3）需要多少（数量）。

（4）什么时候需要（采购交货期）。

（5）什么地方交货（交货地点）。

（6）以何种方式运输（运输条件）。

（7）供应商需要客户支持的性质及其程度。

（8）供应商还需要履行的其他义务并提供所需信息。

二、采购需求确定

采购需求是指对采购标的的特征描述。要实施采购就一定要搞清楚采购需求，好的采购需求能够合理、客观地反映采购标的的主要特征以及要求供应商响应的条件，符合适用原则、非歧视原则，并能够切合市场实际。采购需求的确定方法主要包括：

1. 根据物资消耗定额确定采购需求

物资消耗定额，是指在一定的生产技术组织条件下，生产单位产品或完成单位工作量所必须消耗物资的标准量。如制造一台叉车或一个零件消耗多少钢材、生铁。物资消耗定额按物资的种类划分一般可分为主要材料消耗定额、辅助材料消耗定额、零件材料消耗定额、燃料消耗定额、电力消耗定额、设备维修材料消耗定额、工具消耗定额等。工业企业制定物资消耗定额的方法通常有以下三种：

（1）技术分析法

技术分析法是一种按产品结构设计、技术特点、加工设备和工艺流程来制定物资消耗定额的方法。这种方法比较科学，但需要精确计算，工作量较大。

（2）统计分析法

统计分析法是根据以往生产中物资消耗的统计资料，经过分析研究并考虑计划期内生产技术组织条件变化等因素而制定定额的方法。采用这种方法时，需要有详细可靠的统计资料。例如，要制定某种产品的物料消耗定额，可以根据过去一段时间的仓库领料记录和同期产品的产出记录进行统计，然后计算出平均每个产品的材料消耗量。这个平均消耗量就可以看成是该产品的物料消耗定额。

（3）经验估计法

经验估计法是根据技术人员、工人的实际生产经验，参考有关技术文件，考虑企业在计划期内生产条件变化等因素制定定额的方法。这种方法简单易行，但科学性较差。

2. 用预测方法确定采购需求

在采购需求分析中也可以运用预测的办法进行分析。预测的基本原理就是根据企业过去的物资消耗情况找出企业物资消耗的规律，根据这个规律来预测未来企业物资的需求量。预测的方法有很多种，可以用判断分析预测法，也可以用时间序列分析预测法。因为在企业生产过程中时间因素的影响比较明显，所以一般多用时间序列分析预测法，如简单平滑法、移动平均法、加权平均法、指数平滑法、回归分析法等。除了一般的市场预测方法之外，企业常用的方法还有推导分析法、统计分析法和物资消耗定额法。

推导分析是指根据企业主产品的生产计划、结构文件和库存文件，分别计算出主产品所有零部件的需求时间和需求数量的过程。推导分析必须进行严格的推导计算，不能凭空估计。

推导分析法实施的具体步骤如下：

（1）制订主产品的生产计划

主产品是指企业提供给社会的主要产成品。例如，冰箱制造厂的主产品是冰箱，手机生产商的主产品是手机。主产品的生产计划是企业接受社会订货或者计划提供给社会的主产品的数量和进度计划，它是企业生产和采购的主要依据。对于订货型企业，这个计划主要是根据社会对主产品的订货计划生成的；对于备货型企业，这个计划主要是企业通过市场分析、市场预测和制订经营计划而生成的。

但是，企业生产和采购还有另外一个次要依据，就是社会维修企业对社会上处于使用状态的主产品进行维修保养所需要的零部件的需求计划，这些零部件的生产或采购也需要由企业承担。

(2) 制定主产品的结构文件

确定装配主产品需要哪些零部件、原材料及各自需要的数量，哪些要自制，哪些要外购，其中自制件在制造过程中又需要哪些零部件、原材料及需要的数量，这样逐层分解，一直分解到最底层的原材料层次，即形成主产品的结构文件。在这个结构文件里，每一个层次的每一个零部件都要标出需要数量、是自制还是外购及生产提前期或采购提前期。

由主产品的结构文件可以统计得出完整的资料，即为了在某一时间之前生产出既定数量的主产品，分别需要提前多长时间生产什么零部件、生产多少，需要提前多长时间采购什么零部件和原材料及采购多少。

(3) 制定库存文件

库存文件是主产品及其所有零部件、原材料的现有库存量清单文件，即“主产品零部件库存一览表”。采购人员从仓库保管员处了解“主产品零部件生产采购一览表”中所有零部件、原材料的现有库存量及消耗速率，经过整理得到库存文件。

(4) 推导采购需求量

根据主产品的生产计划（包括维修所需零部件的需求计划）、主产品结构文件和库存文件，推导出下个月需要采购的零部件数量和原材料数量。

设 p_i 是第 i 种零部件下月需求量，P 是主产品下月的计划生产量，n_i 是一个主产品中包含第 i 种零部件的个数，p_{ni} 是第 i 种零部件下月的外订货数量（社会维修订货数量）。则第 i 种零部件下月需求量可用下式确定：$P_i=P\times n_i+P_{ni}$。

统计分析是指运用统计方法对采购的原始资料进行分析，找出各种物料需求的规律。在采购需求分析中，统计分析法应用最为普遍。在采购需求的统计分析中，最基本的原始资料主要有各个单位的“采购申请单”“销售日报表”“领料单”和“生产计划任务单”等。

在现实生产中，统计分析法通常包括以下两种：

1) 对采购申请单进行汇总统计。目前，很多企业都采用如下模式：要求下属各单位每月提交一份采购申请表，提出每个单位下月的采购品种和数量，然后采购部门对这些表格进行统计汇总，将相同品种的需求数量相加，得出下月总的采购任务表，再根据此表制订下月的采购计划。

这种模式简单易行，但也存在一些问题：一是对市场反应不灵敏；二是库存负担重，风险大。一个月采购一次，会使采购批量增大，物资供应的时间延长，如果市场需求变化快，则有可能采购时是畅销的物资，但物资到达时就变成滞销物资了。这样，既占用了大量资金，又增加了保管费用，从而增加了经营成本，影响了企业的经济效益。

2）对各单位销售日报表进行统计。对于流通企业来说，每天的销售就是客户对企业物资的需求，需求速率的大小反映企业物资消耗的快慢，因此，由每天的销售日报表就可以统计得出企业物资的消耗规律。消耗的物资需要补充，也就需要采购，因此物资消耗规律也就是物资采购需求的规律。

第三节　采购计划编制

一、采购计划的概念

采购计划，是指企业管理人员在了解市场供求情况、认识企业生产经营活动过程和掌握物料消耗规律的基础上对计划期内物料采购管理活动所作的预见性安排和部署。它包括两部分内容：一是采购计划的编制，二是采购订单的制定。这两部分内容需要综合平衡，以保证物料的正常供应，并降低库存和成本。

采购计划有广义和狭义之分，广义的采购计划是为保证供应各项生产经营活动的物料需要量而编制的各种采购计划的总称。狭义的采购计划是指年度采购计划，即对企业计划年度内生产经营活动所需采购的各种物料的数量和时间等所作的安排和部署。采购计划是企业生产计划的一部分，也是企业年度计划与目标的组成部分。

采购计划可以从不同的角度进行分类：

1. 按物品自然属性分类

采购计划按物品自然属性分类，可分为金属材料采购计划、机电产品采购计划、非金属材料采购计划等。

2. 按计划期长短分类

采购计划按计划期长短分类，可分为年度物品采购计划、季度物品采购计划、月度物品采购计划等。

3. 按物品使用方向分类

采购计划按物品使用方向分类，可分为生产用物品采购计划、维修用物品采购计划、基本建设用物品采购计划、技术改造措施用物品采购计划、科研用物品采购计划、企业管理用物品采购计划等。

4. 按采购计划程序分类

采购计划按程序分类，可分为采购认证计划、采购订单计划等。

二、影响采购计划的主要因素

影响采购计划制订的因素，主要包括采购环境、年度销售计划、年度生产计划、用料清单、存量管制卡、物料标准成本、生产效率等，具体说明如下：

1. 采购环境

采购活动发生在充满大量不可控因素的环境中，这些因素包括外界不可控因素，如国内外经济发展状况、人力增长、政治体制等。内部不可控因素，如财务状况、技术水准、厂房设备、人力资源以及企业声誉等。这些因素的变化都会对企业的采购计划和预算产生一定影响。采购人员应根据环境的变化编制对企业有利的计划和预算。

2. 年度销售计划

生产计划一般源于销售计划，若销售计划过于乐观，可能使产品积压，造成企业的财务负债；反之，过度保守的销售计划，可能使生产出来的产品不足以满足顾客所需，白白丧失了创造利润的机会。因此，销售计划的制订和完善对生产计划及采购计划的制订至关重要。

3. 年度生产计划

企业采购一般源于生产计划，若生产计划过度保守、消极，将使得产量不足以供应客户所需；反之，生产计划过于乐观，则可能会使多余产量变成存货。而市场的不稳定性，常常使生产人员不得不进行修改，这也使得采购计划必须时常进行修正。

4. 用料清单

生产计划只列出所需生产产品的数量，无法直接知道某一产品使用哪些物料以及用多少，因而采购计划的准确性必须依赖最新、最准确的用料清单。

5. 存量管制卡

存量管制卡记载是否正确，是影响采购计划准确性的因素之一。如果产成品有存货，那么生产数量不一定要等于销售数量；同理，若材料有库存，则材料采购数量也不一定是材料需用量。因而，必须建立记载正确的物料存量管制卡，并依据需求量算出正确的采购数量。

6. 物料标准成本

编制采购预算时，由于价格涨跌幅度、市场走势、汇率变动等因素的影响，难以预测未来采购物料的价格，这时应用标准成本代替。设定标准成本时应该依据往年采购数据，通过精确计算原料、人工及制造费用等组合或生产的总成本，来保证物料标准成本的准确性。

7. 生产效率

预测物料需求及实际耗用量受生产效率高低的影响。若生产效率高，原物料的单位耗用量降低，会使得采购计划的数量过多，从而出现物料积压现象；反之，若生产效率低，将导致原物料的单位耗用量提高，使得采购计划的数量不能够满足生产所需，所以这种情况必须将额外的耗用率计算进采购计划中去，避免原物料短缺现象的发生。

三、采购计划编制

采购计划编制是确定从企业外部采购哪些产品和服务能更好满足企业经营需求的过程，其需要考虑的事项包括是否采购、怎样采购、采购什么以及何时采购。一项好的计划可以使企业的采购管理有条不紊地顺利实现。采购计划编制包括两部分内容：采购认证计划的制订和采购订单计划的制订。具体又可分为 8 个环节，即准备认证计划、评估认证需求、计算认证容量、制订认证计划、准备订单计划、评估订单需求、计算订单容量、制订订单计划。采购计划编制流程如图 3—1 所示。采购计划编制流程中每个环节的具体工作包括以下内容。

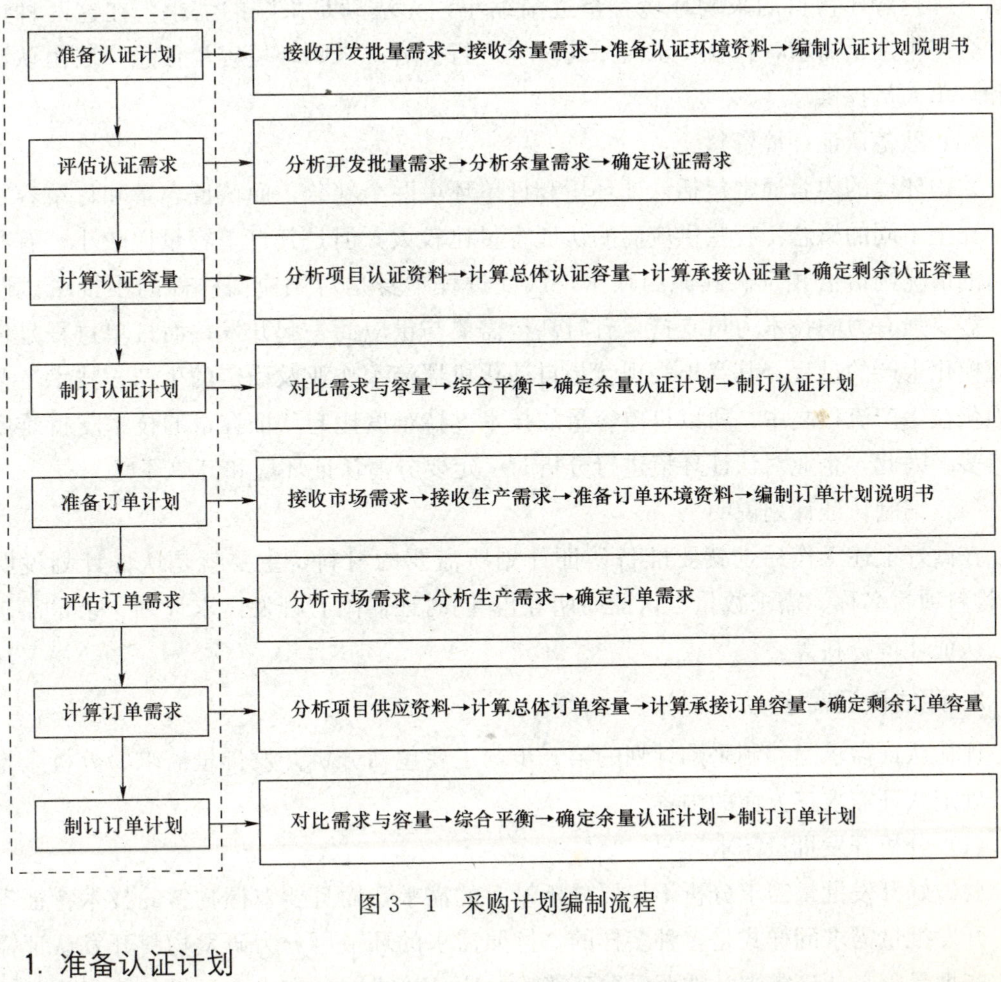

图 3—1　采购计划编制流程

1. 准备认证计划

准备认证计划是做好采购计划的第一步，也是做好采购工作的基础，主要包括 4 个方面内容：接收开发批量需求、接收余量需求、准备认证环境资料、编制认证计划说明书。

（1）接收开发批量需求

要制订比较准确的认证计划，采购计划人员首先必须熟知开发需求计划。开发批量物料需求通常有两种情况：

1）在目前的采购环境中能够找到的物料供应。例如，以前接触的供应商的供应范围比较大，就可以从这些供应商的供应范围中找到企业需要的批量物料需求。

2）在现有的采购环境中无法提供企业需要采购的新物料，需要企业的采购部门到社会供应群体中寻找新物料供应商。

（2）接收余量需求

采购人员在进行采购操作时，可能会遇到两种情况：一是随着企业规模的扩大，市场需求也会越来越大，现有采购环境容量不足以支持企业的物料需求；二是由于采购环境呈下降趋势，物料的采购环境容量逐渐缩小，无法满足采购的需求。在这两种情况下，会产生余量需求，这就要求对采购环境进行扩容。采购环境容量信息一般由认证人员和订单人员提供。

（3）准备认证环境资料

采购环境的内容通常包括认证环境和订单环境两个部分，而认证容量和订单容量是两个完全不同的概念。有些供应商的认证容量比较大，但是其订单容量比较小，有些供应商的情况则恰恰相反。其原因在于，认证过程本身是对供应商样件的小批量试制过程，需要强有力的技术力量支持，有时甚至需要与供应商一起开发，而订单过程是供应商规模化生产的过程，其突出表现就是自动化机器流水作业及稳定的生产，技术工艺已经固化在生产流程之中，所以订单容量的技术支持难度比起认证容量的技术支持难度要小得多。因此，企业对认证环境进行分析时一定要分清认证环境和订单环境。

（4）编制认证计划说明书

在做好上述工作后，就要准备认证计划所需要的材料，主要就是认证计划说明书（如物料项目名称、需求数量、认证周期等），同时还需附有开发需求计划、余量需求计划、认证环境资料等。

2. 评估认证需求

评估认证需求是编制采购计划的第二步，主要包括分析开发批量需求、分析余量需求、确定认证需求三方面的内容。

（1）分析开发批量需求

要做好开发批量需求分析不仅要分析量上的需求，而且要掌握物料的技术特征等信息。开发批量需求的样式是多种多样的，按照需求的环节可分为研发物料开发认证需求和生产批量物料认证需求；按照采购环境可分为环境内物料需求和环境外物料需求；按照供应情况可分为直接供应物料和需要定做物料；按照国界可分为国内供应物料和国外供应物料等。针对如此复杂的情况，计划人员必须对开发物料需求做详细的分析，必要时还应与开发人员、认证人员一起研究开发物料的技术特征，按照已有的采购环境及认证计划经验进行分类。

（2）分析余量需求

分析余量需求首先要对余量需求进行分类，前面已经说明了余量认证的产生来源：一是市场销售需求的扩大；二是采购环境订单容量的萎缩。这两种情况都导致目前采购环境的订单容量难以满足用户需求，因此需要增加采购环境容量。对于因市场需求扩大造成余量认证的，可以通过市场及生产需求计划得到各种物料的需求量及时间；对于因供应商萎缩造成余量认证的，可以通过分析现实采购环境的总体订单容量与原订单容量之间的差别来得到。而这两种情况的余量相加即可得到总的需求容量。

（3）确定认证需求

根据开发批量需求及余量需求的分析结果，计划人员就可以确定认证需求。

3. 计算认证容量

计算认证容量是采购计划的第三步，它主要包括分析项目认证资料、计算总体认证容量、计算承接认证量、确定剩余认证容量 4 方面的内容。

（1）分析项目认证资料

分析项目认证资料是计划人员的一项重要任务，不同的认证项目其过程及周期是千差万别的。作为从事某行业的实体来说，需要认证的物料项目可能是上千种物料中的某几种，因而熟练分析几种物料的认证资料也是可能的。但对于规模比较大的企业来说，分析上千种甚至上万种物料的难度则要大很多了。

（2）计算总体认证容量

一般在认证供应商时，要求供应商提供一定的资源用于支持认证操作，或者一些供应商只做认证项目。在供应商认证合同中，应说明认证容量与订单容量的比例，防止供应商只做批量订单，不愿意做样件认证。计算采购环境总体认证容量的方法是把采购环境中所有供应商的认证量叠加，对有些供应商的认证容量则需要加以适当系数。

（3）计算承接认证量

供应商承接认证量等于当前供应商正在履行已认证的合同量。认证容量计算是一个复杂的过程，因各种物料项目认证周期不同，所以一般是计算所要求的某一时间段的承接认证量。最恰当的处理方法是借助电子信息系统，模拟显示供应商已承接的认证量，以便在认证计划决策时使用。

（4）确定剩余认证容量

某一物料所有供应商群体剩余认证容量的总和被称为该物料的认证容量，其确定方法如下：

物料认证容量＝物料供应商群体总体认证容量－承接认证量

这种计算过程可以被电子化，一般 MPR 系统不支持这种算法，但可以单独创建系统。认证容量是一个近似值，仅作参考，认证计划人员对此不可过高估计，但它能指导认证过程的操作。

4. 制订认证计划

制订认证计划是采购计划的第四步，主要包括对比需求与容量、综合平衡、确定余量认证计划、确定认证计划 4 个方面的内容。

（1）对比需求与容量

认证需求与供应商对应的认证容量之间一般都会存在差异，如果认证需求小于认证容量，则没有必要进行综合平衡，直接按照认证需求制订认证计划即可；如果认证需求大大超出供应商认证容量，就要进行认证综合平衡，对于剩余认证需求要制订采购环境之外的认证计划。

（2）综合平衡

计划人员应从全局出发，综合考虑生产、认证容量、物料生命周期等要素，判断认证需求的可行性，通过调节认证计划来尽可能满足认证需求，并计算认证容量不能满足的剩余认证需求。

（3）确定余量认证计划

对于采购环境不能满足的剩余认证需求，应提交采购认证人员进行分析，提出对策，并与之一起确认采购环境之外的供应商认证计划。采购环境之外的社会供应群体如果没有与企业签订合同，那么，在制订认证计划时就要特别谨慎，并要由具有丰富经验的认证计划人员和认证人员联合操作。

（4）确定认证计划

确定认证计划就是确定认证物料数量和开始认证时间，其确定方法如下：

认证物料数量＝开发样件需求数量＋检验测试需求数量＋样品数量＋机动数量

开始认证时间＝要求认证结束时间－认证周期－缓冲时间

5. 准备订单计划

根据市场需求及生产需求制定企业采购订单。准备订单计划包括接收市场需求、接收生产需求、准备订单环境资料、制定订单计划说明书 4 方面的内容。

（1）接收市场需求

计划人员必须熟知市场需求计划或者市场销售计划，而对市场需求进一步分解便得到生产需求计划。企业的年度销售计划一般在上一年年末制订，并报送至各相关部门，同时下发到销售部门、计划部门、采购部门，以便指导企业全年的供应链运转；然后企业再根据年度计划制订季度、月度的市场销售需求计划。

（2）接收生产需求

生产需求对采购来说可以称之为生产物料需求。生产物料需求的时间是根据生产计划而产生的，通常生产物料需求计划（MRP）是订单计划的主要来源。为了利于理解生产物料需求，采购计划人员需要熟知生产计划以及工艺常识。在 MRP 系统中，物料需求计划是主生产计划的细化，它主要来源于主生产计划、独立需求的预测、物料清单文件、库存文件。编制物料需求计划主要包括以下 3 个步骤：

1）决定毛需求。

2）决定净需求。

3）对订单下达日期及订单数量进行计划。

（3）准备订单环境资料

准备订单环境资料是准备订单计划中的一项非常重要的内容。订单环境的资料主要包括以下 4 项：

1）订单物料的供应商消息。

2）订单比例信息。对于多家供应商的物料来说，每一个供应商分摊的下单比例被称为订单比例，该比例由认证人员产生并给予维护。

3）最小包装信息。

4）订单周期。订单周期是指从下单到交货的时间间隔，一般是以天为单位。订单环境一般使用信息系统管理，订单人员根据生产需求的物料项目，从信息系统中查询了解物料的采购环境参数及描述。

（4）制定订单计划说明书

其主要内容包括订单计划说明书（包括物料名称、需求数量、到货日期等），并附有市场需求计划、生产需求计划、订单环境资料等。

6. 评估订单需求

评估订单需求是采购计划中非常重要的一个环节，只有准确地评估订单需求，才能为计算订单容量提供依据，以便制订最好的订单计划。它主要包括分析市场需求、分析生产需求、确定订单需求。

（1）分析市场需求

订单计划首先要考虑的是企业的生产需求，生产需求的大小直接决定了订单需求的大小。但订单计划不仅仅来源于生产计划，制订订单计划还得兼顾企业的市场战略以及潜在的市场需求等；此外，制订订单计划还需要分析市场要货计划的可信度，仔细分析市场签订合同的数量及尚未签订合同的数量等一系列数据，同时研究其变化趋势，全面考虑要货计划的规范性和严谨性，还要参照相关的历史要货数据，找出问题的所在。

（2）分析生产需求

分析生产需求，首先要研究生产需求的产生过程，其次分析生产需求量和供货时间。

（3）确定订单需求

根据对市场需求和生产需求的分析结果，确定订单需求。通常来讲，订单需求的内容是：通过订单操作手段，在未来指定的时间内将指定数量的合格物料采购入库。

7. 计算订单容量

计算订单容量是采购计划中的重要组成部分。只有准确地计算好订单容量，才能对比需求和容量，然后经过综合平衡，再制订正确的订单计划。其主要包括分析供应资料、计算总体订单容量、计算承接订单容量、确定剩余订单容量。

（1）分析项目供应资料

对于采购工作来说，在目前的采购环境中，所要采购物料的供应商的信息是非常重要的一项信息资料。如果没有供应商供应物料，那么无论是生产需求还是紧急的市场需求，都会出现“巧妇难为无米之炊”的现象。可见，有供应商的物料供应是满足生产需求和紧急市场需求的必要条件。

（2）计算总体订单容量

总体订单容量是多方面内容的组合，一般包括两方面的内容：一方面是可供给的物料数量，另一方面是可供给物料的交货时间。

（3）计算承接订单容量

承接订单容量是指某供应商在指定的时间内已经签下的订单量。

（4）确定剩余订单容量

剩余订单容量是指某物料所有供应商群体的剩余订单容量的总和。

8. 制订订单计划

通过比较需求和容量的关系，制订科学的订单计划，具体包括对比需求与容量、综合平衡、确定余量认证计划、制订订单计划 4 个方面。

（1）对比需求与容量

对比需求与容量是制订订单计划的首要环节，只有比较出需求与容量的关系，才能有的放矢地制订订单计划。如果经过对比发现需求小于容量，即无论需求多大，容量总能满足需求，则企业要根据物料需求制订订单计划；如果供应商的容量小于企业的物料需求，则企业要根据容量制订合适的物料需求计划，这样就产生了剩余物料需求，需要根据剩余物料需求重新制订认证计划。

（2）综合平衡

计划人员要综合考虑市场、生产、订单容量等要素，分析物料订单需求的可行性，必要时调整订单计划，计算容量不能满足的剩余订单需求。

（3）确定余量认证计划

在对比需求与容量的时候，如果容量小于需求，就会产生剩余需求，对于剩余需求，要提交给认证计划制订者处理，并确定能否按照物料需求规定的时间及数量交货。为了保证物料及时供应，此时可以通过简化认证程序，并由具有丰富经验的认证计划人员进行操作。

（4）制订订单计划

制订订单计划是采购计划的最后一个环节，订单计划做好之后就可以按照该计划进行采购工作了。

制订和执行采购计划时应注意以下问题：

1）应尽量具体化、数量化，说明何时、何人实施，以便于计划、管理、执行和控制。

2）应适时对计划进行修改和调整。计划一旦制订，一般应相对稳定，不能朝令夕改。但市场环境千变万化，因此，在计划执行过程中采购人员应密切关注市场的变化，当发生未能预期变化时，要对计划进行相应适度的调整。

第四节　采购预算管理

一、采购预算概述

预算是将计划或活动以金额来表示，传统上对采购预算的编制是将“本期应购数量”（订购数量）乘以各该购物料的购入单价；或按照物料需求计划的请购数量乘以标准成本。

实际上，这只代表当期的采购价值，而非采购的真正“现金”支出预算。此种采购金额对财务人员的资金筹划，并无多大助益。换言之，请购日期不等于采购日期，采购日期不等于验收日期，验收日期不等于使用日期，使用日期不等于付款日期。甚至购入的货品即使未动用，也仍需支付货款。

为了使预算对实际的资金调度具有意义，采购预算应以现金基础编制，而非采用传统上的应计基础；也就是说，采购预算应以付款的余额来编订，而不应以采购的余额来编订。

国内外采购中，有的以延期付款的方式进行。例如承兑交单、远期信用证及远期本票或支票，都是企业与政府机构巨额采购经常使用的支付工具。此等延期付款方式，不但到期日相当确定，而且金额较大。

若采购预算（即付款计划）分为到期与新购两部分，由于到期部分可以进行相当准确的估算，所以，采购预算会对资金需求计划的正确性有绝对贡献。

二、采购预算的类型

采购部门中主要有四个领域受到预算控制，即原料，维护、修理和运营（MRO）供应，资金预算及采购运营预算。采购中涉及的预算主要有以下几种：

1. 原料预算

原料预算的主要目的是确定用于生产既定数量的成品或者提供既定水平服务所需原料的数量和成本。原料预算是年度或更短的计划，它的依据是销售预测和计划。销售预测和计划可以用来推断出用于原材料采购的所有资金。预算的钱数是基于生产或销售的预期水平及来年原材料的估计价格来确定的，这就意味着实际有可能偏离预算。在原材料上的投资非常关键，因为资金的短缺有可能导致物料的短缺，从而造成很大损失。进行预算的最主要好处是能够分析清楚现金流动的情况，并且提前发现问题。敏感性分析给了采购部门一个寻找或者开发其他替代品的机会。

2. MRO 物品预算

MRO 物品预算为所有的维护、修理及辅助用料提供采购计划，通常为 12 个月。因为每一系列货品的数目都可能很大，以至于不宜为每一种货物都做预算。通常，采购预算是通过使用过去的比率来完成的，如维护、修理及辅助用料成本，依据对库存和总的价格水平的预测变化而进行调整。

3. 资金预算

资金使用计划通常牵涉几年的时间，它的依据是公司对产品线、市场份额及开拓新项目的战略计划。依据生产需求、现有设备的淘汰、设备更新需求和拓展计划，可以制订资金需求计划。在做资金预算时，诸如供应商的提前期（它可能会很长）、资金成本、预期的价格上升以及需要给设备供应商预付款等情况都必须考虑到。

4. 经营预算

依据预期的工作负荷，每年的经营应该准备出所有的采购费用。这些费用包括工资，包括供热和场地成本、设备成本，包括计算机使用或时间共享费用的数据处理成本、旅游和招待费用、参加研讨会和专业会议人员的教育费用、邮费、电话费和传真费、办公设备、商业杂志订阅费及采购其他图书的附加费用。如果预算对以前的会计年度有影响，就应该比较预算和实际耗费，协调任何重要的差别。每个月都应该比较费用和预算，以便于控制费用并及时发现问题。在了解过去部门的经营费用后，应该为下一个会计年度做出预算，这个预算包括工资的上涨、人员的增减，以及与采购计划有关的、所预测的所有其他费用。最后的预算应该与企业的总预算一致。

为了确保预算能够规划出与企业战略目标相一致的可实现的最佳实践，必须寻找一种科学的行为方法来缓和这种竞争和悲观的倾向，管理者应当与部门主管就目标积极开展沟通，调查要求和期望，考虑假设条件和参数的变动，制订劳动力和资金需求计划，并要求部门提供反馈。管理者应当引导部门主管将精力放到应付不确定情况的出现上，而不是开展“战备竞争”。

另外，为了使预算更具灵活性和适应性，以应对意料之外可能发生的不可控事件，企业在预算过程中当尽力做到以下几点，以减少预算的失误以及由此带来的损失：

（1）改革业绩评估方式

为了鼓励部门提交更具挑战性的预算报告，有必要对业绩评估方式进行一些修改。企业的预算规划是在战略目标框架之内提出的，在从设定目标到提交预算这个连续的动态过程中，不仅要仔细审查影响预算实现的内部不可控因素，而且要详细研究外部不可控因素，并进一步识别出影响预算实现的关键因素。

（2）采取合理的预算形式

如果问一位企业的总经理利润和现金流哪个更重要，你认为他会怎么回答？每一位明智的决策者都知道，现金流对企业来说是最重要的。它是企业血管中流淌的鲜血，时时有新鲜血液的流动才能使组织充满活力。因此，企业内部各部门所采用的预算形式应把重点放在现金流而不是收入和利润上。当然，最佳的预算形式最终还是取决于组织的具体目标。

（3）建立趋势模型

预算向我们讲述的是未来，所有代表期望行为的数字都是估计值，其所提供的应是代表收入和支出的最有可能出现的数字预报。为了确保这些数字的最大价值，应当建立一个趋势模型，模型的建立可以使我们对组织期望的产出有完善的规划和清晰的文件。模型以直接的数据资料为基础，具有时间敏感性，能够反映服务和产品需求的变化。数学工具的应用将会使预算报告更加准确。使用这一方法，要求企业内部拥有完备的统计资料，能够掌握历史数据。

（4）采用滚动预算的方法

企业经营是一个连续不断的过程，只是为了使用方便才在时间上对它们进行了硬性分割。为了能够使预算与实际过程更紧密地结合在一起，采用滚动预算的方法，即在编制这一期预算的时候根据实际情况同时对后面几期的业务进行预算，能够保证企业活动在预算上的连续性。预算活动的滚动性和对细节的强调，要求各部门管理人员投入大量精力，紧密高效地开展工作。工作过程可以采取“分两步走”的方式：第一步是整体思考，要求管理者从总体战略出发，勾画出预算框架，制定必要的行动方案，如果预算结果出现偏差要及时修改；第二步进入细化阶段，管理者为每一部门制定最终预算的细节，并确保其被每一部门所接受。

无论是何种类型的预算，只要满足了上面的要求都可以最大限度发挥其潜能，保障组织计划顺利实施。

三、采购预算编制方法

采购预算编制方法有弹性预算、滚动预算、概率预算和零基预算。

1. 弹性预算

弹性预算也称为变动预算，它是根据计划期间可能发生的多种业务量，分别确定与各种业务水平相适应的费用预算数额，从而形成适用于不同生产经营活动水平的一种费用预算，一般用于编制弹性成本预算和弹性利润预算。

弹性预算适用于业务量水平经常变动的企业。弹性预算的编制原理为：以成本分析为基础，将成本区分为固定成本和变动成本两部分。某一项目的预算数按下式确定：弹性预算＝单位变动成本×业务量水平＋固定成本预算数。

编制弹性预算首先要确定在计划期内业务量的可能变化范围。在具体编制工作中，对一般企业，其变化范围可以确定在企业正常生产能力的70%和110%之间，其间隔区间为5%或10%，也可取计划期内预计的最低业务量和最高业务量为其下限和上限。其次，要根据成本性态，将计划期内的费用划分为变动费用和固定费用。在编制弹性预算时，对变动部分费用，要按不同的业务量水平分别进行计算，而固定部分费用在相关范围内不随业务量的变动而变动，因而不需要按业务量的变动来进行调整。

2. 滚动预算

滚动预算又称连续预算或永续预算，其主要特点是预算期随着时间的推移而自行延伸，始终保持一定的期限（通常为一年）。

滚动预算可以保持预算的连续性与完整性，使有关人员能从动态的预算中把握企业的未来，了解企业的总体规划和近期目标；可以根据前期预算的执行结果，结合各种新的变化信息，不断调整或修订预算，从而使预算与实际情况相适应，有利于充分发挥预算的指导和控制作用；可以使各级管理人员始终保持对未来12个月，甚至更长远的生产经营活动做周密的考虑和全盘规划，确保企业各项工作有条不紊地进行。

3. 概率预算

概率预算是指在编制预算的过程中，涉及的变量较多，如业务量、价格、成本等。企业管理者不可能在编制预算时就十分精确地预见这些因素在将来会发生何种变化以及变化到何种程度。而只能大体上估计出它们发生变化的可能性，从而近似地判断出各种因素的变化趋势、范围和结果。然后，对各种变量进行调整，计算其可能值的大小。这种利用概率（即可能性的大小）来编制的预算，即为概率预算。

概率预算必须根据不同的情况来编制，大体上可分为以下两种情况：

（1）销售量的变动与成本的变动没有直接联系。只要利用各自的概率分别计算销售收入、变动成本、固定成本的期望值，然后即可直接计算利润的期望值。

（2）销售量的变动与成本的变动有直接联系。需要用计算联合概率的方法来计算利润的期望值。

4. 零基预算

零基预算是指在编制预算时，对于所有的预算项目均以零为起点，不考虑以往的实际情况，而完全根据未来一定期间生产经营活动的需要和每项业务的轻重缓急，从根本上研究、分析每项预算是否有支出的必要和支出数额大小的一种预算编制方法。它是由美国学者彼得·派尔于20世纪60年代提出的，目前已被西方国家广泛采用。

传统的预算编制方法是在前期预算执行结果的基础上，考虑到计划期的实际情况，加以适当调整，从而确定它们在计划期内应增加或应减少的数额。这种预算往往使原来不合理的费用开支继续存在下去，造成预算的浪费或预算的不足。零基预算的编制方法与传统的预算编制方法截然不同，在这种方法下，确定任何一项预算完全不考虑前期的实际水平，只考虑该项目本身在计划期内的重要程度，其具体数字的确定始终以零为起点。

零基预算的编制方法大致可以分为以下三步：

（1）提出预算目标

企业内部各有关部门，根据本企业计划期内的总体目标和本部门应完成的具体工作任务，提出必须安排的预算项目以及以零为基础而确定的具体经费数据。

（2）开展成本—收益分析

成立由企业主要负责人、总会计师等人员参加的预算委员会，负责对各部门提出的方案进行成本—收益分析。这里所说的成本—收益分析，主要是指对所提出的每一个预算项目所需要的经费和所能获得的收益进行计算、对比，以其计算对比的结果来衡量和评价各预算项目的经济效益，然后列出所有项目的先后次序和轻重缓急。

（3）分配资金、落实预算

按照上一步骤所确定的预算项目的先后次序和轻重缓急，结合计划期内可动用的资金来源，分配资金，落实预算。

零基预算不受现行预算框架的限制。以零为基础来观察和分析一切费用与开支项目，确定预算金额，能充分调动企业各级管理人员的积极性和创造性，促进各级管理人员精打细算、量力而行，把有限的资源切实用到最需要的地方，以保证整个企业的良性循环，提高整体的经济效益。但该预算编制方法一切支出均以零为起点进行分析、研究，所以工作量太大。一个企业要想把众多不同性质的业务按照其重要性排出一张次序表来也绝非易事，其中会不可避免地带有某些主观随意性。因此，在实际预算工作中，可以隔若干年进行一次零基预算，以后几年内略作适当调整，这样既可简化预算编制的工作量，又能适当控制费用的发生。目前，我国大多数企业的费用开支浪费很大。因此，在作预算时，可以考虑使用这种方法。

四、采购预算编制流程

编制预算涉及企业的各个方面。预算过程应从采购目标的审查开始，接着是预测满足这些目标所需的行动和资源，然后制订计划或编制预算。采购预算编制流程主要包括审查企业以及部门的战略目标、制订明确的工作计划、确定采购所需的资源、确定较准确的预算数据、汇总编制总预算、修改预算、提交预算等步骤。采购预算编制流程如图3—2所示。

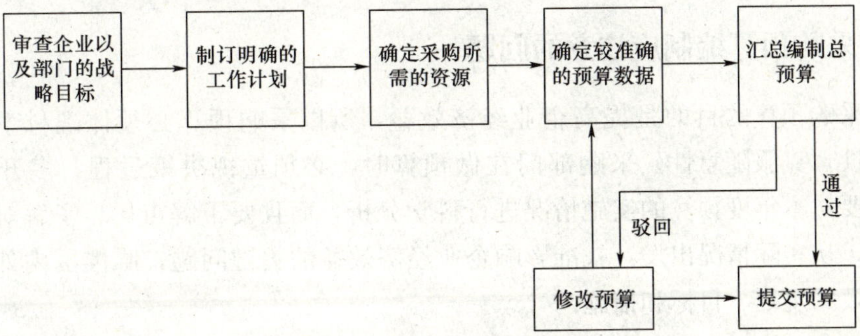

图3—2 采购预算编制流程

1. 审查企业以及部门的战略目标

采购部门作为企业的一个部门，在编制预算时要从企业总的发展目标出发，审查本部门和企业的目标，确保两者之间相互协调一致。

2. 制订明确的工作计划

采购主管必须了解本部门的业务活动，明确它的特性和范围，然后编制详细的工作计划表。

3. 确定所需的资源

有了详细的工作计划表，采购主管要对业务支出进行切合实际的估计，确定为实现目标所需要的人力、物力和财力等资源。

4. 确定较准确的预算数据

确定预算数据是企业编制预算的难点之一。目前企业普遍的做法是通过将目标与历史数据相结合来确定预算数，即对历史数据和未来目标逐项进行分析，使收入和成本费用等各项预算切实、合理、可行。对历史数据可采用比例趋势法、线性规划、回归分析等方法，找出适用本企业的数学模型来预测未来。有经验的预算人员也可以通过以往的经验做出准确判断。

5. 汇总编制总预算

对各部门预算草案进行审核、归集、调整，汇总编制总预算。

6. 修改预算

由于预算总是或多或少与实际有所差异，因此必须根据实际情况选定一个偏差范围。偏差范围的确定可以依据行业平均水平，也可以依据企业的经验数据。设定了偏差范围以后，采购主管应比较实际支出和预算的差距以便控制业务的进展。如果支出与估计值的差距达到或超过了容许的范围，就有必要对具体的预算提出建议或进行必要的修订。

7. 提交预算

将编制好的预算提交企业负责人批准。

五、采购预算编制应注意的问题

实施采购预算的目的是提高企业经济效益，所以采购预算必须体现科学性、严肃性、可行性，克服随意性。采购部门在做预算时，必须重视决策过程，多开展调研活动，不仅要对本年度预算的实施情况进行科学分析，而且要了解市场、了解对手、分析预测市场，从实际情况出发，找准影响企业经济效益的关键问题，瞄准国内外市场，制定降本增效的规划、目标和措施。

1. 采购部门在编制采购预算时应注意的问题

（1）编制预算之前，要进行市场调研，广泛搜集预测信息和基础资料数据，如市场需求量、售价、材料价格、各种消耗定额、费用限额等，并对这些信息资料进行整理、分析，然后再用于编制采购预算。如果忽视调研与预测，就可能使预测指标缺乏弹性，缺乏对市场的应变能力，致使采购预算不能发挥其控制作用。

（2）编制预算时，为保证预算的科学性，应制定预算的编制程序、修改办法，并做执行情况分析等。

（3）确立恰当的假定，预算指标是建立在一些未知而又合理的假定因素基础上的，预算编制人员在预算编制时会面临一些不确定因素，所以可预先假定一些预算指标之间的关系。比如，在确定采购预算的现金支出时，必须先预先假定各种原材料价格的未来走向。因此，在编制预算时，要根据历史数据和对未来的预测确立合理的假定，确保采购预算的准确性。

（4）每项预算应尽量做到具体化、数量化。在编制采购预算时，对每一项支出，都必须写出具体消耗的材料种类、材料消耗的数量和价格，这样才能够准确地判断预算做得准确与否，才能促使部门在采购时精打细算、节约开支。例如直接材料预算的编制，直接材料采购预算是根据生产预算所安排的生产进度而编制的，通过预算的编制，可以确定预算材料的采购量和采购金额。预计采购量可根据下列公式计算：

预计采购量＝物料的生产需要量＋预算期期末材料库存量－预算期期初材料库存量

（5）应强调预算的广泛参与性，让尽可能多的员工参与到预算的制定中来，这样既可以提高员工的积极性，又可以促进信息在更大范围内交流，使预算编制中的沟通更为细致，增加预算的科学性和可操作性。当然，在强调预算的广泛参与性的同时也要注意预算编制的效率，要注意区分各级员工参与的程度，不能一视同仁。

2. 采购部门在编制采购预算时应避免的问题

（1）避免预算过繁过细

采购预算作为一种采购管理控制的手段，应尽量具体化、数量化，以确保其可操作性。但这并不意味着对企业未来采购活动中的每一个细节都做出细致的规定。如果对极细微的支出也作琐碎的规定，可能致使各职能部门缺乏应有的自由，从而影响企业运营的效率。所以，预算不可能也不应太详尽，预算不是越细越好，而是应抓住预算中的关键环节予以列述，以免主次难辨、轻重不分。

（2）避免预算目标与企业目标不协调

在编制预算时，由于没有适当地掌握预算控制，或者为采购部门设立的预算标准没有很好地体现企业目标的要求，或者是企业环境变化产生了预算目标与企业总目标的脱离，采购部门主管可能只热衷于使本部门的采购活动严格按预算的规定进行，却忘记了自己的首要职责是最大化实现企业的目标。因此，为了防止采购预算与企业目标冲突，一方面应当使预算更好地体现计划的要求，另一方面应当适当掌握预算控制的度，使预算具有一定的灵活性。

（3）避免一成不变

采购预算同采购计划一样，不能一成不变。在预算执行过程中，要对预算进行定期检查，如果企业面临的采购环境或企业自身已经发生重大变化，就应当及时对其进行修改或调整，以达到预期目标。可见，缺乏企业战略指导的预算，无视市场环境的约束做出的预算，基于过去的经验或者凭空地设计预算，都将使采购预算的效果大打折扣。

复习与思考

1. 以航空客运市场为例，分析市场竞争特性对买方的影响。

2. 简述供应市场分析的必要性、步骤及层次。

3. 计算题：某家公司对零部件A采用经济订货模型EOQ模式进行采购。已知：A部件的年需求量为5万件，每件的单价为150元，库存费用为单价的30%，订货费用为500元。当订货数量增加时供应商给予价格折扣，价格折扣情况见下表，试确定最优的订货数量和年度采购总成本。

价格折扣

一次订购数量（件）	折扣	单价（元）
0～8 999	0%	150
9 000～24 999	4%	144
25 000及以上	6%	141

第四章 供应商选择与关系管理

学习目标

- 了解供应商的类型和功能
- 掌握供应商选择的具体方法
- 理解供应商选择的流程
- 了解供应商关系管理的流程
- 掌握建立战略合作伙伴关系的优势及方法

第一节 供应商选择概述

一、供应商的类型和功能

1. 公开竞价型、供应商网络型、供应链管理型

(1) 公开竞价型

这种类型的供应商往往公开与竞争对手进行较量。公开竞价是指采购方将所采购的物品公开向若干供应商提出采购计划，各供应商根据自身情况进行竞价，采购方依据供应商竞价的情况，选择其中价格低、质量好的作为该项采购计划的供应商，而这类供应商就被称为公开竞价型供应商。在供大于求的市场中，采购方处于有利地位，采用公开竞价选择供应商，对产品质量和价格有较大的选择余地，是企业降低成本的途径之一。

(2) 供应商网络型

这是指采购方通过与供应商长期的选择与交易，将价格、质量、售后服务、综合实力等方面比较优秀的供应商组成供应商网络，企业某些物品的采购只限于在供应商网络中进行。供应商网络的实质就是采购方的资源市场，采购方可以针对不同的物资组建不同的供应商网络。供应商网络型的特点是采购方与供应商是一种长期的合作关系，但在这个网络中应采取优胜劣汰的机制，以便长期共存，定期评估、筛选，适当淘汰，同时

吸收更优秀的供应商进入。

（3）供应链管理型

这是以供应链管理为指导思想的供应商管理。在供应链管理模型中，要求供应方与采购方有统一的管理理念、统一的组织方式、对采购活动有着统一的管理。因此采购方与供应商之间的关系更为密切。采购方与供应商之间通过信息共享，适时传递自己的需求信息，而供应商根据实时的信息，将采购方所需物资按时、按质、按量地送交采购方。

2. 重点供应商和普通供应商

面对众多的供应商，并不是要对每一个供应商的管理都一视同仁，否则会花费过多的人力、物力，另外也不能使为企业提供重要物资的供应商感觉到被重视，进而在合作过程中不能全心全意地配合工作。因此，在实际工作中常常根据采购的80/20规则将供应商细分为重点供应商和普通供应商，即占80％采购金额的20％的供应商为重点供应商，而其余只占20％采购金额的80％的供应商为普通供应商。对重点供应商应投入80％的时间和精力进行管理与改进。这些供应商为企业提供的是战略物品或需集中采购的物品。而对普通供应商则只需要投入20％的时间和精力跟踪其交货，因为这类供应商所提供物品的运作对于企业的成本质量和生产的影响较小。将供应商划分后进行区别对待可以使企业花费更少的资金而获得更稳定的供应商团队。

按80/20规则进行供应商细分时，应注意以下两个问题：

（1）80/20规则细分的供应商并不是一成不变的，而是有一定时间限度的，随着企业生产结构和产品线的调整，需要重新进行细分。

（2）对重点供应商和普通供应商应采取不同的策略。

3. 短期目标型、长期目标型、渗透型、联盟型、纵向集成型

（1）短期目标型

短期目标型供应商关系是指采购方与供应商之间的关系是交易关系，即一般的买卖关系。这种模式认为企业对供应商的依赖程度要降到最低，要将讨价还价的能力提高到最大。采用这种模式进行供应商管理的企业在采购时有意同供应商保持正常交易关系，避免任何形式的相互承诺。这种管理模式的好处是企业在采购过程中不会被任何供应商企业所牵制，企业具有较高的讨价还价能力，能够获得一定的价格优势。但是这种模式要求企业管理大量的供应商，相应的管理费用或交易成本会很高，企业可能要花费更多的资金在谈判和处理订单上。

（2）长期目标型

长期目标型供应商关系是指采购方与供应商保持长期的关系，双方有可能为了共同的利益对改进各自的工作感兴趣，并在此基础上建立起超越买卖关系的合作。长期目标型的特征是建立一种合作伙伴关系，双方工作重点是从长远利益出发，相互配合，不断提高产品质量与服务质量，共同降低成本，提高共同的竞争力。

（3）渗透型

渗透型供应商关系是在长期目标型基础上发展起来的，其指导思想是把对方公司看

成自己的公司，是自己的一部分，因此对对方的关心程度又大大提高。为了能够参加对方的经营活动，有时会在产权关系上采取适当的措施，如互相投资、参股等，以保证双方利益的共享与一致性。

（4）联盟型

联盟型供应商关系是从供应链角度提出的，其特点是在更长的纵向链条上整理成员之间的关系。与渗透型相比，这一模型中双方维持关系的难度提高了，要求也更高。由于成员增加，往往需要一个处于供应链上核心地位的企业出面协调各成员之间的关系，因为它也被称为供应链核心企业。

（5）纵向集成型

纵向集成型供应商关系是最复杂的关系类型，也是供应商管理最理想的形式。它把供应链上的成员整合起来，像一个企业一样运转，但各成员是完全独立的企业，决策权属于自己。在这种关系中，要求整个企业在充分了解供应链的目标、要求，以及充分掌握信息的条件下，能自觉做出有利于供应链整体利益的决策。有关这方面的知识，更多的是停留在学术上的讨论，实践中的案例很少。

4. 商业型、重点商业型、优先型、伙伴型

依据供应商对本单位的重要性和本单位对供应商的重要性进行矩阵分析可以将供应商分为商业型、重点商业型、优先型、伙伴型 4 种形式。这种方法被称为供应商分类模块法。在供应商分类的模块中，如果供应商认为本单位的采购业务对于他们来说非常重要，供应商自身又有很强的产品开发能力等，同时该采购业务对本公司也很重要，那么这些采购业务对应的供应商就是“伙伴型”。如果供应商认为本单位的采购业务对于他们来说非常重要，但该项业务对于本单位却并不是十分重要，这样的供应商无疑有利于本单位，是本单位的“优先型”；如果供应商认为本单位的采购业务对他们来说无关紧要，但该采购业务对本单位却十分重要，这样的供应商就是需要注意改进提高的“重点商业型”；那些对于供应商和本单位来说均不是很重要的采购业务，相应的供应商可以很方便地选择更换，那么这些采购业务对应的供应商就是普通的“商业型”。其中的伙伴关系模式认为，企业要和供应商发展亲密的伙伴关系，这与正常交易模式完全不同，结成伙伴关系的企业能够共享更多的信息，能够充分信任，协调互相依赖的任务，并且投资创造具有关系特定性的资产，从而降低成本，改进质量，加速产品开发。

5. 供应商关系谱

供应商关系谱是将供应商分为不可接受的供应商、可接受的潜在供应商及 5 级不同层次的已配套的供应商。

第一层次的供应商关系为“触手可及”的关系，因采购价值低，它们对本单位显得不是很重要，因而无须与供应商或供应市场靠得太紧密，只要供应商能提供合理的交易即可。处理这类供应商的关系可采取现货买进方式。

第二层次的供应商关系要求企业对供应市场有一定的把握，如了解价格发展趋势

等，采购的主要着力点是对供应市场保持持续接触，在市场竞争中买到价格最低的商品。

第三层次的供应关系必须做到双方运作、相互联系，其特征是公开、互相信赖。一旦这类供应商被选定，双方就应以坦诚的态度在合作过程中改进供应、降低成本。通常这类供应商提供的物资对本单位来说属于战略品，但供应商并不是唯一的，因而本单位有替代的供应商。这类供应商可以考虑长期合作。

第四层次的供应商关系是一种共担风险的长期合作关系，其重要特征是双方都力求强化合作，通过合同等方式将长期关系固定下来。

第五层次的供应商关系是互相配合形成的自我发展型的伙伴供应商关系。这种关系意味着双方有共同目标，必须协同作战，其特征是为了长期合作，双方要不断优化合作，最具代表性的活动就是供应商主动参与到本单位的产品开发业务中来，本单位也以供应商在其产品领域内的优势来提高自己产品开发的竞争力。

6. 按供应商的规模和经营品种分类

按供应商的规模和经营品种进行供应商细分，常以经营品种作为横坐标，供应商的规模作为纵坐标进行矩阵分析，按照这种方法可以分为“专家级”“低量无规模”“行业领袖”“量小品种多”4 种形式的供应商。

“专家级”供应商是指那些生产规模大、经验丰富、技术成熟，但经营品种相对较少的供应商，这类供应商的目标是通过竞争来占领市场；“低量无规模”的供应商是指那些经营规模小、经营品种少的供应商，这类供应商生产经营比较灵活，但增长潜力有限，其目标仅是定位于本地市场；“行业领袖”供应商是指那些生产规模大、经营品种多的供应商，这类供应商财务状况比较好，其目标为立足本地市场，并且积极拓展国际市场；“量小品种多”的供应商虽然生产规模小，但是其经营的品种较多，这类供应商的财务状况很不好，但是其潜力可以培养。

二、供应商选择方法

采购部门评估和选择合乎要求的供应商，要根据企业具体的情况，采用科学和严谨的方法。常用的方法有直观判断、考核选择、招标选择和协商选择 4 种。

1. 直观判断

直观判断是常用的一种对比评价方法，根据征询和调查所得的资料，对供应商进行大体分析。直观判断法的主观性较强，它最主要的依据是采购人员对供应商以往业绩、质量、价格、服务等的了解。

这种方法的效果取决于供应商资料是否正确、齐全和决策者的分析能力与经验。尽管它具有运作方式简单、快速、方便等优点，但是其缺乏科学性，受掌握信息详尽程度的限制，因此常用于选择企业非关键物资的供应商。

2. 考核选择

考核选择是指在对供应商充分调查了解的基础上，再经过认真考核、分析比较后选择供应商的方法。考核选择的方法包括以下 3 方面内容：

（1）调查了解供应商。

（2）考察供应商。

（3）考核选择供应商。

3. 招标选择

当采购物资数量大、供应市场竞争激烈时，可以采用招标方法来选择供应商。所谓招标采购，是指由招标人在一定范围内公开购买信息（发出公告或者通知），邀请潜在供应商进行投标，然后招标人通过某种事先确定的标准从所有投标者中评选出最佳的投标人为中标人，并与之签订合同的一种采购形式。

4. 协商选择

在潜在供应商较多、采购者难以抉择时，也可以采用协商选择方法，即由采购单位选出供应条件较为合适的几个供应商分别进行协商，最终确定合适的供应商。

三、供应商评估方法

供应商评估的主要方法有主观判断法和客观判断法。主观判断法是指依据个人的印象与经验对供应商进行判断，这种判断缺乏科学标准，评判依据比较笼统、模糊；客观判断法是指依据事先制定的标准或规则对供应商进行量化的考核和审定，包括调查法、现场打分评比法、供应商绩效考评、供应商综合评审、总体成本法等方法。

1. 调查法

调查法是指事先准备的一些标准格式的调查表格发给不同的供应商填写，收回后进行比较的方法。这种方法常用于招标、询价及供应情况的初步搜集等。

2. 现场打分评比法

现场打分评比法是预先准备一些问题并格式化，然后组织不同部门的专业人员到供应商的现场进行检查确认的方法。

3. 供应商绩效考评

供应商绩效考评是指对已经供货的现有供应商在供货、质量、价格等方面的表现进行跟踪、考核和评比。

4. 供应商综合评审

供应商综合评审是针对供应商公司层次而组织的包括质量、工程、企划、采购等专业人员参与的全面评审，它通常是将问卷调查和现场评审结合起来。

5. 总体成本法

总体成本法是一种以降低供应商总体成本，从而降低采购价格为目的的一种方法。

它需要供应商的通力合作，由采购商组织强有力的综合专家团队对供应商的财务及成本进行全面、细致的分析，找出降低成本的方法，并要求供应商付诸实践与改进，改进的效果则由双方共享。

第二节　供应商选择流程与执行

一、供应商开发

1. 流程

供应商开发流程如图 4—1 所示。

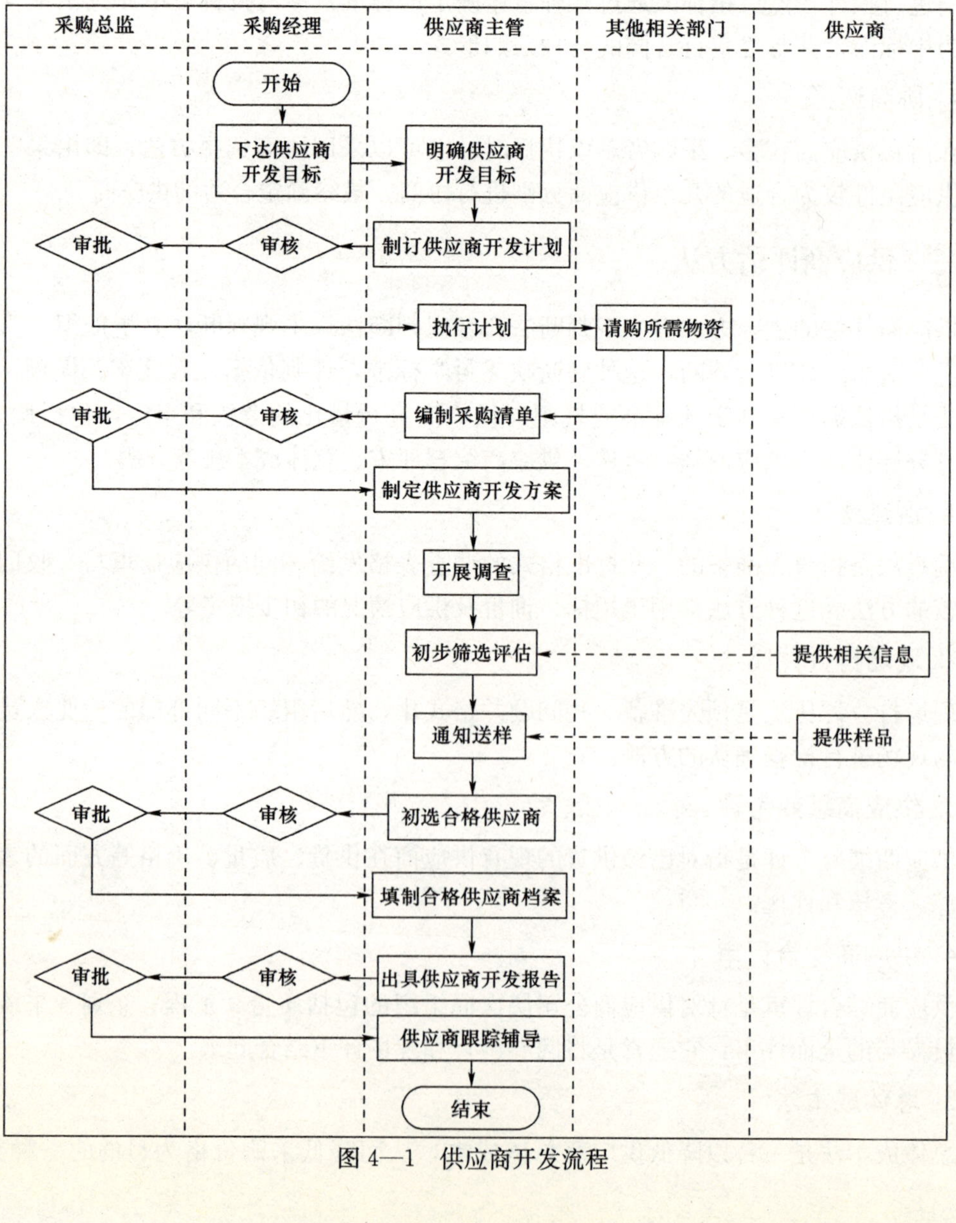

图 4—1　供应商开发流程

2. 执行标准

（1）明确需求

这里所说的需求主要包括：生产对物料技术、质量及交货期的要求，现有供应商满足供货要求的能力与质量状况，需要供应商具备哪些能力等。

（2）编制供应商开发进度表

供应商开发进度与生产需求计划、新产品开发与配套要求及供应商开发难易程度直接相关。一般可按开发供应商的步骤编制一份时间进度表，这样不仅可以使开发新供应商的具体工作明确化，而且也可以尽量减少计划日期被拖延的可能性。

（3）寻找新供应商的资料

明确对新供应商的需求后，便可依照编制的进度表进行开发的具体工作，而寻找新供应商的资料或信息是第一步。一般来说，通过各种方式获得的供应商会有好几家，可根据企业对欲开发新供应商的各方面要求进行初步筛选，留下 3～5 家进一步接触。

无论供应商是远是近，要求其填写一份“供应商调查问卷”是很有必要的。

（4）初步联系

一般来说，第一次应尽可能采用电话联系的方式，跟供应商的相关业务人员清楚表达与他们联系的目的、自己的需求并初步了解该供应商的产品。

（5）初步访厂

这一步骤不一定进行。如果方便且有必要，由采购人员在对供应商正式审核之前去“踩点”还是有益的。初步访厂的目的是要得到一个对该供应商的初步总体印象，为采购人员对该供应商是否有必要采取下一步行动的决策打好基础。

（6）报价

供应商一般根据其以往经验或同类产品的生产成本及市场价格水平进行报价。在供应商报价前，应发一份询价单给所有要报价的供应商。询价单内容包括物料名称、币种、价格术语、交货周期、最小交货量、交货地、付款条件等，以便让供应商进一步得到所购物料的一些基本情况，并可让供应商以相同的报价条件进行报价，为采购人员比价创造有利条件。

（7）正式工厂审核

审核内容包括质量保证能力、产品开发能力、供货水平、供货能力、价格水平、服务水平和管理水平六大模块。

（8）产品质量认证

产品质量认证是供应商评估的关键环节，具体包括样品试制认证、中试认证和批量认证三个环节。

（9）正式接纳为合格供应商

如果对新供应商的工厂审核及样品评估达到了采购方的要求，那么该供应商便可被接纳为合格供应商，并被加入到合格供应商的清单中去。

3. 注意事项

宜先建立一套开发供应商的标准作业办法、流程及计划；建立或落实开发供应商的时限或数量；宜设立专责人员推动组织，并由主办单位召集相关部门共同协办与参与；指定主办单位并制定供应商的评选标准；应规划教育训练，进行全员共识建设；加强专业访查技能训练；建立供应商情报收集及管理系统，并定期检查和更新；灌输“多做不错，不做大错”的观念，并设定开发供应商的目标；建立公开、公平、公正的激励奖惩办法。

4. 常用相关表格

供应商开发进度表见表 4—1，供应商审核表见表 4—2，合格供应商清单见表 4—3。

表 4—1　　　　供应商开发进度表

日期：

序号	内容	进度日期										
		1周	2周	3周	4周	5周	6周	7周	8周	9周	10周	11周
1	寻找新供应商的资料	→										
2	提供资料与面试会谈		→									
3	资质评审			→								
4	报价				→							
5	确定供应商考察对象					→	→					
6	制作并送交工装样品							→				
7	评估首批产品								→			
8	评估小批量产品									→		
9	评估中批量产品										→	
10	合格供应商评估											→

表 4—2　　　　供应商审核表

<table>
<tr><td rowspan="5">厂供应商资料</td><td colspan="5">公司名称</td><td colspan="4"></td><td colspan="4">公司地址</td><td colspan="5"></td><td colspan="2">电话</td><td colspan="2"></td></tr>
<tr><td colspan="5">工厂地址</td><td colspan="4"></td><td colspan="4">负责人</td><td colspan="5"></td><td colspan="2">电话</td><td colspan="2"></td></tr>
<tr><td colspan="5">营业执照号码</td><td colspan="4"></td><td colspan="4">经营品种</td><td colspan="9"></td></tr>
<tr><td colspan="5">员工人数</td><td colspan="17">管理：　　人，生产：　　人</td></tr>
<tr><td colspan="22">调查及评分</td></tr>
<tr><td rowspan="2">调查内容</td><td colspan="4">质量保证能力 30%</td><td colspan="4">产品开发能力 20%</td><td colspan="4">供货能力 20%</td><td colspan="4">价格水平 20%</td><td colspan="3">服务水平 5%</td><td colspan="3">管理水平 5%</td></tr>
<tr><td>质量管理体系</td><td>进料质量控制</td><td>生产过程质量控制</td><td>检测标准及检测手段</td><td>技术人员素质</td><td>设备技术的先进性</td><td>新产品开发成果</td><td>与其他企业配套创新能力</td><td>设备规模、生产能力</td><td>交货稳定性应变能力</td><td>设备维护</td><td>运输条件、配套距离</td><td>价格竞争能力</td><td>原材料、制造成本</td><td>降低成本的潜力</td><td>结算期限</td><td>流通加工能力</td><td>信息服务</td><td>售后服务</td><td>组织制度</td><td>现场管理</td><td>财务状况、经营状况</td></tr>
<tr><td>总分</td><td>10</td><td>10</td><td>5</td><td>5</td><td>5</td><td>10</td><td>2</td><td>3</td><td>10</td><td>5</td><td>2</td><td>3</td><td>10</td><td>3</td><td>2</td><td>5</td><td>2</td><td>1</td><td>2</td><td>2</td><td>2</td><td>1</td></tr>
<tr><td>备注</td><td></td><td></td><td></td><td></td><td></td><td></td><td></td><td></td><td></td><td></td><td></td><td></td><td></td><td></td><td></td><td></td><td></td><td></td><td></td><td></td><td></td><td></td></tr>
</table>

评审组长：　　　　日期：　　年　　月　　日

表 4—3　　　　合格供应商清单

序号	供应商名称	采购类型及项目	产能	采购周期	最小采购批量	最小包装数	联系电话	联系人

二、供应商调查管理

供应商选择与管理的首要工作就是要了解供应商、了解资源市场。要了解供应商的情况，就要进行供应商调查。对供应商的调查，是在选择供应商过程中具有实质性的一步。在寻找供应商的过程中，对供应商有了一定的了解，但还不足以为供应商的选择提供更多的信息，因此必须对供应商作进一步调查。不同阶段的供应商调查有不同的要求。供应商调查可以分为三种：第一种是初步供应商调查，第二种是资源市场调查，第三种是深入供应商调查。

1. 流程

供应商调查管理流程如图 4—2 所示。

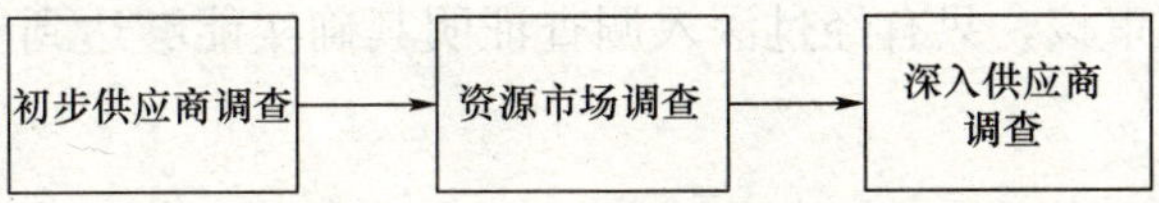

图 4—2　供应商调查管理流程

2. 执行标准

初步供应商调查是进行供应商调查的第一步，它只是对供应商基本情况的调查。主要了解供应商的名称、地址、生产能力、能提供什么产品、能提供多少、价格如何、质量如何、市场份额有多大、运输进货条件如何等。

实施物料采购之前，必须先对其供应市场进行仔细的调查分析。资源市场调查的内容包括资源市场的环境；资源市场的规模、容量、性质；资源市场中各供应商的情况如何。

经过初步的供应商调查和资源市场调查后，就要进入深入供应商调查阶段。这种考察，是深入到供应商企业的生产线、各个生产工艺、质量检验环节甚至管理部门，对现有设备工艺、生产技术、管理技术等进行考察，了解所采购的产品是否能满足本企业所应具备的生产工艺条件、质量保证体系和管理规范要求。

3. 注意事项

由于初步供应商调查是供应商调查的最初阶段，这一阶段要掌握大量的供应商信息和资源分布信息，所以调查内容要浅，只需了解一些简单的、基本的情况。另外，调查面要广，最好能对资源市场中各供应商都能有所调查、有所了解，从而能够掌握资源市场的基本状况。

不同的市场结构决定了采购企业在交易中的不同地位，因而必须采取不同的采购策略和方法。从产品设计的角度出发，应尽量避免选择完全垄断市场中的产品，如不得已，就应该与供应商结成合作伙伴关系。对于垄断竞争市场，应尽可能优化已有供应商并发展其成为伙伴型供应商；对于寡头垄断市场，应尽最大可能与供应商结成伙伴型的互利合作关系；在完全竞争市场下，应把供应商看作商业型的供应业务合作关系。

进行深入的供应商调查也有很大缺陷，如深入供应商调查需要花费较多的时间和精力，调查成本高。因此不能对所有的供应商都实施这种调查，进行深入调查的供应商必须符合以下几种情况：

（1）准备发展成紧密关系的供应商

如在进行准时化采购时，供应商的产品需准时、免检、直接送上生产线进行装配。这时，供应商与企业的利益已经息息相关。因此，准备发展成紧密关系的供应商需要进行深入供应商调查。

（2）寻找关键零部件产品的供应商

如果采购方采购的是一种关键零部件，特别是精密度高、加工难度大、质量要求高、在产品中起核心功能作用的零部件产品，选择供应商时，就需要特别小心，要进行反复认真的深入考察审核，只有经过深入调查证明其确实能够达到要求时，才能确定发展它为供应商。

三、供应商选择

1. 流程

供应商选择流程如图 4—3 所示。

2. 执行标准

（1）收集信息阶段

采购部通过各种渠道收集供应商的信息，如发放供应商问卷、面谈和收集资料等；通过供应商信息调查表，对供应商进行调查。调查内容包括供应商的供货状况、产品质量情况、价格水平、生产技术水平、财务状况、信用情况、管理制度等。各相关部门对调查工作应予以配合。

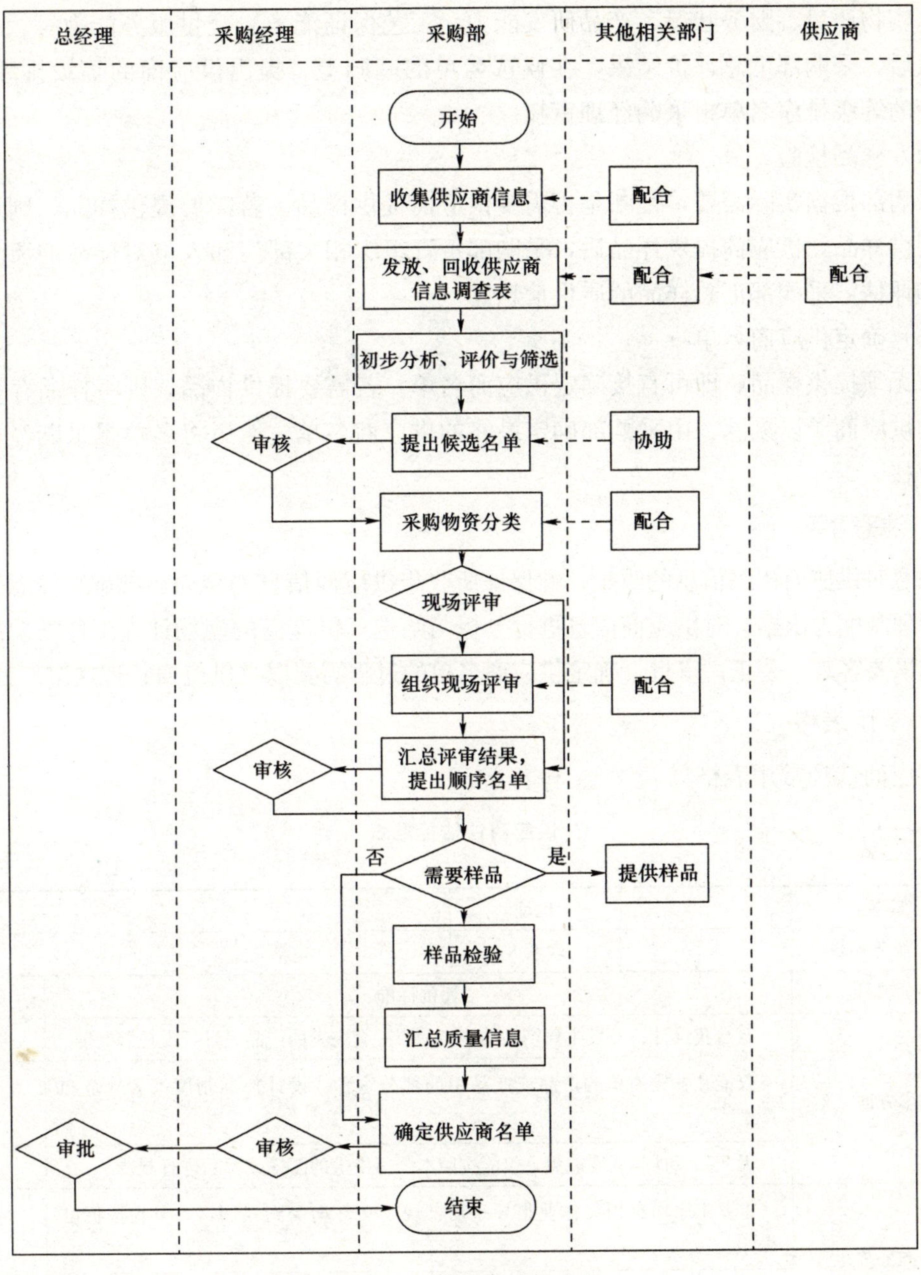

图 4—3　供应商选择流程

（2）初步分析、评价与筛选

采购部整理、分析调查所得资料，根据合格供应商的评定标准，对所有供应商进行初步评价和筛选，通过筛选，采购部提出候选供应商名单，报采购经理审核。

（3）组织现场评审

采购部将需要采购的物资分类，根据实际需要，判断是否需要组织现场评审，对无须现场评审的供应商，可直接提出供应商的排序名单；对需要现场评审的供应商，则组织相关人员按相关规定对供应商进行现场评审。现场评审的主要内容包括质量体系管理能力、实物质量、财务状况、产品研发能力、工艺保证能力、交付服务能力等。现场评审结束后，采购部汇总评价结果，在候选名单的基础上，提出供应商的等级排序名单。供应商的等级排序名单报采购经理审核。

（4）样品检验

采购部根据实际需要，判断是否需要供应商提供样品。若需要提供样品，则通知供应商提供样品，供应商提供样品后，采购部负责组织相关部门和人员对样品的质量进行检验和评估，采购部汇总样品的质量信息。

（5）确定供应商名单

若无须提供样品，即可直接确定供应商名单，若需要提供样品，则将样品存在质量问题的供应商予以剔除，由采购部确定最终的供应商名单，然后将名单报采购经理、总经理审核。

3. 注意事项

注意对供应商相关信息的收集，并保证所收集供应商信息的全面、准确；注意以供应商的管理制度为依据，对供应商信息进行分析与筛选；供应商的现场评审工作需要准备充分，结果要客观、公正；审批、确定供应商名单的过程需要以《供应商管理规定》为依据。

4. 常用表格

供应商选择常用表格见表 4—4 和表 4—5。

表 4—4　　　　供应商评估标准表

日期：

供应商名称		地址			
产品/服务项目		联系人		电话	

评价项目	评价标准	得分
技术方面	有自我设计、开发主要产品的能力，有一套完善的产品设计开发控制制度	优
	仅能开发较简单的产品或产品中的部分零件，设计控制制度不太规范和严密	良
	无产品设计与开发能力，仅能按照本公司提供的图样或样品进行制造	差
生产工艺	主要工序均有相关作业指导手册，现场文件均受到控制，人员均按标准操作	优
	工序作业指导文件不够全面，更新不及时，人员不完全按标准操作	良
	无工艺性的文件作为操作依据，全凭口头指挥操作，或凭工人经验操作	差
设备维护与保养	有完整的设备管理办法，采购、操作、维护和保养均能够有效控制，不同设备进行不同级别的保养，设备经常处于完好状态	优
	对重要设备有保养计划，但设备管理办法不够全面，不能经常保证设备处于完好状态，有因设备损坏而停工的现象发生	良
	无任何设备管理制度，出现大问题才进行维修，经常影响生产	差

续表

评价项目	评价标准	得分
生产现场管理	有完整、正规的现场管理办法，如自检、互检、巡检制度	优
	有一些规定，但执行力不够导致产能偏差较大，或出现漏检等情况	良
	无正规管理办法，仅凭组长、领班口头盲目指挥生产，质量很难得到保证	差
质量管理体系	有成文的质量管理体系，结构较完善，体系能有效运行，质量手册和程序文件规定能认真执行	优
	有文件化的质量管理体系，但不完善，体系基本上能够运行，质量手册和程序文件的规定不够严格	良
	无文件化的质量管理体系，只有一些习惯性做法或口头程序	差
检验过程控制	主要检验过程能够严格控制，检验员严格按规定操作，检验结果有专人校验	优
	关键检验过程能够控制，但有时不能严格按文件操作，检验结果由检验员一人填写	良
	检验过程控制不严格	差
成本与价格	注重市场价格变化，能改善流程、提高效率、降低成本，产品售价能稳中有降	优
	对降低成本有认识，但措施或方法不到位，产品售价会有小幅波动	良
	压低原材料的价格，降低原材料质量，产品质量不稳定，价格随市场波动	差
产品交付	完全按合同要求的期限和交付条件交货	优
	基本上能按合同要求的期限和交付条件交货	良
	经常拖延交付日期，交付条件经常改变	差
售后服务	有良好的服务，能主动调查客户的服务需求，并尽力实施，能及时纠正改善及预防客户的投诉，能将有关信息及时反馈给客户，客户投诉极少	优
	有较好的服务，但不够主动，客户偶有投诉，能解决，但不够及时	良
	对客户的投诉经常推卸责任，或拖很长时间才予以解决，且类似问题经常发生	差
组织管理	管理团队优秀，管理水平高，企业组织结构较合理，岗位职责明确	优
	管理团队一般，管理水平一般，组织结构不明确，职责不太清楚	良
	管理团队较差，管理水平较差，办事全凭领导口头指示，组织结构不健全，职责不清，工作无章可循，办事效率低下	差
总计	______优______良______差	
综合评估结果	□优 □良 □差	

填表人：______ 审核：______

表 4—5 **供应商评分表**

编号：______ 填写日期：______

供应商基本情况表	名称			计划承接企业产品				
	厂址			涉及加工工艺过程				
	联系人		职务		电话		传真	
	主要生产设备							
	主要检测工具							

评价项目数	评价内容	优 5	良 4	中 3	差 2	劣 1
1	企业规模					
2	企业信誉					
3	产品质量					
4	产品价格					
5	产品认证水平					
6	生产技术					
7	加工工艺					
8	开发能力					
9	不合格产品控制					
10	配合度					
11	准时交货					
12	历史合作情况					
13	服务范围					
14	售后服务					
15	质量保证体系					
总得分						
评价说明						

评价单位信息

评价部门/人员	评价意见	签字	日期

总经理审批意见：

日期： 年 月 日

填写人：______

四、供应商初审

1. 流程

供应商初审流程如图 4—4 所示。

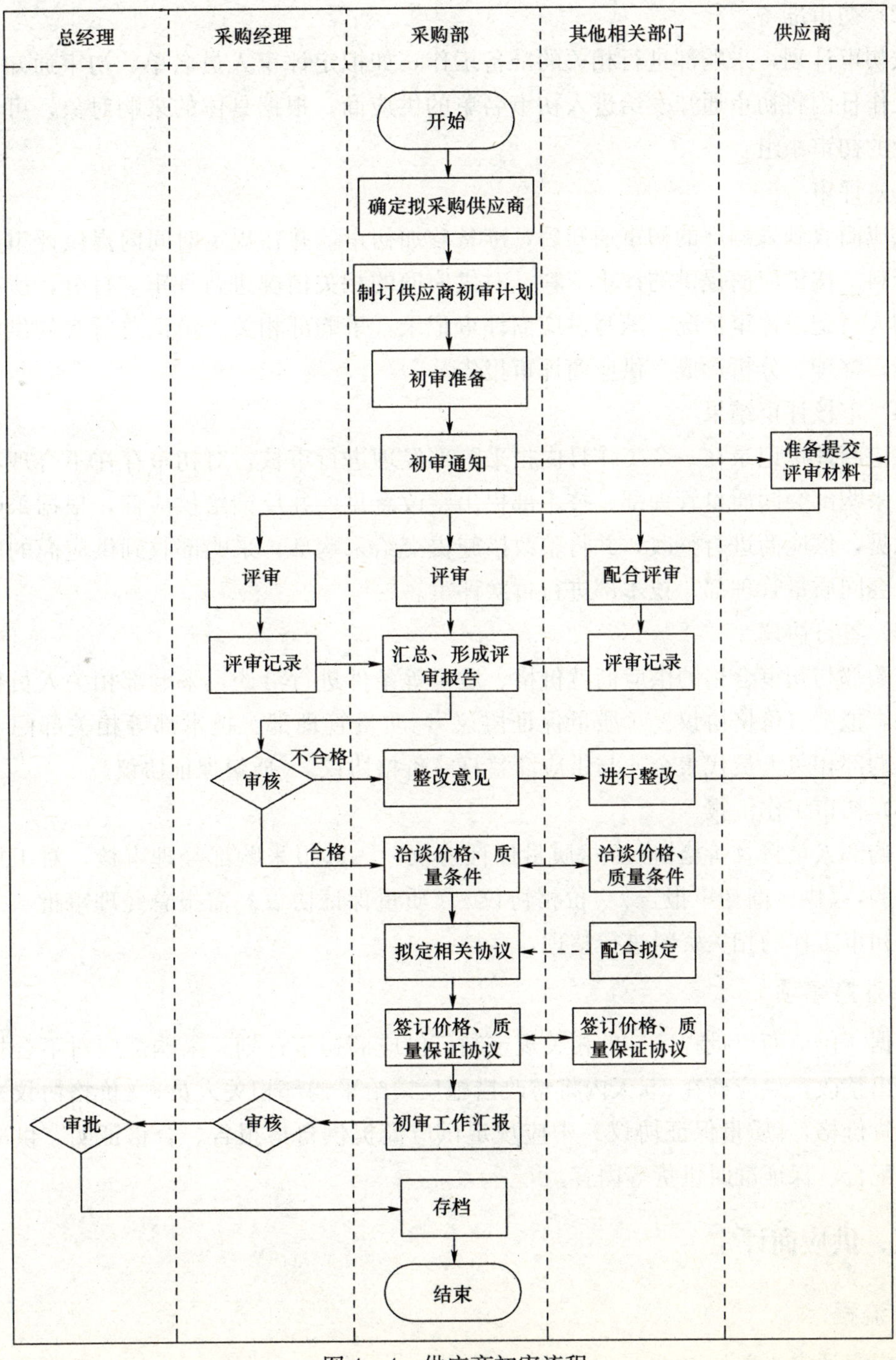

图 4—4　供应商初审流程

2. 执行标准

（1）制订初审计划

采购部根据实际情况确定拟采购供应商，并按相关规定制订供应商初审计划，在一个工作日内报采购经理审核后执行。

（2）初审准备

按初审计划，采购部进行相关的准备工作，如拟定评审人员名单、初审通知等，在一个工作日内将初审通知发给进入初审名单的供应商，根据具体的采购对象，可考虑成立专业的初审小组。

（3）评审

供应商收到采购部的初审通知后，准备参加初审，并在规定时间内提供评审所需的评审资料。按供应商提供的评审资料，对供应商的相关情况进行评审、打分，所有参与评审的人员记录评审情况，填写供应商评审记录，采购部相关人员汇总所有的供应商评审记录，整理、分析形成《供应商评审报告》。

（4）审核评审结果

供应商评审记录在一个工作日内报采购部经理进行审核，对初审存在不合理项的供应商，采购部会同质量管理部、技术部提出整改意见，并反馈给供应商，根据采购部的整改意见，供应商进行整改，并将整改措施提交给采购部，采购部收到供应商的整改措施后，会同质量管理部、技术部进行再次评审。

（5）签订协议

采购部与初审合格的供应商就价格、质量等条件进行洽谈，采购部相关人员根据洽谈结果，拟定《价格协议》《质量保证协议》，质量管理部、技术部等相关部门予以配合，采购部相关人员代表企业与供应商签订《价格协议》《质量保证协议》。

（6）初审工作汇报

采购部人员将《价格协议》《质量保证协议》一起报采购部经理审核，对于重要的物资采购，《供应商初审报告》《价格协议》《质量保证协议》需报总经理审批，采购部人员将初审工作的相关资料进行整理，存档。

3. 注意事项

根据《供应商审批程序》的相关规定制订供应商初审计划；采购部应对不合格的供应商提出整改，供应商在15天内将整改措施反馈给采购部相关人员；《价格协议》中应规定供货价格，《质量保证协议》中应规定供应商提供自检报告、合格证明、供应商对验证的配合、保证准时供货等内容。

五、供应商评定

1. 流程

供应商评定流程如图4—5所示。

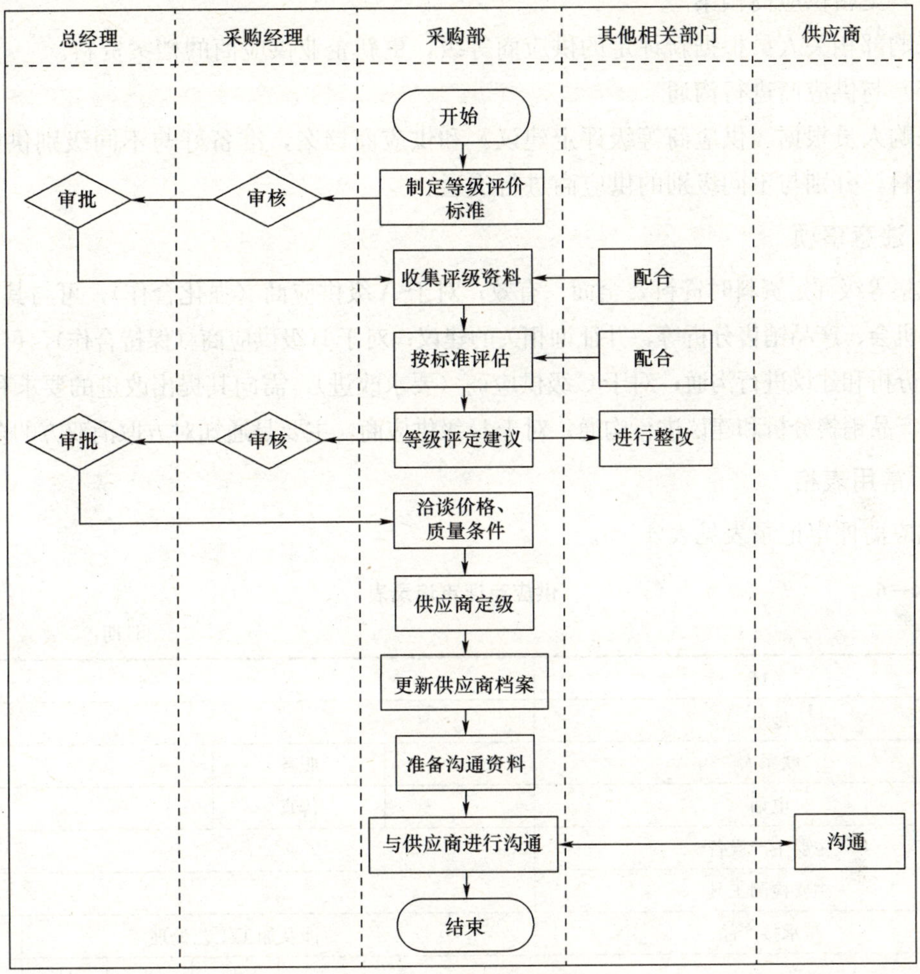

图 4—5　供应商评定流程

2. 执行标准

（1）制定等级评定标准

采购部等级评定人员根据企业规定的合格供应商标准和具体的实际需要，制定供应商等级评定标准，该标准以指标体系的形式体现。等级评定标准交采购经理审核，根据采购经理提出的修改意见进行完善，经修改后的等级评定标准交总经理审批。

（2）收集等级评定资料

采购部相关人员随时收集评估供应商等级的相关资料，相关部门如质量管理部、技术部、生产部予以配合，整理、汇总收集到的资料并进行分析。

（3）等级评定

采购部收集、汇总《供应商评价表》，进行分析后提出《供应商等级评定建议》，并交总经理审核，根据采购经理的意见及建议进行修改，《供应商等级评定建议》经总经理审批后，采购部对供应商进行定级，形成《供应商等级列表》。

（4）更新供应商档案

采购部相关人员根据新评定的供应商等级，更新企业供应商的档案资料。

（5）与供应商进行沟通

采购人员根据《供应商等级评定建议》和供应商档案，准备好与不同级别供应商沟通的资料，分别与不同级别的供应商进行沟通。

3. 注意事项

收集等级评定资料时资料要全面、有效；对于A级供应商（强化合作），可与其沟通新的合作机会、产品销售分析等，并征询相关的建议；对于B级供应商（保持合作），可就产品的销售分析和建议进行沟通；对于C级供应商（要求改进），需向其提出改进的要求和建议，也可就产品销售分析和建议进行沟通；对于D级供应商，主要是通知对方取消双方的合作。

4. 常用表格

供应商评审记录表见表4—6。

表4—6　　供应商评审记录表

日期：

名称							
地址							
联系人			职务				
电话			传真				
主要生产设备							
主要检测工具							
拟承接产品		涉及加工工艺处理					
项目	评审内容	优	良	中	差	缺	得分
		5	4	3	1	0	
综合项	质量政策是否明确，目标是否量化						
	特殊岗位工作人员是否得到适当培训						
	工作场地是否清洁、整齐、定置摆放						
质量检验	进料检验是否有检验规范和检验记录						
	过程检验是否有检验规范和检验记录						
	最终检验是否有检验规范和检验记录						
	是否有标识表明检验和试验状态						
	不合格品是否有处理程序并按程序处理						
	质量出现异常时是否有信息反馈和纠正措施						
	计量器具是否有矫正制度，使用状况是否良好						

续表

项目	评审内容	优	良	中	差	缺	得分
		5	4	3	1	0	
过程控制	是否对承制的产品有足够的工序能力						
	是否具备流程图和作业指导书						
	产品是否有适当标识						
	机械设备是否定期保养、润滑、清洁						
	工装、工具是否适当保存，现场使用状态是否良好						
	搬运工具是否能保护产品、避免使其损坏						
出货安排	仓库是否清洁、标识清楚						
	物资出库前是否经过出货检验并按客户要求进行标识						
	生产计划是否按交期排定以确保按期交货						
	是否具备适当紧急订单处理能力						
得分合计（注：现场评审得分 70 分以上为合格）							
评审结论	□评审合格 □评审不合格 □改善后再评审 □保留资料暂不进入下一环节						
	采购部： 技术部： 质量管理部：						

六、供应商认证

1. 流程

供应商认证流程如图 4—6 所示。

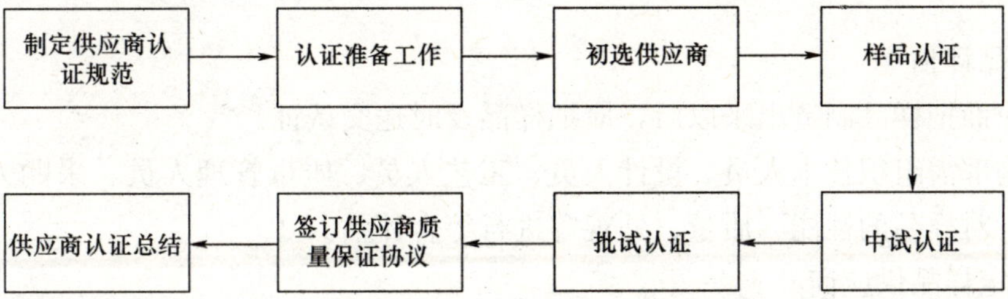

图 4—6 供应商认证流程

2. 执行标准

（1）认证准备

1）熟悉认证的物品项目。采购人员与供应商接触之前就应首先熟悉认证项目，包括物品项目所在的专业知识范围、认证难度的经验需求以及目前国内外的供应状况等。

2）了解采购批量需求。采购质量管理人员需要通过了解物料需求计划来了解采购的批量需求，以确定采购的规模、范围和时间。

3）价格预算。采购人员应及时对采购物资的项目成本价格进行市场调查和行业比较或者进行价格核算，以便得出合理的成本价格。

4）研究采购物资的质量需求标准。采购人员应清楚了解所采购物资要达到哪一种质量认证标准，在进行认证工作时做到有的放矢。

5）制定认证说明书。认证说明书的内容包括项目名称、价格预算、关键质量条款、需求预测、售后服务要求、项目难度、技术图纸、技术规范、检验标准等。

（2）初选认证供应商

在确定该次采购项目的供应群体后，可以向其发放认证说明书，认证说明书中应当包括图纸、技术规范、检验指导书等内容。采购人员向供应商发放认证说明书及相关资料后，应要求其根据自己的情况拟制供应报告。

（3）供应商样品的测试认证

1）签订试制合同

①确定好初选供应商后，采购部应当与其签订试制合同，要求其在规定时间内提供符合要求的样品，以验证产品设计方案的可行性。

②合同中必须阐述清楚供应商需无条件遵守的保密规定，确保技术和设计资料的安全性。

2）要求供应商准备样品

①采购部应向供应商发放较为详尽的技术设计资料，并要求其尽快进行样品的准备工作。

②对于准备周期较长的认证项目，采购人员应对样品准备过程进行协调监控，以便在遇到突发事件时能够及时提出解决方案。

③在样品试制的过程中，采购部可与供应商进行沟通，确定其是否需要调整技术或工艺方案。

3）样品评估

①供应商把样品制造出来以后，应把样品及时送交认证。

②采购部需组织技术人员、设计人员、工艺人员、质量管理人员、采购人员等组成评估小组，对样品的性能、质量、外观等进行综合评估。

4）确定样品供应商

①经过对样品的评估和认证，就可以进行集体决策，确定样品供应商。

②简单样品的产品，需选择三家以上的供应商，以保持一定的竞争，保证采购产品的质量。

（4）中试认证

中试认证流程如图 4—7 所示。

（5）批试认证

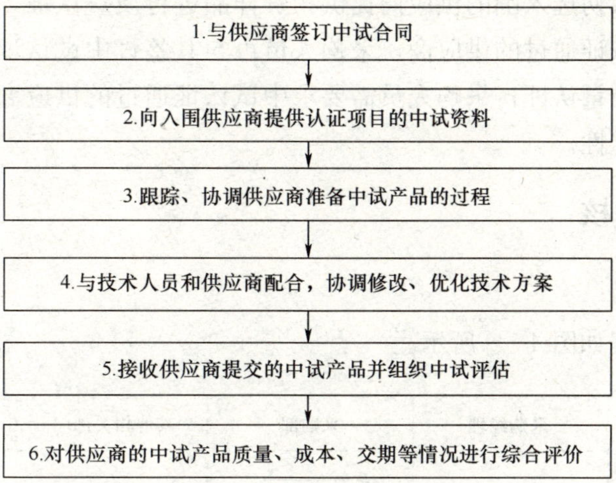

图 4—7　中试认证流程

批试认证的目的是使系统设计方案具有大规模生产的可能性，同时寻求提高产品质量稳定性和可靠性的方案，具体包括以下几个步骤：

1）采购人员需与通过中试认证的供应商签订批试合同，使供应商能够在规定时间内提供符合批试认证要求的批试产品。

2）向供应商提供认证项目批量生产技术资料。

3）采购人员对供应商准备批试产品的过程进行监督，并做好充分的风险评估工作。

4）供应商将准备好的批试产品送交采购部分之后，采购部应着手准备批试评估，并制定出批试评估标准。

5）经过以上几个环节，确定合格的批试供应商。

（6）供应商质量认证评估

采购部应制订供应商质量认证评估计划，对供应商绩效、采购环境、采购人员绩效进行评估。

（7）签订质量保证协议

1）采购部需与通过认证的供应商签订“供应商质量保证协议”。

2）质量保证协议中必须约定产品需要达到的质量标准以及违反协议所受到的惩罚。

（8）供应商认证工作总结

1）采购人员与供应商签订完质量保证协议之后，应当认真地回顾认证工作，对供应商认证工作的成功和失误做出总结，为以后的供应商认证工作打好基础。

2）采购人员需及时将供应商认证工作中产生的各类资料进行整理、归档。

3. 注意事项

参与采购质量认证的人员必须熟悉要认证物资的技术标准和相关参数，明确待认证物资的需求状况以及物资对公司生产经营的重要性，并准备好物资认证所需的材料。

采购人员应要求初选入围的供应商提供物资样品进行质量认证，并选择合适的样品供应商；对于试制认证通过的供应商，采购人员可与其签订中试认证合同，要求其提供小批样件，并进行质量认证；采购人员需要求中试认证通过的供应商进行批量试制，考察其产品的质量稳定性。

七、供应商考核

1. 流程

供应商考核流程如图 4—8 所示。

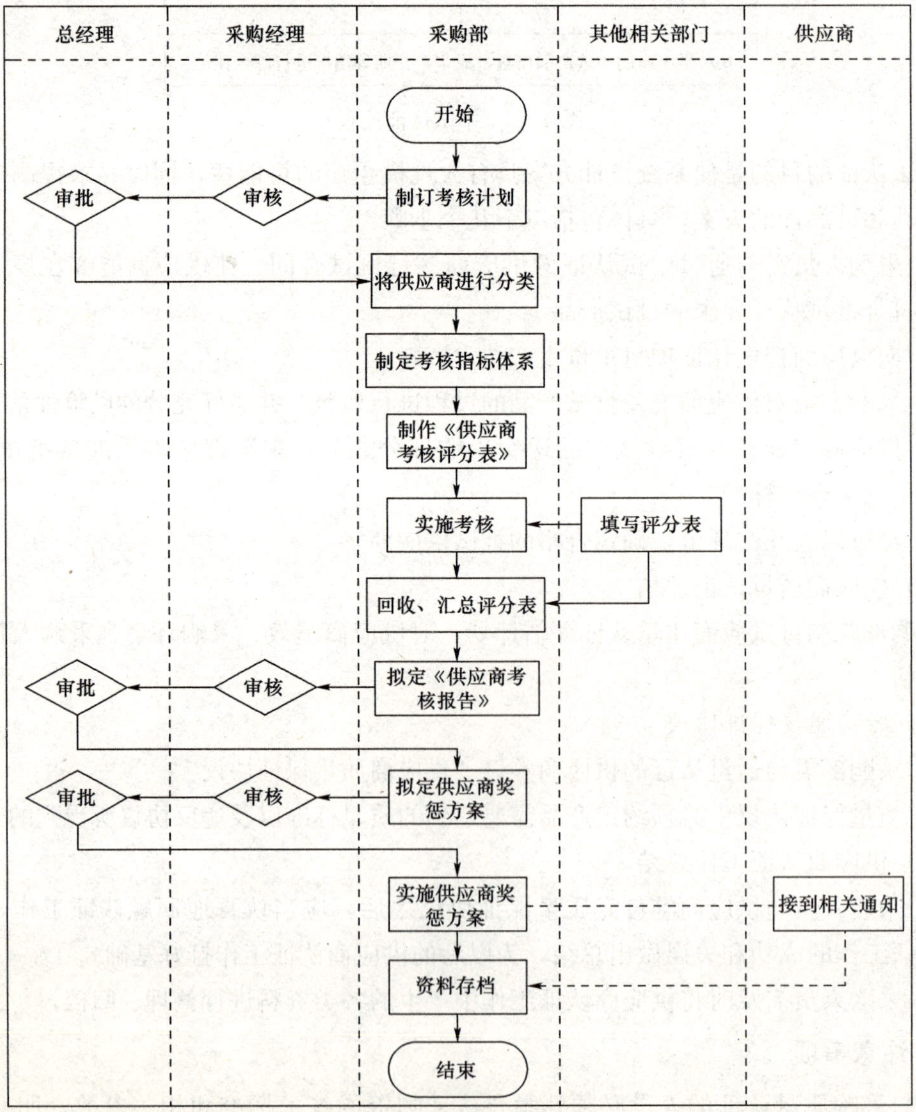

图 4—8 供应商考核流程

2. 执行标准

（1）制订考核计划

采购部制订供应商考核计划，包括考核的目的、方式、组织人员、参与人员等内容，采购部经理审核考核计划，计划制订人员按审核意见修改、完善考核计划，经修改的考核计划报总经理审批。

（2）制定考核指标体系

不同类别的供应商其考核指标体系也不同，考核人员应根据企业的实际将供应商进行分类，设立供应商考核指标，所有供应商都采用这些指标，然后针对不同类别的供应商设定相应的权重，对各个指标（评分项目）设立评分等级，至此，形成完整的供应商考核指标体系，根据考核指标体系，制作《供应商考核评分表》，以便实施考评。

（3）考核供应商

采购部的供应商考核人员一方面收集供应商的信息，了解考核指标所指的每个项目，另一方面发放《供应商考核评分表》，在相关部门和人员之间对供应商进行考核，技术部、质量管理部、生产部相关人员予以配合，回收《供应商考核评分表》，汇总考核结果。

（4）拟定《供应商考核报告》

采购部的供应商考核人员拟定《供应商考核报告》，报采购经理审核后，报总经理审批。

（5）实施奖惩

《供应商考核报告》经总经理审批后，采购部相关人员根据供应商管理的相关规定拟定奖惩方案，奖惩方案报采购经理审核后，报总经理审批，然后按方案实施奖惩：绩优者，给予优先取得交易机会、享受培训及考察、颁发证书、聚餐等奖励；绩劣者，视情节严重性，或进行资格重估，或取消其供应商资格。

3. 注意事项

考核计划应严格按照《供应商管理制度》制订，确保考核计划完备、可行；考核指标要完整且可量化。一般来说，供应商考核指标包括供货质量（进料不良率、生产现场不良率、出货检查正确率、整洁程度等）、交货误期率、协调配合状况（相关约定处理率，抱怨次数等）、价格水平、管理体系等；考核评分应客观、公正，以《供应商考核评分表》的考核结果为依据；严格按合格供应商的标准及管理制度执行。

4. 常用表格

供应商考核常用表格见表4—7和表4—8。

表 4—7 供应商考核评级表

供应商				所供物资		
总得分				期间		
项目	考核内容	考核部门	满分	考核标准	得分	考核部门签章
质量	进料批次合格率	质量管理部门	30	$\frac{合格数}{总交货数}\times 100\%\times 30$		
	制程异常	生产部	10	每发生一次扣1分		
交期	交货准时性	采购部	20	按订单延迟天数扣分		
服务	品质抱怨改善回复状况	质量管理部门	8	依评分标准进行		
	退换货及时性	采购部	10	依评分标准进行		
价格	价格水平	采购部	10	依评分标准进行		
配合度	品质改善及生产进度配合	采购部	10	依评分标准进行		
其他	其他部门对供应商的评价	其他相关部门	5	依评分标准进行		
总分		采购部	100			
备注						
供应商主管审核	签字（盖章）： 日期：____年___月___日					
部门经理审核	签字（盖章）： 日期：____年___月___日					

表 4—8 合格供应商清单

序号	物料名称	供应商名称	地址	联系人	电话/传真	质保	试订购结果	等级	备注

八、供应商管理

1. 流程

供应商管理流程如图 4—9 所示。

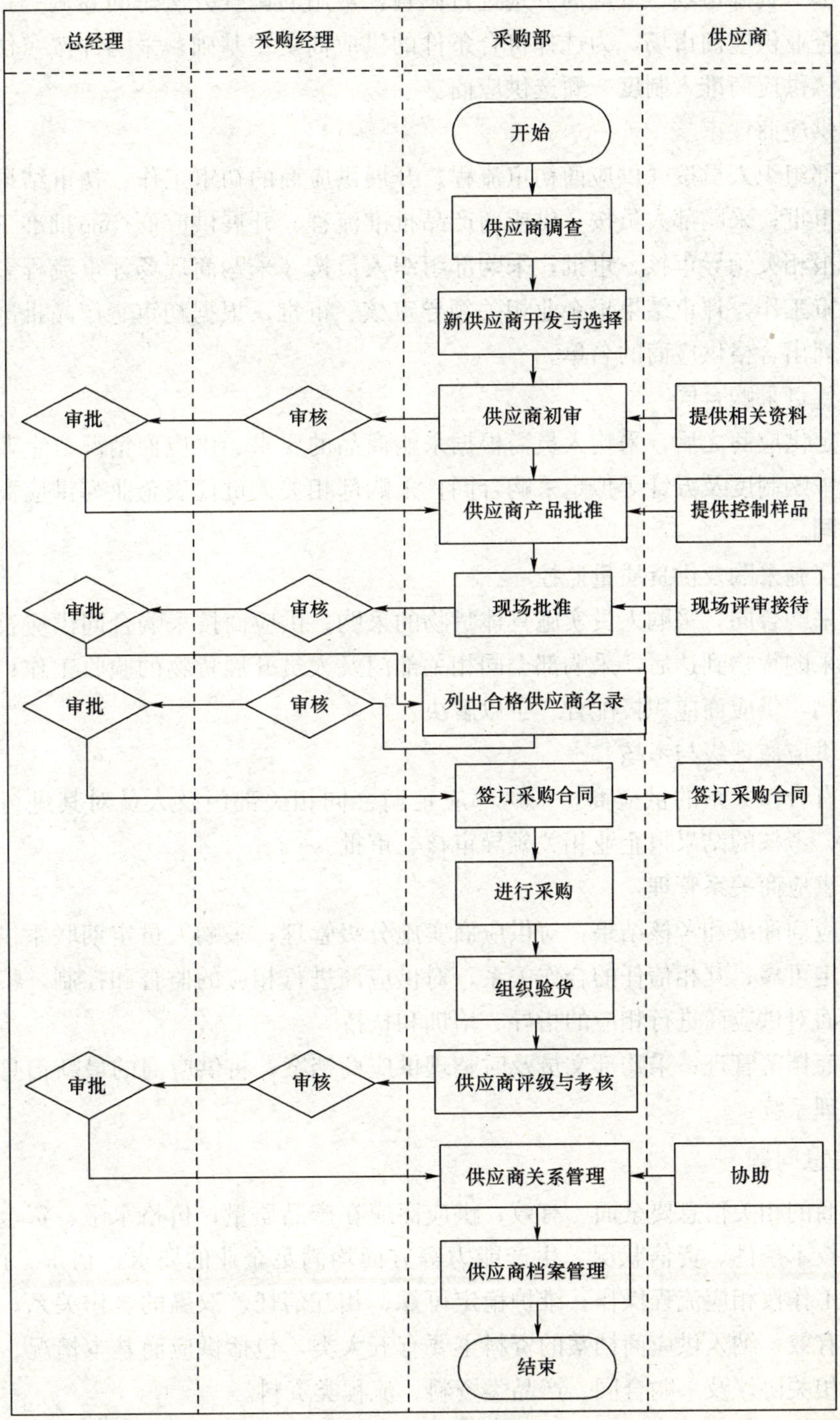

图 4—9　供应商管理流程

2. 执行标准

（1）供应商开发与选择

采购部对资源市场、供应商分别进行调查，常用的调查方法是问卷调查；采购人员广泛开发企业供应商市场，为选择符合条件的供应商奠定基础；采购部按《供应商选择流程》和《供应商准入制度》甄选供应商。

（2）供应商评审

采购部组织人员按《供应商初审流程》开展供应商的初审工作，初审结果报相关领导审核、审批；采购部人员按《供应商产品批准流程》开展供应商产品批准工作，产品批准结果报相关领导审核、审批；采购部组织人员按《采购商现场评审流程》开展供应商现场评审工作，评审结果报企业相关领导审核、审批；根据初审、产品批准、现场评审结果，列出合格供应商的名单。

（3）签订采购合同

在选定供应商之后，采购人员需根据采购商品的要求、供应商情况、企业本身的管理要求、采购制度及方针等拟定采购合同；采购部相关人员代表企业与供应商签订正式的采购合同。

（4）实施采购及供货质量监控

按照采购合同，采购人员实施具体货物的采购；供应商按采购合同供应符合要求的货物；需采购货物到达后，采购部会同相关部门及人员开展货物的验收工作；对于存在问题的货物，供应商应积极配合、予以解决。

（5）供应商评级与考核

对于有合作关系的供应商，采购部应定期会同相关部门及人员对其进行评级与考核；评级、考核的结果报企业相关领导审核、审批。

（6）供应商关系管理

按供应商评级和考核结果，对供应商实施分级管理；采购人员定期联系供应商，逐渐建立稳定可靠、互相信任的合作关系；对供应商进行相应的监督和控制，特别是在供货质量方面对供应商进行相应的指导、培训和扶持。

供应商档案管理：采购部文员及时整理供应商档案，将供应商的最新信息录入供应商信息管理系统。

3. 注意问题

供应商的相关信息要全面、有效，供应商应在产品质量、价格水平、资金实力、服务水平、技术条件、资信状况、生产能力等方面均满足企业的要求；初审、产品批准、现场评审工作按相应流程操作；维护稳定可靠、相互信任、双赢的合作关系；供应商档案全面、有效，纳入供应商档案的资料主要有五大类，包括供应商基本情况、供应商相关资料、相关协议及采购合同、产品类资料、流程类资料。

第三节　供应商关系管理

现代供应链管理理论认为供应商和企业之间的关系已经不是简单的供应和采购关

系。企业为完成核心业务而将外围业务外包给供应商，于是主要的供应商对于企业顺利完成核心业务具有重大影响。所以企业越来越重视供应商关系的维护和发展，只有通过较好地实施供应商关系管理，企业才能建立与上游企业的紧密合作关系，进而增强整个供应链的效率优势。

供应商关系管理是在供应链管理理论的基础上发展起来的一种处理客户与供应商关系的新理论。它以“双赢”的理念为指导思想，客户与供应商结成长期的、稳定的、互惠互利的合作伙伴关系，共同追求降低供应链的总成本，提高最终客户的产品价值。供应商关系演变见表4—9。

表4—9　　供应商关系演变

项目	时间		
	20世纪六七十年代	20世纪80年代	20世纪90年代至今
关系特征	竞争对手	合作伙伴	探索/全球平衡
市场特点	许多货源、大量存货，买卖双方是竞争对手	合作的货源，少量存货，买卖双方互为伙伴，实现“双赢”	市场国际化，不断调整双方伙伴合作关系，在全球经济中寻求平衡与发展
采购运作	以最低价买到所需产品	采购总成本降低 供应商关系管理 采购专业化 整体供应链管理 供应商参与产品开发	供应商策略管理“上游”控制管理共同开发与发展供应商优化 信息、网络化管理 全球“共同采购”

一、供应商关系管理流程与执行标准

1. 供应商关系的定位与构建

供应商和采购方之间的关系，除了各种明显的相互作用以外，还有其他的存在形式。例如，产品和服务的相互适应、运营衔接以及共同的战略意图等。企业与供应商的关系如何，将直接影响供应关系的后续发展。因此，企业必须明确自身与供应商之间的关系。

供应商关系的定位应结合物资分类的实际情况而定。在Ⅰ类物资中，由于企业需要采购大量的该类关键物资，其质量好坏对制造商会产生重大影响，因此，对于该类物资，企业应该努力与供应商建立关键性的伙伴关系。Ⅱ类物资本身是企业需要量小的采购物品，但是该类物资对企业生产经营的影响很大，所以企业不得不耗费巨资在该类物品的采购上。在处理提供Ⅱ类物资的供应商关系时，企业应该努力寻找替代品或者替代厂家。Ⅲ类物资属于一般的通用件和标准件，企业对该类物品的采购量不大并且可选的供应商数量较多，企业对该类物资的供应商关系的处理十分简单，建立一般的契约关系即可。作为一般原材料的Ⅳ类物资，企业对其没有过高要求。在选择该类物资供应商时，企业把价格放在首要考虑地位，对于那些提供合适价格的供应商，企业愿意与其建立伙伴关系。供应商关系图如图 4—10 所示。

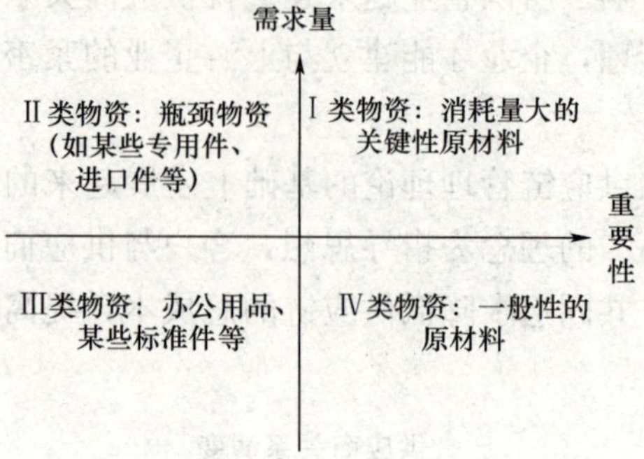

图 4—10 供应商关系图

2. 供应商关系的发展

与供应商建立合作关系仅仅是工作的开始，企业需要确定当前与供应商关系的发展阶段，在管理供应商的过程中维护、改进、发展伙伴关系，同时不断优化整体供应商结构和供应配套体系。从采购方与供应商关系的转变过程来看，供应商关系会因双方合作关系的不断深入而经历五个阶段，如图 4—11 所示。

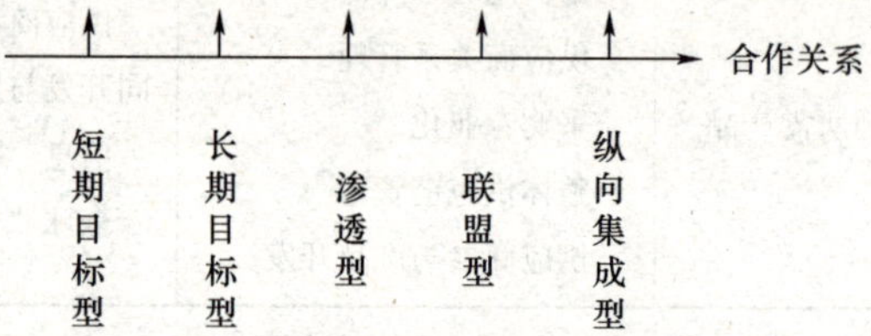

图 4—11 供应商关系的发展

3. 供应商关系跟踪管理

企业与供应商建立了合作关系后，就应该对这种关系进行必要的跟踪管理。供应商关系跟踪管理的基本流程如图 4—12 所示。

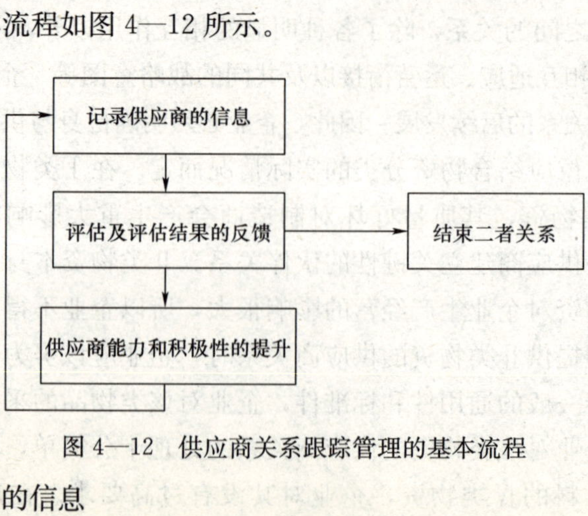

图 4—12 供应商关系跟踪管理的基本流程

(1) 记录供应商的信息

记录资料中应该包含有关供应商的以下信息：

1）供应商的相关文件，包括年报、宣传手册、产品目录、用户指南、维修手册等。

2）公司能够收集到的有关供应商的公开信息，包括新闻报道、信用报告等。

3）其他用户对于该供应商的反应，包括用户满意度的调查信息。

4）供应商在质量控制、成本控制以及技术开发方面所做的努力情况。

5）供应商对问询的反应，以及为公司的供应商拜访和调查准备的报告。

6）由供应商的证明人及其他有关联系人提供的信息。

7）供应商询价反馈速度、退货条件信息。

8）公司从邮寄调查问卷、评价反馈、咨询和后续工作中直接或间接获得的供应商信息，其他可能影响供应链合作关系的信息等。

（2）供应商评估及评估结果反馈

企业必须具备一些考核、管理及发展供应商绩效的工具。考核系统在采购过程中是一个关键部分——主要以供应商"工作成绩鉴定表"的形式。供应商绩效考核不同于最初评估和选择供应商的程序，这是一个持续的过程而不是一次性事件。对于评价结果，公司应及时反馈给被评估的供应商，而不论其是否通过了评价。由于反馈是一个双向过程，公司也应该在这个时候努力获得相关供应商作为公司潜在客户对公司的看法。这样，双方都可以采取措施克服劣势，并增加建立真正业务合作关系的机会。

（3）供应商能力的拓展与积极性的提升

1）供应商能力的拓展。如果候选供应商存在的是能力方面的问题，像某供应商在技术、资源或经验方面存在不足，这些不足会影响其完全按照公司的要求交货。在这种情况下，公司可能会发现，必须采取一些措施以提高该供应商的能力。这些措施包括：

①为供应商提供产品/服务和有关专家技术方面的建议与帮助。所涉及的范围包括生产计划和生产过程控制、质量管理、技术支持、配送与交货，以及其他供应商有缺陷的方面。

②提供生产资金，如通过提前支付设备的采购款，或者预先支付供应商需要的采购原材料或者零部件的费用等。

③帮助供应商整合其信息系统，使该系统与本公司的系统更具兼容性，以方便两个公司之间的沟通和双方联合制订计划等。

2）供应商积极性的提升。要保持长期的供需双赢的合作伙伴关系，对供应商的激励是非常重要的，没有有效的激励机制，就不可能维持良好的供应关系。在激励机制的设计上，要体现公平、一致的原则。给予供应商价格折扣和柔性合同，以及赠送股权等，使供应商和本企业共同分享成功，同时也使供应商从合作中体会到供需合作双赢机制的好处。一般而言，有以下几种激励模式可供参考：

①价格激励。价格对企业的激励是明显的。高的价格能增强企业的积极性，不合理的低价会挫伤企业的积极性。但是，价格激励本身也隐含一定的风险，这就是逆向选择的问题。即采购企业在挑选供应商时，由于过分强调低价格谈判，往往选中报价较低的企业，而将一些整体水平较好的企业排除在外。因此，使用价格激励机制时要谨慎从

事，不可强调低价策略。

②订单激励。供应商获得更多的订单是一种极大的激励。一般来说，一个制造商拥有多个供应商。多个供应商竞争来自制造商的订单，大量的订单对供应商来说是一种激励。

③商誉激励。委托—代理理论认为，在激烈的竞争市场上，代理人的代理量（决定其收入）取决于其过去的代理质量与合作水平。从长期来看，代理人必须对自己的行为负完全的责任。因此，即使没有显性激励合同，代理人也要积极努力地工作，因为这样做可以改进自己在代理人市场上的声誉，从而提高未来收入。

④信息激励。信息激励属于一种间接的激励模式，但是它的激励作用不可小视。如果能快捷地获得合作企业的需求信息，该企业就能够主动采取措施提供优质服务，必然使合作方的满意度大为提高。信息激励机制的提出，也在某种程度上克服了由于信息不对称而使供需双方企业相互猜忌的弊端，消除了由此带来的风险。

⑤淘汰激励。淘汰激励是一种负激励，是一种危机激励机制，可以让所有合作企业都有一种危机感。由此，企业为了能在获得群体优势的同时自己也获得发展，就必须承担一定的责任和义务。对自己承担的供货任务，在成本、质量、交货期等方面负有全方位的责任。

（4）结束双方关系

当合作伙伴关系失败而决定终止时，双方常常会对对方怀有讽刺乃至敌意，因此公司在替换供应商时应尽量不损害客户满意度、公司的利润以及公司的名誉。

在供应商理解企业要求停止合作的基础上，企业需要与供应商共同确立公平的终止方案，以便将双方损失降到最小。该方案需明确双方的责任，双方责任包括对已发生的费用如何结算、如何以最低的成本处理现有库存等。企业采购部根据供应商淘汰的原因将所淘汰的供应商级别从日常供货供应商降为准合格供应商、潜在供应商或作永久删除。

二、建立战略合作伙伴关系

1. 战略合作伙伴的定义

企业与供应商之间的战略合作伙伴关系是指以相互信任为前提，双方企业在合作期间信息共享、利益分配和风险共担的协议关系。这种关系的主要特征在于从传统的以原料、产品或服务为核心转向以合作、集成化管理为核心。

传统观点认为采购方与供应商之间是一种此消彼长的零和博弈，每一方都想尽量从对方身上挖掘出更多利益，以提高自己的经济效益，从而导致价格不稳定、信息彼此封闭、设施重复浪费，实际上对双方的共同利益造成了损害。而在目前环境下，建立利益共享的战略联盟，使交易各方通过相互协调合作，实现以低成本向最终消费者提供更高价值服务的目标，并在此基础上实现双方利益的最大化。

2. 供应商战略合作伙伴关系与传统供应关系的比较

（1）建立战略合作伙伴关系的益处（见表4—10）

表4—10　　建立战略合作伙伴关系的益处

供应商	采购方
1. 增加对未来需求的可控性和预见性 2. 增强供应计划的稳定性 3. 增强供应商的竞争力	1. 增强采购业务的控制能力 2. 有保证的供货合同，满足采购需求 3. 减少和消除对采购产品不必要的检查活动
共同益处	
1. 改善相互之间的信息交流 2. 减少外在因素影响及造成的风险 3. 实现共同的期望和目标 4. 降低投机事件的发生概率 5. 共同奉献和共享利益 6. 增强矛盾冲突解决能力 7. 共同参与产品和工艺开发，实现相互之间的工艺、技术和物理集成 8. 订单、生产、运输上实现规模效益，降低成本 9. 减少管理成本 10. 提高资产利用率	

（2）传统采购的弊端

面对供应市场的变化与越来越激烈的竞争市场，传统采购的弊端越来越明显：①采购过程中信息封闭，供应商和采购方做不到有效的信息共享，影响采购效率，造成采购、库存成本的大大增加；②对产品质量、交货期的控制难度大；③供需双方的关系未能很好地协调，竞争多于合作，造成了更多的时间浪费，在解决日常问题和供应商频繁选择上，未能达成双赢的目的；④供应商对用户的需求变化反应迟钝，缺乏应对需求变化的能力。

（3）两种供应商关系的比较（见表4—11）

表4—11　　传统关系与战略合作伙伴关系比较

传统关系	战略合作伙伴关系
以交易为基础	以联盟为基础
短期关系	长期关系
供应商数目多	供应商数目少
对手关系	合作关系
价格支配	增值服务支配
供应商投资少	供应商和买方投资高
较少的信息共享	广泛的产品、营销、物流信息共享
公司独立	通过联合决策公司相互依赖
各自职能领域相互作用小	买方和供应商相互作用大

3. 建立战略合作伙伴关系的方法

建立战略合作伙伴关系方法见表 4—12。

表 4—12　　建立战略合作伙伴关系方法

方法	说明
重新定位与供应商的关系	实施有效的供应商管理就是要将危害供应链运作的冲突因子消灭于萌芽，最根本的办法是消除引起冲突的土壤。具体做法如下： 建立有效的供应链组织机制 签订公正、合理的供应链协议 立足于长期的合作关系
建立利益共享机制	与供应商之间建立共同的利益获取与约束机制：在共性层面上，以供应链协议的利益分配机制为基础，在点的层面上，与供应商之间的利益分配可以采取灵活的协商方式，确保双方能够共赢
建立良好的沟通渠道	信息的沟通可通过在供应链信息网络上共享信息而实现，此外，还应开发其他沟通渠道。例如，与供应商中高层人员进行互访
建立共同的质量观念	供应链要保持有效的运作，必须建立共同认可的质量观 供应商要确保提供质量满意的产品，并做到准时、按量供货，不出差错 运输、装卸、仓储、流通加工各环节必须维持或提升产品质量 供应商要强化服务质量，以保证供需双方都满意
让供应商参与企业管理	让供应商参与企业管理，有两方面的作用：①采购方在建立双向交流的过程中向供应商学习，从供应商处取得宝贵意见，获得持续性改善。②采购方和供应商通过共同制定质量方案、确定合作目标而实现高度整合
信息共享	双方公开与分享人员、一般价值、流程、成本以及其他方面的信息，以降低信息资源的重复建设和浪费，同时，合作伙伴共同参与制订计划，可以最大限度地发挥参与到供应链的每一个成员的优点
共同制定长期发展规划	采购公司与供应商合作，制订有利于双方的持续性发展规划，是战略联盟的目标之一。双方的有效沟通，可以深入了解合作方在管理、技术、开发、应用等方面的决策
合作财务分析	与供应商建立联合的绩效标准及数据跟踪系统，共同分析成本和利润，共享利益并分担风险，或共同制定价格策略，保证双方具有相应的利润

4. 建立战略合作伙伴关系的流程

建立战略合作伙伴关系流程如图 4—13 所示。

（1）分析市场竞争环境

采购方在选择供应商，建立基于信任、合作、开放性交流的战略供应商伙伴关系时，必须首先分析其所处的市场竞争环境。市场分析的目的，在于确认客户需求，是否需要建立战略合作伙伴关系，并根据需求的变化确认供应商伙伴关系变化的必要性。同时分析现有供应商的现状，分析、总结企业存在的问题。

（2）建立供应商选择目标

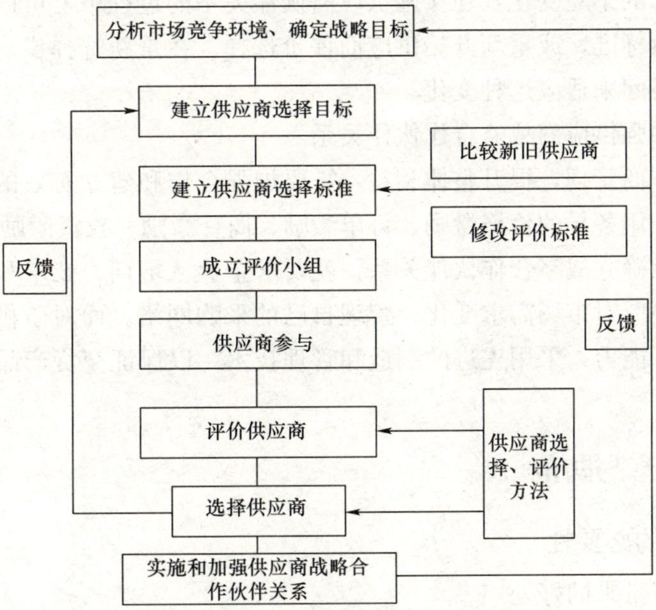

图 4—13　建立战略合作伙伴关系流程

采购方必须确定供应商评价流程，明确实施的环节、信息流程，以及各个环节的负责人，而且必须建立实质性、实际的目标。

(3) 建立供应商评价标准

供应商综合评价的指标体系，是企业对供应商进行综合评价的依据和标准，是反映企业自身和环境所构成的复杂系统不同属性的指标。不同行业、企业和产品需求，不同环境下的供应商评价标准应该是不一样的。

(4) 成立评价小组

通信运营商必须建立一个控制和实施战略性供应商评价的小组。成员主要来自采购、质量、生产、技术中心等与供应商密切合作的部门。每位成员必须具有团队合作精神，有一定的专业技能。

(5) 供应商参与

一旦采购方决定实施供应商评价，评价小组必须与初步选定的供应商取得联系，以确认他们是否愿意与己方建立战略合作关系，是否有获得更高业绩水平的愿望。然而，由于采购方的力量和资源是有限的，只能与少数的、关键的战略性供应商保持紧密合作关系，所以参与评价的供应商应尽可能少。

(6) 评价供应商

调查、收集有关供应商生产运营等方面的信息，根据一定的技术方法进行供应商选择决策，从而跟合格的供应商建立伙伴关系。如果没有合格的供应商可选，则需要调整供应商选择的目标。

(7) 选择供应商

由于市场需求的不断变化，在实施供应商伙伴关系的过程中，可以根据实际需要及时修改供应商评价标准，或重新开始供应商评价选择。在重新选择供应商的时候，应给予供应商充足的时间来适应这种变化。

（8）实施和加强供应商战略合作伙伴关系

为了优化供应商管理，提升整体利益，需要加强合作和建立有效的激励方式。有效的激励方式包括作用各异的价格激励、订单激励、商誉激励、投资激励和淘汰激励等。

企业之间一旦确立战略合作伙伴关系，就要求企业从培训、技术和财务等方面支持供应商，同时还要应对市场需求变化，管理自己的采购网络。而对于供应商来讲，就需要具有良好的设计能力，采用先进的制造和管理技术，以保证交货产品的质量和交货时间的可靠性。

三、信息共享与防范

1. 信息共享的必要性

（1）信息共享带来的好处

信息共享价值通常被定义为信息共享前与共享后的利润增量或成本差量。信息共享除了能获得真实的成本节约，给买卖双方带来若干利益外，还能提高整体的绩效。大多数研究也表明，共享信息能加强有效性并提高效率。信息共享会对合作伙伴带来以下好处：

1）降低库存成本和库存水平。

2）缩短提前期，增加库存周转次数。

3）供应商和采购方总成本降低，有效改进工作流程的管理。

4）提高整体信息系统能力、整体利润和服务水平。

5）通过长期的合作信任关系加强用户的忠诚度。

6）有利于资源的调配，增强企业竞争力与应对市场变化的灵活性。

（2）信息共享的现状

当前在信息共享和利用方面，大多数信息共享是属于流程性和操作性业务数据的共享，属于较低层次的信息共享，而且共享范围不够大，数量也不充足。较高层次的信息共享，如企业高层战略型信息则出于安全方面的考虑，共享面极小。共享信息分类见表4—13。

表4—13　共享信息分类

业务型信息	各个环节流程中产生的动态业务数据
战略型信息	各阶段经营者的规划、设计等策略性信息
反馈型信息	专家、客户等的评价和反馈信息
市场型信息	市场环境变化和对未来市场需求变化的预测信息

2. 实现信息共享的对策

（1）利用信息技术，建立信息共享平台

目前应用于供应商关系管理的信息技术有条码技术、自动识别与采集技术、数据库技术、互联网技术等。借助于这些信息技术，企业能够搜集从最初的顾客需求，到产品的生产、配送和销售信息。有效信息能实时传递到各成员企业，增强了联盟的可视性和可控性。

（2）完善激励机制，改善成员间的信任关系

为了解决道德风险问题，必须采取有效的激励措施，如技术支持、定价激励、订单激励、共同研发新产品等。同时，建立严格的约束机制，对成员企业在使用信息系统时的行为进行引导和规范，企业一旦违规就给予严厉惩罚。除此以外，也要通过公平分配，重复交易，维持个人关系、加强双向沟通等方面的努力改善合作伙伴之间的信任关系，促进信息共享。

3. 制造商与供应商信息共享程度评价指标体系

评价指标体系是由多个相互联系、相互作用的评价指标，按照一定的层次结构组成的有机整体。评价指标体系是连接评价专家与评价对象的纽带，也是连接评价方法与评价对象的桥梁。只有使用科学合理的评价指标体系，才有可能得出科学公正的综合评价结论。制造商与供应商信息共享程度评价指标体系见表4—14。

表4—14　　制造商与供应商信息共享程度评价指标体系

目标层	一级指标	二级指标
制造商与供应商信息共享程度	供应商方面指标	合作伙伴关系
		合作满意度
		信息化水平落差
		信息保密程度
	制造商硬件设施指标	数据库性能
		信息系统先进性
		硬件设施投资
	制造商信息化水平指标	信息获取及处理程度
		信息传递的准确性
		共享信息的传递速度
		应用信息技术的程度
		信息反馈
	制造商信息共享方面指标	信息共享渠道数量
		共享信息种类
		共享信息的更新频率
		共享信息的深度
	制造商信息共享效果指标	组织机构与业务流程调整程度
		信息共享所获利润
		信息不对称优势

4. 企业间信息不共享的原因

（1）利益分配不均衡

所有参与信息共享的企业利益是不均等的。信息来源于下游企业，而利润的增加主要体现在上游企业。如果因信息共享所获得的整体利润的增加不能合理分配到各成员企业，必然造成部分企业的抵制，甚至由此破坏企业间的合作关系。所以在相当长一段时间内，特别是在供应商数量较大，彼此之间竞争激烈且企业关系不稳定的情况下，各企业在信息共享上缺乏真正的主动性。

（2）信息安全

伙伴企业一定程度的信息共享，对企业来说是安全的也是必需的，但企业之间的无缝集成造成的过度信息共享，则可能会导致企业机密信息的泄露，如财务状况、客户资料以及核心支撑技术等业务信息和战略型信息，这就涉及信息安全的问题。企业在信息共享的同时有必要对企业的机密信息进行基本的保护，因此如何在两者之间寻找一个平衡点，成为阻碍节点企业信息共享的“瓶颈”。

（3）信息共享需要成本

企业对信息的采集、处理、传输需要投入一定的人力、物力和技术支持。首先，企业需要在管理信息系统、硬件设备等方面进行较大投入；其次，还必须进行相关的人员培训、流程改进等活动，这也需要承担相当高的转换成本；最后，数据的采集、整理也要产生一定的费用，并且信息共享的程度越高费用越高。因此，理性的决策者必然会在信息共享的费用与所带来的收益之间进行衡量，然后来决定是否信息共享以及信息共享程度。

（4）信用缺乏

合作关系是为了特定的目标和利益，通过信息共享实现集成化管理。在各种机制还不是很成熟的市场环境中，企业之间的信用氛围还没有真正形成，整个市场的运行缺乏有效的监督与约束机制。

（5）竞争优势丧失

环境的变化有可能破坏企业间合作伙伴关系，该关系一旦解体，企业甲过去获取的企业乙的信息，尤其是战略型信息，可能会使企业乙在以后的市场中丧失竞争优势。

5. 信息共享中的风险防范

在保障授权企业能获取所需信息资源的同时拒绝非授权企业访问，是共享信息的一个重要安全性问题，因此要对信息共享访问进行控制。根据业务型信息、战略型信息、反馈型信息、市场型信息的不同内容和特点，确定信息共享级别和共享信息访问权限，识别和确认访问系统用户的角色，决定用户对某一系统资源进行访问的类型，根据角色实行信息访问控制，从而保证信息共享的安全。例如，由于不同级别合作伙伴所共享的信息内容不同，因而将共享信息按合作伙伴级别定义为 3 级。A 级共享信息是指无须授权，任何级别的合作伙伴均可共享的信息；B 级共享信息是指经授权，只允许次要合作伙伴和重要合作伙伴共享的信息；C级共享信息是指经授权，只允许重要合作伙伴共享的信息。每一信息发布主体发布A级、B级、C级共享信息，每一信息共享主体（如非合作伙伴、次要合作伙伴、重要合作伙伴等）根据信息发布主体授予的权限，分别访问各自应该共享的信息，没有被授权访问的信息，信息共享主体不能访问。

风险防范如图4—14所示。

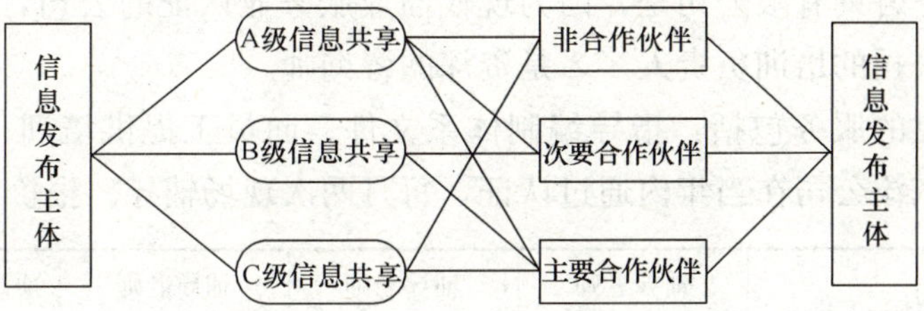

图4—14　风险防范

复习与思考

1. 某钢铁公司计划需要采购物资500吨，省内、外两家公司的物资质量均符合该公司的要求，信誉都很好。省内供应商的报价为1 400元/吨，运费为10元/吨，订购费用支出为500元；省外供应商的报价为1 350元/吨，运费为30元/吨，订购费用支出为800元。

请判断如何选择物资采购的供应商（注：订购费用为采购中的固定费用）。

2. 华星工程机械配件制造厂是一家工程机械零部件制造企业。作为江苏力强工程机械制造厂的配套零部件供应商，2005年4月，华星工程机械配件制造厂收到了来自江苏力强工程机械制造厂的通知函。该函件称，根据内部《供应商评价管理办法》，江苏力强工程机械制造厂组织质量、售后等部门对现有供应商，就2005年1—3月有关供货质量、价格、交货期保障、服务等情况，采用分数值对供应商进行了季度评价。测评满分为100分，其中95分（含）以上者为A级供应商，85～95分者为B级供应商，70分～85分为C级，小于70分者则为D级。根据这个标准，华星厂得分为：供货质量29分，价格18分，交货期保障5分，服务18分，总分数为70分，勉强属于C级供货商。

由于被评为C级供货商，在接下来的时间里，华星厂可能受到如下待遇：警告、减少供货和延期付款1～2个月。拿着这样的函件，华星厂老板李先生相当无奈。这位已经为市场头疼不已的老板此刻将面临更严峻的形势。

（1）工程机械制造厂机械配套零部件供应商为什么会出现这样的现象？

（2）华星厂应当采取什么样的方法成为合格的供应商？

（3）如果采购商要扶持供应商该如何做？

3. 上海东添食品公司和香港复锐商务咨询公司签订ISO 9000—2000版认证辅导培训合同。有三家咨询公司报价ISO 9000认证辅导培训。

其中上海华文公司是2000年成立的商务咨询公司，三年多来帮助认证培训近百家国营集体企业，比较了解国内情况，容易取得认证通过，该公司的培训负责人××是某大学教授，是认证咨询方面的专家。

台湾富大商务咨询有限公司，在台湾是一个享有盛名的咨询公司，特别是在制造业中已成功地为几百家台资企业、汽车、电梯制造企业做过认证培训，该公司培训负责人××已经在咨询行业服务了6年。

香港物茂商务咨询有限公司是专门为现代商业服务业认证的公司，有悠久的历史和良好的信誉，该公司的培训负责人××是资深的咨询师。

咨询公司提供的服务包括：指导编制体系文件、向员工提供培训、纠正不符合项，服务标的为协助东添公司在当年内通过认证，每月两次现场辅导。报价比较如下：

咨询公司	体系文件	辅导老师辅导费（次）	辅导老师交通费（次）	辅导老师住宿费（次）	预计辅导人次数	管理费和税收（%）
华文（上海）	30 000.00	3 000.00	2 000.00	300.00	20	12
富大（台湾）	40 000.00	8 000.00	3 000.00	700.00	8	18
物茂（香港）	30 000.00	9 000.00	2 500.00	800.00	8	15

请列出各公司的优势及弱势，并分析该选择哪家咨询公司。

第五章 采购谈判与合同管理

学习目标

- 掌握采购价格概念及采购谈判的策略
- 了解采购招标与评标的相关内容
- 熟悉采购合同订立的流程
- 掌握采购合同的执行

第一节 采购价格和采购谈判

一、采购价格的概念

采购价格是指企业进行采购作业时，通过某种方式与供应商之间确定的所需采购物品和服务的价格。采购价格一般由成本、需求以及交易条件决定。依据不同的交易条件，采购价格有不同的种类。

1. 到厂价与出厂价

到厂价是指供应商的报价包含负责将物品送达采购方的工厂或指定地点，期间所发生的各项费用均由供应商承担。以国际而言，到厂价就是到岸价（free on board，FOB）加上运费（包括从出口厂商所在地至港口的运费）和货物抵达采购方之前的一切运输保险费，以及进口关税、银行费用、利息以及报关费等。这种到厂价通常由国内的代理商以人民币报价方式（形同国内采购），向外国原厂进口货品后，再销售给采购方，一切进口手续皆由代理商办理。

出厂价指供应商的报价不包括运送责任，即由采购方雇用运输工具，前往供应商的制造厂提货。该情形通常出现在采购方拥有运输工具或供应商加计的运费偏高时，或当处于卖方市场时，供应商不再提供免费的运送服务。

2. 现金价与期票价

现金价指以现金或相等的方式（如电汇 T/T 或即期信用证 Sight L/C）支付货款。但是“一手交钱，一手交货”的方式并不多见。按零售行业的习惯，月初送货，月中付款或月底送货，下月中付款，即视同现金交易，并不加计延迟付款的利息。现金价可使供应商免除交易风险，采购方也可享受现金折扣。

期票价指采购方以期票或延期付款的方式来采购商品，通常供应商会加计延迟付款期间的利息于售价中。如果供应商希望取得现金周转，会将加计的利息超过银行现行的利率，以迫使采购方舍期票价取现金价，另外，从现金价加计利息变成期票价，有的用贴现的方式计算价格。

3. 净价与毛价

净价指采购方不再支付任何货款以外的交易费用。例如，在采购方的信用条款中，通常会载明“All banking charges outside China are for seller′s account”。另外供应商有时也以货价为其净收入，不支付额外费用，因此在其报价单上会载明“The above ofkred price is FOB net without any commission or rebat”。

毛价指供应商的报价，可以因为某些因素加以折让。例如，供应商会因为企业采购金额较大，而给予企业某一百分率的折扣。如采购空调设备时，供应商的报价已包含货物税，只要采购方能提供工业用途的证明，即可减免增值税 50%。

4. 现货价与合约价

现货价指每次交易时，由供需双方重新议定价格，若有签订买卖合约，亦以完成交易后即告终止。在众多的采购项目中，采用现货价交易的方式最频繁。买卖双方按交易当时的行情进行，不必承担签订契约后价格可能发生巨幅波动的风险或困扰。

合约价指买卖双方按照事先议定的价格进行交易，合约价涵盖的期间依合约而定，短的几个月，长的一两年。由于价格议定在先，经常造成与时价或现货价有差异，使买卖双方发生利害冲突。因此，合约价必须有客观的计价方式或定期修订，才能维持公平、长久的买卖关系。

5. 定价与实价

定价是指物品标示的价格。如某些商场的习惯是不二价，自然牌价（定价）就是实际出售的价格，但有些商场仍然流行“讨价还价”的习惯。当然，使用牌价在某些行业确有正常的理由。

实价指采购方实际上所支付的价格。特别是供应商为了达到促销的目的，经常会提供各种优惠条件给采购方，如数量折扣、免息延期付款、免费运送与安装等，这些优惠都会使采购方真实的总成本降低。

二、采购价格的影响因素

1. 供应商成本的高低

这是影响采购价格最根本、最直接的因素。供应商进行生产的目的就是获得利润。因此，采购价格一般在供应商成本之上，二者之差就是供应商的利润，供应商成本就是采购价格的底线。

2. 采购物品的供需关系

当企业需采购的物品求大于供时，则供应商处于主动地位，它会趁机抬高价格；当企业所采购的物品供过于求时，则采购企业处于主动地位，可以获得最优惠的价格。

3. 采购物品的规格与品质

采购物品价格高低与其规格、品质有很大的关系。采购企业对采购物品的规格要求越复杂，品质要求越高，采购价格就越高。采购人员应首先确保采购物品能够满足本企业的需求，质量能够满足产品的设计要求，千万不要只追求价格最低，而忽略了质量。

4. 采购数量

如果采购数量大，采购企业就会享受供应商的数量折扣，从而降低采购价格。因此，大批量、集中采购不失为一种降低采购价格的有效途径。

5. 生产季节与采购时机

当企业处于生产的旺季时，对原材料的需求紧急，因此采购方不得不承受更高的价格。避免这种情况的最好办法是提前制订生产计划，并根据生产计划制订相应的采购计划，为生产旺季的到来提前做好准备。

6. 交货条件

交货条件也是影响采购价格非常重要的因素。交货条件主要包括运输方式、交货期的缓急等。如果货物由采购方承运，则供应商就会降低价格；反之，就会抬高价格。有时为了争取提前获得所需货物，采购方会适当抬高价格。

7. 付款条件

在付款条件上，供应商一般都规定有现金折扣、期限折扣，以刺激采购方提前用现金付款。

8. 采购方的议价能力和供应商的争价能力

采购方竞争的手法是压低价格，要求较高的产品质量或索取更多的服务项目，并且置竞争者于彼此对立的状态，而所有这些都是以利润作为代价的。每个采购方上述能力的强弱取决于众多市场情况的特点，也与这宗购买相对于买主整个业务的重要性有关。供应商施加的压力可能使采购方因成本增加，但产品售价未能同步增加而失去利润。供应商施压的强弱是与采购方施压的强弱相互消长的。

9. 供应市场中竞争对手的价位

供应商毫无例外会参考竞争对手的价位来确定自己的价格，除非其处于垄断地位。

10. 企业与供应商的关系

与供应商关系好的企业通常能拿到好的价格。

此外，采购价格还与市场类型、经济环境、卖方的定价战略、供应地区的差异以及包装情况有关。

三、采购谈判的定义和原则

1. 采购谈判的定义

采购谈判作为谈判活动的一种类型，它继承了谈判的五个不同特征，但是也具有自己独特的环境和特性。采购谈判是指企业在采购时与供应商所进行的贸易谈判。采购方想以自己比较理想的价格、产品质量和供应商服务条件来获取供应商的产品，而供应商则想以自己希望的价格和服务条件向购买方提供自己的产品；当两者未统一时，就需要通过谈判来解决，这就是采购谈判。

采购谈判的目的，一是希望获得供应商质量好、价格低的产品；二是希望获得供应商比较好的服务；三是希望在发生物资差错事故时，获得合适的赔偿；四是当发生纠纷时，能够妥善解决，不影响双方的关系。

2. 采购谈判的基本原则

（1）合作原则

为了保证谈判的顺利进行，谈判双方必须共同遵守一些基本原则，这就是所谓的“合作原则”。概括而言，合作原则就是要求谈判双方以最精练的语言表达最充分、真实、相关的信息，它包括以下 4 个准则：

1）量的准则。要求所说的话包括交谈所需要的信息，所说的话不应包含超出的信息。

2）质的准则。要求不要说自知是虚假的话，不要说缺乏足够证据的话。

3）关系准则。要求所说的话内容要关联并切题，不要漫无边际地胡说。

4）方式准则。要求清楚明白，避免晦涩、歧义，要简练，井井有条。

（2）礼貌原则

礼貌原则包括 6 个准则：

1）得体准则。这是指减少表达有损于他人的观点。

2）慷慨准则。这是指减少表达利己的观点。

3）赞誉准则。这是指减少表达对他人的贬损。

4）谦逊准则。这是指减少对自己的表扬。

5）一致准则。这是指减少自己与别人在观点上的不一致。

6）同情准则。这是指减少自己与他人在情感上的对立。

四、采购谈判的策略

在采购谈判中，为了使谈判能够顺利进行和取得成功，谈判者应善于灵活运用一些谈判策略。谈判策略是指谈判人员通过何种方法达到预期的谈判目标。在实际工作中，应根据不同的谈判内容、谈判目标、谈判对手等具体情况选用不同的谈判策略。

1. 投石问路策略

投石问路策略，就是在采购谈判中，当买方对卖方的商业习惯或有关产品成本、价格等方面不太了解时，买方主动摆出各种问题，并引导对方全面回答，然后从中获得有用的信息资料。这种策略一方面可以达到尊重对方的目的，使对方感觉自己是谈判的主角和中心；另一方面自己又可以摸清对方的底细，争得主动。

2. 避免争论策略

谈判人员在开谈之前要明确自己的谈判意图，在思想上做必要的准备，以营造融洽、活跃的谈判气氛。然而，谈判双方为了谋求各自的利益，必然会在一些问题上发生分歧，此时双方都要保持冷静，防止感情冲动，尽可能避免争论。因为争论不休只能使事情变得更糟糕，最好的方法是采取其他策略进行协商。

3. 情感沟通策略

情感沟通策略就是先通过其他途径接近对方、彼此了解，联络感情。沟通感情后，再进行谈判。人都是有感情的，满足其感情和欲望是人的一种基本需要。因此，在谈判中利用感情因素去影响对方是一种可取的策略。

4. 货比三家策略

在采购某种商品时，企业往往选择几个供应商进行比较分析，最后签订供销和约。这种情况在实际工作中常见，采购上的这种做法被称为货比三家策略。

5. 声东击西策略

声东击西策略是指为达到某种目的和需要，有意识将洽谈的议题引导到无关紧要的问题上，转移对方的注意力，以求实现自己的谈判目标。具体做法是在无关紧要的事情上纠缠不休，以分散对方对自己真正要解决问题的注意力，从而在对方毫无警觉的情况下，顺利实现自己的谈判意图。

6. 最后通牒策略

处于被动地位的谈判者总有希望谈判成功达成协议的心理。当谈判双方各持己见、争执不下时，处于主动地位的一方可以利用这一心理，提出解决问题的最后期限和解决条件。期限是一种时间通牒，它可以使对方感到，如不迅速作出决定，他会失去机会。因为从心理学角度讲，人们对得到的东西并不十分珍惜，而对要失去的本来在他看来并不重要的某种东西，却一下子觉得很有价值。在谈判中采用最后期限的策略就是借助人的这种心理定式来发挥作用的。

总之，只要谈判人员善于总结，善于观察，并能理论结合实践，就能创新出更多更好的、适合自身的谈判策略，并将它们灵活地用于实际谈判中。

五、采购谈判分歧处理

在采购谈判中，由于双方在利益分割上存在矛盾，所以就某些谈判条款会产生分歧，呈现一种不进不退的僵持局面。当双方均不对分歧作出妥协而想让对方让步时，谈判进程就会出现停顿，谈判即进入僵持状态。当谈判出现分歧时，对谈判双方都有两种相反的作用。

1. 谈判者可以利用制造谈判分歧为实现自己的目标服务。

2. 谈判者可以通过有效处理谈判中的分歧来促使对方接受自己的条件。

利用谈判分歧，打破谈判僵局以取得有利的结果，是谈判者必须掌握的基本技能。谈判者在谈判过程中需利用谈判出现的分歧，主要有两个目的：第一，改变原有的谈判形势，提高自己在谈判中的地位；第二，争取有利的谈判条件。

在采购谈判中，出现分歧在所难免，有时谈判方还会故意制造分歧。要想有效利用分歧、善于打破僵局，使谈判进一步向前发展，掌握一些技巧是必要的。常见的谈判技巧包括低潮回避法、总结体会法、多案选择法、妥协退让法、利益协调法、以硬碰硬法、场外调停法等。

第二节　采购招标与评标

一、采购招标

采购招标是通过在一定范围内公开购买信息，说明拟购买物品或项目的交易条件，邀请供应商或承包商在规定的期限内提出报价，经过比较分析后，按既定标准确定最优条件的投标人并与其签订采购合同的一种高度组织化的采购方式。

1. 流程

（1）策划

招标活动是一种涉及范围很大的大型活动。因此，开展一次招标活动，需要进行认真的周密策划。招标策划主要应做以下的工作：

1）明确招标的内容和目标，对招标采购的必要性和可行性进行充分的研究和探讨。

2）对招标书的标底进行仔细的研究。

3）对招标的方案、操作步骤、时间进度等进行研究决定。例如，是采用公开招标还是邀请招标，是自己亲自主持招标还是请人代理招标，招标分成哪几个步骤，每一个步骤如何进行等。

4）对评标方法和评标小组进行讨论研究。

5）把以上讨论形成的方案、计划形成文件，交由企业领导层讨论决定，取得企业领导决策层的同意和支持，有些甚至可能还要经过企业董事会的同意和支持。

（2）招标

招标是竞争性招标采购工作的准备阶段。在招标方案得到企业领导层的同意和支持之后，就要进入实际操作阶段。在这一阶段，采购方的主要工作有：

1）编好招标文件，确定标底。招标书是招标活动的核心文件，需要认真起草好。同时，为了更好地确定标底，也可以召开专家会议，甚至邀请一些咨询公司代理。

2）发布采购公告或发出投标邀请。对于公开招标，可以在媒体上发布；对于选择性招标，可以用挂号信函或特快专递直接送交所选择的投标人。

（3）投标

投标是指投标人接到招标通知后，如果愿意投标，可根据招标通知的要求填写招标文件，并将其送交采购机构的行为。在这一阶段，投标人所要进行的工作主要包括申请投标资格、购买标书、考察现场、办理投标保函、算标、编制及投送标书等。

（4）开标

开标是采购方在预先规定的时间和地点将投标人的投标文件正式启封揭晓的行为，并邀请投标人或其委派的代表参加。开标前，采购方要按照有关要求，以公开的方式检查投标文件的密封情况，当众宣读供应商名称、有无撤标情况、提交投标保证金的方式是否符合要求、投标项目的主要内容、投标价格及其他有价值的内容。开标时，对于投标文件中含义不明确的地方，允许投标人做简单的解释，但所作解释不能超过投标文件记载的范围或改变投标文件的实质性内容。以电传、电报方式投标的，不予开标。此外，开标应做记录以便存档备查，其内容包括项目名称、招标号、刊登招标通告的日期、发售招标文件的日期、购买招标文件单位的名称、投标人的名称及报价、截标后收到标书的处理情况等。

在有些情况下，可以暂缓或推迟开标时间。例如，招标文件发售后对原招标文件作了变更或补充；开标前，发现有足以影响采购公正性的违法或不正当行为；采购单位接到质疑或诉讼；出现突发事故；变更或取消采购计划等。

（5）评标

评标是采购方根据招标文件的要求，对所有标书进行审查和评比的单独行为。评标由招标人依法组建的评标委员会负责。评标委员会由招标人的代表和有关技术、经济等方面的专家组成，成员人数应为5人以上的奇数，其中技术、经济等方面的专家不得少于成员总数的2/3。普通招标项目可以采取随机抽取的方式选择，特殊招标项目可以由招标人直接确定。与投标人有利害关系的人员不得进入相关项目的评标委员会，已经进入的应当予以更换。评标委员会的成员名单在中标结果确定前应当予以保密。招标人应当采取必要的措施，保证评标是在严格保密的情况下进行的，任何单位和个人不得非法干预、影响评标的过程和结果。评标委员会可以要求投标人对投标文件中含义不明确的内容作必要的澄清或者说明，但是澄清或者说明不得超出投标文件的范围或者改变投标文件的实质性内容。

评标委员会应当按照招标文件确定的评标标准和方法，对投标文件进行评审和比较。设有标底的，应当参考标底。评标委员会完成评标后，应当向招标人提出书面评标报告，并推荐合格的中标候选人。招标人可以根据评标委员会提出的书面评标报告和推荐的中标候选人确定中标人，也可以授权评标委员会直接确定中标人。

（6）定标

定标就是招标人根据评标委员会提出的书面评标报告和推荐的中标候选人确定中标人。通知中标人其投标已经被接受，向中标人发出授权意向书。同时，通知所有未中标的投标人，并及时向他们退还投标保证金。

（7）签订合同

签订合同实际上是由招标人将合同授予中标人并由双方签署的行为。在这一阶段，通常双方会对标书的内容进行确认，并依据标书签订正式合同。合同签字，并在中标人按要求交了履约保证金后，就正式生效，采购工作即进入了合同实施阶段。

2. 执行标准

（1）公开原则

公开原则，首先要求招标信息公开。依法必须进行招标项目的招标公告，应当通过国家指定的报刊、信息网络或者其他媒介发布。无论是招标公告、资格预审公告还是投标邀请书，都应当载明招标人的名称和地址、招标项目的性质、数量、实施地点和时间以及获取招标文件的办法等事项。其次还要求招标投标过程公开，规定开标时招标人应当邀请所有投标人参加，另外在招标文件要求提交截止时间前收到的所有投标文件，开标时都应当众予以拆封、宣读。确定中标人后，招标人应当在向中标人发出中标通知书的同时，还应将中标结果通知所有未中标的投标人。

（2）公平原则

公平原则，要求给予所有投标人平等的机会，使其享有同等的权利，履行同等的义务。依法必须进行招标的项目，其招标投标活动不受地区或者部门的限制，任何单位和个人不得违法限制或者排斥本地区、本系统以外的法人或者其他组织参加投标，不得以任何方式非法干涉招标投标活动。

（3）公正原则

公正原则，要求招标人在招标投标活动中应按照统一标准衡量每一个投标人的优劣。进行资格审查时，招标人应当按照资格预审文件或招标文件中载明的资格审查条件、标准和方法，对潜在投标人或者投标人进行资格审查，不得改变载明的条件或者以没有载明的资格条件进行资格审查。此外，评标委员会应当按照招标文件确定的评标标准和方法，对投标文件进行评审和比较。评标委员会成员应当客观、公正地履行职务，遵守职业道德。

3. 注意事项

（1）在招标通告中规定须通过代理人进行投标时，必须事先在招标人所在国家选定代理人，并签好代理协议，说明我方投标的具体条件，代理人的报酬和不中标时应付的手续费等。

（2）认真审阅招标文件，避免遗漏。对标单的填写要慎重，因其具有实盘性质，不能随意撤销，而且按照国际投标的一般做法，投标文件是中标签订合同的一部分。如果对招标单内容不完全清楚很难中标，即使中标也会给以后履约带来麻烦，或可能造成经济损失。

（3）投标前要了解我国关于招标的规定，同时要落实好货源，因为投标要支付一定的保证金，而且投标的商品，一般数量较大，交货比较集中，如不能按时履约，将会造成不良影响，并且须承担招标人因此而造成的经济损失。

4. 常用表格

采购招标常用表格见表 5—1 至表 5—7。

表 5—1　　**报名表**

（招标编号：　　　　）

招标项目名称：

序号	单位名称	单位法人	报名人	单位地址	传真	联系电话	备注

表 5—2　　**购买标书的单位登记表**

（招标编号：　　　　）

招标项目名称：

序号	购买标书单位名称	购买人签字	时间	备注

表 5—3 **报送标书登记表**

（招标编号： ）

招标项目名称：

序号	单位名称	送达人签字	送达时间	密封状况	联系电话	传真	备注

注：不符合密封要求的不予接受。

表 5—4 **物资唱标记录**

（招标编号： ）

招标项目名称：

序号	投标单位名称	报价	密封状况	份数	有无优惠条件	投标人签字	备注

监标员： 唱标员： 记录员： 公证单位、公证员：

表 5—5 **评标委员、工作人员名单**

（招标编号： ）

招标项目名称：

分工	姓名	工作单位	职务	职称	电话	签字
主任						
委员						

监标员： 唱标员： 记录员： 公证单位、公证员：

表 5—6　　物资招标评标意见

（招标编号：　　）

招标项目名称：　　　　年　月　日

评标意见：

结论性意见：

评委姓名	职务	职称	工作单位	联系电话

注：此记录综合出结果当众密封保存，未经批准不得拆封合同。

表 5—7　　中标通知书

公司：

有限公司项目部材料招标工作已经结束，经评标委员会评审，确定贵公司为中标人。

物资名称：

数量：

中标金额：

请贵公司接到此通知后，按招标文件《投标人须知》第　　款第　　条规定向我单位提交履约保证金人民币　　元，并于　　年　　月　　日前来（某地）与我单位签订物资采购合同等有关事宜。

特此通知

联系人：

电话：

招标人（盖章）：

年　月　日

二、采购评标

1. 流程

（1）初步评标

初步评标的内容包括供应商资格是否符合要求、投标文件是否完整、是否按照规定方式提交投标保证金、投标文件是否基本上符合招标文件的要求、有无计算上的错误等。如果供应商资格不符合规定，或投标文件未作出实质性的反映，都应作为无效投标处理，不得允许投标供应商通过修改招标文件或者撤销不符合要求的部分而使其投标具有响应性。

经过初步评标，凡是确定为基本符合要求的投标，就要核定投标中有无计算和累计方面的错误。在审查计算错误时，要遵循两条原则：一是如果数字表示的金额与文字表示的金额有出入，要以文字表示的金额为准；二是如果单价和数量的乘积与总价不一致，要以单价为准。如果投标商不接受根据上述修改方法调整的投标价，可拒绝其投标并没收其投标保证金。

（2）详细评标

只有在初评中确定为基本合格的投标，才有资格进入详细评定和比较阶段。具体的评标方法取决于招标文件中的规定，并按评标价的高低，由低到高，评定出各投标的排列次序。在评标时，若出现最低评标价远远高于标底或缺乏竞争性等情况，应废除全部投标。

（3）编写并上报评标报告

评标工作结束后，采购单位编写评标报告，上报采购主管部门。评标报告的内容主要包括招标通告刊登的时间、购买招标文件的单位名称，开标日期，投标商名单，投标报价及调整后的价格（包括计算错误的修改），价格评比基础，评标的原则、标准和方法、授标建议等。

（4）资格后审

如果在投标前没有进行资格预审，在评标后则需要对最低评标价的投标商进行资格后审。合同应授予审定结果认为有资格、有能力承担合同任务的投标商。

（5）授标

合同授予最低评标价投标商，并要求在投标有效期内进行。定标后，在向中标投标人发中标通知书时，也要通知其他没有中标的投标商，并及时退还其投标保证金。

（6）签订合同

合同签订有两种方法：一种是在发中标通知书的同时，将合同文本寄给中标单位，让其在规定的时间内签字退回；另一种是中标单位收到中标通知书后，在规定时间内派人前来签订合同。如果是采用第二种方法，合同签订前，允许相互澄清一些非实质性的技术性或商务性问题，但不得要求投标商承担招标文件中没有规定的义务，也不得有标后压价的行为。

合同签字并在中标供应商按照要求提交履约保证金后，合同就正式生效，采购工作进入到合同实施阶段。

2. 执行标准

（1）规范化和公开、公平、公正的原则

评标工作应严格遵守《国家采购法》及其相关法规，遵循公开、公平、公正、诚信的原则。所制定的标准要科学、合理，能量化的尽可能量化，以最大限度减少人为主观因素对评标结果的影响。另外，所制定的标准对所有供应商来说都是一致的，不能厚此薄彼或在标准里含有对外地或外资供应商的歧视性语言。评标标准也应该是公开的，要让所有供应商都知道。

（2）实事求是的原则

即不同的采购项目有不同的评判标准，不同的时期有不同的市场行情，某个采购项目在一些方面可能是重要的或不可少的，而在另一方面可能是不重要的或是可有可无的等。这些都要求集中采购机构在制定评标标准时，要根据具体情况具体分析，既不要在标准中遗漏某个重要的评分因素，也不能求全责备，将一些可有可无的东西硬加进标准中，从而增加投标商的精神负担。

（3）适价、适质、适时、适地的原则

在评标过程中，对于商品的质量、价格、交货期、交货地点的要求要遵循适当的原则。并非价格越低越好、质量越高越好，企业中采购的材料，不同使用场合各要素定位的标准不同，不能采取“一刀切”的措施。

（4）择优选择的原则

1）评标标准和条件的设立要体现“褒优贬劣”的原则。例如，以评分方式进行评审的，最符合评标办法规定的标准和条件的，应当获得该项目的最高分。

2）评标委员会推荐中标候选人要根据最终评审结论的排名次序。中标候选人的产生原则应当遵循相关法律的规定，严格按评标结果排序。

3）确定中标人要依照评标委员会推荐的中标候选人排序，排序靠前者优先。

3. 注意事项

（1）在投标截止时间前，投标人书面通知招标人撤回其投标的，无须进入开标程序（但开标会上应说明并作记录）。

（2）依据投标函及投标函附录（正本）唱标。

（3）开标过程中，投标人对唱标记录提出异议，开标工作人员应立即核对投标函及投标函附录（正本）的内容与唱标记录，并决定是否调整唱标记录。

（4）开标时招标人不应在开标现场对投标文件是否有效作出判断和决定，应递交评标委员会评定。

4. 常用表格

采购评标常用表格见表 5—8 至表 5—12。

表 5—8　　开标会记录单

工程名称		招标编号	
开标地点		开标时间	
主持人姓名		主持人单位	

建设单位：　　　　参加人员：

代建单位：　　　　参加人员：

监督部门：　　　　参加人员：

投标单位：

开标情况：

记录人：

记录时间：　　年　　月　　日

表 5—9　　　　　　　评标委员会成员回避确认表

建设单位		招标代理编号	
招标备案编号		工程名称	

依据《评标委员会和评标办法暂行规定》第十二条，有下列情形之一的，不得担任评标委员会成员：①投标人或者投标主要负责人的近亲属；②项目主管部门或者行政监督部门的人员；③与投标人有经济利益关系，可能影响对投标公正评审的；④曾经在招标、评标以及其他与招标有关活动中从事违法行为而受过行政处罚或刑事处罚的。

评标委员会成员有前款规定之一的，应当主动提出回避。

投标单位名称：

不用回避的评标委员会成员签字确认：

应回避的评标委员会成员签字确认：

表 5—10　　　　　　　评标委员会成员签到表

工程名称：　　　　　　招标编号：　　　　　　评标时间：

姓名	工作单位	备注

表 5—11　　评标综合评定意见表

工程名称：　　招标编号：　　评标时间：

投标单位	
初步评审：	
技术标综合评定意见：	
商务标综合评定意见：	
资信标综合评定意见：	
评委签字：	

表 5—12　　废标情况说明

工程名称		招标编号	
废标原因：			
招标文件中的规定：			
评审结论：			
评委签字：			

第三节 采购合同的订立

一、采购合同订立前的准备工作

采购合同是具有法律效力的文件，确认供需双方之间的购销关系和权利、义务。采购合同订立之后，双方必须严格执行。因此，采购人员在签订采购合同之前，必须审查供应商的合同资格、资信及履约能力，按合同法的要求，逐条订立购货合同的各项必备条款。

1. 审查供应商的合同资格

为了避免和减少采购合同执行过程中的纠纷，在正式订立合同之前，采购人员首先应审查供应商作为合同主体的资格。它直接关系到所签订合同是否具有法律效力。

（1）法人资格审查

审查供应商是否属于经国家规定的审批程序成立的法人组织。在审查供应商法人资格时应注意：没有取得法人资格的社会组织、已被吊销营业执照取消法人资格的企业或组织，无权签订购货合同。要特别警惕一些根本没有依法办理工商登记手续或未经批准的所谓“公司”。同时，要注意识别那些没有设备、技术、资金和组织机构的“四无”企业，他们往往在申请营业执照时弄虚作假，以假验资、假机构骗取营业执照，虽签订供货合同并收取货款或定金，但根本不具备供货能力。

（2）法人能力审查

法人能力审查主要是审查供应商的经营活动是否超出营业执照批准的范围。超越其业务范围以外的经济合同，属于无效合同。法人能力审查还包括对签约的具体经办人的审查，购货合同必须由法人的法定代表或法定代表人授权的承办人签订。法人的法定代表人就是法人的主要负责人，如厂长、总经理等，他们对外代表法人签订合同。法人代表也可授权业务人员，如推销员、采购员作为承办人，以法人的名义订立购货合同。承办人必须有正式授权证明书，方可对外签订购货合同。法人的代表人在签订购货合同时，应出示本人的身份证明、法人的委托书、营业执照或副本。

2. 审查供应商的资信和履约能力

资信即资金和信用。审查卖方当事人的资信情况，了解供应商对购货合同的履约能力，对在购货合同中确定权利和义务条款具有非常重要的作用。

（1）资信审查

具有固定的生产经营场所、生产设备和与生产经营规模相适应的资金，特别是拥有一定比例的自有资金，是一个法人对外签订购货合同起码的物质基础。在准备签订购货合同时，采购人员在向卖方当事人提供自己的资信情况说明的同时，也要认真审查卖方的资信情况，从而建立互相信赖的关系。

（2）履约能力审查

履约能力是指当事人除资信以外的技术和生产能力、原材料与能源供应、工艺流程、加工能力、产品质量、信誉高低等方面的综合情况。总之，就是要了解对方有没有履行合同所必需的人力、物力、财力和信誉保证。

二、采购合同的订立流程

合同的签订是指买卖双方当事人在平等自愿的基础上，就合同的主要条款达成一致意见。采购合同签订应遵守的原则有：平等原则，自愿原则，公平原则，遵守法律、行政法规的原则，诚实信用原则，尊重社会公德的原则。采购合同的签订所采用的方式包括：

1. 要约方式

这是指当事人一方向他方提出订立经济合同的建议。提出建议的一方称为要约人。要约是订立采购合同的第一步，应具有以下几个特征：

（1）要约内容必须明确、真实、具体、肯定，不能含糊其辞、模棱两可。

（2）要约是要约人单方面的意思表示，可向特定或非特定的对象发出。当要约人向某一特定对象发出要约，则在其要约的期限内，不得再向其他第三方提出相同的要约，不得与其他第三方签订相同的采购合同。

（3）要约是要约人向对方作出的承诺，表示要约人一旦承诺即接受该承诺的约束。要约与邀请的区别在于前者一般有特定的对象。商业广告的内容符合要约规定的，应视为要约。在采购合同订立的过程中，一般多为采购方向对方当事人提出要约。

（4）要约人可以在对方接受要约表示前撤回自己的要约，但撤回要约的通知不能迟于要约到达。要约人对已撤回的或者超过承诺期限的要约不需再承担法律责任。

2. 承诺方式

接受要约的一方叫承诺人。承诺是订立合同的第二步，表示当事人另一方即承诺人完全接受要约人建议的订约，同意订立采购合同的意思表示。承诺应具有以下特征：

（1）承诺由接受要约的一方向要约人做出。

（2）除根据交易习惯或者要约表明可以通过行为作出承诺的以外，承诺应当以通知的方式作出。

（3）承诺的内容应与要约的内容一致，当受要约的一方对要约的内容作出实质性变更时，则为新要约。实质性变更是指对有关采购合同的标的、价款、数量、地点、方式、履行期限、违约责任和解决争议的方法条款作出变更。

供需双方通常需要在经过反复磋商、要约与承诺之后，才能形成具有文字的草拟合约。在这之后还需通过签订合同、合同签证两个环节才能正式形成一份具有法律效力的采购合同。签订合同是在草拟合约确认的基础上，由双方法定代表签署，确定合同的有效日期。

三、采购合同的组成

一份完整的采购合同包含许多内容，主要由首部、正文与尾部组成。

1. 首部

合同的首部主要包括以下内容：

（1）合同名称。

（2）合同编号。

（3）签订日期。

（4）签订地点。

（5）买卖双方的企业名称。

2. 正文

合同的正文主要包括以下几项内容：

（1）商品名称

商品名称是指所要采购物品的名称。

（2）质量规格

质量是指商品所具有的内在质量与外观形态的结合，包括各种性能指标和外观造型。该条款的主要内容有技术规范、质量标准、规格、品牌。

（3）数量

数量是指用一定的度量制度来确定买卖商品的重量、个数、长度、面积、容积等。该条款的主要内容有交货数量、单位、计量方式等。必要时还应该清楚地说明误差范围以及支付数量超出或不足等。

（4）单价和总价

单价是指交易物品每一计量单位的货币数值。该条款的主要内容包括计量单位的价格金额、货币类型、国际贸易术语、物品的定价方式（固定价格、浮动价格）等。

（5）包装

包装是为了有效保护商品在运输、存放过程中的质量和数量，并有利于分拣和环保而把货物装进适当容器的操作。该条款的主要内容包括包装标识、包装方法、包装材料要求、包装容量、包装费用和运输标识等。

（6）装运

装运是指把货物装上运输工具并运送到交货地点。该条款的主要内容有运输方式、装运时间、装运地与目的地、装运方式（分批、转运）和装运通知等。

（7）到货期限

到货期限是指约定的最晚到货时间。到货期限要以不延误企业生产为准。

（8）到货地点

到货地点是指货物到达的目的地。到货地点的确定并不一定总是以企业的生产所在地为准。有时为了节约运输费用，在不影响企业生产的前提下，也可以选择交通便利的港口交货。

(9) 付款方式

国际贸易中的支付是指采用一定的手段，在指定的时间、地点、使用确定的方式方法支付货款。付款条款包括的主要内容有支付手段、付款方式、支付时间、支付地点等。

(10) 保险条款

保险条款主要包括险种、选择保险公司及保险额。在我国，签订进口合同时一般由采购方投保。

(11) 商品检验

商品检验是指商品到达后按照事先约定的质量条款进行检验。对于不符合要求的商品要及时处理。

(12) 违约责任

对供货方来说违约责任主要是指不能在规定时间内把质量合格的货物交到采购方手上，对采购方来说主要是指不付款或未在规定的日期前付款。

(13) 仲裁

仲裁条款主要明确仲裁机构、仲裁地点、仲裁规则、仲裁效力等内容。

(14) 不可抗力

不可抗力是指在合同执行过程中发生的不能预见的人力难以控制的意外事故，如战争、洪水、台风、地震等，致使合同执行被迫中断。遭遇不可抗力的一方可因此免除合同责任。不可抗力条款的主要内容有不可抗力的含义、使用范围、法律后果、双方的权利与义务等。

3. 尾部

合同尾部的主要内容包括：

(1) 合同份数。

(2) 合同的生效日期。

(3) 双方的签字盖章。

(4) 附件。

四、签订采购合同的注意事项

1. 签订销售合同时，一定要仔细阅读相关条款，对一些有歧义、不合理的条款要和商家落实清楚，以免出现问题时解决起来遇到麻烦。

2. 要求商家在销售合同上注明产品的品牌、型号、单价、数量，在标注产品的数量时，最好将产品的尺寸标注清楚，方便验货时核对。

3. 销售单要加盖销售单位或者市场的公章。

4. 对特定条款加以注明。如退换货的办理方式、违约责任说明、送货时间等。对那些属于可以再加工的产品的退换货问题也要加以约定。现在市场上的通行惯例是加工产品概不退货。

5. 在订购时可以适当订多一些。要和商家约定好，没有用完的产品可以退货。

6. 了解和落实退补货原则。现在市场上的商家对于某些商品的退补货问题，都会有一些约定，多长时间内可以退货，什么样的产品可以退货，也要落实清楚。对于富余的产品或者不够的产品，要尽快请商家处理，以免出现退不了和没有相同色号的问题。

7. 在订购合同上注明产品的等级，防止商家以次充好。

8. 适当地交一些定金，等到货物被送到，验收无误后再付全款。同时最好约定产品不符合要求可无条件退货，并退回定金。

第四节　采购合同的执行

一、采购合同的跟踪与监控

采购合同的跟踪、监控是采购人员的重要职责。合同跟踪、监控的目的主要有三方面，即促进合同正常执行、满足企业的物料需求、保持合理的库存水平。

1. 合同执行前的跟踪与监控

当一份采购合同订立之后，供应商是否接受合同、是否及时签订合同等都是采购人员要及时了解的情况。采购时，同一种物料有多家供应商可供选择是十分正常的情况，独家供应的情况是很个别的。在具体操作过程中供应商可能会因为各种原因而拒绝订单，也可能提出改变条款的要求等，采购人员需要与供应商进行充分沟通，确认可选择的供应商。若供应商按时签返采购合同，说明供应商的选择正确；若供应商难以接受采购合同，不要勉强，可以另外选择其他供应商。与供应商正式签订的合同要及时存档，为以后查阅做好准备。

2. 合同执行时的跟踪与监控

与供应商签订的采购合同是具有法律效力的，所以采购人员应该全力跟踪。合同确实需要变更时，要征得供应商的同意，不可一意孤行。这个过程需要注意以下事项：

（1）严密跟踪与监控

采购人员要严密跟踪供应商准备物料的详细过程，保证合同的正常执行。若发现问题一定要及时反馈解决，不能耽误时间。另外，若物料是供应商需要按照样品或图纸定制的，则出现问题的概率比较大，在这种情况下，采购人员需要严密跟踪与监控。

（2）紧密配合生产需求形势

若市场生产需求紧急，要求物料立即到货，采购人员应立即与供应商进行协商。必要时，还需要帮助供应商解决问题，以保证需求物料的及时供应。当然，也有可能因为市场需求出现滞销，采购方决定延缓或取消所订物料供应，这时采购人员也应及时与供应商沟通，确认可以承担的延缓时间，或者终止本次合同的操作，同时应给予供应商相应的赔偿。

（3）慎重处理库存控制

采购人员需要密切关注库存水平，既不能让生产缺料，又要保持最低库存水平，这确实是一个有难度的问题，富有挑战性。

（4）控制好物流验收环节

物流到达规定交货地点，对国内供应商一般是指企业原材料库房，对境外供应商一般是指企业的国际物流中转中心。境外交货时，供应商在交货之前会将到货情况表传真给采购人员，采购人员必须按照合同对到货的物流、批量、单价及总金额等进行确认，并录入归档，办理付款手续。境外货品的付款大都是预付款或即付款，一般不采用延期付款形式。

3. 合同执行后的跟踪与监控

在按照采购合同规定的条款对供应商进行付款后，仍需要进行合同跟踪。合同执行完毕的条件之一是供应商收到本次合同的货款，若供应商未能及时收到货款，采购人员有责任督促相关付款人员加快操作，以免影响企业的信誉。

另外，采购合同的跟踪、监控还有几点需要补充的注意事项：

（1）在采购合同的跟踪与监控过程中，要注意供应商的信誉、货品的质量等情况。需要对合同的认证条款作出修改的，有关人员应及时处理，以便于合同的顺利进行。

（2）合同和各类经验数据的分类保存工作要做好。现在，一般都是采用计算机软件管理系统进行管理，将采购合同录入计算机，借助其自动处理跟踪合同。

（3）供应商的历史表现数据对合同的下达与跟踪具有重要的参考价值，应注意利用供应商的历史情况来决定对其实施具体办法。

二、采购合同风险管理

采购合同是各类企业对外签订数量最多的一类合同，但是企业在签订、履行合同过程中往往疏忽大意，不注意防范合同风险，导致合同纠纷比比皆是，给企业造成了重大经济损失。

广义的采购合同风险是指各种非正常的损失，它既包括可归责于合同一方或双方当事人的事由所导致的损失，又包括不可归责于合同双方当事人的事由所导致的损失。狭义的采购合同风险仅指不可归责于合同双方当事人的事由所带来的非正常损失。

1. 合同订立过程中的风险防范

（1）对方当事人的资格审查

对方当事人的资格审查是防范合同风险的第一道防线，许多合同风险可以通过该环节而化解。对方当事人资格审查的具体内容包括：主体资格审查，资信调查和履约能力调查。主体资格审查可分为自然人、法人和其他组织三类。通过主体资格审查，判断对方当事人是否具有订立合同的相应的民事权利能力和民事行为能力。对自然人而言，无民事行为能力的自然人不具有订立合同的行为能力，所以不具有订立合同的主体资格；限制民事行为能力的自然人，具有订立与其能力相适应的合同的能力，应认定为具有订立合同的主体资格。对法人而言，其成立时就具有民事权利能力和民事行为能力，是订立合同的主要当事人。对非法人的其他组织而言，他们具有订立合同的主体资格，可在其核准登记的范围内订立合同。

对方当事人可以委托代理人订立合同。代理人代订合同，要载明代理人姓名或名称、代理事项、权限和期限，并有委托人签名或盖章的授权委托书。

通过资信调查和履约能力调查，查明对方当事人的经济实力、信用情况和不良行为记录，可为避免合同风险提供有力保障。

通过审查对方当事人的资格，企业应掌握相应的证明材料，如居民身份证、营业执照、住址、通信方式、银行账号等。

（2）确定解决争议的方法

解决合同争议的方法包括提起诉讼和申请仲裁。正确选择对己方有利的方法能够起到降低成本、提高效率的作用。所以，合同中有关解决争议方法的条款是最为重要的合同条款，企业对此不可掉以轻心。

提起诉讼是解决争议最为常见的方法。由于民事诉讼是在国家审判机关的主持下进行的，必须严格依照诉讼程序和诉讼制度，所以民事诉讼具有强制性，也使得由人民法院解决争议成为合同当事人的首选方法。

而仲裁具有自愿性、灵活性、保密性、快捷性、经济性、独立性等特点，充分体现了当事人意思自治原则，对合同当事人也具有较大吸引力，不少采购合同选择以仲裁的方式解决争议。

1）选择诉讼法院的技巧。合同争议由不同的法院管辖，直接影响当事人的诉讼成本，影响当事人的人力、财力、物力支出。因此，合同当事人在选择管辖法院时应尤为谨慎。一般来说，当事人选择己方所在地的人民法院为管辖法院对当事人是最为有利的。但在订立合同过程中，要实现上述目的并非易事。根据《中华人民共和国民事诉讼法》第二十四条的规定，“因合同纠纷提起的诉讼，由被告住所地或者合同履行地人民法院管辖”。在具体实践中，原告所在地与被告住所地或者合同履行地往往并不一致，此时应通过协议管辖来选择对己方有利的人民法院。《中华人民共和国民事诉讼法》第二十五条规定：“合同的双方当事人可以在书面合同中协议选择被告住所地、合同履行地、合同签订地、原告住所地、标的物所在地人民法院管辖，但不得违反本法对级别管辖和专属管辖的规定。”《最高人民法院关于适用中华人民共和国民事诉讼法、若干问题的意见》第二十四条规定：“合同的双方当事人选择管辖的协议不明确或者选择民事诉讼法第二十五条规定的人民法院中的两个以上人民法院管辖的，选择管辖的协议无效，依照民事诉讼法第二十四条的规定确定管辖。”所以合同当事人可以通过协商来选择人民法院。但是在具体实践中，合同当事人往往无法达成一致意见，这时就应通过明确约定合同履行地点或交货地点，使合同履行地人民法院具有管辖权。《最高人民法院关于在确定经济纠纷案件管辖中如何确定购销合同履行地问题的规定》规定：“当事人在合同中对履行地点、交货地点未作约定或约定不明确的，或者虽有约定但未实际交付货物，且当事人双方住所地均不在合同约定的履行地，以及口头购销合同纠纷案件，均不依履行地确定案件管辖。”所以，合同中明确约定合同的履行地点或交货地点至关重要。

2）仲裁的特点和注意事项。仲裁是指纠纷当事人在自愿基础上达成协议，将纠纷提交非司法机构的第三者审理，由第三者做出对争议各方均有约束力裁决的一种解决纠纷的制度和方式。其具有自愿性、快捷性、经济性等特点。在约定仲裁条款时应包括以下内容：请求仲裁的意思表示，仲裁事项，选定的仲裁委员会。避免出现仲裁协议无效的情况。

2. 合同条款中的风险防范

采购合同中应明确约定有关质量、数量、价款、履行地点、履行期限、履行方式、履行费用、违约责任、所有权转移、风险负担等的问题，否则可能因约定不明确而产生争议，给合同当事人带来损失。特别对于违约责任、所有权转移、风险负担等一些容易忽略的问题，应在合同中明确指出，以免给当事人带来损失。

在合同订立过程中，上述措施能够防止出现合同无效、合同效力待定、合同可变更、可撤销的情况。

3. 合同履行中的风险防范

合同履行中的风险主要包括：债务人未能全面、适当地履行合同义务，发生情势变更，债务人的财产不当减少或不增加。

当债务人未能全面、适当地履行合同义务，作为债权人的企业应通过行使同时履行抗辩权、先履行抗辩权或不安抗辩权来维护自身的合法权益。

合同依法成立后，因不可归责于双方当事人的原因发生了不可预见的情势变更，致使合同的基础丧失或动摇，若继续维护合同原有效力则有失公平，这时允许变更或解除合同，此种风险是不能避免的，只能通过变更或解除合同尽量将损失减小到最低限度。

当债务人的财产不当减少或不增加时，作为债权人的企业应通过行使撤销权和代位权来维护自身的合法权益。

4. 合同的担保

为了尽量减少因合同风险而带来的损失，企业应通过要求债务人提供担保来保障自己的合法债权。担保的方法有两种：①人的担保，指由第三人向债权人担保，在债务人不履行债务时，由第三人负责履行债的全部或部分的一种担保方式，又称保证担保。②物的担保，即以债务人或第三人的特定财产作为履行债务的担保，不论债务人是否负担其他债务，也不论债务人是否将此担保物让与他人，债权人对担保物享有优先受偿权。它包括抵押、质押、留置三种方式。

保证担保属于债权，而物的担保属于物权，又称担保物权。这两种担保形式各有所长。就担保债权的确定性而言，担保物权优于保证，因为保证是以第三人的财产为担保，其财产状况可能发生变化，有可能无法保证债务履行，而担保物权可以就特定物的价金直接清偿债权，具有较高的可靠性。但是，物的担保手续复杂，要求繁多，对于无财产可提供担保的当事人，保证就成了唯一的担保形式。

定金担保也是常见的保证形式。定金指合同当事人一方，以保证合同履行为目的，于合同成立时或未履行前，在合同规定的范围内给付对方一定数额的款项，债务人履行债务后，定金应当抵作价款或者收回。给付定金的一方不履行债务的，无权要求返还定金；接受定金的一方不履行债务的，应当双倍返还定金。

三、采购合同的争议与解决措施

在采购过程中，买卖双方往往会因彼此之间的责任和权利问题而引起争议，并由此引发索赔、理赔、仲裁及诉讼等。为了防止这些争议的发生，并在争议发生后能得到妥善的处理和解决，买卖双方通常都在合同签订时，对违约后的索赔、理赔事项等内容先作出明确的规定。这些内容反映在合同内，就是违约责任条款。

1. 争议、索赔和理赔的含义

（1）争议

争议是指买卖的一方认为另一方未能全部或部分履行合同规定的责任与义务所引起的纠纷。采购活动中的争议主要有下列 3 种原因：卖方违约，如拒不交货，未按合同规定的时间、品质、数量、包装要求交货等；买方违约，如未按合同规定的时间付清货款，或未按合同规定的时间、地点提货等；合同规定不明确、不具体，以致买卖双方对合同条款的理解或解释不一样。

（2）索赔和理赔

无论是买方还是卖方违反合同条款，在法律上均构成违约行为，都必须赔偿受害方因其违约而受到的损失。索赔就是指受害的一方在争议发生后，向违约的一方提出赔偿的要求。理赔就是指违约的一方受理遭受损害的一方提出的索赔要求。索赔和理赔其实就是一个问题的两个方面。

2. 区分违反合同的责任

在采购合同履行过程中，如果未能按照合同要求把采购物资送达卖方，那么首先应该分清楚是卖方的责任还是运输方的责任，认清索赔的对象。

（1）违反购货合同的责任

1）卖方的责任应包括如下内容：

①货物的品种、规格、数量、质量和包装等不符合合同的规定，或未按照合同规定

的日期交货，应赔付违约金、赔偿金。

②货物错发到货地点或接货单位（人），除按合同运到规定的到货地点或者接货单位（人）外，还要承担因此多支付的运杂费。如果造成逾期交货，须赔偿逾期交货违约金。

2）买方的责任应包括以下内容：

①中途退货应赔偿违约金、赔偿金。

②未按照合同规定日期付款或提货，应赔偿违约金。

③填错或临时变更到货地点，要承担由此支出的费用。

（2）违反货物运输合同的责任

当物资需要从卖方收货地点收货时，如果未按购货合同要求到货，应分清是货物承运方责任还是托运方责任。

1）承运方的责任如下所述：

①不按运输合同规定的时间和要求发运的，赔付托运方违约金。

②物资错运到货地点或接货人，应无偿运至合同规定的到货地点或接货人。如果货物逾期运到，赔付逾期交货的违约金。

③运输过程中物资的灭失、短少、变质、污染、损坏，按其实际损失（包括包装费、运杂费）赔偿。

④联运的物资发生灭失、短少、变质、污染、损坏，应由承运方承担赔偿责任的，终点阶段的承运方先按照规定赔偿，再由终点阶段的承运方向负有责任的其他承运方追偿。

⑤在符合法律和合同规定条件下的运输，由于不可抗力的地震、洪水、风暴等造成物资灭失、短少、变质、污染、损坏的，承运方不承担违约责任。

2）托运方的责任如下所述：

①未按运输合同规定的时间和要求提供货物运输，赔付承运方违约金。

②因在普通物资中夹带、匿报危险物资，错报笨重货物重量等而招致物资摔损、爆炸、腐蚀等事故，承担赔偿责任。

③罐车发运的物资，因未随车附带规格、质量证明或化验报告，造成收货方无法卸货时，托运方赔付承运方卸车等费用及违约金。

3）已投财产保险时，保险方的责任包括：

对于因保险事故造成的损失和费用，在保险金额的范围内被保险方为了避免或减少保险责任范围的损失而进行的施救、保护、整理、诉讼等所给出的合理费用，保险方依据保险合同规定赔付。

3. 索赔和理赔应注意的问题

发生合同争议后，应首先分清卖方、买方或运输方的责任。如买方在采购活动中因卖方或运输方责任蒙受了经济损失，可以通过与其协商交涉进行索赔。

索赔和理赔既是一项维护当事人权益和信誉的重要工作，又是一项涉及面广、业务技术性强的细致工作。因此，在提出索赔和处理理赔时，必须注意下列问题：

（1）索赔的期限

索赔的期限是争取索赔一方向违约一方提出索赔要求的违约期限。如果逾期提出索赔，对方可以不予理赔。

（2）索赔的依据

提出索赔时，必须出具对方违约而造成己方损失的证据（保险索赔另行规定）。当争议条款为物资的质量条款时，该证据要与合同中检验条款的规定相一致。

（3）索赔金额及赔偿方法

处理索赔的方法和索赔的金额，除了个别情况外，通常在合同中只做一般笼统的规定，而不做具体规定。因为违约的情况比较复杂，所以当事人在订立合同时往往难以预料。有关当事人双方应依据合同规定和违约事实、本着平等互利和实事求是的精神，合理确定损害赔偿的金额或其他处理方法，如退货、换货、补货、整修、延期付款、延期交货等。

4. 仲裁

经济仲裁是指经济合同当事人双方发生争议时，如果通过协商不能解决，当事人一方或双方自愿将有关争议提交给双方所同意的第三者，依照专门的裁决规则进行裁决。裁决的结果对双方都有约束力，双方必须依照执行。

当采购方与供应商发生纠纷需要仲裁时，可按照一般的仲裁程序到相关的受理机构提出仲裁申请。仲裁机构受理后，经调查取证，先行调解，如调解不成，再进行庭审，开庭裁决。

复习与思考

1. 采购合同主要包括哪些内容？

2. 签订采购合同时应该注意些什么？

3. 甲与乙订立了一份卖牛合同，合同预定甲向乙交付 5 头牛，总价款为 1 万元；乙向甲交付定金 3 000 元，余下款项由乙在半年内付清。双方还约定在乙向甲付清牛款之前，甲保留该 5 头牛的所有权。甲向乙交付了该 5 头牛。

问题：

（1）设在牛款付清之前，一头牛被雷电击死，该损失由谁承担？为什么？

（2）设在牛款付清之前，另一头牛生下一头小牛，该小牛由谁享有所有权？为什么？

（3）设在牛款付清之前，乙与丙达成一项转让一头牛的合同，在向丙交付一头牛之前，该合同的效力如何？为什么？

第六章 采购质量管理

学习目标

➢ 掌握采购质量管理工作的基本流程

➢ 了解物料质量的判定标准

➢ 掌握采购质量偏差处理的方法

第一节 采购质量管理工作

一、采购样品的索取与验证

样品是能够代表产品品质的少量实物。它是在大批量生产前，根据产品工艺标准先行由供应商制作、加工而成的，并将其作为采购支付时的产品标准。

1. 样品索取的具体内容

（1）样品索取

按照合同规定，向供应商索取其按照质量协议生产出的样品，并告知第三方检验机构相关信息。

（2）样品登记

送样人填写送检单，同样品一起交由分析室收样人登记。

（3）样品信息核检

收样人填写来样登记册时应注意检查样品标签及送样单上是否有样品批号、名称、检验项目、样品类别、检验要求、完成时间等信息。对于无品名、无批号的样品，要坚决拒收。

（4）确定检验时间

按照不同要求合理安排检测时间，或与送样人商议确定检验时间。

2. 样品检验的具体内容

（1）登记样品的检验

登记样品一般按照工厂提供的规格指标和方法进行检验，检验方法必须已经通过验证。

（2）筛选样品的检验

筛选样品的检验旨在比较不同供应商提供的样品的质量优劣，已有标准的样品按照标准检验，无标准的则要通过实验选择一个合适的分析方法。

3. 检验报告的发放

检验报告的发放是随附样品的检验报告，一式两份，一份由送样人持有，另一份应标示对应样品的样品编号，统一归入分析室存档（如果有委托检验方，应另备一份，由其留存）。

如果供应商允许，第三方检验机构可以不参与样品的检验，检验标准和检验方法完全由采购方按照事先的约定进行。由此得出的样品检验结果报告，可以作为签订质量协议时的依据。

二、签订采购质量协议

为了保证采购商品符合质量要求，企业采购部门在采购商品时应根据申购部门提出的具体要求和规格，签订采购质量协议，向供应商提出明确、具体的要求，并让供应商充分理解这些要求，如商品的规格、图样、等级、质量标准、验收检验规则、质量保证要求等。

1. 文件内容

采购质量协议应至少包括：

（1）采购商品的准确标识，包括类别、型号、规格、等级、数量和其他准确的标识，以防止误购。

（2）采购商品的技术和质量要求，包括标准、技术规范、图样、过程要求、检验规则及其相关资料的名称（包括商品、程序、过程设备和人员的认可和鉴定要求），以及其他明确标识和这些技术及质量要求所适用的有效版本，以防止购入不合格品。

当涉及新研制材料、器材，或对原材料、器材有特殊要求时，采购部门应同生产技术部门与供应商签订技术协议。技术协议应包括：特殊技术要求及质量责任，试制、试验、试用的程序和必须具有的原始记录，技术协调、加工、匹配试验、复验鉴定及使用的要求，交货状态及特殊的检验方法，其他特殊的质量控制要求。

（3）对供应商质量管理体系和保证能力提出要求。根据采购商品的类别和供应商的质量和信誉，制定出适用的质量体系标准的名称、编号，提出不同的质量保证和交付能力要求，并要求供应商提供有关的质量保证文件（如产品检验记录、试验报告、使用说明书、设备装配图、设备易损件图、备品备件清单、材料的成分等)、设计审查的规定、制造过程质量监控的规定、产品检验的规定等。

2. 编制采购质量协议的技巧

(1) 采购质量协议所规定的内容应齐全

根据企业生产技术部门提交的备料计划或外协配套计划，采购部门依据本企业资源(如库存情况)编写采购质量协议。

(2) 对采购商品要提出适当、明确的质量要求

“适当”就是既不能降低也不能提高设计部门、技术部门对拟购商品提出的要求。降低要求不能保证应有的质量，而提出过高的要求，又会造成功能过剩，优材劣用、大材小用，导致资源的浪费和采购成本的上升。采购不同的商品应按其自然属性、用途提出不同的技术要求。如对金属材料一般应考虑其物理性能、化学性能、机械性能、工艺性能、化学成分等；对机电设备一般应考虑其机械性能、物理性能、使用环境和工作条件等。各种技术性能指标应符合相应的标准，凡有国家标准、行业标准和地方标准的都应尽量采用。同时，质量要求不仅包含技术要求，而且包含供应商的质量体系和质量保证要求等条款。对重要产品所需采购的原材料，还可增加原材料制造的质量计划和现场监造或监检要求，并注明保证监造或监检顺利进行的必要条件。

(3) 正确处理质量与成本、供应、服务等要素之间的关系

对不同的采购商品、不同的应用场合，应采用不同的质量标准。

采购商品质量并不是越高越好，质量过高会产生质量过剩，使成本大大增加。目前最常用的方法是使用“性能价格比”来平衡。采购人员应根据性能、价格慎重地确定质量标准，以便能正确地采购每一件商品。

采购大批量商品时，如提出过高的质量要求，可能会导致供应商的加工周期过长，严重时会导致缺货。特别是自动化不连续的机械商品的供应更容易出现这种情况。为此，采购人员在签订采购质量协议时，要考虑供应状况。

由于企业产品组成部件的质量问题导致故障频繁发生，不仅使产品在用户心目中的印象较差，而且给售后服务带来麻烦，增加服务成本。所以，在签订采购质量协议时，要合理确定质量检验方法和规则，把好供应商质量关。

(4) 确保采购质量协议的有效性

签订采购质量协议所引用的标准要保证是当前的最新版本，确保所编文件的有效性，同时，还要尽量与 ISO 等国际标准及国外先进标准接轨。

(5) 要有一定的审批程序

为了做到有章可循、有法可依，明确有关人员的职责，合理确定采购质量协议的审批程序，采购质量协议必须经过严格的审批才能生效。

(6) 签订采购质量协议所用语言要简明、通俗、准确

采购质量协议是为指导采购人员正确使用而编写的。因此，采购质量协议必须对采

购人员、企业生产高度负责。要求采购质量协议措辞准确、逻辑严谨，用词禁忌模棱两可，防止不同采购人员从不同角度产生不同的理解。此外，还要求简洁、明了、通俗、易懂。不要使用生僻词语或深奥难懂的术语及地方俗语，在保证技术条款无误、准确的前提下尽量使用大众化的语言，充分考虑采购人员的阅读习惯和理解方式，使不同层次的采购人员都能正确理解，一看就懂，以便按要求进行采购。

三、制定物料验收标准

在进行采购物料的验收工作时，应首先做好采购物料的验收准备，包括收集和了解采购基本资料。采购部应收集整理采购业务资料，并组织质检员熟悉和了解采购项目、采购数量、采购时间、到货时间、采购方式、运输方式以及不合格品处理办法等事项。其次需要供需双方确定物料品质、规格和图样。采购部应协同生产部、技术部以及质量部等部门制定物料的产品规格、技术和质量标准等各项验收标准，并与供应商进行双方签字确认。对于设备类采购物料，需要求供应商随设备提供相关技术图样。

在制定物料验收标准时，应首先根据采购的物料类别，判断采购物料的质量评价要素，具体内容有以下几个方面：

（1）食品、饮料和烟类。主要包括等级、用途和成分等。

（2）纺织、皮革、木材类制品。主要包括股数、经纬纱数、原料、加工方式及程度、产成品的单位重量、厚度、尺码大小、用途、色泽等。

（3）化学品类。主要包括成分、纯度、外观形状、重量及粉状粗细、等级、颜色、用途、生产方法和反应时间等。

（4）基本金类。主要包括含碳量、合金的相对成分、开头长度、厚度、内径、镀锌、涂漆、用途、冷轧或热轧、加工方式以及成分、单位重量、拉力、用途规范标准等。

（5）一般金属制品类。主要包括原料、用途、尺码大小、外形等。

（6）机械设备类。主要包括用途、产量、形式、操作方式以及限度、构造等。

（7）仪器类。主要包括用途、精密度、形式、操作方式以及限度、构造等。

（8）非金属矿产品类。主要包括比重、可燃性、闪光点、纯度、用途、加工方式以及程度、厚度、尺码大小等。

针对不同的物料，标准制定负责人应谨慎选择物料验收标准编制方法。一是借鉴同行业优秀公司经验。当公司缺乏历史资料和编写经验时，标准编制负责人应先借鉴行业内优秀公司的物料验收标准或做法，并根据本公司实际情况进行修改和借鉴。二是采用供应商的质量标准。通过汇总的物料验收标准，结合公司的实际情况，先确定共性项目，然后对特殊要求进行针对性编写，有效缩短编写时间。

确定好物料验收标准编制方法后，就开始对物料验收标准的内容逐项进行编制，包括确定物料类型、品名和编号，根据采购物料进行种类划分并明确品名和编号，以提高采购物料申请和审批工作的规范性、统一性。明确使用和入库时间要求，对各部门采购物料的权限进行设定，以确保资金和物料的有效利用。

采购部一般可以采用当批物料合格率或抽检合格率为验收标准，其计算公式如下：

$$当批物料合格率=\frac{合格物料数量}{当批物料总数}\times 100\%$$

$$物料抽检合格率=\frac{抽检合格物料数量}{抽检样品总数}\times 100\%$$

制定好物料验收标准后，接下来采购部要明确物料验收内容。采购部应协助质量部确定采购物料验收的具体内容并协助具体验收工作的实施。采购物料的验收内容应包括以下三点：

（1）采购订单与供应商发货清单是否一致，并核对物料到货数量。

（2）检查到货物料的产品外观，包括包装是否完整，标识标签是否符合公司订单要求，开箱检验物料是否有破损、短缺以及变质情况的发生等。

（3）对到货物料进行质量检验，检验其关键指标是否符合本公司质量管理检验标准。

四、组建健全的采购验收组织

一个企业要想成功地进行质量管理，首先要得到企业最高主管的重视；其次要有专业的质量管理技术人员；再次要有全员的质量管理意识及教育；最后要有健全的质量管理组织。

由于各行业特点，生产组织的规模、产品结构及生产经营方式的不同，其采购验收组织的设置也不相同，有集中管理型采购验收组织的设置、分散管理型采购验收组织的设置、集中与分散相结合的采购验收组织的设置，不管哪种采购验收组织的设置，验收组织的基本职责大致是相同的，主要包括以下内容：

（1）贯彻和执行质量方针和质量目标，严格执行技术要求和质量标准。

（2）充分发挥把关、预防和监督等质量职能，确保产品和服务符合质量标准，保护顾客的利益。

（3）负责编制质量检验计划，并监督实施和总结、评估。

（4）参与制定和完善有关质量检验工作制度和各级检验人员的岗位责任制。

（5）参与产品开发、研制、设计过程中的审查和鉴定工作，并参与工艺文件会签。

（6）参与质量审核，负责质量审核中具体的测试工作，提供审核资料和质量审核报告。

（7）负责正确制定各种检验记录表，编制检验技术文件。

（8）负责确定关键工序和质量控制点，并负责跟踪改进。

（9）负责收集、管理、分析和报告有关质量检验的信息资料。

（10）负责质量检验的培训教育，制定科学、适用的培训计划和措施，并确保有效实施。

为组建健全的采购验收组织，需要采购部门首先从企业内部树立现代质量管理观念，强化企业内部对采购质量进行控制的意识。这里主要介绍为组建健全的采购验收组织所需的注意点，主要包括对采购部门验收人员质量控制意识的培养、加强验收全过程质量管理和对做好采购商品质量管理基础工作的相关要求的介绍。所采购的商品质量是影响产品质量的重要因素之一，它影响企业的兴衰和成败。因此，在采购全过程实行强有力的质量管理与控制，构建全新的采购质量管理体系，是企业发展和振兴的永恒主题。

1. 培植现代质量管理理念，强化采购质量意识

全球经济一体化的进程加快以及 ISO 9000 族标准的普遍采用，使质量管理领域发生了观念上的变革，一些新的质量管理理念不断涌现，为此，企业应培植现代质量管理理念，强化采购质量意识，而要做到这点，就要求企业领导在组织商品生产经营活动时，企业采购人员、质量管理人员、质量检验人员在从事采购商品质量管理与控制活动中，都必须树立和强化“质量第一”“预防为主”“持续改进”“协作精神”“注重质量效益”“顾客至上”等理念，增强关心采购质量和保护质量的自觉性。质量意识的形成和提高是一个长期的过程，但可通过以下方法强化质量意识的形成。

(1) 通过学习、宣传，提高采购人员的质量意识。通过各种形式的学习、宣传，使采购人员提高对采购商品质量重要性的认识，提高学法守法的自觉性，严格按质量法规、质量标准做好有关工作，树立以质量为核心的职业道德，明确没有质量企业就没有效益、个人就没有利益，从而不断增强质量意识。

(2) 提高领导质量意识。提高全员质量意识，关键在于提高企业领导层质量意识，只有领导决策层有强烈的质量意识，高度重视采购质量工作，把质量管理作为企业经营中心工作真抓实干，才能提高全员质量意识，形成强大的内在动力，不断提高采购质量。

2. 加强采购全过程质量管理

采购过程实际上是商流和物流活动的完整结合，在这个过程中，涉及供应商选择、与供应商谈判及成交、对供应商进行质量管理与控制、对供应商商品质量进行验证、进货运输、进货检验与验收等活动，可见，采购商品的质量管理是一个系统工程，必须对每一个环节进行控制，实行全过程质量管理，严格把好每一个环节质量关。

(1) 明确各部门的质量职责，建立相应的质量控制程序

采购质量并不仅仅是采购部门的事，还与设计技术、质量管理、检验以及企业上层管理等部门有关。因此，应结合企业实际情况，商讨、分析、明确质量职责，在此基础上进行分工。一般来说，采购部门负责制订采购计划，实施采购质量管理与控制程序，确保供应商评价、采购资料、采购商品验证等活动均处于受控状态并建立供应商档案。质量管理部门负责采购商品质量认定和供应商质量管理水平与质量保证能力的审核评定，以及采购商品的进货检验和合格供应商资格的定期复审工作。设计技术部门根据采

购商品对产品质量的影响程度进行分类，提供检验试验规范并负责合格供应商名单的批准。检验部门对送检的样品根据委托内容进行检验、试验和鉴定并出具检测、鉴定报告。企业上层管理部门主要制定采购政策，和有关部门一起确定货源、制定不合格处理程序、对供应商进行评级等。上述各部门的职责和分工并不是独立完成的，事实上，每一事项的完成均需要有关部门的配合与协作。

（2）建立健全采购质量管理制度

为保证采购商品质量，必须制定严格的质量管理制度，规范和约束与采购有关的人员行为，防止“暗箱操作”。对做出突出成绩的部门和人员应给予奖励；对个别有章不循、损公肥私、定人情货、采购质次价高甚至假冒伪劣商品给企业带来经济损失的人员，应坚决处理，情节严重的应送司法机关处理，以保障采购质量管理工作有章可循，树立质量监督的权威性。

1）实施“三统一分”制度。所有采购商品统一采购验收、统一审核结算、统一转账付款，费用分开控制。只有统一采购验收，才能保证质量，满足需要。

2）实施“五到位一到底”制度。“五到位”就是采购的每批商品必须由采购人、验收人、证明人、批准人、财务审核人在凭证上签字，手续才算齐全；“一到底”就是负责到底，谁采购谁负责到底，包括价格、质量、使用效果都记录在案，经得起检查。

3）建立较完善的供应商质量管理制度。对供应商的选择、评定、审核验证都应建立完善程序，严格按要求和标准执行。

4）建立采购商品质量档案制度。建立采购商品质量档案有利于全面、动态地掌握采购商品质量，便于及时向供应商进行信息反馈，不断改进和提高商品质量。为此，企业可根据自己的情况，有选择地对大宗、关键、技术性强的采购商品建立相应的质量档案。质量档案的内容要全面，主要包括商品的合格证、试验报告、化验单、使用说明书、验收记录、保管保养记录、出库检验记录、使用中发现问题的处理意见等。建立质量档案的管理制度，设置专人对质量档案进行管理，以供选择、优化供应商时参考。

5）建立全过程、全方位质量监管制度。全过程质量监管是指在计划、审批、询价、招标、核算等所有环节都有监督，重点是制订采购计划、供应商选择、供应商质量控制、质量验收 4 个环节的监管，以保证对供应商选择和验收不降低标准、不弄虚作假。全方位监管是指行政检察、财务审计、制度考核三管齐下。

（3）加强对供应商的动态管理

要提高采购商品质量，应保证在合格供应商名单范围内，加强对供应商的管理。为此，企业应按照采购要求，对不同采购商品进行定期质量缺陷分级评定，据此对供应商进行等级评定。另外，也可定期对供应商的质量稳定性、售后服务水平、供货及时性、供货量的保证能力进行综合评价。对优秀的供应商继续保留或提高等级，对不好的供应商进行降级处理或从供应商名单中剔除，实现供应商管理的良好循环。

（4）严格把好质量检验关

采购商品的到货验收与检验，是把好采购质量的重要环节。质量检验人员应熟知采购标准、试验方法、质量评定规程；对于新标准，应认真宣传贯彻，弄懂其技术原理；按照采购标准中规定的取制样方法取制样品，确保选取样品的代表性；按照采购标准中的试验方法，对采购商品进行检验；将经修正的检验结果与采购标准中的技术指标进行比较，作出合格与否的判定，并根据检验结果签发合格证明。

（5）加强不合格品的控制

发现不合格品应及时记录，并采取以下措施：

1）标识。对不合格品标出明显的识别标识。

2）隔离。将不合格品进行隔离存放。

3）评审。由主管领导、采购、质检人员和供应商代表联合对不合格品进行评审。

4）处置。根据评审决定，对不合格品进行立即处置。

5）预防。对不合格品进行质量分析，做到查明原因、分清责任、落实防范措施。

3. 努力做好采购商品质量管理的基础工作

为保证采购商品质量，企业应做好采购商品质量管理的基础工作。

（1）制定采购商品的重要性分级

企业在考虑采购质量控制方案时，首先要对采购商品进行重要性分级。商品质量重要性分级由产品的规格、性能和结构以及影响产品的适用性所决定，是设计传递给工艺、制造和检验等的技术要求和信息。分级的基本原则是采购商品对产品品质的影响程度，同时还应考虑其对流动资金的占有量等因素。

1）关键类（A 类）产品。对产品质量有直接影响，对产品性能起决定作用。

2）重要类（B 类）产品。对产品质量有间接影响，对产品性能有一定影响。

3）一般类（C 类）产品。除以上两类以外的采购产品。

企业应根据采购商品的重要程度，制定分级管理办法，对供应商采取不同程度的控制。

（2）做好采购商品质量信息的收集、加工、存储和传递工作

采购商品质量信息是进行采购质量决策的依据，是改进采购商品质量、改善采购各环节工作质量最直接的原始数据，也是进行质量控制的基本依据。

1）质量信息的收集。质量信息的收集是质量信息工作的重要环节。质量信息收集的内容具体包括：质量方针、政策，质量法律、法规，质量标准、图纸、技术规范，合同中的质量条款，检验规程、检验记录，产品合格证、化验单、试验报告，检验和试验设备的控制与标准程序，使用中发现产品质量问题的记录等。此外，还应收集国内外同类产品的质量信息，为择优采购提供依据。

2）质量信息的加工与存储。为使收集的质量信息能被充分利用，充分发挥其作用，还必须对质量信息进行加工处理。经加工处理后的质量信息应存储备用，这就需要建立一个高效、灵敏的质量信息管理系统，随时都可以查询所需的质量信息。

3）质量信息的传递。为了将质量信息及时提供给有关部门和人员，就必须进行信

息传递工作。信息传递有多种形式，为快捷、方便获得质量信息，可通过计算机信息网络进行信息传输。

(3) 提高采购人员的素质

采购商品的质量与采购人员的素质有一定的关系。采购工作是一项技术和业务性都比较强的工作，所以要求采购人员不但要有高度的事业心和责任感，遵纪守法，坚持原则，秉公办事，而且要熟悉采购业务，掌握一定的商品学、材料学方面的知识，具有一定的“识货”技能。对采购员的岗位应作为关键岗位来对待，对采购员要有明确、严格的要求，如政治思想表现、职业道德、业务能力、技术水平、文化程度、工作年限、社交能力等都应达到一定的要求。对采购员应进行岗位培训，经考核合格，方能上岗。对采购员的聘用应引入竞争机制和激励机制，能者上，庸者下。对采购中及时发现质量问题并妥善处理，避免造成重大经济损失的，应予以奖励；对由于不负责或内外勾结采购假冒伪劣商品者应给予惩罚并解聘。

第二节　物料质量判定与偏差处理

一、物料质量的规格判定

为了编制好采购质量协议，正确表达采购需求，弄清如何描述采购规格是很有必要的。采购规格是影响采购的重要因素，因为采购订单或合同能否符合申购部门的需求，通常取决于描述质量的采购说明。同时，采购规格也是采购质量协议中要表述的重要问题。所以，作为企业管理人员和采购人员应充分认识到采购规格说明的重要性，以达到以下目标：一是使采购人员明确申购部门所要购买的商品是什么，二是使采购人员明确把企业需求传达给供应商，三是规范采购订单的主要内容，四是建立验收、测试和质量检查的具体标准。

1. 正确认识规格说明

采购规格说明直接影响采购商品的质量、功能与付款价格。因此，采购人员须首先正确认识产品规格说明。产品规格说明是企业在开发产品时，为了识别购买者的需求而提出的产品设计和管理的明确指导。产品规格说明是对产品功能的精确描述，它从满足购买者需要的目的出发，把购买者的需求转化为技术术语，说明产品的关键设计变量，用于指导企业内部设计和开发人员进行产品开发和管理。产品规格说明包括产品功能的详细信息，它不但说明了产品应达到什么功能和结构，而且还说明了怎样做，做到了什么程度。

通常要用详细的方式叙述所需要的规格，许多不同形态的规格设计都详细描述了制造产品时所需要的原料、外协件，同时也描述了购买者所需要的产品是什么。对制造商来说，当规格固定时，产品设计、产品的竞争地位、产品的获利能力也就固定了，所以开发适当的规格是一项重要的管理工作。因为该工作有许多相关变数，所以，要做好有很多困难，需要有关部门的协调和配合。例如，为了获得竞争优势，销售部门为便于促销一般需要设计具有特色且非标准化的产品；设计部门有时为提高技术含量会设计一些具有特殊性能的产品，但对促进销售有限且会使生产过程更加复杂；而生产部门为了达到较低的单位成本及较长产品寿命周期，会希望原料、外协件容易使用且产品线的产品项目越少越好。像这些部门对设计的差异性问题就需要企业管理层在设计领域加强设计部门、生产部门、采购部门的沟通协调。

2. 设计和撰写规格

在产品设计期间，原料、外协件的选择直接决定着成本，因此，为降低成本，应合理地设计产品规格。为产品设计规格一般包含 4 个要素：一是基本功能的设计要素，二是购买者可以接受的销售要素，三是符合经济效益的生产要素，四是市场、原料及外购件的获得、供应商能力和成本的采购要素。这 4 个要素之间可能会有冲突，所以企业上层管理者必须加强各部门之间的协调，促进各部门之间的共同合作，寻求全企业的最佳解决方案。

（1）设计合适的规格

设计部门是对产品功能负责的主要部门，设计合适的规格当然也是设计部门的工作，但这并不意味着可以忽视生产、采购、质量与销售等部门的设计要素。从企业角度看，合适的规格是能满足所有部门需求的规格。企业上层管理者为平衡质量与成本，需整合企业的技术与商业技巧去设计规格。一般可采用以下 4 种方式：一是早期介入采购。在开发新产品的初期就介入采购，可以合理的成本获得最合适的质量，使开发出来的规格更完美。二是成立规格审查委员会。当设计新产品时，由来自设计部门、生产部门、采购部门、销售部门、质量管理部门的人员组成的规格审查委员会进行审查，同意后才能进行生产。三是充分发挥采购人员的作用。企业上层管理者鼓励设计人员征求采购人员的意见，以充分考虑采购成本。四是设立联络人。在采购部门内，为某一采购人员设立职位，称为材料工程师、外购件工程师，让其长期在设计部门工作，成为采购部和设计部的联络人，其主要职责是检查设计工作是否执行原确定的方案，并及时反馈采购部门的意见，阻止不合理的设计和采购。对每一个企业来说，可根据自己实际情况和采购商品特点，合理采用上述设计方式。

（2）撰写规格

产品设计之后，接下来就要用清楚、准确的文字将零件及材料的规格表达出来。若要符合各部门的需求，规格应满足以下要求：

1）符合设计与销售所需的功能性特征、化学性能、尺寸、外观等要求。

2）生产产品所需要的材料、外购件具有可操作性。

3）检验产品所需要的测试材料要符合要求。

4）满足仓储所需的收料、储存及发料要求。

5）符合生产控制所需要的用料计划。

6）具备获取材料、外购件的采购能力及有充分竞争性的供应资源。

7）必要时，生产部门及采购部门有能力获得替代品。

8）能以最低的总成本获得适当质量。

9）所用材料尽可能采用技术标准，或建立自己的企业标准。

3. 规格的种类及正确选择

好的产品规格要能符合采购的基本需求要素，包括市场、取得原料的能力及价格。规格必须使买卖双方所考虑的事情绝对相同。但一般很难形成清晰、明白的文字叙述。采购规格说明要有详述式规格说明和其他采购规格说明，主要有以下具体种类：

（1）技术标准

由于材料、外购件的重复使用，为了减少重复劳动，扩大最佳方案的重复利用范围，有利于产品的通用互换，政府及行业标准化机构就要为这些材料、外购件制定技术标准。技术标准是对某些标准化项目的完整说明，包含在制造某一产品时原料及技术的质量要求中，如尺寸、化学成分、结构形式、型号、测试方法等，所以技术标准是大批量生产的重要条件，对高效率的采购相当重要。螺帽、活塞、水管及电子产品一般都要求按技术标准来生产，因此不管生产者是谁都可适合标准配备。由于标准产品使用者很多，许多制造商因此能以低成本长期生产。当材料、外购件是按照技术标准进行采购时，可简化设计、采购流程，以最低价格获得优质采购商品。要了解产品标准规格，最好的办法是询问制造商，他们会很乐意提供符合采购方需要的采购商品的标准规格。

技术标准特别适用于采购原料、配套件、个别的零件以及配件商品的采购，但需要在检验上花费较大精力。标准产品除了需要进行当场检验外，还需要定期进行查验，只有这样，采购者才能确定采购商品是否符合质量要求。

（2）设计规格

为了突出特色和个性化，提高竞争力，企业生产的某些产品并没有标准规格，因此，企业可设计自己的规格，让供应商生产符合要求的采购商品。按照这种形式采购生产所需的商品，确保其符合企业的规格，需要专门的检验，检验成本较高。

（3）工程设计图

该方式被广泛使用在大多数特殊的机械零件的质量描述上，具有精确、实用、直观等特点，对采购需求可以较易地与潜在供应商进行沟通，较易确立检验标准。

（4）原料及制造方法的规格

使用此方式是要求供应商详细说明所使用的材料及其加工方法，以判定是否与企业生产要求的材料质量相一致。例如，化学品及药品的采购者为了保证使用者的健康和安全，会要求供应商提供原料和制造方法来描述质量。再如，大批量的钢材采购者为了提高钢材性能，会要求供应商增加或减少某种成分，这也需要用原料与制造方法来描述质量。采用这种方式，在规格制定及检验上的投入较大。

（5）功能性的规格

它是叙述需求较完善的方式，常用文字或数字描述。它只需说明产品所需的基本功能，不必告知产品是如何生产及使用什么原材料。如电线的功能性的规格只需说明耐热性、导电能力等，而不必叙述所用材料的具体成分及如何制造。这种方式常用于在采购昂贵复杂的机械、加工设备工具、电子产品等时用来描述质量要求。其优点是：较易编订规格，能保证获得精确的功能。当使用这种方式时，供应商的选择是非常重要的，必须选择有能力且诚实的供应商。如供应商能力不足，就无法提供先进技术和精确制造；如供应商不诚实，提供的材料、外购件和技术可能会相当低劣。所以，选择最好的供应商不仅可保证质量，并且可透过竞争获得较合理的价格。

（6）品牌或商标

采购有品牌的产品，最容易叙述规格的内容，能节省采购时间及降低采购费用，但产品的价格较高。采购人员为保证所购商品质量，必须了解所采购品牌商品是谁提供的、所采购商品的生产与质量控制是由谁负责的，并尽量避免供货来源太多。当按品牌进行采购时，通常采购方会向单一采购商采购从而减少了竞争。事实上，为了满足生产需要，只有一种品牌可以接受的状况很少发生。一个具有利润的产品，其他企业也会进入市场来竞争。基于此，可以向不同供应商采购有品牌的商品，这些供应商也愿意用有竞争力的价格及服务获得采购方的订单。

（7）样品

使用样品时，采购方不需要寻找相同的品牌、制作标准规格或详细描述功能需求，但很难判断采购商品是否与样品一致，因此该方式是在其他规格都不适用时才会使用。

（8）市场等级

等级是对功能用途相同但质量要求不同的商品所做的分类或分级，划分等级是判断商品质量的方式之一。这种方式常用于木材、小麦、棉花、食品等天然商品。采购具有等级的商品时，应加强检验。

（9）认证的产品

经认证的产品，在一定程度上表明了这种产品符合质量要求，因此，采购认证的产品有利于确保采购商品功能符合生产需要。

以上规格描述方式各有特点，这就要求企业根据自己情况、采购商品种类、采购批量进行综合分析和研究，确定正确、科学的表述方法。一般来说，小批量及非重要的采购，采用品牌描述需求是最佳的方法。当采用品牌或样品无法说明需求时，或合适的商品无法以合理的价格取得时，就需要采用功能性的规格以及其他规格说明方式。

二、不合格物料的及时处理

物料经过质量检验后，对于质量检验合格的物料，质检员将审批通过的“采购物料检验报告单”作为物料放行证明，交由仓储人员办理入库。对于检验合格的设备，设备验收小组应根据发票注明的设备信息，如产品名、型号、规格、单价、数量以及金额等，针对验收无误且通过验收期考核的设备，填写“验收入库单”，一式三联，分别交财务部、仓储部以及采购部保管和使用。

在与供应商的合作过程中，供应商提供的商品可能会出现不合格品。客观合理地判定与处理不合格物料对形成良好的供应商关系非常重要。

1. 不合格品的发现

产生不合格品的原因很多，如设备损坏、原材料不合格、工艺控制不严格、人员疏忽、包装防护不够、搬运过程中的损坏、安装调试不当等。依据不合格品产生的原因，质量责任的归属也不尽相同。不合格品的发现往往发生在商品的使用和检验过程中。进厂零部件经过抽样试验，发现产品达不到可接受的质量水平，根据契约或协议规定可以拒绝接收。如果已经发现了不合格品，但达到了所要求的规格水平，则该批产品可以接收。但从概率上讲，该批合格产品中肯定存在不合格产品。这些不合格产品和后来由于企业自身搬运不当、装配不合理及其他意外因素造成的不合格品的判定是否恰当，则会影响供需双方关系。

2. 不合格品的质量责任

合格与不合格品的质量判定应由统一的部门来实施，必要时可由双方共同判定。判定时检验设备与环境应该保持一致。如同一块线路板在不同的环境温度下，其电气性能、抗干扰性能等可能会有较大差别。因此检验应在双方认可的条件、方式和环境下进行。判定应该保留相应的记录，以满足可追溯的要求。

同一个配套件，进厂检验时合格，出厂检查时却发现是不合格品，这有可能是环境或其他意外因素的影响导致的，也有可能是该配套件与其他配件之间不协调。例如两台抽油烟机的电机来自同一个配套厂家的同一批商品，其中一台装配到机器A上发现噪声很大，这时车间调试人员会在该台机器上标记“噪声大”，作为不合格品退回。但配套厂家运回电机后，重新测试，发现电机运转平稳，无异常声。该电机被重新装机试验，发现确无噪声大的问题。经过工程人员仔细分析，原来该电机转子的固有频率与机器A比较接近，装机运转会发生谐振从而引起较大噪声。如果把该电机重新装到另一台机器B上，“症状”便会完全消失。像这种问题，在企业中可能经常发生，如果分析不出原因，往往会造成供需双方合作上的不愉快。如果退货前企业经进货检验部门重新检验确认，就可及早发现问题。

3. 不合格品的管理

不合格品的管理不但包括对不合格品本身的管理，而且包括对出现不合格品的生产过程的管理。当生产过程的某个阶段出现不合格品时，决不允许对其作进一步的加工。同时，根据“三不放过”的原则，应立即查明原因。如系发生过程失控造成，则在采取纠正措施前，应暂停生产过程，以免产生更多的不合格品。根据产品和质量缺陷的性质，可能还需对已生产的本批次产品进行复查全检。

对于不合格品本身，应根据不合格品管理程序及时进行标识、记录、评价、隔离和处置。对不合格品的标识和记录，应按产品特点和质量体系程序文件的规定进行。对不合格品的标识应当醒目清楚，并应采用不能消除或更改的标识方法。对不合格品及其标识必须按统一格式认真做好记录。对已做了标识和记录的不合格品，供方应在等候评审和最终处置期间将其放置在特定的隔离区，并实行严格控制，以防在此之前被动用。

4. 不合格品的处理

对不合格品的处理有返工、返修、原样使用、降级、报废和退货等几种方式。

（1）返工

可以通过再加工或其他措施使不合格品完全符合规定要求，如机轴直径偏大，可以通过机械加工使其直径符合公差范围，从而成为合格品。返工后必须经过检验人员的复验确认。

（2）返修

对不合格品采取补救措施后，仍不能完全符合质量要求但能基本满足使用要求时，判为让步日用品。合同环境下，修复程序应得到需方的同意。修复后，必须经过复验确认。

（3）原样使用

这是指不合格程度轻微，不需要采取返修补救措施，仍能满足其使用要求，从而被直接让步接收回用。这种情况必须有严格的申请和审批制度，并得到用户的同意。

（4）降级

这是指根据实际质量水平降低不合格品的产品质量等级或作为处理品降价出售。

（5）报废和退货

如不能采取上述种种方式处置时，只能报废或退货。

不论采取哪种方式，费用的分担肯定是双方协调的关键。费用应根据不合格品比例的大小和不合格品的影响程度确定，应在协议或合同的相关条款中作出明确的规定。企业可利用统计方法，分析出供需双方都可接受的不合格品比例，从而确定合理的费用分担方式。如某电器公司根据统计资料发现外购电器配套件的投入使用合格率一般在99.66％以上，这样可在双方签署的协议中规定合格率指标为99.66％，并要求达不到该指标的供应商负责不合格品的处理费用。

三、确认并纠正物料偏差

在生产过程中，出现不合格品属于正常现象。关键在于能够对物料的偏差及时确认，并采取必要的控制和纠正措施，以确保高效生产。

物料偏差应该在验收之初及时发现，而在后期存放过程中，也要定期或不定期地进行核查，以便尽早发现物料偏差，及时予以纠正。

物料偏差纠正措施的实施过程如下：

1. 标识“不合格”

进货检验发现不合格品时，检验员在检验报告中描述不合格品的类型及程度，同时在物料外包装上做“不合格”标识。

2. 通知采购部

仓储人员将不合格品放置于不合格品区域，做好标识和记录，通知采购部。

3. 联系供应商

采购部在得到仓储部的通知后，联系供应商，协商解决。

4. 确定处理程序

依实际情况决定是否需要启动不合格品处理程序。如不需启动，由采购部及仓库办理拒收或退货手续；如需要启动，由采购部提出申请，经质检部审签后向主管申请批准。

5. 依约行事

将双方事先约定的质量标准作为处置依据，并于订购单上详细说明，包括交货时间、检验标准、包装方式等。

6. 退货与索赔

如果产品质量与协议要求出现严重偏差，双方协商后，可执行退货程序：确定退回的物料由仓储人员清点整理后，通知采购部；采购人员通知供应商到指定地点领取退回物料；现货供应的退货，要求供应商更换合格的物料，运费由供应商承担；定制品的退货，退回供应商，要求其重做或修改至合格为止；供应商技术能力不足或无法返工的，取消订单，重新寻找供应商；依据订购合约规定的条款，办理扣款或索赔事项；双方事前没有明确订购合约时，依据给本企业造成的实际损失向供应商索赔。

对于一些给采购方和供应商造成利益损害的质量偏差，如供应商认为物料质量合格但是采购方认为质量有偏差，或者因为供应商提供物料质量有偏差，导致生产不能顺利进行的，则需要通过第三方检验机构给出质量判定。常见物料偏差的处理程序见表6—1。

表6—1　　常见物料偏差的处理程序

偏差项目		处理程序
入库凭证不齐全处理	证件不齐处理	停止物料验收工作→物料放置于待检区域→对放于待检区物料进行标示说明→要求送货方提供相关证明或补齐证件
	证单不符处理	检查、统计不符的证明材料→通知供应商并协商解决→要求提供正确的证单→以公函形式提醒供应商注意
不合格品处理	错发处理	统计错发数量→评估错发造成的损失→确定重新发货时间
	包装不合格处理	检查包装损坏程度→检查包装内物料质量情况→确定供应商赔偿金额→与供应商沟通解决问题
	物料质量不合格处理	统计质量不良数量→在物料验收单备注栏内注明情况原因→将不良物料放置于不合格品区域→在外包装上加贴不合格品标签→采购人员接手处理→办理退货和索赔手续

续表

偏差项目		处理程序
交货数量错误处理	超额处理	清点超交数量→超交部分的物料与其他物料分开放置→上报主管确定解决方案→需要时在验收单内标明超交数量→要求供应商承担额外费用→不需要时退回供应商
	短交处理	统计短交数量→评估带来的损失→通知供应商补货

四、物料品质纠纷处理

采购部门还负责物料的品质纠纷处理工作。物料的品质纠纷处理以双方事先约定的品质标准作为处理依据，主要涉及交货时间、检验标准、包装方式等内容。品质纠纷处理规定见表6—2。

表6—2　　品质纠纷处理规定一览表

类别		处理规定
退货		现货退货，要求供应商更换合格物资
		定制品退货，要求供应商重做或修改至合格为止
取消订单		定制品无法修复，可取消订单
		供应商技术能力不足，可取消订单
索赔	国内采购	供应商交货延迟导致企业损失，依实际损失向供应商索赔
		物资破损短缺，由供应商补足合格物资，若因此导致企业损失，依实际损失向供应商索赔
		因供应商原因导致物资在使用或销售过程中发现问题，造成企业损失，依实际损失向供应商索赔
		因其他原因导致企业损失的，依实际损失向供应商索赔
	国际采购	发生破损短少情形，向保险公司或航运公司索赔
		发生短卸情形，向航运公司或保险公司索赔
		发生短装情形，向供应商索赔

复习与思考

1. 不合格品的处理方法有哪些？
2. 采购质量控制的方法有哪些？
3. 简述产品检验的流程。

第七章
采购成本控制与结算管理

学习目标

- 了解采购成本的构成
- 掌握降低采购成本的一些可行方法
- 熟悉采购货款的计算工具及常用的支付方式

第一节 采购成本概述

一、采购成本的概念

采购成本是综合反映企业生产经营管理水平的主要指标，是构成企业产品成本和产品价格高低的重要因素。企业的根本目的是追求利润最大化。在确保其他条件不变的情况下，最大限度地降低采购成本，将直接增加企业的总利润，为企业赢得竞争优势。广义上的采购成本不仅包括原材料的成本，还应包含整个采购过程中所付出的成本以及因采购不当所引起的管理不良的成本。

采购成本就是企业在生产经营过程中，因采购活动而发生的相关费用，即在采购过程中购买、运输、装卸、存储等环节所支出的人力、物力、财力等货币形态的总和。

二、采购成本的构成

在采购活动中，采购成本主要由物料成本、维持成本、缺货成本和订购成本四部分组成。

1. 物料成本

物料成本是由于购买材料而发生的货币支出成本。物料成本总额取决于采购数量和单价。用公式表示即为：

物料成本＝单价×数量＋运输费＋相关手续费及税金等

2. 维持成本

维持成本即商品的持有成本，是指为了储存商品而发生的成本。可分为固定成本和变动成本。固定成本如仓库折旧、仓库员工的固定月工资等，变动成本如物料资金的应计利息、物料的破损和变质损失、物料的保险费用等。

3. 缺货成本

缺货成本是指因未持有物料或采购供应不及时造成物料短缺，导致生产进度受影响所引起的成本，包括待料停工损失、延迟发货损失和丧失销售机会损失、商誉损失、失去客户以及为了避免物料短缺而产生的安全存货等成本。

4. 订购成本

订购成本是指由企业公司向供应商发出采购合约订单的成本费用，是企业为了实现一次采购所支出的各种费用，如差旅费、通信费、办公费等支出。

三、采购成本的主要影响因素

采购成本的影响因素有很多，包括采购批次、采购批量、采购价格、物品市场信息等因素，同时还受到企业采购战略、企业产品结构和供应商产品结构、采购谈判能力等因素的影响。主要有以下几个影响因素：

1. 采购批量和采购批次

批发和零售存在差价，可见材料采购的单价与采购数量有一定的关系，即采购数量越多，采购价格越低。合理的采购量是降低生产成本的重要措施，把握合理的采购数量的关键是计划周密，尽可能减少库存。企业间的联合采购，可以合并同类材料的数量，通过统一采购使采购单价大幅度降低，以此使企业的采购费用降低。因此，采购批量和采购批次是影响采购成本的主要因素。

2. 采购价格和谈判能力

企业在采购过程中谈判能力的强弱是影响采购价格高低的主要原因。采购价格受市场影响最大，是采购成本高低的决定因素，也是降低采购成本的关键所在。不同商品在供应、需求等方面的要素不同，企业在实施采购谈判时，必须分析所处市场的现行态势，有针对性地选取有效的谈判议价方法，以实现降价的目的。

3. 物品市场信息

在全球经济化和网络化的时代下，及时、全面、准确地掌握和分析物品市场信息，是影响采购成本的关键因素，也是降低成本的重要措施。

4. 物品的运送方式

以最短路程、最低费用在最短时间内，及时、准确、安全、经济地完成物品在空间的转移，是影响采购成本的重要因素。

5. 存储方式

能否选择合适的存储地点、存储方式，对节约人力、运费、占用资金都有较大影响。

6. 采购策略

随着经济全球化的发展，市场竞争越来越激烈，具有可预见性和灵活机动的采购策略是影响采购成本的重要因素，也是降低成本的根本方向。

7. 采购人员素质

采购人员素质是影响采购成本的重要因素之一。随着采购地位的提升，采购复杂程度越来越大，为了应对采购工作的复杂性，采购人员需要通过能力培训和工作实践达到甚至超过与企业和市场要求相适应的水平。

第二节 降低采购成本的策略

一、降低采购成本的传统方法

1. 价值分析与价值工程法（Value Analysis & Value Engineering）

针对产品或服务的功能加以研究，以最低的生命周期成本，通过剔除、简化、变更、替代等方法，来达到降低成本的目的。价值分析法适用于新产品的设计阶段，价值工程法则是针对现有产品的功能/成本进行优化的方法，是做系统化的研究与分析，但现今社会价值分析与价值工程已被视为同一概念使用。

2. 谈判法（Negotiation）

谈判是买卖双方为了各自目标，达成一致的协定过程，这也是采购人员应具备的最基本能力。谈判并不只限于价格方面，也适用于某些特定需求。使用谈判的方式，通常期望价格降幅能达到3%～5%。如果希望达到更大的降幅，则需运用价格/成本分析，价值分析与价值工程法（VA/VE）等方法。

3. 目标成本法（Target Costing）

目标成本法是指企业在新产品开发设计过程中，为了实现目标利润而必须达到的成本目标值，成本目标值即产品生命周期成本下的最大成本允许值。目标成本法的核心工作就是制定目标成本，并通过各种方法不断改进产品与工序设计，最终使得产品的设计成本小于或等于其目标成本。

目标成本是由目标售价减去目标利润，因而必须首先制定目标售价。然后，可根据企业中长期的目标利润计划同时考虑投资报酬与现金流量的期望等因素来确定目标利润率，如此即可确定市场驱动下的目标成本。

产品的目标成本确定后，可与公司目标的相关产品成本比较，确定成本差距。而这一差距就是设计小组的成本降低目标，也是所面临的成本压力。设计小组可把这一差距从不同的角度进行分解，如可分解为各成本要素（原材料和辅助设计的采购成本、人工成本等）或各部分功能的成本差距；也可按上述设计小组内的各部分（包括零部件供应商）来分解，以使成本压力得以分配和传递，并为实现成本降低目标指明具体途径。采购部门则要根据每种材料的目标成本进行采购，以保证最终产品的成本能达到目标成本的要求。

4. 早期供应商参与法（Early Supplier Involvement，ESI）

这是在产品设计初期，选择让具有伙伴关系的供应商参与新产品开发小组。经由早期供应商参与的方式，新产品开发小组对供应商提出性能规格的要求，借助供应商的专业知识来达到降低成本的目的。

5. 为便利采购而设计（Design for Purchase，DFP）

为便利采购而设计是指在自制与外购的策略选择上，着手于产品的设计阶段，利用协作厂的标准工艺、现有生产线与技术，以及使用工业标准零配件，使得零配件的取得更加便利。如此一来，不仅大大减少了自制零配件所需的技术支援，同时也降低了生产所需的成本。

6. 价格与成本分析法（Cost and Price Analysis）

这是专业采购的基本方法，了解成本结构的基本要素，对采购者是非常重要的，如果采购者不了解所买物品的成本结构，就不会了解所买物品是否为公平合理的价格，同时也会失去许多降低采购成本的机会。

7. 标准化（Standardization）

实施规格的标准化，为不同的产品专案或零件使用共通的设计、规格，或降低订制专案的数目，以规模经济量达到降低制造成本的目的。但这只是标准化的其中一环，组织应扩大标准化范围至作业程序以获得更大的效益。

8. 杠杆采购法（Leveraging Purchases）

各事业单位或不同部门以集中扩大采购量来增加议价空间，避免因各自采购，造成组织内不同事业单位，向同一个供应商采购相同零件却价格不同，但彼此却并不知情，丧失节省采购成本的机会。

9. 联合采购法（Consortium Purchasing）

非营利事业单位的采购，如医院、学校等，经由统合各不同采购组织的需求量，以获得较好的数量折扣价格，这也被应用于一般商业活动之中。应运而生的新兴行业就有第三者采购，专门替非生产性物资需求量不大的企业单位服务。

10. 设计优化法（Design Optimization）

设计优化是指在产品设计开发时就注意到材料、器件的选用，选用合适的而不是最贵的物料，使得产品在性能满足市场需求的情况下达到最低的成本。通常同类部件因其性能不同，价格差别很大，有时甚至会有成倍的差距，而如果设计人员在选材时，忽视产品定位，一味追求高质量、高性能，选用最贵的部件，日后虽然可通过降价实现部分收益，但却没有在开始时就选用适合产品的物料效果好。这就需要设计开发人员一定要有成本意识，在产品的设计开发阶段就要对所用物料、部件进行权衡选择，使零部件和产品的市场定位相匹配，做到成本合理，防止出现“质量过剩”或“质量不足”的现象，使产品具有最佳性价比。

二、降低采购成本的新途径——采购代理

与目前我国多数企业的采购模式相比，采购代理是一种新型的采购模式。它与传统采购模式的最大区别在于，采购代理力求将物料采购这一职能从企业内部分化出来，实现采购的外部化。也就是说，在采购代理模式下，大多数企业将无须设立专门的采购部门并进行相应的库存控制，这些工作将由新型的采购代理企业来完成。这类采购不同于一般的采购中介商，它是站在客户的立场上，专营某一类或相关几类物料的采购代理，拥有自己的仓库和专业化的物料配送队伍，能够在接到客户采购指令后及时准确地把物料送达客户指定的地点。采购代理企业通过专业的采购方式和高效的物料配送队伍来代替原来由客户采购部门进行的工作，能够在自身发展的同时，帮助客户降低采购成本。

当然，新型的采购代理模式若想要存活并发展下去，必须满足三个条件：一是价低，即它所提供的价格要比客户自己采购的低，这是采购代理产业能够存活的关键；二是质优，即所提供的采购服务要符合客户要求；三是诚信，即保证客户所需要的采购服务准确及时，这是采购代理产业能够存活的基础。这就要求采购代理企业必须具有高度的社会责任感、高度职业化的配送队伍和高度专业化的管理手段，依靠高效率的管理、高素质的人才建立良好的社会信誉。

采购代理模式与企业内部专门设立采购部门相比，不但能够解决传统采购模式中日常开销成本高、交易成本高、监督成本高的“三高”问题，而且可以为客户提供物美价廉的采购服务，有效降低企业的采购成本。

第三节　采购结算的周期与支付方式

采购结算是整个采购业务过程中至关重要的一个环节，能否按时支付货款是供应商最关心的问题，也是采购方的信誉所在。货款结算的过程，是对采购业务的最后把关和规避风险的关键业务环节。

一、常见采购结算的周期

采购结算周期为两次结算之间的时间间隔。采购结算可以按照采购周期进行，也可以定期结算。至于具体的周期设定，则需要综合考虑本企业的资金运转率和供应商的结

算申请，以平衡双方的资金要求。

1. 采购结算付款方式

（1）预付账款

这是企业按照采购合同，预付给供应商货款的一种支付方式，其目的主要是获得稳定的供应，有时也是为了解决供应商周转资金短缺的问题。通常预付款不具有担保债务履行的作用，也不能证明合同的成立。如收受预付款一方违约，只需返还所收款项，因此存在一定的财务风险。

预付通常发生在市场供应紧张或者生产周期较长的情况下。例如，有些材料或物资虽然有现货随时供应，但其价格受市场供求关系的影响波动较大，企业为了规避价格风险，对长期需要的材料或物资，采用预先订购的方式，将未来的成本控制在目前水平上。这实际上类似于一种期权。

预付时，采购方形成预付账款，财务和审计部门对此设置专门账户管理。从采购角度，可能发生利用预付账款账户记录不真实交易的情况。其表现形式有：①私借款项，即预付的款项并不是采购业务引起的，而是经办人员利用职务之便，以预付货款名义把款项私借给其他单位或个人；②多计金额；③不符逻辑的业务，如在市场供应充足且不存在长期供应紧缺的情况下，采用预付方式签订采购合同；④虚构交易，搞预付欺诈。

（2）分期付款

分期付款是生产周期长、原材料昂贵或专门为买方加工生产的一些大型机械设备、工程项目等交易中经常使用的一种支付方式。由于最后一期货款一般是在交货时或到货后或质量保证期届满时付清，因此需按分期付款条件签订合同。这实际上是一种即期合同，货物的所有权在付清最后一批货款时转移。

（3）采购中的延期付款

延期付款是通过提供中长期信贷以推动出口，尤其是在机器设备出口中常用的一种支付方式。在许多国家，延期付款属于出口信贷中卖方信贷的范畴。在成套设备和大宗交易的情况下，由于成交金额较大，买方一时难以付清全部货款，可采用延期付款的方法。在延期付款的条件下，出口人为了本身周转的需要，在进口人提供信贷的同时，需要向银行贷出资金，而这方面发生的利息费用，通常都要转移给进口人负担。由于延期付款的货款大部分是在交货后一段相当长的时间内分期摊付，所以它是一种赊销，也就是买方利用了卖方的资金。在延期付款的场合，如合同无特殊规定，货物的所有权一般在交货时转移。

2. 不同付款方式应注意的问题

（1）采用预付作为付款方式，即货款在供应商交货前就付清。提前支付（预付）对于进口方来说是最不安全的支付方式，其面临的风险有未发送货物、货物延迟发送、发错货物、单据及供应商现金流压力等。因此，只有在采购方对供应商的经济实力、资信能力比较了解的前提下，才可以考虑使用该方式。

（2）采用分期付款的方式，货款是在交货时付清或基本付清，买方没有利用卖方的资金，是一种即期付现，因而买方不存在利息负担问题；只要付清最后一笔货款，货物所有权即进行转移。

（3）采用延期付款的方式，大部分货款是在交货后一个相当长的时间内分期摊付，是一种赊销，等于卖方提供一笔商业信贷，因此买方要向卖方支付利息，货物的所有权一般在货物支付时转移。延期付款是采购方利用供应方资金的一种形式，一般货价较高，供应商承担的风险也比较大，因此如按延期付款条件签订合约，供应商一般应结合利息、费用和价格等因素进行考虑，权衡得失，作出适当选择。

二、常见采购结算的支付方式

在采购活动中，货款的结算，除了与支付工具有关外，还与利用何种信用、采用何种支付方式，以及何时付款等问题密切相关。作为采购合同履行的基本环节，选择何种支付方式并不是采购经理可以单独决定的事，需要在企业领导和财务部门的共同参与下，经过与供应商的协商来最终确定。

1. 常用支付方式介绍

常用的支付方式主要有三种，即买方直接付款、银行托收和信用证。

（1）买方直接付款

买方直接付款是指由买方主动地把货款汇付给卖方的一种付款方式。买方在安排付款时，虽然要通过银行办理，但银行对货款的收付不承担任何责任。这是一种基于商业信用的付款方式，买方直接付款可以有不同的方式。

1）订货付现。订货付现是指卖方要求买方在订货时即预付全部货款或部分货款。主要有以下几种：单据寄交买方，然后由买方在收到单据之后按照合同的规定将货款通过银行汇付给卖方。根据付款方式，可以见单付款或部分货款。这是对卖方最为有利的支付方式，但是在国际货物买卖中使用并不普遍。

2）见单付款。见单付款是指卖方在发运货物之后，将有关装运单据寄交买方，买方在收到单据后，按合同规定将货款通过银行汇付给卖方，具体付款方式可分为信汇、电汇和票汇。

（2）银行托收

托收是由卖方对买方开立汇票，委托银行向买方收取货款的一种结算方式。银行托收的基本做法是：由卖方根据发票金额开立以买方为付款人的汇票，向出口地银行提出托收申请，委托出口地银行通过它在进口地的代理行或往来银行，代为向买方收取货款。托收仍是一种商业信用。

托收分为光票托收和跟单托收。光票托收是指卖方仅开具汇票委托银行向买方收款，而没有附任何单据。跟单托收是指卖方将汇票连同提单、保险单、发票等装运单据一起交给银行，委托银行向买方收取货款。在国际贸易中，货款的支付一般都采用跟单托收。跟单托收又可分为付款交单及承兑交单。

1）付款交单。买方付款时向其交付商业单据，有关单据经代收行向付款人提示后，付款人检查单据后决定是否接受，接受时即付款赎单。付款交单又分为即期付款交单和远期付款交单。

2）承兑交单。这是指卖方的交单以买方的承兑为条件。买方承兑汇票后，即可向代收银行取得货运单据，待汇票到期时才付款。因为只有远期汇票才需办理承兑手续，所以承兑交单只适用于远期汇票的托收。

（3）信用证

1）信用证的定义。信用证是银行根据进口人（买方）的请求，开给出口人（卖方）的一种保证承担支付货款责任的书面凭证。信用证是一种银行信用，银行承担第一位的付款责任。受益人收到了开证行开的信用证，即得到了付款的保障。信用证支付在国际贸易中使用广泛。

2）信用证的种类

①根据信用证是否可以撤销，将信用证分为可撤销的信用证和不可撤销的信用证。UCP500 规定，如果信用证没有注明是否可撤销，则视为该信用证是不可撤销的。可撤销的信用证可以由开证行随时修改或撤销，不必通知受益人，这对受益人是不利的。不可撤销的信用证，其修改或撤销必须经受益人事先同意。

②根据开证行开立的信用证是否经另一家银行保兑，可将信用证分为保兑的信用证和非保兑的信用证。保兑信用证指由开证行以外的另一家银行对不可撤销的信用证加以保兑，对保兑的信用证承担独立于开证行的付款承诺。保兑行的确定承诺包括：对即期信用证即期付款，对远期信用证到期付款，对承兑信用证承兑以其为付款人或以另外银行为付款人的汇票并支付，对议付信用证向出票人、善意持票人议付，并不得追索。

③按信用证的付款方式，可将信用证分为即期信用证、远期信用证、承兑信用证和议付信用证。依据 UCP500 的规定，一切信用证必须明确表示适用于上述哪一种。使用汇票时，应以开证行、指定行或保兑行为付款人，而不能以申请人为付款人。

以上这些支付方式在成本费用、风险等方面存在较大差异，见表 7—1。

表 7—1　　支付方式比较

手续	支付方式		费用	供应商风险大小	采购商风险大小	资金负担	银行费用	提供信用方式
简单	汇付	订货付现	小	最小	最大	不平衡	最小	商业信用
		见单付款		最大	最小			
稍多	银行托收		稍大	中	中	不平衡	中	商业信用
最多	信用证		中	小	大	较平衡	最大	银行信用

2. 支付方式的选择

在采购业务中，一笔交易的货款结算，可以只使用一种结算方式，也可以根据需要，例如不同的交易商品、不同的交易对象、不同的交易做法，将两种以上的结算方式结合使用。这样或有利于促成交易，或有利于妥善处理付汇。常见的不同结算使用形式有单一支付方式，信用证与汇付结合，信用证与托收结合，托收与银行保函相结合，以及汇付、托收、信用证三者相结合等。

（1）支付方式选择的基本依据

1）根据贸易伙伴的资信情况灵活选择。作为支付货款的一方，希望尽量采用付款时间可以推迟且风险较小的支付方式，如托收或远期信用证等。这就要求企业在签订支付方式时，应充分考察贸易伙伴的资信情况，若对其资信情况不是很了解，应尽量选择风险较小的支付方式，如信用证；若对方资信很好，交易风险很小，则应选择手续简单、费用少的支付方式，如汇付。

2）根据货物的市场行情选择支付方式。当供货方较多，采购方存在较大选择余地时，采购方在选择支付方式方面就具有较大的主动权，应努力把握市场行情，选择对自身有利的支付方式，如承兑交单、托收或远期信用证等。

3）根据贸易条件的性质选择支付方式。在国际贸易中，实质性交货方式对于买方而言风险较低，因此卖方选择支付方式时应重点考虑成本的节约及手续的简便，如汇付方式；而象征性交货条件下，买方在选择支付方式时，除了考虑成本因素外，还必须充分考虑卖方利用单据欺诈的风险。

（2）单一支付方式

不同的支付方式买卖双方的责任和风险不同，采购企业需要具体情况具体分析，选择最合适的方式。以国际采购为例，在选择具体的结算方式时，一般需要综合考虑以下几个因素：

1）国际采购可选择的筹资范围。

2）通常采用出口商或供应商国家所采取的合同条件。

3）供应商要求的付款时间。

4）供应商和采购商所在国家的政治形势。

5）进口商或采购商获得外汇的可能性和成本，即外汇管制法规。

6）供应商（出口商）或者采购商（进口商）能够提供的信贷成本。

7）出口商风险——制作错误的单据，或没有根据买卖合同供货。

8）进口商风险——不支付发票，延迟支付，买方无力支付。

9）进口商或采购商的外币可用性及成本。

10）进口商的筹资资源。

11）国家风险——政治和经济的不稳定性、汇兑风险、敌意及进出口管制。

12）运输风险——与运输方式相关的风险，比如海险和海港的仓储设施等。

13）外汇风险——外汇汇率的浮动影响价格和利润。

随着互联网在全球的普及，电子商务作为21世纪信息产业最直接的产物有了进一步发展，而网上支付是电子商务的重要组成部分，是金融服务的发展与创新。网上支付的目的在于减少银行成本、加快处理速度、方便客户、扩展业务等，它将改变支付处理的方式，使得消费者可以在任何地方、任何时间通过互联网获得银行的支付服务。在网上直接采用电子支付手段将可以省去交易中很多人员的开销，并已经被越来越多的采购商所使用。

3. 信用证与汇付相结合

这是指一笔交易的货款，部分用信用证方式支付，余额用汇付方式结算。这种结算方式的结合形式常用于允许交货数量有一定机动幅度的某些初级产品的交易。对此，经双方同意，信用证规定凭装运单据先付发票金额或在货物发运前预付金额若干成，余额待货物到达目的地（港）后或经再检验后按实际数量用汇付方式支付。这种结合形式，必须首先订明采用的是何种信用证和何种汇付方式以及按信用证支付金额的比例。

4. 信用证与托收相结合

这是指一笔交易的货款，部分用信用证方式支付，余额用托收方式结算。这种结合形式的具体做法通常是：信用证规定受益人（出口人）开立两张汇票，属于信用证项下的部分货款凭光票支付，而余额则将货运单据附于托收的汇票项下，按即期或远期付款交单方式托收。这种做法对出口人收汇较为安全，对进口人可减少垫金，易被双方接受。但信用证必须订明信用证的种类和支付金额以及托收方式的种类，也必须订明“在全部付清发票金额后方可交单”的条款。

5. 汇付与银行保函或信用证结合

汇付与银行保函或信用证结合使用的形式常用于成套设备、大型机械和大型交通运输工具（如飞机、船舶等）货款的结算。这类产品，交易金额大，生产周期长，往往要求买方以汇付方式预付部分货款或定金，其余大部分货款则由买方按信用证规定或开具保函分期付款或延期付款。

6. 汇付、托收、信用证三者相结合

在成套设备、大型机械产品和交通工具的交易中，因为成交金额量大，产品成本周期长，一般采用按工程进度和交货进度分若干期付清货款，即分期付款和延期付款的方法，所以一般采用汇付、托收和信用证相结合的方式。

复习与思考

1. 简述托收付款方式的基本含义和分类。
2. 试述信用证付款方式的操作流程。
3. 信用证和托收方式相结合的支付方式在实践中是如何操作的？

第八章 采购绩效评估

学习目标

- 掌握采购绩效评估的方法和指标体系
- 了解提升采购绩效的措施

第一节 采购绩效评估指标的设计

一、采购绩效指标的介绍

采购绩效指标设定包括以下几个方面的内容：一是要选择合适的衡量指标，二是绩效指标的目标值要充分考虑，三是确定绩效指标要符合有关原则。

采购绩效指标的选择要同企业的总体采购水平相适应。对于采购体系尚不健全的单位，刚开始可以选择用批次质量合格率、准时交货等来控制和考核供应商的供应表现，而平均降价幅度则可用于考核采购部门的采购成本业绩。随着供应商管理程序的逐步健全、采购管理制度的日益完善、采购人员专业化水平以及供应商管理水平的不断提高，采购绩效指标也就可以系统化、整体化，并且不断深化。

确定采购绩效指标目标值时要考虑以下前提：一是内外顾客的需求，尤其是要满足下游顾客如生产部门、品质管理等的需要。对上游的控制则体现在某些原则上，如供应商的平均质量、交货等综合表现应该高于本公司内部的质量与生产计划要求，只有这样供应商才不至于影响本公司内部生产与质量；二是所选择的目标以及绩效指标要同本公司的大目标保持一致；三是具体设定目标时既要实事求是、客观可行，又要具有挑战性，要以过去的表现作为参考，更重要的是与同行中的佼佼者进行比较。

绩效指标选择是否适当，可应用 SMART 检查，即符合明确、可测量性（即尽量量化）、可接受（即能让自己、顾客及相关人员认同）、显示可行以及时间性要求等。

二、采购绩效评估体系

采购作业必须达成适时、适量、适质、适价及适地等基本任务，因此，采购绩效评估一般均以“5R（质量、数量、时间、价格、效果）”为中心，并以数量化的指标作为衡量采购绩效的指标。

具体来说，商品采购绩效的衡量可根据采购工作范围的划分、采购能力与采购结果等概括成采购效率指标及采购效果指标两大类。商品采购效率指标是与采购能力相关的衡量采购人员行政机构、方针目标、程序规章等的指标，具体包括质量、数量、时间及价格四大类绩效指标；而采购效果指标是指与采购结果，如采购成本、原材料质量、交货等相关的指标。

1. 数量绩效指标

当采购人员为争取数量折扣，以达到降低价格的目的时，可能导致存货过多，甚至发生呆料、废料的情况。

（1）储存费用指标

储存费用是指存货利息及保管费用之和。企业应当经常考核现有存货利息及保管费用与正常存货水准利息及保管费用的差额。储存费用指标公式为：

储存费用＝现有存货利息及保管费用－正常存货水准利息及保管费用

（2）呆料、废料处理损失指标

呆料、废料处理损失是指处理呆料、废料的收入与其采购成本的差额。存货积压的利益及保管的费用越大，呆料、废料处理的损失越高，显示采购人员的数量绩效越差。不过此项数量绩效，有时受公司营业状况、物料管理绩效、生产技术变更或投机采购的影响，并不一定完全归咎于采购人员。呆料、废料处理损失指标的公式为：

呆料、废料处理损失＝处理时所获得收入－处理时损失存货积压利息

2. 质量绩效指标

质量绩效指标主要是指供应商的质量水平以及供应商所提供的产品或服务的质量表现，它包括供应商质量体系、来料质量水平等方面。

（1）来料质量

来料质量包括批次质量合格率、来料抽检缺陷率、来料在线报废率、来料免检率、来料返工率、退货率、对供应投诉率及处理时间等。可通过以下两项指标进行衡量：

1）进料验收指标，公式为：

进料验收指标＝合格（或拒收）数量/检验数量

2）产品验收指标，公式为：

产品验收指标＝合格（或拒收）数量/使用数量

若以来料质量控制抽样检验的方式进行考核，拒收或拒用比率越高，显示采购人员

的质量绩效越差。

（2）供应商质量体系

供应商质量体系包括通过 ISO 9000 的供应商比例、实行来料质量免检的供应商比例、来料免检的价值比例、开展专项质量改进（围绕本公司的产品或服务）的供应商数目及比例、参与本公司质量改进小组的供应商人数及供应商比例等。

3. 时间绩效指标

这项指标是用以衡量采购人员处理订单的效率，及对于供应商交货时间的控制。延迟交货，固然可能形成缺货现象，但是提早交货，也可能导致买方发生不必要的存货储存费用或提前付款的利息费用。

（1）紧急采购费用指标

紧急运输方式（如空运）的费用是指因紧急情况采用紧急运输方式的费用。紧急采购费用指标就是对紧急运输方式费用与正常运输方式费用的差额进行考核。紧急采购费用指标的公式为：

紧急采购费用＝紧急运输方式的费用－正常运输方式的费用

（2）停工断料损失指标

停工断料损失是指停工生产车间作业人员工资及有关费用的损失。除了前述指标所显示的直接费用或损失外，还有许多间接损失。例如，经常停工断料，造成顾客订单流失、员工离职，以及恢复正常作业的机器必须进行的各项调整（包括温度、压力等）；紧急采购会使购入的价格偏高，质量欠佳，连带也会产生赶工时间，必须支付额外的加班费用。这些费用与损失，通常都没有估算在此项指标内。

4. 价格绩效指标

价格绩效是企业最重视及最常见的衡量标准。透过价格指标，可以衡量采购人员议价能力以及供需双方势力的消长情形。采购价差的指标，通常有下列数种：

（1）实际价格与标准成本的差额

实际价格与标准成本的差额是指企业采购商品的实际价格与企业事先确定的商品采购标准成本的差额，它反映企业在采购商品过程中实际采购成本与采购标准成本的超出额或节约额。

（2）实际价格与过去移动平均价格的差额

实际价格与过去移动平均价格的差额是指企业采购商品的实际价格与已经发生的商品采购移动平均价格的差额，它反映企业在采购过程中实际采购成本与过去采购成本的超出额或节约额。

（3）使用时的价格与采购时的价格之间的差额

使用时的价格与采购时的价格之间的差额是指企业在使用材料时的价格与采购时的价格差额。它反映企业采购材料物资时是否考虑了市场价格的走势，如果企业预测未来市场的价格走势是上涨的，那么应该在前期多储存材料物资；如果企业预测未来市场的价格走势是下跌的，那就不应该多储存材料物资。

5. 采购效率指标

采购效率指标是指与采购能力（如采购人员、采购系统等）相关的指标。

（1）采购人员方面的指标

采购人员方面的指标包括采购部总人数及战略采购、前期采购、后期采购人员的比例，还有采购人员的年龄、语言结构、教育水平结构、人员培养目标及实施情况、采购人员流失率等。

（2）管理方面的指标

管理包括采购人员的时间利用结构（如处理文件、访问供应商等）及比例、采购人员的纪律执行情况（如考勤等）、采购人员的工资级别及费用情况、采购行政管理制度的完整性软合同管理、行为规范、权限规定、供应商管理程序的完整性（如供应商审核、供应商考评、采购系统审核、评估目标与水平等）。

第二节　采购绩效方法

采购绩效评估指标制定后就要实施相应的指标体系了，这时还要注意一些其他方面的因素，要确保对采购过程的评价最终可以令人满意地展示给企业内部或外部不同利益相关者。

在实践中，采购绩效考核与评估通常可以参照以下几个步骤进行：

一、明确采购绩效考核与评估的原则

采购绩效考核与评估的关键：一是要选择适当的衡量指标，要做到明确、量化，要能得到自己、顾客及相关人员的认同，并且切实可行；二是设立合理的绩效指标目标值，既要顾及顾客的要求，又要和本企业的目标保持一致，做到实事求是，客观可行；三是确定绩效指标要符合有关原则。

二、确定需要考核的绩效类型

企业可以根据情况赋予绩效考核指标和分类不同的重要程度。在确定考核类型时，管理层并不需对具体的绩效考核指标进行考虑，但要确保选取的绩效类型与组织、采购部门和供应链的最终目标有广泛的联系。

三、制定具体的绩效考核指标

在确定所需侧重的考核类别之后，就要开始制定具体的绩效考核指标。成功的采购和供应链考核系统普遍具有以下几个特点：

1. 确保考核指标的客观性

每个考核指标都应尽可能客观，有效反映采购人员的绩效水平。考核系统应依定量

数据而不是定性地去感觉和评价。主观评价会使评价人与负责绩效目标的个人或团队产生冲突。

2. 制定清晰的考核标准

员工应事先明白绩效标准的要求，以便引导绩效行为达到要求的方向，并且使误解最小化。企业内部各部门都要清楚每种绩效考核指标的含义，认同与绩效考核指标相关的绩效目标，知道如何达到目标。只有制定清晰明确的考核标准，才能让个人或部门更好地理解。

3. 使用准确并可获得的数据

明确定义的考核指标使用准确且可获得的数据，如果一个考核指标需要的数据难以获得，或者是可获得但不可靠，那么持续使用这种方法，收益率就会下降。生成和收集数据的成本不应该超过使用该方法所获得的利润。

4. 对创造性进行鼓励

关于绩效考核的一个误区就是认为考核应该针对每项活动进行，因为这样就会抑制员工创造力的发挥。这些指标过于紧密地控制了员工的个人行为，从而使个人发挥创造力的空间变小。成功的考核系统应该针对重要的方面进行考核，鼓励个体发挥积极性和创造力。

5. 直接与企业目标相关

为了实现公司最终目标和具体目标，采购部门执行人员会制定战略和行动计划。而管理层针对那些采购战略和计划所需的行动，就制定出绩效的考核指标。

6. 联合参与

联合参与指的是每种考核指标的人员都应该参与考核指标的制定和考核指标绩效目标的制定。制定过程的联合参与有利于获得被考核人员的支持。

7. 实时变化

当前的考核指标只适应采购部门目前的具体目标和最终目标，需要实时对考核指标进行更新，以满足最新的要求。

8. 确保考核指标的不可操纵性

考核指标的不可操纵性意味着员工不能随意影响绩效考核结果（即考核指标是防诈骗的）。在理想状况下，负责绩效考核指标的工作人员不能同时负责向汇报系统提供数据，这关系到责任和诚信问题。考核指标的结果应该是对实际活动或绩效水平的真实反映。一般来说，通过自动化或计算机的系统输入数据等可以减少对数据的操纵。

四、为每种考核指标制定绩效的目标

在明确了采购绩效考核与评估的指标后，还要有一套相应的、合理的考核与评估标准。绩效标准或目标必须基于实际情况，同时还需要具有适当的挑战性，这样才能真正发挥出采购绩效考核和评估的监督、激励、惩罚的作用，反映出企业竞争环境的真实情况。

企业在制定绩效考核指标目标时通常会采用下列方式：

1. 历史绩效

这种方法通过收集某一活动的历史数据作为制定目标的基础。企业可利用绩效完善因子对历史绩效进行修正以得到现在的目标。当采购部门无论是组织、职责或人员等均无大变动时可选择企业历史绩效作为评估目前绩效的基础。

2. 内部比较

企业可以在部门之间或业务单元之间进行内部比较。最好的内部绩效水平可以成为整家企业范围内的绩效目标基础。这种方法相比历史绩效而言有一定优势，但在企业强调内部比较的同时忽略了外部竞争，内部的最优绩效水平并不一定高于竞争对手的最优绩效水平。

3. 行业平均绩效

企业可以借鉴与本企业采购组织、职责以及人员等方面相似的同行其他企业的绩效标准。

五、实施采购绩效考核与评估

在设立采购绩效考核与评估指标的同时，也要考虑以下几个问题：

1. 采购绩效考核与评估成员

在实际工作中，可以选择采购部门主管、财务会计部门、工程或生产主管部门、供应商、外界专家或管理顾问这几类与评估目标有紧密联系且了解采购工作情况的部门和人员参与评估。

2. 采购绩效考核与评估方式

对采购人员进行的工作绩效考核与评估分为定期和不定期两类。

定期绩效考核与评估一般以目标管理的方式进行，即从各种绩效指标当中选择年度重要性比较高的项目定为考核目标，年终按目标实际完成程度加以考核。使用这种方法主要是以工作业绩为考核重点，比较客观公正。但也会出现员工刻意追求考核目标而忽略其他方面的工作，因此目标的选择应该全面。

不定期绩效考核与评估一般以特定项目方式进行，适用于新产品开发计划、成本降低专项方案等。例如，企业要求某些特定产品的采购成本要低于某一比例，并以此成果给予采购人员奖惩。这种评估方式对提高采购人员的士气有很大帮助。

第三节　提升采购绩效的措施

一、采购风险控制方法

1. 明确采购目的

采购的最优状态是以更少的采购支出获得更高的采购效率以及更高的采购质量和更大的效用。所以，采购部门在进行采购活动之前应明确压缩成本不是最终目标。物料的质量、交货时间在某些时候可能比成本更重要。只有在明确需要全面考量采购时，才能保证整个采购工作向正确的方向发展。

2. 规范采购行为

采购过程应合法、合理地规范采购行为。因此，制度保障至关重要。

（1）建立供应商资格审查制度

在正式采购之前，需要制定供应商资格审查制度，对参加投标的所有供应商进行资格审查。整个过程包括资格预审、资格复审、资格后审，以便企业在采购活动的初期控制后期可能有供应商选择不当带来的损失。

其中资格预审的主要内容是集中注意潜在供应商的基本情况、经验和过去完成类似合同的情况、财务、人员及设备能力情况等。通过初选剔除资格条件不符合合同要求的供应商，减少后期工作量及投入。

资格复审主要是为了方便使采购方确定供应商在资格预审时提交的资格材料是否仍然有效和准确。通过复审，采购方能够进一步了解供应商，发现供应商的各种不轨行为，避免后续采购过程中供应商可能带来的采购风险。

资格后审是在确定供应商以后，对供应商是否有能力完成合同的进一步调查。

（2）建立保证金制度

法律要求采购机构将供应商的招标保证金作为投标竞争和签订合同程序的一部分。特别是对于建筑和工程项目的采购而言，投标保证金的使用将持续到合同完全履行；对设备和服务的采购而言则不一定要使用保证金制度。

采购保证金主要包括防止供应商投标后撤标的投标保证金、保证物料及时供应的支付保证金、防止供应商不履行合同的履约保证金。

（3）建立采购人员监督管理制度

1）建立和完善采购信息与程序公开制度。关于采购的制度应公之于众，保证供应商能及时了解，同时采购合同的条件、投标等都要公开，做到相关信息透明，同时要做好采购活动的记录，以备后期审查。

2）制定采购的规范条例。帮助采购人员树立高度责任感及主人翁精神的同时，企业还应制定类似采购道德规范条例之类的文件以指导采购人员的正确决策。条例中应包含公正、诚实、忠诚等原则。

3）积极组建采购专业协会和推行采购人员资格认证制度。由于采购自身的复杂性和重要性，采购人员需要具备较高的职业素养才能圆满完成任务。采购人员应积极组织和参加各种专业采购协会。另外，应对采购人员进行资格认证，以保证采购人员的基本素质。

（4）建立健全内部控制制度

内部控制制度是强化企业内部管理的一种自律行为，是企业进行采购风险控制的重要内容。针对企业存在的风险，可以建立“预付款管理措施”“合同管理措施”“采购作业标准”等内部控制制度，建立健全资金使用、运输进货控制体系。另外，实际工作中要严格执行相应制度、落实到位，并定期对其采购活动进行追踪、检查、考核，规范采购风险管理，强化执行力度。

二、改进采购绩效的途径和方法

1. 营造良好的工作氛围

如果采购组织内部存在剧烈的矛盾，采购人员与供应商之间互不信任，缺乏合作诚意，使采购人员无法将全部精力投在工作上，那么就会降低采购的绩效。因此，任何采购组织，包括供应商，融洽、和谐的工作气氛是做好各项工作的基础。

2. 更新采购绩效评价的理念

（1）采购绩效的提升，需要理念先进、态度扎实和工作勤奋。

（2）建立全面采购成本的观念。从降低采购价格向降低采购成本目标转化。采购成本包括采购价格和非价格因素成本，非价格因素成本是指因供应商的质量、交货期和售货服务等存在问题而给买方增加的成本。

（3）强化跨部门协作和前期参与。降低采购成本从产品设计开始。通过采购部门前期参与新产品开发或工程建设，有利于对设计人员施加影响，推进产品标准化，同时可以使采购与工程建设同步化，缩短采购周期，降低采购成本。

3. 加强供应商管理和资源整合

通过加强供应商管理和优化，充分利用供应商技术、服务及劳务成本等优势，实现部分不增值的业务活动外包，降低供应链中的成本，达到“双赢”。

（1）强化内部管理

管理的根本是管人，企业员工是一个企业最宝贵的资产。与其他部门相比，采购部门对人的依赖性更大，采购工作的大部分工作内容是人与人的交往。

从管理角度去提升商品采购绩效主要有以下几个方面要求：

1）在企业内建立合格的采购队伍（团队），提供必要的资源。

2）选聘合格人员担任采购人员，给予必要的培训。

3）给采购部门及采购人员设立有挑战性，但又是可行的工作目标。

4）对表现突出的采购人员给予物质及精神上的奖励。

（2）加强与供应商的合作

供应商的表现对采购绩效有很大的影响，而供应商与采购商的关系又在很大程度上制约着采购绩效的提升。通过加强与供应商的合作能够有效改进采购绩效，与供应商联手实现降低商品采购成本的途径有：

1）与供应商共同制订可行的成本降低计划。

2）与供应商签订长期的采购协议。

3）供应商参与到产品设计中去。

4. 充分应用科学技术

在企业采购过程中，要充分应用现代科学技术实施电子采购，如网络传输技术等。而传统通信技术如电话、传真、信函等，虽然已被使用了几十年甚至上百年，但是在今天仍发挥着重要作用。

5. 标杆管理

通过和最好的企业比较获得测量绩效，发现最好的企业是如何实现它们的绩效水平的，并且把这些信息作为建立企业目标、行动和战略计划的基础。

复习与思考

1. 河北辛方公司是一家缝纫机配件生产企业，2009 年销售收入达到 2 400 万元。为了对公司 2009 年的采购工作进行评估，采购部设定了五个绩效评估指标：①当期采购金额与基准采购金额之比；②物料质量合格率；③采购金额占销售收入的百分比；④采购计划完成率；⑤供应商准时交货率。

2009 年，公司总采购数量为 4 000 箱，但采购部实际完成的采购数量为 3 000 箱（采购单价为 0.4 万元/箱），其中供应商准时交货的数量为 2 940 箱，交货质量合格的数量为 2 700 箱。2008 年 12 月公司采购单价为 0.32 万元/箱，该价格为公司的基准采购价。

如果你是该公司的采购主管，请根据上述资料计算公司 2009 年的各采购绩效指标值。

2. C 公司主要从事工程建筑。公司采购部门负责施工物资的采购。公司打算对采购部 2005 年上半年工作进行一次绩效考核。公司上半年完成产值 3 700 万元。采购部门获取的施工物资采购预算额度为产值的 65%。预算包括所需物资成本和物资保管费。所需物资成本即合同金额，物资保管费按合同金额的 1.5%计算。采购部门根据 2005 年上半年报表显示，采购部共收到需求计划 73 份，所需物资品类共 1 026 种。采购部根据需求计划和供应商签订了 57 份合同，包括物资品类 1 015 种。合同总金额为 2 323 万元。上半年，实际到货 107 批次，物资种类 964 种。公司共对物资抽检 362 种，其中 355 种合格，7 种不合格。不合格的物资品类已经从供应商得到及时补充，没有影响生产。请你根据上述信息对C公司的采购部绩效进行评价。

（1）该公司采购部是否完成公司施工物资的采购预算额度？

（2）根据采购物资抽检数据，采购物资合格率为多少？

（3）按采购物资品类计算，采购部门采购计划完成率为多少？（计算结果四舍五入取整）

3. 广东SW消防设备有限公司是一家专业生产消防器材的中小型制造企业。公司于1993年成立，在创业之初，公司抓住机遇，迅速发展，仅用9年时间就从一个十几人的小作坊发展成为一个拥有400名员工的制造企业，成为消防行业的后起之秀。目前，公司具备产品科研设计、开发研制、开通调试的能力，能根据客户对各种使用方式、场所的要求进行产品设计、制造、安装、维护的一条龙服务。公司现有灭火器、消防箱、气体灭火系统和电子产品四大类产品，年销售额达1.5亿元。对SW公司采购工作实践进行分析和总结后，SW公司采购管理工作主要存在以下问题：

（1）业务优先原则混乱

采购部门处理业务有时按照下采购申请单部门员工的职位高低，有时按照订单交货期的紧急程度，有时又取决于物料申请部门的跟踪力度，长期以来没有一个正规、合理的处理原则。

（2）采购效率低

SW公司的采购工作从接到物料单位采购申请单起到检验入仓为止。目前，采购部门没有得到充分授权，SW公司现行的采购审批制度规定，所有采购物料无论金额大小，都必须报总经理批准，审批手续烦琐。因而公司采购部门虽然忙忙碌碌，但工作效率不高。加之公司生产规模急速扩张，采购部门的工作已经成为公司正常经营活动的严重瓶颈。

（3）内部协调不充分

SW公司的营销部门对客户订单的交货期没有经过采购部门等相关部门的审批。目前，由于客户订单没有审批，采购部门多数时候接到的物料采购申请都是非常紧急的，采购部门为此叫苦不迭，随后可能导致的产品延迟交货将极大损害公司的经济利益和整体形象，同时也严重挫伤采购部门员工的工作士气。

（4）外部管理不足

SW公司采购部门对外管理工作主要是指对供应商的管理。目前，采购部门还没有一套完整的关于合适供应商寻找、供应商调查、供应商分析、供应商甄选、供应商考核以及供应商奖惩的供应商管理体系。现有供应商整体管理水平不高，供应商履约情况不良等问题频频发生，而且经常发生供应商已承诺准时交货，但到需要时又未能交货的情况。

（5）缺乏持续改进

伴随SW公司的快速发展，采购部门没有根据新的管理要求对相应管理制度和流程不断进行适应性的变革和调整，以便于公司发展与采购部门的新工作要求相匹配。直到目前，采购部门也没有较科学的途径对不适应采购管理制度和流程进行定期修订和完善。部分原因是部门领导管理能力不强，发现问题但不知如何解决，根本原因还是公司主要领导没有对持续改进给予足够重视。

鉴于以上原因，SW 公司决定实施采购管理方案评估，要求管理者建立一套符合公司绩效的指标体系。

1）请说明采购绩效指标的重要性。

2）采购指标的选择有哪些原则和要求？

3）该公司的采购指标体系可以采用哪些指标？

第九章 现代典型的采购方式

学习目标

- 熟悉供应链采购的特点及采购模型
- 全面理解国际采购的实施方法及结算方式
- 掌握两种订货点采购的方法及其原理
- 了解电子商务采购的概念和优势
- 掌握 MRP 采购技术的实施

第一节　战略采购

一、战略采购概述

战略采购是计划、评估、实施、控制战略性和操作性采购决策的过程，目的是指导采购部门所有活动都围绕提高公司的竞争力展开，以实现公司的长期目标。其具有代表性的定义是：战略采购是一个跨幅很大的过程，包括公司的所有职员而不仅仅是正规采购部门的职员。战略采购团队涉及质量、设计、工程、制造、市场营销、会计及其他所需部门的职员。战略采购管理的核心包括管理、发展和整合供应商，并以此来取得企业竞争优势。

战略采购又称双赢采购，是一种在新兴合作关系和竞争性关系之间寻求平衡的采购模式。这种采购模式既不太针锋相对，也不同于完全基于信任的模式。战略采购是一个系统化的过程，能够促进采购人员计划、管理和发展一个供应商群，以保证企业的战略目标得以实现，而且能够将所有具有竞争力的供应商整合到企业长期运作的流程中。实际上，战略采购必须根据对供应市场、商品种类以及长期策略的了解，来决定与供应商维持何种关系。

战略采购需遵从的原则有：考虑总成本，在事实和数据的基础上协商，使供应商数目合理化，建立并使用多功能团队，因地制宜管理采购，进行严密的全球调研，细分费用支出，量化收益等。

二、战略采购实施方法

战略采购实施方法和程序可以通过多种方式实现。这些方式主要包括：集中采购，扩大供应商基础，建立采购管理信息系统，产品、服务的统一，供应商提前参与设计。

1. 集中采购

集中采购是指企业为了减少采购渠道，获得更大的价格优惠而在其核心管理层建立专门的采购机构，以组建内部采购部门的方式来统一其分布于世界各地的采购业务的批量采购方式。这种采购方式体现了经营主体的权利、利益、意志、品质和制度，有利于稳定本企业与供应商之间的关系，是经营主体降低进货及物流成本，赢得市场，控制节奏，保护产权、技术和商业秘密，提高效益，取得最大利益的战略手段。集中采购将分散有限的采购资源整合起来，共同应对市场，利用“大市场”资源吸引更多的供应商参与采购物资的竞价，通过询价、比价、谈判，取得优惠的价格，降低采购成本，同时获得一批宝贵的供应商资源。

2. 扩大供应商基础

通过扩大供应商基础、寻找上游供应商等来降低采购成本是非常有效的战略方法，它可以帮助企业寻找最优的资源，同时也能帮助企业实现资源最大化利用，提升企业的水准。扩大供应商基础的方式有很多，例如，通过参加博览会的方式。此外，扩大信息收集的途径，也可以发现很多供应商。再者，通过向现有供应商咨询行业情况，也能打听到高绩效供应商的名单。最后，企业可以选择招商广告、登报等方式发布需求，吸引部分供应商。

3. 建立采购管理信息系统

采购管理涉及的范围非常广，是一个复杂的过程，包括从战略到流程再到组织结构，再到用于支撑流程运作的信息化平台。为了使战略采购系统化，企业需开发出一套合适的采购管理信息系统，对企业采购业务流程进行再造和细化。

4. 产品、服务的统一

战略采购要求决策时充分考虑未来储运、维护、消耗品补充、产品更新换代等环节的运作成本，要致力于提高产品和服务的统一程度，减少由于差异性而产生的后续成本。这充分体现了整体优化采购的优势。采购产品差异性所造成的无形成本往往会被企业所忽略，这需要引起企业决策者的足够重视，并体现在战略采购的规划和执行中。

5. 供应商提前参与设计

提前参与设计要求主要供应商在新产品开发的概念提出阶段或是前期设计阶段就参

与进来。这一策略认为，合格的供应商所应当做出的贡献，远不止基本的提供满足规格需求的产品。供应商提前参与设计是一项发生在买卖双方之间的同步技术方式，通过利用供应商设计能力的优势，企业能够追求利益最大化。

从战略采购的实施过程来看，大致包括以下几个步骤：

（1）建立采购类别

该阶段工作是定义公司部门物资的使用情况，在分析供应市场与自身优劣势的基础上确定采购的分类。

（2）设计采购战略

该阶段工作是评估供应市场的发展动态，分析供应商的成本结构，分析备选的采购战略，最后选择出适合不同采购类别的采购战略。

（3）建立供应商名单

该阶段工作是收集详细的供应商信息，获取潜在的供应商名单，定义评估标准，并根据评估标准对潜在的供应商名单进行筛选，最后形成具体操作阶段可供选择的合格供应商名单。

（4）选择实施方式

该阶段工作是评估并确定符合各采购类别的采购实施方法。

（5）选择供应商

该阶段工作是进行谈判并发出询价，得到设计完成的谈判策略，分析供应商的反应及谈判的结果。

（6）与供应商运营整合

该阶段工作是通过此步骤设计新的流程和程序，分析和预估与供应商整合的主要问题，设计过渡实施方案，实施与供应商采购操作具体的整合，并监督整合的结果，不断进行动态调整。

（7）不断与市场基准进行比较

该阶段工作是努力了解同行和优秀供应商的情况，确定公司采购人员的职责、时间和工作范围，跟踪分析供应市场主要成本驱动因素的发展动态，定期或不定期进行采购信息的反馈。

三、全球供应基地

随着国内市场越来越成熟，许多公司注意到国外市场也具有无限潜力。通信和科技的进步使得全球经济联系一天比一天紧密，政府政策的调整和观念的改变也进一步开拓了国际市场。其结果是全球化涵盖了越来越多的国家、越来越多的行业，全球供应基地也成为战略采购的趋势之一。供应基地的全球化，需要具备满足战略需要和管理全球性资源的能力。企业自身的情况决定了它们构建的全球供应基地的类型，主要分为两种：直接进口和当地发展。直接进口是指直接从国外购买企业需要的物料及服务；当地发展是指在当地构建一个供应点，采用当地人进行采购，增强企业全球资源搜寻能力。两种方法对应的采购策略也不同，前者应用于本土市场外的供应商可能提供更好的技术及更低成本的情况；而后者主要是对应进入新市场时，通常公司会被迫在当地建立一个新的供应基地。

由于战略需求不同，以上两种方法的适用情况也不同。第一种方法更适用于聚焦降低总供应成本的企业；需要为进口到本土进行全球性采购，采购部件具有体积小、价值高、易经济运输等特点。第二种方法更适用于关注全球扩展的公司，它们更倾向于在国外建立当地供应点，增强本公司的全球性寻源能力，这类公司的采购并非只是关注总供应成本的降低，而是具有更复杂的战略目标。

第二节　绿色采购

一、绿色采购概述

面对日益严重的环境问题，各国纷纷制定严格的法律要求企业改善环境问题，同时还有来自社会团体、客户等方面的压力也要求企业提高环境绩效。为此，很多企业将环境改善活动集成到其战略计划与日常运营中来。在此背景下，在美国国家科学基金会的资助下，美国密歇根州大学的制造研究学会进行了一项“环境负责制造”的研究，旨在综合考虑制造业供应链中的环境影响和资源优化利用，并于 1996 年首次提出了绿色供应链管理（Green Supply Chain Management，GSCM）的概念。

绿色供应链管理又被称为环境意识供应链管理，它考虑了供应链中每个环节的环境问题，注重对环境的保护。绿色供应链管理主要包括绿色采购、企业内部环境管理和绿色营销三部分内容。其中，绿色采购以源头供应的方式通过减少企业后期治理成本，减少责任风险，保护自然环境等方式提高企业绩效。因此，绿色采购可以被看作减少环境问题产生的起点和根源，采购绿色化程度的提高将直接影响企业和整个供应链环境绩效的提高。

绿色采购理论最早是从减少企业经营活动对社会和环境的负面影响的研究开始的。20 世纪 70 年代，西方一些学者提出企业的生产经营活动要考虑其社会责任，而不能仅仅追逐经济利益的最大化。Davis 提出了企业社会责任（Corporate Social Responsibility，CSR）的概念，认为企业的社会责任是企业对除了狭隘的经济、技术的法律要求之外的议题的考虑和反映。企业最基本的责任固然是求得生存的经济责任，但是这仅仅是企业社会责任最基本的部分，企业应当担负起更多的社会责任。

1998 年，Narasimham 和 Carter 从采购的角度把绿色供应链管理定义为：采购部门在废弃物减少、再循环、再使用和材料替代等活动中的努力。同年，Carter 对绿色采购进行了定义：包含在供应链管理中的考虑环境因素的采购行为，以利于再循环、再使用和资源减少。2001 年，Zsidisin 和 Siferd 对环境（绿色）采购进行了比较全面的定义，指出一个公司的环境（绿色）采购是为应对自然环境的有关问题而制定的一系列方针，采取的一系列行动和形成的相关关系、相关问题，并涉及原材料的获取，包括供应商的选择、评估和开发、供应商的运营、内向分发，包装、再循环、再使用、减少资源使用以及公司产品的最后处置。

2002 年，朱庆华和耿勇认为，绿色采购就是企业内部各个部门协商决策，在采购行动中考虑环境因素，通过减少材料使用成本、末端处理成本、保护资源和提高企业声誉等方式提高企业绩效。绿色采购思想发展演变流程如图 9—1 所示。

图 9—1　绿色采购思想发展演变流程

由于绿色采购的概念还没有一个明确的定义，综合其他学者对绿色采购的认识，可见，由于供应商在绿色采购过程中起到了非常重要的作用，直接决定了整个供应链环境绩效的高低，因此，应该从与供应商合作的角度出发为绿色采购进行定义，绿色采购是指在充分考虑环境因素的前提下，通过采购和供应双方的紧密合作，以使产品从物料获取、加工、包装、仓储、运输、使用到报废处理的整个过程对环境的影响最小为目的而采取的一系列行动。

二、绿色采购实施方法和程序

采购管理是指为了保障整个企业物资供应而对企业采购进行的管理活动，是整个物流活动的重要组成部分。而基于绿色物流的采购管理重点是企业内部各个部门协商决策，在采购行为中考虑环境因素，通过减少材料使用成本、末端处理成本、保护资源和提高企业声誉等方式提高企业绩效。基于绿色物流的采购管理主要从采购管理的具体环节来进行分析。

企业实施绿色采购的主要步骤如图 9—2 所示。

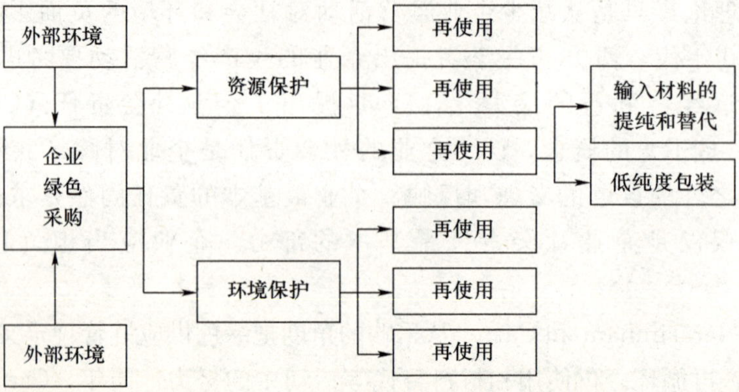

图 9—2　企业绿色采购实施的主要步骤

1. 绿色信息的搜集和管理

采购不仅是商品空间的转移，而且包括相关信息的搜集、整理、储存和利用。在绿色物流的大背景下，绿色信息搜集和管理也是企业实施采购管理战略的依据。面对大量的绿色商机，企业应从市场需求出发，搜集相关绿色信息，并结合自身情况，采取相应措施，深入研究信息的真实性和可行性。绿色信息的搜集主要包括绿色消费信息、绿色科技信息、绿色资源和产品开发信息、绿色竞争信息、绿色市场规模信息等。绿色物流要求搜集、整理、储存的都是各种绿色信息，并且要结合采购管理的需要，把筛选到的信息及时运用到采购管理中，以促进采购管理的进一步绿色化。

2. 供应商的选择

供应商的选择是采购管理的一个重点，采购部门在收到企业内部的采购申请并确定需求之后，就要进行供应商的选择工作。基于绿色物流的采购管理在供应商的选择上，除了要考虑传统的选择标准之外，更注重的是供应商提供的产品是否具备环保认证。采购部门通过加强与供应商的合作，能够减少采购难以处理或对生态系统有害的材料，提高材料的再循环和再使用，控制材料和零部件的购买成本，降低末端环境治理成本，提高企业产品质量，获得权威认证的绿色产品，最终提高企业绩效。例如，目前中国大连的一汽大柴、大连美罗大药厂都建立了供应商档案，非常重视采购中与供应商的联系，共同解决环境污染的问题。

3. 采购管理中的绿色运输

在确定了货物需求及供应商之后，就要进行相关的物流活动。企业采购管理中必不可少地涉及运输的管理，传统的采购管理关注的重点是如何使运输费用最省，对运输中的环保问题却并不重视。基于绿色物流的采购管理需要关注如何能够实现绿色运输，采取一切可行措施，大幅度减少对环境的污染。

绿色运输指的是以节约能源、减少废气排放为特征的运输。根据匀速环节对环境影响的特点，运输绿色化的关键原则就是降低卡车在道路上的行驶总里程。围绕这一原则的绿色运输途径主要包括发展多式联运和共同配送、建立信息网络、选择环保型运输工具等。

4. 采购管理中的绿色包装

包装在整个物流活动中具有特殊地位，它既是生产的终点又是物流的起点。包装将直接影响物流系统中装卸、搬运、存储、运输等各个基本功能实现的效率和质量，关系到整个物流的服务水平、经济效益和社会效益。采购管理活动也与包装密切相关，采购管理活动中涉及的运输、仓储、装卸、搬运等环节都离不开包装，绿色包装会直接影响到采购过程。

5. 采购管理中的绿色仓储

仓储保管是物流活动中的重要构成因素，在物流活动中发挥着重要作用。仓储保管活动本身对周围环境也会产生重大影响，例如，因为货物保管、操作不当引起货品损坏、变质、泄漏等而影响环境；另外，仓库布局不合理也会导致运输次数的增加或运输迂回，导致不合理的运输现象产生，从而污染环境。

绿色仓储保管是在仓储环节为减轻储存货物对周围环境的污染及对人员的辐射侵蚀，同时避免储存物品在存储过程中的损耗而采取的科学合理的仓储保管策略。

6. 采购管理中的货物接收及生产环节的绿色化

通过运输、仓储等物流活动之后，货物进入交接验收阶段，这个阶段交接人员要做好货物接收工作，除了要核对货物的规格、型号、数量外，更重要的是要严格审查货物是否具备采购时所要求的绿色环保资质。如有出入应及时退还并办好相关手续。货物经过检验之后，采购者将采购的物品投入使用、生产，在这个过程中会产生废弃物，包括废品和副品，这些物品如果可以利用，要合理进行再循环，如若是由于技术上或经济上的原因无法再利用的要进行合理的销毁。

第三节　供应链采购

一、供应链管理概述

供应链是生产及流通过程中，涉及将产品或服务提供给最终用户活动的上游企业与下游企业所形成的网链结构，是围绕核心企业，通过对信息流、物流、资金流的控制，从采购原材料开始，制成中间产品及最终产品，最后由分销网络把产品送到消费者手中的将供应商、制造商、分销商、零售商、最终用户连成一个整体功能的网链结构模式。

供应链的这个定义表明：它是一个范围更广的企业结构模式，包含所有加盟的节点企业，从原材料的供应开始，经过链中不同企业的制造加工、组装、分销等过程直到用户；在这个网络中，每个贸易伙伴既是客户的供应商，又是其供应商的客户；它不仅是一条连接供应商到用户的物料链、信息链、资金链，更是一条增值链，物料在供应链上因加工、包装、运输等过程而增加价值，给企业都带来利益。

供应链管理是借助信息技术和电子商务，将供应链上业务伙伴的业务流程相互集成，从而有效管理原材料从采购、产品制造、分销，到交付给最终消费者的全过程，在提高客户满意度的同时，降低成本、提高企业效益的一套管理方法。具体包括以下三方面：

1. 供应链管理与传统企业管理的目的不同。传统企业管理的目的在于追求单个企业的利润最大化或成本最低，而供应链管理的目的在于追求整个供应链系统的效率和经济性，使系统总成本达到最小。其中总成本包括运输和配送成本以及原材料、在制品和产成品的库存成本。因此，供应链管理的重点不在于简单地使运输成本达到最小或减少库存，而在于采用系统分析的方法来降低整个供应链的成本。

2. 与传统的企业管理相比，供应链管理与传统的企业管理有很大的不同。传统的企业管理注重的是企业内部各部门的管理以及部门之间的集成管理，而供应链管理需要分析研究在产品满足顾客需求的过程中对成本有影响的所有组织，包括供应商、制造工厂、仓库、配送中心、零售商和商店。有时还应考虑供应商的供应商及顾客的顾客，因为他们对供应链的绩效都会产生影响。换言之，供应链管理在管理范围方面对传统的企业管理进行了前后拓展，使传统企业向扩展型企业发展。

3. 供应链管理涉及公司战略层次方面的决策，如供应链网络的设计、战略合作伙伴的选择等，还包括一些战术层级与作业层次上的活动，如运输路线确定、车辆调度、采购等。因此，供应链管理包括公司的战略层次、战术层次和作业层次上的活动。

二、供应链环境下的采购管理

供应链环境下采购管理和传统采购特点的对比见表 9—1。

表 9—1　　供应链环境下采购管理和传统采购特点的对比

项目	供应链采购	传统采购
基本性质	基于需求的采购	基于库存的采购
	供应方主动型	需求方主动型
	合作型采购	对抗性采购
采购环境	友好合作环境	对抗竞争环境
信息关系	信息传输、信息共享	信息不通、信息保密
库存关系	供应商掌握库存	需求方掌握库存
	需求方可以不设仓库、零库存	需求方设立仓库、高库存
送货方式	供应商小批量、多频次连续补充货物	大批量、少频次进货
双方关系	供需双方关系友好	供需双方关系敌对
	责任共担、利益共享、协调性配合	责任自负、利益独享、互斥性竞争
货检工作	免检	严格检查

三、供应链采购的管理实施

供应链采购管理的实施一般要做好以下一些基础建设工作：

1. 信息基础建设

为了实现供应链采购，要建立企业内部网 Intranet、企业外部网 Extranet，并且和互联网 Internet 相连；还要开发管理信息系统，建立自己的电子商务网站，建设信息传输系统；还要进行标准化、信息化的基础建设，如 POS 系统、EDI 系统或其他数据传输系统、各种编码系统等。

2. 供应链系统的基础建设

要努力加强业务联系，加强供应链企业的沟通，逐渐形成供应链各个企业的业务协调和紧密关系。要逐渐建设责任共担、利益共享机制。在条件成熟以后，及时建成供应链，实行供应链管理操作。

3. 物流基础建设

包括供应链各个企业内部和企业之间的物流基础建设，如仓库布点、仓库管理、运输通道、运输工具、搬运工具、货箱设计、物流网络等，还包括一些物流技术，如条码系统、自动识别、计量技术、标准化技术等。

4. 采购基础建设

如供应商管理库存、连续补充货物、数据共享机制、自动订货机制、准时化采购机制、付款机制、效益评估和利益分配机制、安全机制等。通过所有这些基础建设，形成一定的规范，建立起一个完善的供应链系统，实现供应链采购。

在供应链管理模式下，采购活动是以订单驱动方式进行的，制造订单是在用户需求订单的驱动下产生的。然后制造订单驱动采购订单，采购订单再驱动供应商。订单驱动的采购方式有以下几个特点：

（1）由于供应商与制造商建立了战略合作伙伴关系，因此建立供应合同的手续大大简化，交易成本也大大降低。

（2）在同步化供应链计划的协调下，采购计划、供应计划能够缩短用户响应时间，实现了供应链同步化运作。采购与供应的重点在于协调各种计划的执行，使制造计划、采购计划、销售计划保持同步。

（3）信息传递的方式发生了变化。在传统采购方式中，供应商对制造过程的信息不了解，也无须关心制造商的生产活动。

（4）采购物资直接进入制造部门，减少采购部门的工作压力和不增加价值的活动过程，实现供应链精细化运作。

（5）实现了面向过程的作业管理模式转变。订单驱动的采购方式简化了采购工作的流程，采购部门的作用主要是沟通供应商与制造部门之间的联系，为实现精细采购提供基础保障。

采购管理是供应链管理中重要的一环，是实施供应链管理的基础。图 9—3 是基于供应链的采购模型。箭头上运行的均为信息流。

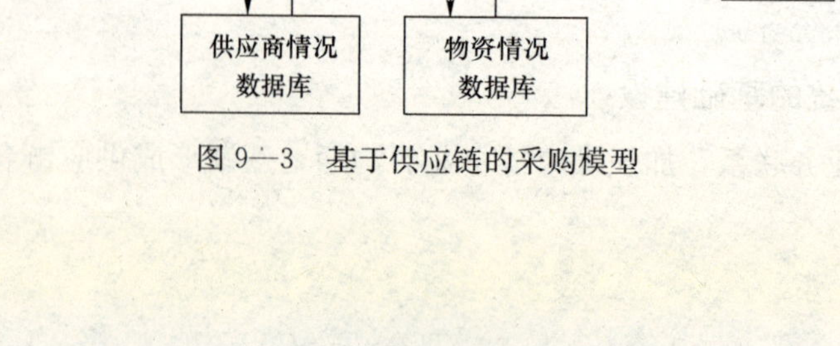

图 9—3 基于供应链的采购模型

第四节 国际采购

一、国际采购概述

在全球经济一体化的大形势下，国际贸易现已非常普遍。国际采购就是将采购活动扩大到国际范围进行。当国内的商品在质量或性能上不能满足要求，或是从国外采购可以获得更低价格或更多利益时，就可以进行国际采购。国际采购主要具有采购距离遥远、采购程序复杂、财务风险大等特点。国际采购原因有多种，具体可以考虑以下几点：

1. 价格

国外供应商提供的商品价格低于国内供应商，这是进行国际采购最根本的原因。价格低廉主要有以下几个原因：

（1）廉价劳动成本

这是很多发达国家采用国际采购的原因，哪里劳动力成本或工资最低，就把工厂开设在哪里。目前，现代化设备的使用正在逐渐减少人工劳动的数量，所以，劳动成本的差异在逐渐减小。

（2）有利的汇率波动

汇率对国际采购市场的影响很大。由于汇率影响，许多公司采购国外产品对己更加有利。如果本国货币不断升值，从国外购买相同价格的产品就会因为汇率的上升而获利。

（3）高效的生产

发达国家进行生产时，使用更加先进的设备和技术，因而效率比很多发展中国家高。

2. 质量

国际采购时对质量的考虑主要表现在以下两点：发达国家制造的产品更具稳定性和创新性；发达国家生产设备和技术先进，可以制造出更好规格的产品。

3. 物资匮乏

这种情况表现在有些国家技术不能制造出某些产品，就只能靠出口原材料。或者有些国家不生产某些产品所需原材料，所以需要大量进口该原材料来制造。

4. 快速交货和连续供应

由于设备及生产能力的限制，在一些情况下，他国大型供应商的交货速度要比本国快。他们甚至可能在世界各地持有产品库存，一旦需要，就可以立即发运。有实力的供应商为了防止缺货风险可能会备有大量库存，从而能够保持供应的连续性，即使遇到一些特殊情况也不会影响采购方生产。

5. 完善的技术服务

由于国际化分工不断发展，特定专业的专有技术在不断变化，领先的国家也不断交替。为了能从最好的地方采购到最好的服务，或者是在适当的地点采购到适当的技术，就需要在全球范围内选择供应商。

6. 战略考虑

这是国内采购方为了向国内供应商施加压力而引进国外供应商来参与竞争的一种战略。这样不但可以促进国内供应商提高其生产效率，保持国际先进水平，而且可以通过国内外供应商的竞争获得更低的采购价格。除此之外，采购方可能是为了保证供给而在国外开辟新的采购来源。

7. 国际市场采购环境的好坏

国际市场采购环境的好转也促进了国际采购的发展。主要表现在以下几个方面：质量得到改进，采用 ISO 9000 标准后，有了统一的国际质量标准，现代技术降低了通信成本，关税在不断降低或取消，运输成本在不断降低。

在进行国际采购的时候，可能会遇到许多问题。采购商必须提前意识到这些问题，及时采取措施规避或将风险降到最低。问题主要表现在以下几点：

（1）供应商的选择

要进行高效采购的关键是选择高效、负责的供应商。为了获得更多资料，采购方的最好方式就是到供应商所在地去进行资信调查。但是，在实际生活中这种操作非常困难，一是距离远，二是不熟悉环境，容易上当受骗。

1）交货时间问题。虽然通信和运输的快速发展使全球采购的交货时间大大减少，但是，还是存在一些问题可能延长交货时间。如开立信用证，一般需要几个星期的时间；在多国运输的途中，难免会有延误；货物在港口的装卸要根据港口的工作时间；各国地区通关时间不同，可能造成一定延误。

2）政治问题。供应商所在国家的政治问题很大程度上会影响产品的供应，比如，战争或者工人罢工等。采购方必须对风险进行评估，如果风险过高，必须采取一些措施监视事态的发展。

3）隐含成本过高。在将国内采购和国际采购作对比时，往往会忽视国际采购中某些成本的计算（如采购方国家货币的价格、报关佣金等），或者有时一些突发事件会使国际采购的成本增加，这些都是国际采购的隐含成本。

（2）汇率波动

采购方必须就采用买方国家的货币还是卖方国家的货币作出选择。在交款时间较长的时候，汇率就会产生比较大的变动，从而影响交货结算时的价格。

（3）付款方式

国际采购和本土采购的付款方式有巨大差异。同时，资金的国际转账有一定的困难，也会产生一定的费用。

（4）文本工作的费用

文本工作的费用是国际采购的一个主要问题，在国际原材料采购中最困难的工作之一就是简化办理国际运输手续，关于这项工作各国都在努力，但仍需进一步改善。

（5）法律问题

当进行国际采购时，要事先确定出口国、进口国以及第三方法庭在发生争执时有无法律管辖权限。国际采购引起的起诉费用一般较高，并且浪费时间，越来越多的合同纠纷倾向于由国际仲裁机构来解决。

（6）语言

在不同的语言环境下，同一个词语的意思可能大不相同。因此，在进行国际采购中，尤其是合同的签订时，一定要注意语言差异带来的问题。企业可以通过对采购管理人员进行语言培训，来解决这一问题。

二、国际采购的结算

国际采购业务一般有三种支付方式：预付、跟单汇票和信用证。

1. 预付

预付要求采购方承担风险，对采购方是非常不利的。所以，采购方除非万不得已，一般都拒绝预付。可能产生预付的情况如下：货物规格按照合同制造，如果买方不预付货款，卖方则不生产；卖方财政状况差，如果没有预付的货款，就不能进行生产。预付货款不一定一次付清，可以逐步递增分期付款。

2. 跟单汇票

很多国际采购业务采用的都是跟单汇票的支付方式。卖方一般不愿在未收到货款之前交货，买方不愿在未收到货物之前付款。此时，跟单汇票就形成了二者之间的桥梁，通过跟单汇票的方式，银行向双方提供保证。

跟单汇票可以分为两种：付款交单和承兑交单。付款交单是指以进口人支付货款为取得货运单据的前提条件，即“一手交钱，一手交单”。出口人把汇票连同货运单据交给银行托收，指示银行只有在进口人付清货款的条件下才能交出货运单据。这种方式为出口人取得货款提供了一定保证。承兑交单是指进口商以承兑出口商开具的远期汇票为取得货运单据的前提，是代收行在进口商承兑远期汇票后向其交付单据的一种方式。与付款交单相比，承兑交单为进口人提供了资金通融上的方便，但出口人的风险增加了。

3. 信用证

信用证支付方式以银行信用为基础，把由进口商履行的付款责任，转为由银行来履行，买方按时收到装运单据，保证出口商安全迅速地收到货款。因此，在一定程度上解决了进出口双方互不信任的矛盾，也为进出口双方提供了资金融通的便利。信用证发展较为迅速，已成为当今国际采购结算中广泛使用的支付方式。

根据国际商会《跟单信用证统一惯例》的解释，信用证是一项不可撤销的安排，无论其名称和描述如何，该项安排构成开证行对相符交单予以承付的确定承诺。简言之，信用证是一种银行开立的与凭单证相符的装运单据付款的书面承诺。

信用证的性质有：信用证是一项独立文件，开证行是第一性付款人，信用证业务处理的是单据。

信用证是买方申请开立的，买方必须给银行详细的指示，以便把所有必要的条件列入信用证条款。买方向银行作出的指示大致包括以下内容：

正确完整的受益人名称和地址，金额和类型，是否可用于付款、承兑及议付，付款行及其付款程序，货物的简要说明，运费是否预付，所需单据细目，装运地、交货地或接管地及目的地，货运是否允许转船，是否允许分批，装运期，交单付款期限，到期地点和日期，可否转让，如何通知邮寄、电报或电传。

三、国际采购实施方法和程序

1. 国际采购前的准备工作

（1）编制国际采购计划

编制国际采购计划规定了拟进行的国际采购业务的基本要求，它的编制标志着国际采购业务的开始。国际采购商品的种类、用途不同，国际采购计划的内容也不同，主要包括采购单位名称、采购目的、采购商品名称、品质、数量、单价、总价、采购国别、贸易方式、到货口岸以及经济效益分析等。

（2）市场调研

市场调研包括对采购商品的调研和对出口商资信的调研。对采购商品的调研要根据商品特点有重点地进行。如对一般商品来说，主要调查商品的适用性、可靠性，以及价格、质量、成分、货源等内容，并予以全面分析和综合考虑。而大型机器设备及高新技术商品，则要注意调查其技术的先进性。对出口商的资信调研包括：出口商对本土政府的态度，目前的经营状况，以往交往中的信用、生产能力、技术水平等。一般来说，应选择资金雄厚、技术先进的大公司作为贸易伙伴，避免通过中间商。

（3）拟定国际采购方案

国际采购方案是采购公司在国外市场调研和价格成本核算的基础上，为采购业务指定的经营意图和各项具体措施安排。其内容包括采购数量和时间安排、采购交易对象的选择和安排、采购成交价格的掌握，以及采购方式和采购条件的掌握。

2. 国际采购的磋商

国际采购磋商是国际采购业务的重要阶段，在此过程中，国际采购商与数家交易对象分别进行洽谈磋商，通过比价、选择和讨价还价议定价格。磋商的形式大体分为书面磋商形式（如函件、电报等）、口头洽商形式（如交易会、博览会等）以及行为表示形式（如拍卖等）三种形式。不管采用哪种形式，磋商一般都要经过四个环节：询盘、发盘、还盘和接受。

（1）询盘

询盘是指交易的一方向另一方询问或出售几种货物各项交易条件的表示。询盘一般只是询问价格，故也称为询价。询盘没有法律约束力，它是询盘方愿意进行交易的一种表示。

（2）发盘

发盘是指交易的一方向另一方询问或出售某几种货物的各项交易条件，并愿意按这些条件达成交易、签订合同的一种肯定的表示。发盘具有法律效用，发盘的构成有四个必要条件：向一个或一个以上特定的人提出，表明发盘人订约的意图，内容确定，送达收盘人。

发盘一般都规定有效期，只有在有效期内收盘人接受才有效。发盘送达收盘人之前，可以撤回或撤销。

（3）还盘

还盘是指收盘人收到发盘后，对发盘内容不同意或不完全同意，而提出修改建议或新的限制条件的表示。一笔交易，有时要经过多次发盘、还盘再还盘才能确定。值得注意的是，还盘是对原发盘的拒绝表示，一旦还盘，原发盘便告失败；此时，还盘就成为一项新发盘。因此，交易的一方在收到对方的还盘或再还盘后，要将还盘或再还盘同原发盘的内容进行认真核对，找出其异同，仔细商讨，不宜急于求成。

（4）接受

接受是指收盘人无条件地同意发盘人在发盘中提出的交易条件，并同意按照这些条件订立合同的一种肯定的表示。一项有效的接受应具有以下四项条件：接受必须由特定的收盘人做出；接受必须用一定的方式表示出来，可以是口头或书面的声明，也可以是某种行为；接受通知必须在发盘的有效期内送达发盘人；接受必须与发盘相符，对于某些非实质性变更仍构成有效接受。

3. 国际采购合同的履行

国际采购商履行合同的主要内容有开证、租船订舱与催装、办理货运保险、审单与付汇、报关与接货、验收与拨交等，如出现损失还需及时办理索赔。

（1）开证

买方履行国际采购合同的第一项程序是要按照合同的规定时间开立信用证。具体手续是：买方按合同规定的内容，填写开具信用证申请书，连同国际采购合同副本或复印件交送中国银行；中国银行根据国际采购合同的规定，审查开证申请书，无误后便开立信用证寄发国外。对此需要注意以下几点：

1）开证内容必须与国际采购合同一致。

2）开证时间要严格按照合同规定的时间办理。迟开，不仅要承担违约责任，还推迟到货时间；早开，供应商虽然欢迎，但采购方会增加费用支持。

3）如果开证以对方提供出口许可证（影印本）或履约担保书作为条件，则必须在收到对方已确定领导许可证或担保书的正式通知后方可开证；在某些特殊情况下，必须先开证的，也可以先行开证，但要在证内附列该证必须在受益人交验许可证或交付保证金后才能生效的限制性条件。

4）信用证开出后，如果无须修改，则无论买卖双方中的哪一方提出，均应经双方协商后方可办理。

（2）租船订舱与催装

在开出信用证后，买方应及时委托外运公司办理租船订舱手续。手续办妥后，要迅速将船名、船期通知买方，以便卖方准备装船，做好船货衔接的工作。同时，买方还应了解和掌握卖方备货和装船前的准备工作，做好催装工作。必要时，还可以委托我驻外机构（企业）或派员就近了解、检查、催促卖方按时履行交货义务。

货物装船后，卖方应按合同规定及时发出装船通知，否则要承担违约责任。

（3）办理货运保险

如果是按FOB条件成交的国际采购合同，办理货运保险的是买方。具体手续由买方委托外运公司办理。因此，每批国际采购货物，买方或外运公司在收到国外装船通知后，应将船名、提单号、开船日期、货物名称、数量、装运港、目的港等内容通知保险公司，办理货运保险手续。

（4）审单与汇付

货物装运后，卖方便将汇票和货运单据交送出口地银行议付，议付行随即将汇票和货运单据转寄到中国银行；中国银行在买方的配合下，对单据进行审核，如果符合信用证规定，便向国外卖方汇款；如有不符，应立即要求国外议付行审核该证，或暂停对外付款。按惯例，银行付款后若发现有误，不能对国外银行行使追索权，所以，审单工作一定要认真细致。同时，买方应立即按国家外汇牌价向中国银行购买外汇，赎取单据，以便报关、接货。

（5）报关与接货

国际采购货物抵达目的港后，买方应及时办理报关、接货手续。海关凭进口许可证或报关单查验货、证，无误后放行，买方接货。国际采购货物的报关、接货等工作一般由采购方企业委托外运公司代办。

（6）验收与拨交

国际采购货物在卸船时，港口所在地要核对卸货，如发现缺少，应填制“短卸报告”交船方签订，作为索赔的依据；如发现残损，应将货物储存于海关指定的仓库，由保险公司会同商检机构检验，作出处理。国际采购货物经过检验后，由买方委托外运公司提取货物并转交给订货单位。

（7）索赔

国际采购货物都要进行检验，如果发现品质、数量、包装等方面有不符合合同规定的，应当进行鉴定，以便提出索赔。

第五节　政府采购

一、政府采购概述

政府采购目前在国际上没有一个统一的定义，针对世界各国不同的情况，可以根据资金来源和采购主体对政府采购进行定义。

政府采购有狭义和广义之分。狭义的政府采购指的是一国及政府机构或其他受政府控制的企事业单位，为实现其政府职能和公共利益，使用公共资金获得物料、劳务或是工程的行为。广义的政府采购不仅指具体的采购过程，而且包括采购政策、采购程序、采购过程及采购管理，是一种对公共采购管理的制度。

《中华人民共和国政府采购法》第二条第二款中规定，政府采购就是指国家各级政府为从事日常的政务活动或为了满足公共服务的目的，利用国家财政性资金和政府借款，购买货物、工程和服务的行为。

与一般采购相比，政府采购具有以下几个特点：

1. 政府采购的资金主要是公共资金，开支要按照法律的规定，因此，政府采购要严格实施预算限制和公共审计程序。

2. 政府采购的目的主要是实现政府的职能。

3. 政府采购对象范围广，规模大。政府是各国国内市场最大的用户。

4. 采购过程要充分体现公平、公正、公开的原则。

5. 采购制度一般是围绕政府意图制定的，具有较强的政策性。

二、政府采购实施方法和程序

1. 政府采购的方法

政府采购方法大致可分为招标和非招标两大类。招标可分为公开招标、两阶段招标和选择性招标，非招标可分为询价采购、单一来源采购、谈判采购等。

（1）公开招标

即由招标人发出招标公告，邀请潜在投标商进行投标，最后由招标人通过对各投标人提出的价格、质量、交货期限和该投标人的技术水平、财务状况等因素进行综合比较，确定其中最佳的投标人，并与之签订合同的过程。

（2）两阶段招标

即采购活动明显分为两个阶段。第一阶段，采购机构就拟采购货物或工程的技术、质量或其他特点以及就合同条款和供货条件等广泛征求建议，并同投标商进行谈判以确定拟采购货物或工程的技术规范；第二阶段，采购机构依据第一阶段所确定的技术规范进行正常的公开招标程序，邀请合格的投标商就包括合同价款在内的所有条件进行投标。

（3）选择性招标

即采购机构直接邀请有限数目的投标商投标的国际竞争性招标，只有收到了采购机构投标邀请的供应商、承包商或服务提供者才可以参加投标。

（4）询价采购

即对三家以上供应商的报价进行比较，以确保价格具有竞争性的一种采购方式。

（5）单一来源采购

即采购实体在适当的条件下向单一供应商、承包商或服务提供者征求建议或报价来采购货物、工程或服务。

（6）谈判采购

即采购方和卖方通过对合同的细节进行面对面商谈从而达成共识的一种采购方式。

中国政府采购主要采用公开招标、邀请招标、竞争性谈判、询价、单一来源采购等采购方式。关于中国的采购制度，目前已经初步建立了政府采购管理结构及执行机构，《政府采购信息公告管理办法》规定财政部为中国政府采购的主管部门，地方各级人民政府也相继在财政部门设立或明确了政府采购管理机构，监督管理政府采购活动。2003年1月1日，《中华人民共和国政府采购法》正式颁布实施，这部法规对有关招标投标管理、合同监督、品目分类、信息公告管理、运行规程、政府采购资金财政直接拨付、中央单位政府采购管理等进行了全面、系统的规定。该法规的出台标志着政府采购制度进入全面实施时期，使中国政府采购领域的法规得到了统一，立法层次更完整。

2. 政府采购的流程和模式

（1）流程

政府采购大致由确定采购需求、采购立项、预测采购风险、选择采购方式、供应商资格审查、进行采购操作、签订采购合同、采购合同的履行、验收、资金结算和效益评估这几个方面组成。采购主体在进行采购活动时必须严格按照法定程序进行。采购操作的整个过程包括从需求的确认和采购计划的制订，到最后采购合同的履行完毕，具体可分为以下几个步骤：

1）编制、审核、审批、批复、下达年度政府采购预算。

2）报送、审批、下达政府采购计划。

3）组织、执行政府采购。

4）运用招标或非招标采购的方法进行政府采购。

5）签订政府采购合同。

6）履约验收。

7）下达政府采购确认函。

8）办理资金支付手续。

（2）模式

按照政府采购管理的集中程度和分散程度，国际上可将政府采购制度分为以下三种模式：

1）集中采购模式，即由一个专门的部门负责本级政府几乎所有的采购活动（如香港等）。

2）分散模式，主要由支出部门自主进行采购（如新加坡等）。

3）集中与分散相结合的模式，即由专门机构负责部分商品、工程和服务的采购，其他商品（主要是低值品和特殊商品）由支出部门或单位自主采购。这种采购模式既有利于形成采购规模、节约资金，更快形成政府采购市场，又具有一定的灵活性，能够有效解决集中与分散的矛盾，因此，目前世界上大多数国家都采用这种模式。

三、公共采购

公共采购源于英文 Public Procurement。目前国内还没有对公共采购的统一定义。专家或学者一般只对公共采购进行定义，或者将政府采购与公共采购等同起来定义。出现这种现象的原因有三个。一是公共采购属于新理念，由于国内政府采购和招标采购发展时间不长，在对其性质认识还不充分、研究还不深透的情况下，不可能对公共采购有更深刻的理解；二是公共采购本身其功能、性质、学科等归属方面具有多重性，这种多重性必然会反映在公共采购的定义表述上；三是不同国家由于国情不同，对公共采购的理解和使用也就不同，自然会站在不同角度来观察和研究“公共采购”，产生不同的定义。

本书对公共采购的研究建立在国际经验和借鉴的基础上，结合中国国情，特别是在当前政府采购与招标采购的实践基础上，顺应中国时代发展潮流而进行的思考。基于以上这些条件，公共采购就是指采购预算、计划、采购寻源或需求功能、商务要求确定、采购过程控制、采购结果确定、合同签订、履约验收支付，甚至资产管理、绩效评估等全过程。公共采购应当是一个从预算到计划到绩效评估的闭环系统，是绿色、可持续的发展过程。

公共采购与政府采购之间既有联系，又有区别。两者起源密切相关，本质都是采购，内容有交融和渗透，但又有明显的不同。两者的区别主要表现在以下几个方面：

1. 定义不同

目前，业界通常对政府采购与公共采购等同看待，定义相同。实际上，公共采购的定义与政府采购并不相同。公共采购，是指公共主体为实现公共利益使用公共资金通过一定的方式和程序获得工程、货物和服务的行为。这样定义可以全面概括公共采购的主体、目的、对象、方式方法。

2. 范围和规模不同

一般意义上政府采购不包括国有企业采购，国防军事采购也作例外处理。而公共采购既包括建设工程、货物、物料及日用品、服务甚至智力成果采购，也统筹军队、政府、立法机构、司法机构、社团及事业部门、国有企业、村（居）委员会、各类公共基金（如慈善基金会），甚至非政府组织等各类公共组织采购。一般政府采购占 GDP 的 10%～15%，但公共采购的范围更广和规模更大，占一国 GDP 的 30%以上。而中国属于政府主导建设型国家，公共采购总量占比更大。

3. 性质和意义不同

政府采购是政府主导型的采购，政府性占主要地位。公共采购是公共服务型的采购，公共性是其主要性质。公共采购在时代的先进性、理念的新颖性和外延的适用性等方面远超过政府采购的概念。

4. 能力不同

公共采购可以解决政府采购所不能解决的理论和实践问题。例如，公共采购可以解决现实中招投标制度与政府采购制度并列及冲突的问题。理论上政府采购可以选择招投标行为，但实践中工程一般由招投标制度统筹。两者现实的冲突根本无法理顺，政府采购与招投标的互动与融合催动新理念，公共采购这时恰好担当这样的理论与实践需要。

公共采购在概念、内涵、理念、功能作用等方面都与政府采购不同。公共采购与招投标、公共资源等概念也不相同。目前公共采购在国内还比较新颖，这需要专家学者的深入研究，建立独立的公共采购理论体系，再将理论真正运用到实践中去。

第六节　招标采购

一、招标采购概述

招标采购是指招标人发出招标公告或投标邀请函，说明采购商品的名称、规格、数量及其他条件，邀请投标人前来投标，然后由招标人按既定标准选择条件最优的投标人并与其签订采购合同的整个过程。

招标采购的应用范围越来越广，受到了人们越来越多的关注。它具有公开性、公平性和竞争性等特点。

公开性是指招标采购过程全部公开，公开招标邀请，公开招标资格审查标准和最佳投标商评选标准，公开开标，公开中标结果，公开接受监督，防止徇私腐败、“暗箱操作”等违法行为。

公平性是指所有投标人的地位一律平等，不允许对任何投标人进行歧视。评选中标人根据事先公布的标准进行。由于招标采购的公平性，每个投标人必然会提供最优的竞争方案，从而可以保证最后招标人得到的投标方案是所有投标人竞争方案中的最佳方案。

竞争性是指招标是一种有约束的、规范的竞争，并且有自己的一套严格的程序和实施方法。通过招标活动，企业采购时可以最大限度地吸引更多的投标人参与竞争，从而使招标企业有可能以更低的价格采购到所需物料，更充分地获得市场利益。

招标采购具有自己的优点和缺点。优点主要有：公开公正公平，可以杜绝徇私舞弊；通过供方的竞争，提高采购质量、降低采购成本；可以使购买者以合理的价格购买到适用物料；可以了解供应来源。缺点主要有：手续多，耗时长，不够灵活；可能造成围标、抢标等不好的行为；投标商会将其昂贵的手续费和押标金等费用转嫁到购价之内；特殊规定的物料无法使用。

二、招标采购实施方法和程序

招标采购的方式主要有以下三种：

1. 公开招标

公开招标又称为竞争性招标，即由招标人在报刊、电子网络或其他媒体上刊登招标公告，吸引众多企业单位参加投标竞争，招标人从中择优选择中标单位的招标方法。按照竞争的范围，可分为国际竞争性招标和国内竞争性招标。国际竞争性招标是在国际范围内进行招标，国内外合格投标商均可投标，要求制定完整的英语标书。国内竞争性招标，是在国内进行公开招标，用本国语言编写标书即可。

2. 邀请招标

邀请招标也称为有限竞争性招标或选择性招标，即由招标单位选择一定数量的企业，向其发出投标邀请书，邀请他们参加竞争。一般选择 3～10 家企业参加较为适宜，具体情况视招标项目大小而定。邀请招标限制了参加者的数量，从而节约了招标的费用，提高了每个投标者的中标率。但是，邀请招标限制了充分竞争，招标投标法规定招标人应尽量采用公开招标。

3. 议标

议标也称为谈判招标或限制性招标，即通过谈判来确定中标者。具体包括以下几种方式：

（1）直接邀请议标方式

选择中标单位不是通过公开或邀请招标，而是由招标人或其代理人直接邀请某一家企业进行单独协商，达成协议后签订招标合同。如果一家谈判不成，可换另一家再次谈判。

（2）比价议标方式

比价议标通常的做法是由招标人将采购的有关要求送交选定的几家企业，要求它们在约定的时间内提出报价，然后对其进行分析比较，最后选择报价合理的企业就相关细节进行协商，从而达成协议，订立合同。

（3）方案竞赛议标方式

方案竞赛议标方式是选择工程规划设计任务的常用方式。通常组织公开招标，也可经预先选择的规划机构参与竞赛。一般做法是由招标人提出规划设计的基本要求和投资控制数额，并提供可行性研究报告或任务设计书、场地平面图、有关场地条件和环境情况的说明，以及规划设计管理部门的有关规定等基础资料；参加竞争的单位据此提出自己的规划或设计的初步方案，阐述方案的优点，并提出该项规划或设计任务的主要人员配置、完成任务的时间安排和进度安排、总投资估算和设计等，一并送给招标人；然后由投标人邀请有关专家组成的评选委员会选出优胜单位，招标人与优胜者签订合同，而对未中选的参审单位给予一定补偿。

竞争性招标采购有一套完整、统一的程序。一个完整的竞争性招标过程由策划、招标、投标、开标、评标、定标、签订合同等阶段组成。

1. 策划

招标活动是一次涉及范围很大的大型活动。因此开展一次招标活动，需要进行周密的策划。这个阶段的主要工作就是通过讨论研究形成招标方案文件，并且将文件交由企业领导进行讨论决定。

2. 招标

在招标方案得到公司同意和支持之后，就要进入实际操作阶段。招标程序主要包括以下几点：

（1）发布资格预审通告

对于大型或复杂的土建工程或成套设备，在正式组织招标以前，需要对供应商的资格和能力进行预先审查，即资格预审。通过资格预审，可以缩小供应商的范围，避免不合格的供应商做无效劳动，减少其不必要的支出，也减轻了采购单位的工作量，节约了时间，提高了办事效率。

资格预审主要包括两大部分，即基本资格预审和专业资格预审。基本资格是指供应商的合法地位和信誉，包括是否注册、是否破产、是否存在违法违纪行为等。专业资格是指已具备基本资格的供应商履行拟定采购项目的能力，具体包括经验和以往承担类似合同的业绩和信誉，为履行合同所配备的人员状况，为履行合同而配备的机械、设备以及施工方案等情况，财务情况，售后维修服务网点分布、人员结构等。

进行资格预审，首先要编制资格预审文件，邀请潜在供应商参加资格预审，发售资格预审文件，最后进行资格评定。

（2）准备招标文件

招标文件是指招标人向投标人提供的为进行投标工作所必需的文件，旨在向投标人提供编写投标文件所必需的资料，并向其通报招标、投标将依据的规则和程序等内容的书面文件。因此，准备招标文件是非常关键的环节，它影响采购的质量和进度。招标人有能力的，可以自行编制招标文件，也可以委托专门的招标代理机构根据招标项目的要求编制招标文件。招标文件要求内容详细、标准精确，能够很好地指导投标人做好投标文件。

（3）发布招标通告

招标通告的内容因项目而异，一般应包括以下几方面的内容：采购实体的名称和地址；资金来源；采购内容简介，包括采购货物名称、数量及交货地点，需进行的工程的性质和地点，或所需采购的服务的性质和提供地点等；希望或要求供应货物的时间或工程竣工的时间或提供服务的时间表；获取招标文件办法和地点；采购实体对招标文件收取的费用及支付方式；提交投标书的地点和截止日期；投标保证金的金额要求和支付方式；开标日期、时间和地点等。

3. 投标

招标阶段的工作完成以后，采购就进入投标阶段。标书发售后至投标前，要根据实际情况合理确定投标准备时间。如果投标准备时间太短，投标商就无法完成或不能更好地完成各项准备工作，投标文件的质量就不会十分理想，直接影响后面的评标工作。

在正式投标前，采购单位还需要做一些必要的服务工作。一是对大型工程或复杂设备组织召开标前会和现场考察，二是按投标商的要求澄清招标文件，澄清答复文件要发给所有购买招标文件的供应商。

投标人在收到招标书之后，如果愿意投标，就进入投标程序。投标人应该按照招标文件的规定编制投标文件。投标文件应当对招标文件提出的实质性要求和条件作出响应，应在规定的截止日期前密封送达投标地点。招标人或招标代理机构只接受在规定的投标截止日期前由供应商提交的投标文件，截止期后送达的投标文件拒收，并取消这类供应商的资格。在收到投标文件后，要签收或通知供应商投标文件已经收到。在开标之前，所有的投标文件都必须密封，妥善保管。

投标人可以补充或者修改已提交的投标文件，但是应当在提交投标文件截止日期之前，书面通知招标人或者招标代理机构。补充、修改的内容为投标文件的组成部分。

4. 开标

开标是采购机构在预先规定的时间和地点将投标人的投标文件正式启封揭晓的行为。开标应当在招标文件确定的提交投标文件截止日期的同一时间，公开进行，并邀请所有投标人参加。开标地点应当为招标文件中确定的地点。开标前要先检查投标文件的密封情况，经确认无误后，由工作人员当众拆封。

开标要做开标记录，其内容包括项目名称、招标号、刊登招标通告的日期、发售招标文件的日期、购买招标文件单位的名称、投标商的名称及报价、截标后收到的标书处理情况等。

5. 评标

评标的目的是根据招标文件中确定的标准和方法，对每个投标商的标书进行评价和比较，以评出最低投标价的投标商。评标必须以招标文件为依据，不得采用招标文件规定以外的标准和方法来进行，凡是评标中需要考虑的因素都必须写入招标文件之中。

评标由招标人依法组建的评标委员会负责。评标委员会应当按照招标文件确定的评标标准和方法，对投标文件进行评审和比较；设有标底的，应当参考标底。评标委员会完成评标后，应向招标人提出书面评标报告，并推荐合适的中标候选人。

6. 定标

招标人根据评标委员会提出的书面评标报告和推荐的中标候选人确定中标人。招标人也可以授权评标委员会直接确定中标人。在确定中标者后，要通知中标方。同时，对于未中标者也要明确通知，并表示感谢。

7. 签订合同

签订合同指招标人将合同授予中标人并由双方签署的行为。合同授予最低评标价投标商，并要求在投标的有效期内进行。

具体签订合同的方法有两种：一是在发中标通知书的同时，将合同文本寄给中标单位，让其在规定时间内签字退回；二是中标单位收到中标通知书后，在规定时间内，派人来签订合同。

合同经签字并在中标供应商按要求提供履约保证金之后，就正式生效，采购工作进入合同实施阶段。

三、招标采购常见的问题

1. 招标代理选择

在选择招标代理时，一定要注意其是否具有相应资质。例如，《中华人民共和国招标投标法》第十三条第二款规定，招标代理机构应具备从事招标代理业务的营业场所和相应资金；能够编制招标文件和具备组织评标的相应专业力量。

2. 投标标底制定

标底是招标人或中介编制的一种预期价格，是招标人对标价的期望值，但并不是决定投标能否中标的标准价，而是对投标进行评审和比较时的一个参考价。标底编制的合理性、准确性将直接影响采购结果。规范的标底编制程序是保证标底质量的重要条件。一般来说，编制标底需要确定编制标底的人员（2～3 人），他们必须熟悉采购业务流程、客观公正、有较强的责任心；必须进行相关的市场调查；在调查的基础上进行标底编制工作，将结果密封并送受托的招标机构保存。确定标底时，若交易正常，则以市场价格作为编制标底的基本依据；若依法管制价格时，则以管制价格作为标底；若无法确定市场价格时，应参考交易实例价格；若因为新产品开发需要特定规格品以及特殊的劳务服务，且无市场价格和适当的交易实例价格时，可以用成本加利润的方法来确定。

3. 围标

围标又称串通投标，是指一些投标人在投标前暗中达成协议，以高价投标，并保证不竞争，迫使招标人不得不以较高的价格达成交易。围标的一种做法是：众投标人商议一个投标高价，并推举其中某甲投标公司以该价格投标，以期中标。其他投标人则按约定纷纷投报更高的价格，即所谓的“陪标”。开标后，由于甲公司价格相对较低而获得合同。围标是投标中的大忌，它使得招标的最大特点——投标人之间的激烈竞争不能发挥。招标人不但不能以低价采购，相反，其采购成本还要高于其他方式。

工作中应当注意避免类似现象的发生，具体措施是：在招投标过程中将招标、投标、评标的过程控制在一定范围内，任何人不得泄密或搞串通，投标书和招标书均应密封；议标时要公平，本着“一视同仁”的原则，对合同价格进行进一步认定，所有议标过程和结论性的内容必须有文字记录，并由投标方签字盖章认可；选择厂家应多找几个，做到货比三家，并细致审查各个供应商的情况；对出现内外勾结、泄密或搞串通的人员应按企业有关规定严肃处理，对相关厂家开除其合格供方资格，营造公平竞争的环境。

4. 抢标

抢标就是供应商或承包商以不正常的低价投标，谋取采购合同的行为。虽然原则上采用标价较低或中标价不高于较低价的单位，但对于总价最低的报价也应具体分析，以便有效地预防低价抢标。因为存在竞争，所以有些厂家会在议标过程中竞相压价，一味想拿到订单。虽然这种局面对招标人有利，但也不是说价格越低越好。毕竟没有厂家愿意赔本，在这种非理性压价的背后，有相当一部分是以质量等级或服务质量降低为代价的。因此，招标人应在招标书中明确技术标准和质量等级，在议标过程中应再三强调这个问题，以免给厂家可乘之机。对于厂家提供的样品，应做好标记，妥善保管，有条件的还可以建立样品库，进行封存，以便在批量供货出现质量差异时检查对照。

5. 挂靠

挂靠是指一些自然人、合伙组织利用企业法人的资格和资质，规避国家法律政策对企业法人以外的个人和团队在税收、业务范围等方面的限制，并利用所挂靠的企业法人资格或是资质获得自身难以取得的交易信用和经济利益的经营活动。法律规定挂靠是非法的，但是它依然以各种各样的方式存在着。要解决这个问题，主要是严格投标人资格身份审查，要求投标人提供营业执照、资质证书、安全许可证、投标保证金、银行出票单位、人民银行基本户许可证、投标文件印章、项目经理及项目部和购买招标文件以及养老保险手册缴纳单位等相关文件的一致性；严格投标保证金结算管理，明确保证金结算和工程款转账一律通过中标人银行基本户结算；执行中标公示期实地考察制度；建立不出借资质承诺金制度，投标保证金在中标后转为不出借资质承诺金。以上方法可以比较有效杜绝挂靠现象，以保证招标人的利益不受损失。

第七节　订货点采购

一、订货点采购概述

订货点就是仓库必须发出订货的警戒点。到了订货点必须订货，否则就会出现缺货现象。因此，订货点也就是订货的启动控制点，是仓库发出订货的时机。订货点采购是指由采购人员根据各个品种的需求量和订货提前期的长短，确定每个品种的订货点、订货批量及最高库存水准等，然后建立起一种库存检查机制，当发现货物已到达订货点时，就要检查库存，发出订货，订货批量的大小由规定的标准确定。当需求量或完成周期存在不确定性的时候，须使用合适的安全库存来缓冲或补偿不确定因素。

订货点采购的基本内容包括三方面：如何订货，即确定订货的方法；什么时候订货，即确定订货点；每次订货多少，即确定订货数量。

订货点采购的前提是物料消耗率与采购提前期不变。其中，物料消耗率指的是生产过程中物料的消耗；采购提前期是指每个物料从下订单到收到仓库所需要的周期。订货点采购的原理就是要针对各种具体的经营模式，考虑各种具体情况和约束条件，求出使得经营总费用最省的订货参数方案。

订货点采购技术的优点包括以下几个：

1. 它是应用于独立需求物资进行物资资源配置的有效方法，主要适用于未来需求不确定的情况。

2. 在应用于未来需求不确定的独立需求物资的情况时，可以经济有效地配置资源。

3. 操作简单，运行成本低。

4. 特别适合于客户未来需求量连续且均匀稳定的情况。

二、订货点采购实施方法和程序

订货点采购的方法分为定量订货控制法和定期订货控制法。

1. 定量订货控制法

定量订货控制法是指当库存量下降到预定的最低库存数量时，按规定数量进行订货补充的一种库存管理方式。

定量订货控制法的程序是：预先确定一个订货点和一个订货批量，然后随时检查库存，当库存下降到订货点时，就发出订货信息，订货批量的大小每次都等于规定的订货批量。定量订货法的关键是正确确定订货批量和订购点。订货批量一般采用经济订购批量（EOQ）。订购点的正确确定则取决于对备用时间的准确计算和对保险库存量（安全库存量）的合理查定。安全库存量是为了应付备运时间需要量的变化而建立的，包括延期到货而增加的需要，也包括备运时间内需求率（物品消耗速度）加大而增加的需要。保险库存量一般用保险天数（安全天数）来表示。定量订货控制法的特点为：订货点不变，订货批量不变，订货间隔期不定。

当库存下降到订货点 R，即按预先确定的订货量 Q 发出订单，经交纳周期 LT 库存继续下降到安全库存 S 时，收到订货 Q。

订货点＝日需求率×供货周期

安全库存=(统计每天最大耗用量－平均每天正常耗用量)×供货周期

考虑安全库存的因素对供货点进行修正后的公式为:

订货点=日需求率×供货周期+安全库存

优点:有助于了解和掌握库存现状;每次订货数量比较固定,操作方便;便于按经济订购批量订购,节约库存总成本,提高经济效益。

缺点:要随时掌握库存动态,严格控制订货点库存,占用一定人力和物力;订货时间不能预先确定,对人员、资金、工作业务计划安排不利;在实行多品种联合订货时会受到限制。

定量订货控制法的范围是:单价比较便宜,且不便于少量订购的产品;需求预测比较困难的产品;消费量计算复杂的物品以及通用性强、需求量比较稳定的物品。

2. 定期订货控制法

这是按预先确定的订货间隔期进行订货补充的一种库存管理方法。定期订货控制法的一般程序为:预先确定一个订货周期和一个最高库存水准,然后以规定的订货周期为周期,周期性地检查库存,发出订货,订货批量的大小每次都不一定相同,订货量大小等于当时的实际库存量与规定的最高库存水准的差额。定期订货法的关键在于正确规定订货间隔期,订货间隔期的长短对订购量和库存水平有决定性的影响。一般是预先规定进货时间,由进货时间和备运时间长短来确定订货间隔期。这些采购模式都是以需求分析为依据,以填充库存为目的,采用一些科学方法,兼顾满足需求和库存成本控制,原理比较科学,操作比较简单。但是由于市场随机因素多,使该方法同样具有库存量大、市场响应不灵敏的缺陷。

定期订货控制法的特点为:订货间隔期不变,订货量不定。原理是每隔一个固定的时间周期检查库存项目的储备量,根据盘点的结果和目标库存水平的差额确定每次的订货量。

订货间隔期=经济订货批量/年需求量

最高安全库存=日需求率×(供货周期+订货时间间隔)+安全库存

订货量=最高库存量－现有库存量－订货未到量+顾客延迟购买量

优点:订货间隔期确定,减少了库存登记费用和盘点次数,减少了工作量,提高了效率;多种货物可同时采购,降低订单处理成本,降低运输成本;库存管理计划性强,有利于工作计划安排。

缺点:遇有突发性大量需求,易造成缺货;每次订货的批量不固定,无法制定经济订货批量。

定期订货控制法的适用范围是:消费金额高,需实施严密管理的重要物品;需要经常调整生产或采购数量的物品;需求变动幅度大,且变动有周期的物品;多种商品采购可节省费用的情况。

三、价格折扣策略与区段价格策略

1. 价格折扣策略

价格折扣策略就是供应商规定的价格随订货批量变化的促销策略。大销售批量有很多好处：减少销售时间，减轻销售劳动量；减少商品的保管费用；减少多次零售磅秤的误差积累；减少订货费用；简化了包装装卸和检验的劳动量；提高了物资周转率和经济效益。所以，为了谋求大销售批量带来的利益，供应商往往会采用价格折扣的促销策略。

但是，供应商提供的价格折扣，对采购员来说，并不是总有利的，所以必须经过计算来确定是否接受价格折扣。

面对供应商的价格折扣，这里介绍选择采购批量的两种方法，即节约比较法和成本比较法。

（1）节约比较法

节约比较法就是比较折扣前后的费用，看接受折扣后是不是节省费用。如果节省费用，那么就接受折扣，按折扣点数量订货；如果接受折扣后费用反而升高，则不接受折扣，还按原来的订货批量订货。与折扣有关的费用有三项：订货费、保管费和购买费。需分别考虑。

显然，折扣后，购买费用和订货费用都降低，而保管费用是升高的，对于销售者来说，价格折扣，会减少一部分利润，折扣越大，减少的利润越多。一个合适的价格折扣应当保证利润大于0。

（2）成本比较法

成本比较法就是比较折扣前后的总费用，看谁的总费用最省。如果接受折扣后总费用最省，就接受折扣，按折扣点数量订货，否则不接受折扣，仍按原订货批量订货。总费用由订货费、保管费和购买费三部分构成。

2. 区段价格策略

区段价格也是一种价格折扣策略，是多个区段的价格折扣。供应商采取价格区段的目的，也是为了促销。不同的订货批量，采用不同的销售价格，批量越大，折扣价格越多，销售价格就越低。

面对区段价格策略，采购者必须经过计算比较订货批量来使得总费用最少。其原理还是成本比较法，只是要进行多个区段的成本比较。为了减轻工作量，可以采用一些简化方法，具体有以下几个步骤：

（1）整理资料，分清区段。要把各个区段的上下界点、区段价格认真整理清楚，最好画成数轴示意图，以达到直观明了的目的。需要注意的是，如果界点值都是落在高区段中，采用高区段价格，不是落在低区段，不采用低区段价格。

（2）求各个区段的经济订货批量。

(3) 从最高区段开始，比较任一高区段和与之相邻的低区段的经济订货批量，如果高区段的经济订货批量小于低区段的，则转入该低区段继续进行比较；如果高区段的经济订货批量大于等于低区段的，则选择该高区段和所有比其更高区段的经济订货量。算出每个区段的总成本，选择费用最小的点所对应的数量作为订货批量。

第八节　电子商务采购

一、电子商务采购概述

电子商务采购即电子采购，就是用计算机系统代替传统的文书工作，通过网络支持系统完成采购工作的一种处理方式，也称网上采购。它的基本特点是在网上寻找商品和供应商，在网上进行贸易的洽谈，网上订货甚至在网上支付货款。电子采购具有低费高效、迅速、操作简单、对外联系广等特点，因而成为当前最具发展潜力的企业管理工具之一。

电子采购最先兴起于美国。其最初形式是一对一的电子数据交换系统。这种联结自己与供应商的电子商务系统的确大幅度提高了采购的效率，但早期的解决方案价格昂贵，耗费庞大，且由于其封闭性而仅能为大买家服务，令中小供应商和卖家望而却步。近年来，全方位综合电子采购平台开始出现，广泛联结了买卖双方，并提供了电子采购服务。

在企业中，采购常常被商品选择过程低效率、手工订货操作费时、采购周期冗长等问题困扰。电子商务采购将从根本上解决这些问题，它不仅将商品和服务采购过程自动化，极大提高了效率，降低了成本，而且使企业在一定程度上避免了因信息不对称引起的资源浪费，有利于社会资源的有效配置，从而使企业实现了战略采购。电子商务采购的优势很明显，主要有以下几点：

1. 采购成本降低

电子商务采购有助于企业扩大市场范围，发现新的合格供应商，从而开辟新的原材料供应渠道，稳定和优化原材料的供应。互联网上的信息资源丰富，信息传递快捷且费用低廉，不仅能使企业降低采购过程中的搜索费用和交易成本，而且能使其有效缩短采购周期。

2. 潜在市场大

电子采购的信息交流和管理是建立在互联网基础上的，互联网自由开放的特性为其迅速发展提供了可能和前提。企业可以迅速收集大量的供求信息，再进行集中分类整合，以集中采购的形式统一采购，从而获得更优惠的价格。商家可以将其产品目录、新品推荐、网上广告等信息放到网上供所有用户浏览。随着互联网用户的增加，网络营销将不断扩展和延伸，电子商务采购的选择也会不断扩大。

3. 优化了采购及供应链管理，推进了供应链的发展

电子商务采购在提高效率的同时，使各部门甚至个人的任何采购活动都在实时监控之下，有效堵住了管理漏洞，减少了采购的随意性，变事后控制为过程控制，从而有效解决了大企业管理混乱的问题。除此之外，电子商务采购系统的实施为处于零散分布的企业管理软件提供了集成的机会，从而为下一项电子商务采购计划打下了基础。

4. 提高了市场透明度

市场透明度包括产品、供应商价格等因素。这些因素的透明化关系到购买方的有效采购，可以促进供应商的公平竞争，从而统一市场的整体报价。电子商务管理为采购管理提供了有效的控制手段，实现了公开、公平、公正的规范化采购，从而实现了市场的良性循环。

5. 加强了对供应商的评价管理

电子商务采购有自己的一套商家信用评估系统，采购方和供应商双方都可以在网上就双方交易的过程和结果进行评价。采购方可以对商家的商品和售后服务进行打分，通过自己的数据库进行分析评估，从而筛选出资信度更好、产品服务更好的供应商。

6. 增强了服务意识，提高了服务质量

质量可靠的原材料、零部件是企业产品质量的基本保证。对供应商的完善也促使供应商重视质量和服务管理，以免在客户的供应商档案管理中留下不良记录。企业通过互联网与供应商直接联系，减少了对中间商的依赖。

二、电子商务采购实施方法和程序

电子商务采购是一种十分可行且有较高价值的商业方式。在科技和互联网的推动下，电子商务采购将会被越来越广泛地应用。电子商务采购是集计算机技术、多媒体技术、数据库技术、网络技术、安全技术、密码技术、管理技术等多种技术在电子商务中的应用。它的一般实施步骤有以下几点：

1. 提供培训

一些成功的国内外企业的做法表明，事先对所有使用者提供充分的培训是电子商务采购成功的一个关键因素。培训内容不仅包括技能方面的知识，更重要的是让员工了解将在什么地方进行制度革新，以便将积极的态度灌输给员工，以减少未来项目在进展中的阻力。

2. 建立数据源

建立数据源是为了在互联网上实现采购和供应管理功能而积累数据。其内容主要包括供应商目录、供应商原料和产品信息、各种文档样本、与采购相关的其他网站、可检索的数据库、搜索工具等。

3. 成立正式的项目小组

项目小组需要由高层管理者直接领导，其成员应当包括项目实施整个过程所涉及的

各个部门的人员，包括信息技术、采购、仓储、生产、计划等部门，甚至包括互联网服务提供商、应用服务提供商、供应商等外部组织的成员。项目小组的作用就是全面处理JIT采购有关事宜。通常要成立两个小组，一个小组要制定采购的操作流程，协调企业的内部运作以及与供应商之间的关系；另一个小组负责培训。

4. 广泛调研，收集意见

为了做好电子采购系统，应广泛听取各方意见，包括技术特长人员、管理人员、软件供应商等。同时要借鉴其他企业行之有效的做法，在统一意见的基础上，制定和完善有关方案。

5. 建立企业电子商务采购网站

电子商务采购网站，可使整个采购过程中的管理层、相关部门、供应商及其他相关内外部人员保持动态的实时联系。内容包括两个方面：一是提供给供应商的内容，主要包括网站任务阐述、公司或者组织的地址与目录、供应商信息及注册过程、供应商政策、标准形式的文档、如何实现购买的帮助信息、采购信息链接；二是只有内部人员可以访问的内容，包括内部政策和程序、与内部目录和供应商目录的链接、完整的合同、采购申请信息和工具、与其他采购工具和网站的链接、内外部以纸为媒介的文档。

6. 应用之前测试所有的功能模块

在电子商务采购系统正式应用之前，必须对所有的功能模块进行测试，因为如果有一个模块存在问题，都会对整个系统的运行产生很大影响。测试时，可以先从某种产品或某条生产线的功能模块开始。

7. 培训使用者

只有对电子商务采购系统的实际操作人员进行培训，才可以确保电子商务采购系统得到很好实施。另外，对供应商的培训也是很重要的。电子商务采购是供需双方共同的业务活动，单靠采购部门努力是不够的。因此，也需对供应商进行培训。通过培训，大家取得一致的目标，相互之间就能协调做好采购的准时化工作。

8. 网站发布

利用电子商务网站和企业内部网收集企业内部各单位的采购申请。对这些申请进行统计整理，形成采购招标计划，并在网上进行发布。

第九节　JIT　采　购

一、JIT采购概述

1. 概念和原理

JIT（Just In Time）采购即准时化采购，是一种完全以满足需求为目的的准时化采购方法。即需求方根据自己的需要向供应商订货，要求供应商在指定的时间，将指定的品种、指定的数量送到指定的地点。JIT 的基本思想是，只在需要的时候，按需要的量生产所需的产品。这样可以最大限度降低库存，减少浪费。

JIT 采购由准时化生产的管理思想演变而来。准时化生产是日本丰田汽车公司在 20 世纪 60 年代实行的一种生产方式，1973 年以后，这种方式对丰田公司度过第一次能源危机起到了突出的作用，后引起其他国家生产企业的重视，并逐渐在欧洲和美国的日资企业及当地企业中推行开来，现在这一方式与源自日本的其他生产、流通方式一起被西方企业称为“日本化模式”。1987 年美国已有 25%的企业应用 JIT 采购，到现在，已经有绝大多数美国企业在采用 JIT 模式。

JIT 采购的基本理念是以需定供，即供给方按照需要方的品种、规格、质量、数量、时间、地点等要求，将物资配送到指定地点。不能早、不能晚、不能多、不能少，并且确保所送物资没有任何残次品。由此看出，JIT 采购的原理与传统采购有所不同，JIT 采购原理主要表现在以下几个方面：

(1) 与传统采购的面向库存不同，准时化采购是一种直接面向需求的采购模式。它的采购送货是直接送到需求点上。

(2) 用户需要什么，就送什么，品种规格符合客户需要。

(3) 用户需要什么质量，就送什么质量，品种质量符合客户需要。

(4) 用户需要多少，就送多少，不少送，也不多送。

(5) 用户什么时候需要，就什么时候送货，不晚送，也不早送。

(6) 用户在什么地点需要，就送到什么地点。

2. 特点

JIT 采购与传统采购有很大区别（见表 9—2）。

表 9—2　JIT 采购与传统采购的区别

项目	JIT 采购	传统采购
采购批量	小批量，送货频率高	大批量，送货频率低
供应商选择	长期合作，单源供应	短期合作，多源供应
供应商评价	质量、交货期、价格等	质量、交货期、价格等
检查工作	逐渐减少，最后消除	收货、点货、质量验收
协商内容	长期合作关系、质量和合理价格	获得最低价格
运输	准时送货、买方负责安排	较低成本、卖方安排
文书工作	文书工作量小，需要有能力改变交货时间和质量	文书工作量大，改变交货期和质量的采购
产品说明	供应商创新、强调性能宽松要求	买方关心设计，供应商不需要创新
包装	小、标准化容器包装	普通包装、无特别说明
信息交流	快速可靠	一般要求

由表 9—2 可知，JIT 采购的特点如下：

（1）选用较少供应商，甚至单源供应

单源供应是指对某一种原材料或外购件只从一个供应商那里采购。单源供应的优点如下：一方面，方便对供应商的管理，长期合作，可以降低采购成本；另一方面，供应商和采购方建立了长期合作相互信赖的关系，可以保证采购质量。但是，单源供应也有缺点，如存在供应中断的风险，不能得到竞争性采购价格，对供应商过分依赖等。

（2）小批量采购

JIT 采购旨在消除原材料和外购件库存，所以订货必然是小批量的。但是，这必将引起送货的频繁，提高了运输成本。目前有四种方法可以解决这个问题：一是供应商在地理位置上靠近制造商；二是供应商在制造商附近建立仓库，但实际上只是把负担转嫁给供应商，并未从根本上解决问题；三是由一个专门的承包运输商负责送货，按照事先达成的协议，搜集分布在不同地方的供应商的小批量物资，准时按量送到制造商的生产线上；四是让一个供应商负责多种原材料和外购件。

（3）选择供应商标准发生变化

因为 JIT 采购的单源供应，所以，合理选择供应商显得尤其重要。合格的供应商应具有较好的技术、设备条件和较高的管理水平，可以保障采购的原材料和外购件的质量，保证准时按量供货。

（4）严格的交货准时性

交货准时是准时化生产的一个前提条件，其取决于供应商的生产运输条件。要交货准时，供应商必须做到不断改进生产条件，提高生产的可靠性和稳定性，减少生产中因不稳定导致延迟交货或误点现象；同时，为了提高准时性，运输问题也不可忽视，有必要进行有效的运输计划与管理，使运输过程准确无误。

（5）从根源上保证采购质量

JIT 采购就是要把质量责任返回给供应商，从根源上保证采购质量。供应商必须参与制造商的产品设计过程，制造商也应帮助供应商提高技术能力和管理水平。

（6）对信息交流的需求加强

JIT 采购要求供应与需求双方信息高度共享，保证供应与需求信息的准确性和实时性。由于双方的战略合作关系，企业在生产计划、库存、质量等方面的信息都可以及时交流，便于出现问题及时处理。

（7）可靠的送货和特定的包装要求

如供应商在交货时失误或延迟，将导致企业生产线的停工待料。所以可靠的送货和特定的包装都是 JIT 采购实施的前提条件。

二、JIT 采购业务实施条件和步骤

1. 实施条件

JIT 采购的实施需要一定的前提条件，以下是实施 JIT 采购的最基本条件：

（1）制造商和供应商建立互利合作的战略伙伴关系。

（2）注重基础设施的建设。

（3）强调供应商的参与。

（4）供应商和用户的距离越小越好。

（5）监理实施 JIT 采购策略的组织。

（6）制造商向供应商提供综合的、稳定的生产计划和作业数据。

（7）着重教育和培训。

（8）加强信息技术的应用。

2. 实施步骤

在满足了这些基本条件之后，就可以开始 JIT 采购的实施。JIT 采购的实施可按照以下步骤进行：

（1）创建 JIT 采购班组

JIT 采购班组主要任务是对原材料和外购件的来源以及采购做出正确决策，全面处理相关事宜。JIT 采购班组成员除了购货者和计划制订者、采购专家之外，还包括产品技术人员、生产人员、质量人员、物资处理人员、成本会计人员等。一个公司可以创建两个班组，一个班组负责处理供应商事务，另一个班组负责协调各部门的 JIT 采购操作，培训操作人员，制定作业流程，并进行操作的检验、监督和评估。

（2）制订采购实施计划

采购班组要依据 JIT 采购策略制订采购计划，明确规定未来采购的具体实施步骤。采购策略除了包括改进当前采购方式的措施外，还包括减少基本供应商的数量、正确评价供应商、向供应商发证件等。

（3）精选少数几家供应商建立伙伴关系

供应商和制造商之间互利的伙伴关系，意味着双方之间充满了一种紧密合作、主动交流、相互依赖的和谐气氛，共同承担长期协作的义务。在这种关系的基础上发展共同目标，分享共同利益。

这种互利的伙伴关系的建立需要进行长期的工作，要求双方有坚定的决心和奉献精神；同时，一个企业只能选择少数几个最佳供应商作为工作对象，抓住一切机会加强与他们之间的业务关系。

（4）进行试点

由于 JIT 采购是一项规模宏大的工作，所以，为了其顺利展开，必须进行试点。首先应从某种产品或某条生产线开始试点，进行准时零部件或原材料的准时化供应试点时，要将采购改革试点和生产改革试点结合起来，并从中获得经验，从而为正式 JIT 采购打下良好的基础。

（5）进行供应商培训，明确共同目标

JIT 采购是供需双方的共同业务，不能单靠一方努力。应该对已选定的试点供应商进行 JIT 采购管理原则的培训，使其了解 JIT 采购的原理和运作方法，从而得到供应商良好的支持，达到共同努力做好采购准时化的目标。

（6）向供应商颁发免检证书

在实施 JIT 采购策略的时候，核发免检证书是非常关键的一步。颁发免检证书的前提是供应商的产品百分百合格。所以，在核发免检证书之前，需求方应当向供应商要求最新的、正确的、完整的产品质量文件，包括设计蓝图、检验程序以及其他必要文件。

有些公司在核发免检证书的初始阶段，只发放单件产品的免检证，但是最终目标还是为了发放供应商免检证，并完全免除采购物资中常规产品的进货检查。达到这个目标后，就只需对尚未获得免检证的新产品和新零件进行进货检查，直到它们也达到需求方要求为止。最后所有采购的物资就可以从卸货点直接运至生产线使用。

（7）实现配合生产进度的交货方式

JIT 采购的目标是实现这样的交货方式：当需求方正好需要某种物资的时候，该物资就抵达卸货站，并随之直接运至生产线，生产线拉动它需要的物资，并在制造产品时运用该物资。

（8）继续改进，扩大成果

JIT 采购是持续的过程，是不断完善和改进的过程，需要在实施过程中不断总结教训和获得经验。即使基本要求都达到了，也要不断改进。除降低运输成本、提高交货准确性、提高产品质量、降低库存之外，还要尽快推广 JIT 采购策略，以确保整个公司的 JIT 采购都能实施成功。

第十节　MRP 采购

一、MRP 采购概述

MRP（Material Requirement Planning）即物资需求计划，是生产企业用来制订物料需求计划、进行生产管理的一种应用软件。它根据总生产进度计划中规定的最终产品的交货日期，编制所构成最终产品的装配件、部件、零件的生产进度计划、对外采购计划、对内生产计划。它可以用来计算物料需求量和需求时间，从而降低库存量。MRP 采购，就是利用 MRP 技术进行的采购。它主要运用于生产企业，是一种以需求分析为依据、以满足库存为目的的采购模式。本节主要阐述如何利用 MRP 制订采购计划的方法，暂时不去研究采购计划制订出来以后如何根据计划去采购的问题。

企业生产系统是一个复杂的系统。一个产品由许多零部件构成，每个零部件又有多个零部件、多道加工程序，不同的零部件和工序又构成了不同的车间。这些不同的生产车间、生产工序生产出的零部件又要按一定的时间进度、一定的比例关系统一装配成一个个完整的产品。其中只要有一个零部件不到位，产品就装配不成。所以，整个企业的生产需要一个庞大精确的计划，包括生产计划和采购计划，才能对不同空间、不同时间的零部件有条不紊地进行生产和装配，最后形成合格的产品。

装配过程中的零部件不一定都是自己生产的，有相当一部分是从外部企业采购的。由于品种多而复杂，靠人工制订采购计划，工作量大，常常顾此失彼。这就造成了有的产品缺货、有的产品库存积压的问题，一方面花费了很高的库存成品，另一方面影响企业装配线的正常运转。

MRP 是生产企业用来制定物料需求计划、进行生产管理的一种应用软件。它不但可以制订出企业的物料投产计划，还可以用来制订外购件的采购计划，非常适合在加工、制造、装配企业中使用。采用 MRP，既可以保证产品在装配时不发生缺货、保障企业生产的正常运行，又可以保证采购的产品库存量不高也不低，刚好可以满足生产计划，不会造成库存积压，也不会造成缺货，并且可以使库存管理井井有条，节省保管费用，节省计划人员等。

MRP 的基本原理是，由主生产计划（MPS）和主产品的层级结构逐层逐个求出主产品所有零部件的出产时间、出产质量。其中，如果零部件靠企业内部生产，需要根据各自的生产时间长短来提前安排投产时间，形成零部件投产计划；如果零部件要从企业外部采购，则要根据各自的订货提前期来确定提前发出各自订货的时间、采购的数量，形成采购计划。确实按照这些投产计划进行生产和按照采购计划进行采购，就可以实现所有零部件的出产计划，从而不仅能够保证产品的交货期，而且能够降低原材料的库存，减少流动资金的占用。

因此，许多大型企业都以使用 MRP 为目标，使用 MRP 的企业一般都会取得比较好的效果。

二、MRP 采购系统构成

1. MRP 的输入

MRP 的输入有三个文件：

（1）主产品生产进度计划

主产品生产进度计划是主产品的一个产出时间进度表。主产品是企业生产的用以满足市场需要的最终产品，一般是整机或具有独立使用价值的零件、部件、配件等。它们一般是独立需求产品，靠市场的订货合同、订单或市场预测来确定其未来一段时间的总需求量，包括需求数量、需求时间等。把这些资料再根据企业生产能力状况经过综合调配平衡，把它们具体分配到各个时间单位中去，就是主产品生产进度计划。这个主产品生产进度计划是 MRP 系统最主要的输入信息，也是 MRP 系统运行的主要依据。

主产品生产进度计划来自企业的年度生产计划。年度生产计划覆盖的时间长度一般是一年，在 MRP 中用 52 周来表示。但是主产品的生产进度计划不一定是一年，要根据具体的主产品的生产时间来定。但是有一个基本原则，即主产品生产进度计划所覆盖的时间长度要不少于其组成零部件中具有的最长的生产周期。否则，这样的主产品生产进度计划不能进行 MRP 系统的运行，因此是无效的。

（2）主产品结构文件

它不仅是一个物料清单，还提供了主产品的结构层次、所有各层零部件的品种数量和装配关系。一般用一个自上而下的结构树表示。每一层都对应一定的级别，最上层是零级，即主产品级，零级下层是一级，对应主产品一级零部件，这样一级一级往下分解，一直分解到最末一级 n 级，一般是最初级的原材料或者外购零部件。每一层各个方框都标有以下三个参数：

1）组成零部件名称。

2）组成零部件的数量，指构成相连上层单位产品所需要的本零部件的数量。

3）相应的提前期，是指从发出投产任务单到产品生产出来所花的时间；而订货提前期是指从发出订货到所订货物采购回来入库所花的时间；提前期的时间单位和系统的时间单位一致，也以“周”为单位。有了这个提前期，就可以由零部件的需要时间推算出投产时间或采购时间。

（3）库存文件

库存文件也叫库存状态文件，它包含有各品种在系统运行前期初库存量的静态资料，但它主要提供并记录 MRP 运行过程中实际库存量的动态变化过程。由于库存量的变化是与系统的需求量、到货量、订货量等各种资料变化相联系的，所以，库存文件实际上是提供和记录各种物料的所有各种参数随时间的变化。这些参数主要有：

1）总需要量。是指主产品及其零部件在每一周的需要量。其中主产品的总需要量与主生产进度计划一致，而主产品的零部件的总需要量根据主产品生产进度计划和主产品的结构文件推算而得出。在总需要量中，除了以上生产装配需要用品以外，还可以包括一些维护用品，如润滑油、油漆等。既可以是相关需求，也可以是独立需求，合起来记录在总需要量中。

2）计划到货量。是指已经确定要在指定时间到达的货物数量。它们可以用来满足生产和装配的需求，并且会在指定时间到货入库。它们一般是以临时订货、计划外到货或者物资调剂等形式得到的货物，但不包括根据这次 MRP 运行结果产生的生产任务单生产出来的产品或根据采购订单采购回来的外购品。这些产品由下面的“计划接受订货”来记录。

3）库存量。是指每周库存物资的数量。由于在一周中，随着到货和物资供应的进行，库存量是变化的，所以周初库存量和周末库存量是不同的。因此，规定这里记录的库存量都是周末库存量。其公式为：

$$\begin{aligned}\text{库存量}&=\text{本周周初库存量}+\text{本周到货量}-\text{本周需求量}\\&=\text{上周周末库存量}+\text{本周计划到货量}-\text{本周需求量}\end{aligned}$$

另外，在运行 MRP 之前，仓库中可能还有库存量，叫期初库存量。MRP 运行是在期初库存量的基础上进行的，所以各个品种的期初库存量作为系统运行的重要参数必须作为系统的初始输入要输入到系统之中。

库存量是满足各周需求量的物资资源。在有些情况下，为了防止意外情况造成的延误，还对某些关键物资设立了安全库存量，以减少因紧急情况而造成的缺货现象。在考虑安全库存的情况下，库存量中还应包含安全库存量。

2. MRP 的输出

MRP 的输出，包括主产品及其零部件在各周的净需求量、计划接受订货量和计划发出订货量三个文件。

（1）净需求量

净需求量是指系统需要外界在给定的时间提供的给定物料的数量。这是物资资源配置最需要回答的主要问题，即到底生产系统需要什么物资，需要多少，什么时候需要。净需求量文件很好地回答了这些问题。不是所有零部件每一周都有净需求的，只有发生缺货的一周才会发生净需求量，也就是说某个品种某个时间的净需求量就是这个品种在这一时间的缺货量。缺货，就是上一周的期末库存量加上本期的计划到货量小于本期的总需求量。净需求量的计算方法是：

本周净需求量＝本周总需求量－本周计划到货量－本周周初库存量

＝本周总需求量－本周计划到货量－上周周末库存量

MRP 在实际运行中，不是所有的负库存量都有净需求量的。净需求量可以这样简单地确定：在现有库存量一栏中第一个出现负库存量的周，其净需求量就等于其负库存量的绝对值。在其后连续出现的负库存量各周中，各周的净需求量等于其本周的负库存量减去前一周的负库存量的差的绝对值。

（2）计划接受订货量

计划接受订货量是指为满足净需求量的需求，应该计划从外界接受订货的数量和时间。它告诉人们，为了保证某种物资在某个时间的净需求量得到满足，人们提供的供应物资最迟应当在什么时候到达，到达多少。这个参数的用处，除了用于记录满足净需求量的数量和时间之外，还为其后面的参数“计划发出订货”服务，是“计划发出订货”的参照点（两者数量完全相同，时间上相差一个提前期）。计划接受订货的时间、数量与净需要量完全相同。

（3）计划发出订货量

计划发出订货量是指发出采购订货单进行采购或发出生产任务单进行生产的数量和时间。其中发出订货的数量，等于“计划接受订货”的数量，也等于同周的“净需求量”的数量。计划发出订货的时间是考虑生产或订货提前期，为了保证“计划接受订货”或者“净需求量”在需要的时刻及时得到供应，而提前一个提前期得到的一个时间，即

计划发出订货时间＝计划接受订货时间－生产（或采购）提前期

＝净需求量时间－生产（或采购）提前期

因为 MRP 输出的参数是直接由 MRP 输入的库存文件参数计算出来的，所以为直观

起见，总是把 MRP 输出与 MRP 库存文件连在一起，边计算边输出结果。

三、MRP 采购的实施方法和程序

MRP 采购的实施最重要的是 MRP 系统的处理过程。MRP 系统的处理过程包括：

1. 准备

在运行 MRP 之前，要做好以下工作：

确定时间单位，确定计划期的长短。一般计划期可以取一年，时间单位取周，则计划期就是 52 周。当然时间单位可以取天，计划期可以取任意天数。本教材中取时间单位为周，计划长度为 M 周。

（1）确定物料编码，包括主产品和零部件的编码。

（2）确认主产品出产进度计划 MPS，它被表示成主产品的出产量。

（3）确认主产品的结构文件 BOM，它被表示成具有层级结构的树形图。由主产品（0 级）开始，逐层分解成零部件，直到最后分解到最底层（设为 n 级）——初级原材料或外购零配件为止。每个组成零部件都要标明零部件名、单个上层零部件所包含本零部件的数量和本零部件的生产（或采购）提前期。每一层都要标明层号（也叫层级码）。

除了主产品（一般为独立需求）及其零部件（一般为相关需求）外，还有些辅助生产用品，维护、维修用品等需要外购的用品，可以作为独立需求按实际需要量直接列入 BOM 的最底层，参与共同的物料需求计划。

（4）准备好主产品及其所有零部件的库存文件，特别是各自的期初库存量、计划到货量。有些物资，特别是长距离、难订货的物资还要考虑安全库存量、订货批量和订货点等。

2. 逐级处理

首先从层级码等于 0 的主产品开始，依次取各层级码的各个零部件，进行如下处理。

（1）输入提前期 L、期初库存量 H_0（有些物资还要输入订货点 Q_k、订货批量 Q^*、安全库存量 Q_s 等）。

（2）对于每一个时间单位 t（周），输入或计算下列参数：

1）输入或计算生产进度计划 $G(t)$。

2）输入计算到货量 $S(t)$。

3）计算库存量 $H(t)$。$H(t)=H(t-1)+S(t)-G(t)$。

4）求出净需求量 $N(t)$。

当 $H(t)<0$ 而 $H(t-1)<0$ 时，$N(t)=|H(t)-H(t-1)|$。

当 $H(t)<0$ 而 $H(t-1)\geqslant 0$ 时，$N(t)=|H(t)|$。

当 $H(t)\geqslant 0$ 时，$N(t)=0$。

5）计算计划接受订货量 $P(t)$。$P(t)=N(t)$。

6）计算并输出计划发出订货量 $R(t-L)$：$R(t-L)=P(t)$。

（3）输出计划发出订货量 $R(t-L)$

这是每一个零部件发出的订货单，包括订货数量、订货时间，包括交各车间加工制造的生产任务单，也包括交采购部门采购的采购订货单。它们按时间整理起来就是一个物料订货计划，也就是一个物料需求计划。

MRP 采购的注意事项如下：

一般的采购活动都有以下几个步骤：资源调查，供应商认证，询价及洽商，生成请购单，下达采购单，采购单跟踪，验收入库，结算。

实施 MRP 采购除了具有以上步骤以外，还必须有一定的基础条件，最重要的有两个：一是企业实施了 MRP 管理系统，二是企业有良好的供应商管理。

如果企业没有 MRP 系统，就谈不上 MRP 采购，不运行 MRP 系统，物料的需求计划就不可能由相关性需求转换成独立性需求，没有 MRP 系统生成的计划订货量，MRP 采购就失去了依据，如果手工计算，那计算的数量可想而知，对于复杂产品的物料相关性需求靠手工计算根本就不可能完成。MRP 系统和 MRP 采购是相辅相成的，如果企业采用了 MRP 系统，则它对需要购买的物料必然实行 MRP 采购管理才能使其 MRP 系统得到良好的运行；如果企业实行 MRP 采购却没有 MRP 系统，那么 MRP 采购就没有任何基础，必定实行不好。

实施 MRP 采购管理必须有良好的供应商管理作为基础。在 MRP 采购中，购货的时间性要求比较严格，如果没有严格的时间要求，那么 MRP 采购也就没有意义。如果没有良好的供应商管理，不能与供应商建立稳定的客户关系，则供货的时间性要求很难保证。

除了上述两点以外，MRP 采购与一般采购还有一点不同，就是在物料采购确定或物料到达后，需要及时更新数据库，这里不仅仅包括库存记录，而且有在途的物料和已发订货单数量与计划到货量。这些数据都会添加到 MRP 系统中去，作为下次运行 MRP 系统的基础数据。

复习与思考

1. 采购方式可以根据哪些标识进行分类？
2. 联系实际，简述战略采购与其他采购方式的区别。
3. 招标采购有哪些形式？它们各自的适用范围有何不同？
4. 政府采购有几种方式？试述几种不同采购方式的区别。
5. 概述实施 JIT 采购的步骤。
6. 目前企业选择采购方式时存在的主要问题是什么？如何解决这些问题？

第十章 案例分析

第一节　采购计划与预算

案例一

比较完善的采购计划机制——广东温氏食品集团

广东温氏食品集团是一家以养鸡、养猪为核心的产业，兼营奶牛养殖以及食品加工、乳制品加工、兽药与疫苗制造、粮食贸易等与畜牧养殖相关的上下游产业，跨地区发展的大型企业。

广东温氏食品集团规模庞大，旗下分支机构众多，在企业运营上具有集团高度集中控制、协同作业的特点，具体表现在以下三个方面：

1. 高度集权的组织管理

从集团总部到底层机构共有一级、二级、二级半、三级管理级次，机构众多，层次复杂。集团总部采取高度集权的管理方法，分支机构的产供销、财务、人力资源及行政等各部门都由总部直接指挥。

2. 生产原料集中采购、统一配送

集团各部门根据情况报送采购需求，集团采购中心集中采购，统一结算，并按需配送给各级机构。集团采购中心负责进行供应商的管理（包括建立统一的供应商档案、采购许可、配额管理、采购策略等）、评估工作、进行招标、定价，签订合同、协议等采购前期工作。

3. 集团物资统一管理、统一调配

各种原料、成品、半成品库存资源集团内共享，总部根据库存状况、需求状况等信息，集团内统一按需调配，从而有效、合理地利用库存资源。总部财务部汇总调拨收发业务进行统一的内部结算管理，合理安排资金拨付，提高资金内部周转率。

对广东温氏食品集团案例分析发现，其实现了生产原料的集中采购和统一配送及集团物资的统一管理和调配，归根结底在于该集团在采购工作方面采取了一系列措施，建立了完善的计划、订单、收货集中控制平台和采购预算平台。具体措施如下：

1. 将采购计划（申请）层层汇总、分解、平衡，最终形成集团的采购计划。

2. 预先制定能按照不同情况分别控制，并规定执行的采购流程。

3. 根据采购计划和采购流程，进行统一订货或分开订货。

4. 对于集中订货，集团根据需求状况下达收货指令给相应收货机构，收货机构根据这些指令进行收货并受指令约束。

5. 根据各方面的实际情况和预先设定的预算流程，合理规划预算。预算结果进入企业数据库进行统一管理。

6. 进行多方面的采购分析，从多个角度分析全集团的供应商供货状况，价格变动状况，采购数量、资金占用状况，订单收货、歉收情况，为集团采购决策提供支持。

案例二

耐奇苹果公司的采购预算编制

1. 公司背景

耐奇苹果公司位于纽约北部，是一家主要生产苹果酱和苹果饼馅心的公司。该公司向当地的果农采购麦克考斯和格兰尼斯两种品种的苹果。公司的主要客户是机构性的购买者，如医院、学校等。公司设有两个部门：生产部门和市场营销部门，每个部门都由一名副总裁进行管理，并直接向公司总裁汇报。公司财务副总裁主要负责公司所有财务领域的工作，包括归集数据和编制预算。公司的总裁和三名副总裁构成了公司的行政主管委员会，对预算的编制过程实施监督。

公司与当地的许多果农签订了长期的采购合同，如果当地苹果的生产量低于预期值，公司则将在现货市场上进一步采购；如果收货的苹果多于公司所能处理的数量时，多余的苹果也可以在现货市场上售出。公司总裁和财务副总裁负责与当地果农签订长期采购合同以及在现货市场上进行苹果的购销活动。

苹果收货以后，将被储存在耐奇苹果公司的冷库中，或存放在其他公司的库房中，直到耐奇公司将其用于生产。公司的生产工作于每年10月开始到次年6月结束，7月、8月、9月工厂关闭，因而公司的财务年度为第一年的10月1日到来年的9月30日。

2. 公司预算过程

在耐奇苹果公司，每年的预算从8月开始进行下一年的预算，而下一个财务年度是从14个月后开始的。在8月，公司的总裁和副总裁将对公司签订的长期契约的下一年的苹果收获情况进行预算。在随后的14个月中，每两个月公司就要根据最新的消息，对市场营销、生产以及苹果采购的情况预算进行调整。总裁、三位副总裁还将举行一次晨会，对这些调整进行讨论。在每年6月，下一个财务年度的财务预算的终稿将提交董事会进行审批。行政主管委员会还需要集中一次，对当年当地经营状况进行回顾，并将实际的经营情况与预算情况进行比较。

耐奇苹果公司的预算过程中包括三个关键的构成部分，即苹果的采购、销售和生产。这三项要素必须在内部与采购的各品种苹果的数量及生产销售的各种产品的数量相一致。一旦关于这三项要素的预算得以确定，即可确定最终存货的预算数，在已知生产预算的前提下，可以编制直接人工及制造费用的预算。而直接人工预算、制造费用的预算和直接材料预算可决定销售产品成本的预算。

3. 采购预算的确定

在表10—1中，反映了公司的生产预算，表10—1中后两栏是生产预算中相应数量的产品所耗用的麦克考斯苹果和格兰尼斯苹果的数量。

表10—1　　耐奇苹果公司财务年度的生产预算

名称	预算数（箱）	麦克考斯苹果（磅）	格兰尼斯苹果（磅）
苹果酱	130 000	7 800 000	5 200 000
苹果饼馅心	63 000	3 150 000	1 890 000
总计		10 950 000	7 090 000

在已知苹果收获的推算数及生产计划的前提下，公司的行政主管委员会计划再购入50 000磅（1磅=0.4536千克）麦克考斯苹果，同时出售910 000磅格兰尼斯苹果。预计苹果的总成本为6 344 200美元，麦克考斯苹果的平均成本为每千磅380.32美元，格兰尼斯苹果的平均成本为每千磅311.28美元，见表10—2。

表10—2　　耐奇苹果公司财务年度的苹果采购预算

项目	数量（千磅）		售价（美元）		成本（万美元）		总计（万美元）
	麦克考斯苹果	格兰尼斯苹果	麦克考斯苹果	格兰尼斯苹果	麦克考斯苹果	格兰尼斯苹果	
长期采购合约	10 900	8 000	380	310	414.2	248	662.2
市场采购	50	(910)	450	300	2.25	(27.3)	(25.05)
总计	10 950	7 090			416.45	220.7	637.15
耗费（磅）					10 950	7 090	
成本（万美元/千磅）					380.32	311.28	

注：带括号的部分为售出的苹果数量，(910）表示对公司而言多余的苹果，需要投入市场卖出。

资料来源：梁军，王刚. 采购管理[M]. 北京：电子工业出版社，2010.

第二节　采购环境与供应市场

案例三

沃尔玛全球采购业务

在2002年2月1日之前，沃尔玛并没有自己从海外直接采购商品，所有海外商品都由代理商代为采购。沃尔玛要求刚刚加盟的沃尔玛全球副总裁兼全球采购办公室总裁崔仁辅利用半年时间做好准备，在2月1日这一天接过支撑2 000亿美元营业额的全球采购业务。结果，他不但在紧迫的时间内在全世界成立了20多个负责采购的分公司，如期完成了全世界同步作业的任务，而且使全球采购业务在一年之后增长了20%，超过了整个沃尔玛营业额12%的增长率。那么沃尔玛全球采购业务的秘密何在？

1. 全球采购的组织

在沃尔玛，全球采购是指某个国家的沃尔玛店铺通过全球采购网络从其他国家的供应商进口商品，而从该国供应商进货则由该国沃尔玛公司的采购部门负责采购。举个例子，沃尔玛在中国的店铺从中国供应商进货，是沃尔玛中国公司的采购部门工作，这是本地采购；沃尔玛在其他国家的店铺从中国供应商采购货品，就要通过崔仁辅领导的全球采购网络进行，这才是全球采购。这样的全球采购要求在组织形式上做出与之相适应的安排。

企业活动的全球布局，当今比较成熟的组织形式有两种：一是按地理布局，二是按业务类别布局。区域事业部制有助于公司充分利用该区域的经济、文化、法制、市场等外部环境的机会，不利之处在于各业务在同一区域要深耕细作，需要付出很大成本。而业务事业部的利弊则刚好相反。

崔仁辅的全球采购网络首先由大中华及北亚区、东南亚及印度次大陆区、美洲区、欧洲中东及非洲区等四个区域组成。其次在每个区域内按照不同国家设立国别分公司，其下再设立卫星分公司。国别分公司是具体采购操作的中坚单位，拥有工厂认证、质量检验、商品采集、运输以及人事、行政管理等关系采购业务的全面功能。卫星分公司则根据商品采集量的多少来决定拥有其中哪一项或几项功能。

2. 全球采购的流程

在沃尔玛的全球采购流程中，其全球采购网络就像是一个独立的公司，在沃尔玛的全球店铺买家和全球供应商之间架起买卖之间的桥梁。“我们的全球采购办公室并不买任何东西。”崔仁辅解释说，全球采购网络相当于一个“内部服务公司”，为沃尔玛在各个零售市场上的店铺买家服务——只要买家提出对商品的需求，全球采购网络就尽可能在全球范围搜索到最好的供应商和最适当的商品。全球采购网络为店铺买家服务还体现在主动向买家推荐新商品。沃尔玛全球采购的流程分为重复采购和新产品采购两种。新产品，就是买家没有进口过的产品。对于这类产品，沃尔玛没有现成的供应商，就需要全球采购网络的业务人员通过参加展会、介绍等途径找到新的供应商和产品。由于沃尔玛的知名度很高，许多厂商也会把新产品提供给全球采购网络。然后，全球采购网络就会把这些信息提供给买家。

3. 供应商伙伴关系

在全球采购中，全球采购网络不仅要服务好国外的买家，还要注意供应商的选择。“不管是哪个国家的厂商，我们挑选供应商的标准都是一样的。”崔仁辅介绍说，第一个标准是物美价廉，产品价格要有竞争力，质量要好，要能够准时交货。第二个标准是要求供应商遵纪守法。“沃尔玛非常重视社会责任，所以我们希望供应商能够像我们一样守法，我们要确定他们按照法律的要求向工人提供加班费、福利等应有的保障”。

另外，供应商要达到一定规模。“我们有一个原则，就是我们的采购不要超过任何一个供应商50%的生意。”崔仁辅解释说，虽然从同一个供应商采购的量越大，价格的谈判能力就越强，但是供应商对采购商过分信赖也不完全是好事。如果供应商能够持续管理和经营，那还可以；如果供应商在管理和经营上出现波动，那就不仅仅是采购商货源短缺的问题。一旦采购商终止向该供应商采购，该供应商就会面临倒闭的危险，由此也会产生较大的社会问题。“这是我们不愿意看到的。”

（资料来源：物流天下 http：//www. 56885. Net）

第三节 供应商选择与关系管理

案例四

亚星集团分承包方选择和评价管理方法

亚星集团对分承包方的选择和评价对工业企业来说很有借鉴意义。其具体做法如下：

为了对分承包商进行选择与评价，集团的各部门都要各负其责。生产使用部门负责提供在线设备、备件使用情况；设备科、设备材料科、生产使用部评议合格分承包方；设备材料科提投合格分承包方评议报告；评出的分承包方由设备处审核，上报主管副总经理。

亚星集团将分承包方的评议分为两类，一类是在线设备及备件的分承包方，另一类是新选分承包方。其工作程序如下：

1. 建立在线设备、备件的合格分承包方档案

对于主要转动设备、关键静止设备及主要备件的分承包方进行评议和确认。评议的

主要内容是行业状况、质量保证能力、供货能力、生产部门的使用情况。经过评议确认合格的分承包方名单，报主管副总经理审核，经常务副总经理批准，建档实施。

2. 建立新选分承包方的设备采购档案

在线设备中的关键设备采购、技术改造、新产品开发的设备采购，需要选择分承包方时，要经过以下几个步骤：

（1）对候选分承包方评价。评价的主要内容有如下几点：候选分承包方提供的设备、备件能否满足本公司的生产技术要求，候选分承包方提供的设备、备件能否满足本公司的时间要求，候选分承包方的质量保证体系对其提供的设备、备件能否满足质量要求，候选分求包方提供的产品价格是否合理。

（2）合格分承包方的选择。亚星集团对合格分承包方的选择有两种方法，一种方法是进行设备招标，另一种方法是评议和考察。

近各招标由主管副总经理组织开展。首先确定招投标单位的名单，针对每台设备，由总工办、设备处、生产使用部门推荐国内有名望的、有经济实力的几个厂家，经总工程师审核，上报副总经理批准，作为招标的分承包方单位。确定名单以后，由总工处、设备处、生产使用部门组织对推荐的分承包方进行实际考察，并写出考察报告，上报总工程师、主管副总经理审批。提前一周，将设备有关的技术要求、图纸等技术文件传递给分承包方，以便他们对设备进行工艺设计、价格评估，做好招标前的准备工作。准备工作就绪后，招标会议按招标程度进行。评出中标的分承包方，即是合格的分承包方。

分承包方的评议和考察是由总工办或生产技术处牵头，设备使用部门、设备科、材料科负责评选和考察。根据国内同行业所用设备的情况、行业报纸、杂志及其他渠道的信息，确定候选分承包方名单，经常务副总经理同意后进行考察。考察候选分承包方的内容有：生产规模，销售状况，生产技术装备、生产上关键设备现役状况，质量保证体系的完整性、可靠性，分承包方已有用户对质量、价格及供货的意见。对候选分承包方调查后，参与人员负责评审，由组织调查活动的部门写出调查报告。

案例五

本田与其供应商

位于俄亥俄州的本田美国公司强调与供应商之间的长期战略合作伙伴关系。本田美国公司总成本的80%都用在向供应商的采购上，这在全球范围内都是最高的。因为选择离制造厂近的供应源，所以与供应商能建立更紧密的合作关系，更好地保证JIT（准时制）供货。制造厂库存的平均周转周期不到3小时。

1982年，有27个美国供应商为本田美国公司提供价值1 400万美元的零部件，而到了1990年，有175个美国供应商为他提供超过22亿美元的零部件。大多数供应商与他的总装厂距离不超过150英里。在俄亥俄州生产的汽车零部件本地率达到90%（1997年），只有少数零部件来自日本。本地化供应商强有力的支持是本田成功的原因之一。

如果供应商达到本田美国公司的业绩标准就可以成为他的终身供应商。本田美国公司也在以下几个方面对供应商提供帮助，使其成为一流的供应商。

1. 2名员工协助供应商改善员工管理。

2. 40名工程师在采购部门协助供应商提高生产效率和质量。

3. 质量控制部门配备120名工程师，专门解决进厂产品和供应商的质量问题。

4. 在塑造技术、焊接、铸模等领域为供应商提供技术支持。

5. 成立特殊小组帮助供应商解决特定的难题。

6. 直接与供应商进行上层沟通，确保供应商的高质量。

7. 定期检查供应商的运作情况，包括财务和商业计划等。

8. 外派高层领导人到供应商所在地工作，以加深本田公司与供应商之间的相互了解及沟通。

本田美国公司从1986年开始选择Donnelly为其生产全部的车内玻璃，当时Donnelly的核心能力就是生产车内玻璃，随着合作的加深，相互关系越来越密切，本田美国公司开始建议Donnelly生产外玻璃。在本田美国公司的帮助下，Donnelly建立了一个新厂生产本田的外玻璃。两家公司之间的交易额在第一年为500万美元，1997年达到了6 000万美元。

在俄亥俄州生产的汽车是本田在美国销量最好、品牌忠诚度最高的汽车。事实上，其在美国生产的汽车已经部分返销日本。本田与供应商之间的合作关系无疑是其成功的关键因素之一。

由上述企业之间的合作关系可以看出，通过伙伴型供应商关系的建立和维护可以达到双赢。

第四节 采购谈判

案例六

麦当劳面包采购谈判

麦当劳作为全球最大的快餐巨头，在全世界拥有三万多家餐厅。麦当劳想要和上海怡斯宝特面包生产公司建立长期合作关系，于是派一名高级食品监督人员带队与其谈判。该食品技术监管人员为了不负使命，做了充分的准备工作，他查找了大量有关该公司生产面包的资料，花了很大的精力对国内市场上面包公司的行情及上海这家公司的历史、现状、经营情况等了解得一清二楚。

谈判开始时，该公司一开口就对第一年的合作定金要价100万元，且不予松口。但麦当劳不同意，坚持出价90万元。面对这种僵局，怡斯宝特表示价格已经到了他们的极限，如果麦当劳坚持压价，该公司将不愿继续谈下去。麦当劳谈判人员对此并未有急切挽留的表现，做了一个优雅的“请”的动作。于是怡斯宝特的谈判人员果真走了。麦当劳其他谈判人员对此突发状况有些着急，甚至开始埋怨该食品监管人员不该逼太紧，表示公司已经准备同怡斯宝特签订合同，这样把对方逼走完全破坏了公司的发展计划。但监管人员表示怡斯宝特的人还会回来的，这只是他们的谈判策略。根据前期调查发现去年他们同另外一家快餐厅建立同样的合同成交价格只有85万元，即使有涨幅，也不应过高。

果然不出所料，一个星期后怡斯宝特又回来继续进行谈判。谈判员向怡斯宝特点明了他们与另一家快餐厅的成交价格，怡斯宝特于是不敢再报虚价，只是觉得现在物价上涨厉害，有必要加价。但麦当劳谈判人员调查后发现物价上涨指数没有超过6%，坚持90万元的成交价格，最后怡斯宝特哑口无言，不得不让步，最终以90万元达成了这笔交易。

从这个案例明显可以看出，麦当劳谈判人员对于谈判技巧的运用更恰当准确，赢得有利于己方利益的谈判结果也是一种必然，下面分别从双方谈判人员的表现来进行分析：

1. 从怡斯宝特来看，谈判失败的原因主要有以下几个：

(1) 在前期准备阶段，应注意做好如下工作：从技术、资金、生产、市场等几个方面，对采购项目进行全方位综合分析，主要包括预算、需求、生产、市场、风险等资料的收集、整理，应尽量做到准确、详尽、全面。尤其是价格，作为谈判的焦点，无论是买方还是卖方，谈判的核心最终都要集中到价格上，所以在谈判的前期准备中，应该将谈判商品的价格了解清楚。从文中看，怡斯宝特凭借其技术的优势以及多次进行相类似交易的大量经验，轻视对手，谈判前没有做好信息收集工作，于是在谈判中在对方大量的信息面前处于被动，一开始就丧失了谈判的主动权。

(2) 在谈判方案的设计上，没有做到多样化。谈判过程中各种情况都有可能发生，谈判人员要在复杂多变的形势中取得比较理想的结果，就必须使谈判方案具有一定的弹性。谈判人员在不违背根本原则的情况下，根绝形势变化，在权限允许的范围内灵活处理有关突发问题，从而处于有利地位。案例中怡斯宝特一开始就认定此次谈判不会很难，只关心自己的利益，并未考虑麦当劳谈判准备的充分性，在对方信息攻击下，频频让步，最后没有取得对己方有利的结果。

(3) 没有采取应急措施。在发生突发状况时惊慌失措显然会让谈判的另一方抓住把柄。有时武断的决策更是会雪上加霜。就本案例而言，如果怡斯宝特有前期准备，即使麦当劳一再压价，也不至于甩手走人致使己方完全丧失主动权。

2. 从麦当劳来看，胜利的最关键因素是对谈判对手信息的充分收集，用大量客观的数据给对方施压。从收集的内容可以看出，麦当劳不仅查出了怡斯宝特与其他快餐店的谈判价格，也设想到了对方可能会反驳的内容并运用相关数据加以反击（如物价上涨指数6%），对客观标准进行了恰到好处的运用，所谓“知己知彼，百战不殆”。当然除了这个原因外，麦当劳能够取得胜利还在于多种谈判技巧的运用，比如：

(1) 谈判前，评估双方的依赖关系，对对方的期望值和底线进行比较准确的预测，由此才能在谈判中未让步于对方的佯装退出。

(2) 谈判中，依靠数据掌握谈判主动权，改变了对方不合理的初始立场。

(3) 在回盘上，充分利用其心理特征，知己知彼，以保证谈判成功。

第五节　采购合同订立与管理

案例七

某食品加工厂包装纸购买纠纷

某食品加工厂因公司业务扩大，急需包装材料，于是向甲、乙两家包装材料公司发出函电。函电中称："我公司急需A4型包装纸，如贵公司有货，请速来函电，我公司愿派人前去购买。"甲、乙两公司在收到函电后，都先后向食品加工厂回复了函电，在函电中告知他们备有现货，且告知了A4型包装纸的价格，而甲公司在发出函电的同时，派车给食品加工厂送去了5 000令A4型包装纸。在该批货物送达之前，食品加工厂得知乙公司的包装纸质量较好，而且价格合理。因此，向乙公司致电，称："我公司愿意购买贵公司10 000令A4型包装纸，盼速发货，运费由我公司承担。"在发出函电的第二天上午，乙公司发函称已准备发货。下午，甲公司将5 000令A4型包装纸运到，食品加工厂告知甲公司，他们已决定购买乙公司的货物，因此不能购买甲公司的货物。甲公司认为，食品加工厂的拒收货物行为已构成违约，双方协商不成，甲公司向法院起诉。

三个单位行为的法律关系分析如下：

1. 食品加工厂向甲、乙两公司分别发函的行为在法律上属于要约邀请行为。食品加工厂向甲、乙两公司发函的内容并不包括合同的主要条款，如没有价格方面的内容，可见，食品加工厂只是通过发函希望别人向自己发出要约。

2. 甲、乙两公司复函的行为属于要约。根据《合同法》第14条、第15条的规定，要约是希望和他人订立合同的意思，而且要约内容必须具体、确定，一经承诺要约人即受要约的约束，本案中，甲、乙两公司的复函行为都告知备有A4型包装纸，并告知了价格，内容具体明确，因此甲、乙两公司的行为都属于要约。

3. 食品加工厂第二次向乙公司发函的行为属于承诺。根据《合同法》第21条、第30条的规定，承诺是受要约人同意要约的意思，承诺的内容应当和要约的内容一致。从本案来看，食品加工厂第二次向乙公司发函的行为完全符合承诺的条件，属于承诺行为。

4. 食品加工厂与乙公司的买卖合同成立。根据《合同法》第25条、第26条的规定，承诺需要通知的，承诺通知到达要约人时生效，承诺生效时合同成立。本案中，乙公司在食品加工厂发出复函后第二天就发函表示准备发货，已表明承诺通知已到达要约人，因此食品加工厂与乙公司的买卖合同成立。

5. 食品加工厂与甲公司的买卖合同未成立。如前所述，食品加工厂向甲公司的发函是要约邀请，并不受其意思表示的拘束。甲公司的复函是要约而非承诺，食品加工厂对甲公司的要约并未承诺，因此合同不成立。

6. 甲公司送货的行为并非履行合同的行为。因为他们之间的合同未成立，因此食品加工厂也没有接受甲公司货物的义务，甲公司因送货而受到的损失，只能由自己承担。

第六节　采购订单管理

案例八

某机械装配厂采购交期管理方案

1. 制定交期管理方案的目的

为使本公司的产品出货顺利，强化生产用料的供应与控制，以避免待料停工导致的销售损失，特制定本交期管理方案。

2. 交期管理方案的内容

本公司的交期管理方案分为规划、执行、控制等三阶段，分别说明如下：

(1) 规划阶段

针对交期管理的管理办法，采购人员的任务分配、“预定交货一览表”及“跟催表”的编制、厂商交货管理看板的制作、采购与验收进度的监控、厂商的交货配合度的评估与奖惩措施等方式进行规划。

(2) 执行阶段

1) 以采购部门及人员为交期管理方案的主办，生管、物管、仓管以及使用单位为协办，进行各作业管制点的交期跟催与如期交货的确保工作。

2) 针对是否按规定如期交货进行评估，并作为奖惩的依据，其做法说明如下：

①以进厂个数为计算基础。针对交货期限配合情形制定评分标准，见表10—3。

表10—3　　交货期打分表

延期交货日数	评分
如期交货	20
延迟半日	10
延迟一日	5
延迟一日以上	0

②以请购单的交货期限或合约上的交货期限为计算基础，验收单如验收合格，以收件日期为准；如不合格，以下次再交验收合格为准。

3）按交期配合度的奖励条款

①确实按本公司详细交货日程表交货，则供应厂可享受按期交货奖励。

②按期交足订货且合格率是100%时，给予交货价额2%的奖励金。

③按期交足订货且合格率是95%以上时，给予交货价额1%的奖励金。

（3）控制阶段

根据供应厂商交期配合情形采取奖惩、辅导、淘汰等措施，以确保如期交货。

（资料来源：王文信．采购管理［M］．厦门：厦门大学出版社，2008：233-235.）

第七节　采购质量管理

案例九

上海通用公司健全的采购商品质量管理体系

上海通用汽车有限公司成立于1997年6月12日，由上海汽车工业（集团）总公司、通用汽车公司各出资50%组建而成。从诞生之日起，上海通用汽车就胸怀“国内领先并具国际竞争力”的远景目标，不断超越，以快速学习的能力、世界级的眼光以及不断创新整合全球及本地化优势资源，建构起基础坚实、有持续发展能力的世界级企业。上海通用汽车是中国唯一一家在建成投产后8年中产销超过100万辆的企业，2005年更是在乘用车市场上销量排名第一位。上海通用汽车也是唯一一家连续5年当选“中国最受尊敬企业”的汽车企业。

奇迹从何而来？一个重要的原因就是其拥有健全的采购质量管理体系。

在汽车企业的日常运转中，采购的主要任务是生产物料的采购。作为我国整车厂的一个主力企业，上海通用试图希望通过自身的发展来带动中国汽车零部件工业的发展，因此在生产物料的采购方面，一直遵循坚持以国产化为主和国外零部件采购为辅的策略，致力于国产化，目前每个车型全部达到了60%以上国产化率。在国产化过程中，上海通用运用了美国通用公司在供应商开发与发展方面所采用的系统，严格运用通用公司的质量标准和规范来认可这些零部件，有些再加上中国的特殊要求，坚持比原来美国还要高的质量标准；另外，他们选择的供应商都是按照质量、服务、价格和技术等几个方面来考核。对这些方面的评估也坚持了美国通用的标准，并着重建立长期的合作伙伴关系。上海通用所选择的供应商大都是有发展潜力、和国际著名大公司合作的企业。

基于上述原因，上海通用零部件供应商在零部件质量水平、价格水平、服务水平等方面非常领先并具有很强的竞争力。据有关专家断定，上海通用目前国内供应商零部件的质量水平平均已经超过了原来配套的水平。即这些车所使用的零部件质量已经超过在美国本土生产的质量；而国产化零部件价格水平比CKD原厂家的价格水平还要低得多。从而为上海通用节省了大量的物料成本。

为了避免出现有些供应商在获得了供应的资格并形成一种稳定关系后，出于经济利益而提高零部件价格的现象，上海通用非常注重供应商的合作伙伴理念。在通用看来，如一个车型的生命周期是5～6年，在这个产品上双方可能就有五六年的合作关系。在这样的关系下，绝大部分供应商绝对不会垄断和提升其价格，而是积极配合主机厂做好降低成本、提高质量的工作。上海通用和供应商一起研究如何在小批量、多品种、快节奏的生存环境里一起成长发展，获得双赢的局面。双方建立了联合发展委员会，以上海通用的一部分利润为供应商提供培训和服务，帮助供应商改善和实施他们的供应系统，并帮助其争取出口项目、扩大出口规模。

在上海通用，则有一套严格的程序来保证将人为的错误降到最低限度。整个程序是和美国通用一起开发出来的，叫联合采购决定的程序。潜在供应商的选择要由质量部门、工程部门进行评估，评估完后决定潜在供应商的名单，接着发标书，回标后再进行评估，并分头进行谈判，谈判后由联合采购委员会集体做出决定。该委员会首先要审核这个过程是否符合要求，然后根据许多具体指标和实际可测量的数据对采购结果进行评判后才做出采购决定。做出采购决定后，还要进行各方面的一些修正，所有过程都是透明的，而且都有可测量的数据作为依据。例如，在对供应商的核查中有一项内容——仓库里物料的布置，有一条基本的原则，就是必须做到先进先出，即先进来的货必须先交给生产线用。这一点看起来非常简单，实际上操作起来很难。这不仅是一个产品新鲜程度的概念，而且是一个质量管理的概念。因为先到的货如果发现问题，后到的货质量则可以加以改进。如果先到的货不用，用后到的货发现有质量问题，用追溯的方法就可以判断出前面所出现的质量管理漏洞。在检查中，根据这一标准去判断一个供应商的管理非常有效。对供应商的评估有一本清单，共有50多个问题，将这些问题提供给供应商，供应商如能做到实际表现和答案相符的话，那就说明供应商符合要求。另外，技术上包括设备工艺开发能力等方面的评审。这一程序更为复杂，最后需要经过采购委员会的批准。

高质量的供应商固然能给企业带来成本的下降，但更重要的是能保证零部件采购的质量。目前，上海通用零部件采购质量已经超过美国本土生产的同类型车。上海通用对零部件质量一直采用ppm（即100万分之多少）来衡量，绝大多数零部件的ppm是零，也就是说，100万件没有出现一个有问题的。从而基本上保证了零缺陷。上海通用绝不允许有缺陷的零部件放到整车上去，一旦发现零部件质量问题，作为采购系统就会采取一些非常措施，一方面要求供应商彻底改进生产工艺；另一方面运用一种叫控制发运的措施，在零部件厂、整车厂都要进行全数检验，还可以请第三方进行全数检验，从而保证装车的零件没有质量问题，同时尽快把这些造成质量问题的因素加以解决。对任何一个系统来说，没有一点点的质量问题既不现实，也不可能，重要的是如果出现问题，运用这个系统就可以马上解决。

有着健全的采购质量管理体系、明确的市场目标、科学的管理方法、现代化的生产条件，再加上拥有强烈的信念和良好的员工队伍，这样的企业是充满活力且战无不胜的。这也正是上海通用给人们的启示。

第八节 采购成本控制与库存管理

案例十

打破ABC传统订货策略，采用新方法降低库存水平

不论是OEM还是合同制造商，降低库存风险和成本是公司经营团队的首要任务。为了控制库存和成本，许多厂商采购昂贵的系统工具和ERP软件，但他们经常忽视一些影响库存与成本的基本策略，如定义订购单发出的频率。这里将探讨基于ABC理论的传统订货策略中存在的固有问题，并提出一种替代方案。这种替代方案可以使库存减少25%，使交易成本下降50%以上。

1. ABC理论存在的问题

大多数厂商的订货策略基于元器件的ABC分类法，即根据元器件的相对价值进行分类：规定占采购预测金额80%以上的元器件为A类元器件，占采购金额15%的元器件为B类元器件，占采购金额5%的元器件为C类元器件。分类之后，厂商根据需求确定所购买每类元器件的数量。常用的采购策略是：A＝1周的用量，B＝4周的用量，C＝13周的用量。

由于这种方法容易理解和执行，所以厂商从20世纪初开始使用一直延续到现在。但随着市场环境的变化，他们发现这种策略越来越无法取得良好的效果：采用这一策略的多数厂商维持了过多的库存，或者为了支持不必要的交易而负担额外的管理费用，或者同时面临这两个问题。ABC方法存在以下3个根本问题：

第一，分类过少。由于只是将元器件划分为A、B、C三类，而忽视了采购频率。他们将采购频率相差悬殊的元器件归入同一类，采用相同的订货策略。在同一类中，年采购成本最高的元器件可能是最低的100倍，这些元器件的成本和风险完全不同，但厂商却对它们一视同仁，并采取相同的订货政策。

第二，对成本的变化不敏感。商业环境变化迅速，厂商需要变得比以往更加敏捷。尽管厂商可能将元器件所属的类别在A、B和C之间进行调整，但他们并不是经常改变根本策略。有些厂商多年来对A类元器件的定义一成不变，而且一直采用相同的订货策略。在此期间，成本可能已经发生了巨大变化。生产采购是多数厂商的最大支出，面对采购成本的显著变化，厂商必须调整采购方式，以减少负面影响。但是，没有几家厂商因为这种变化而对其A、B、C订货策略进行过调整。

第三，方法已经过时。如果你问厂商为什么给A类元器件选定一周的供应量，而不是一天或者一个月，你很难得到满意的答案。想必他们会为自己的现行政策找一些理由，但如果你再问他们是如何选择现在的供应量数字时，答案几乎肯定是“因为我们一直是这样做的”。在涉及元器件分类问题上也是如此。当你问为什么分成三类，而不是30或300类时，会得到同样的答案：因为一直是分成3类。结果是，厂商遵循同样的陈旧策略，这些策略又左右他们数百万美元的系统投资成效。

2. 新型的订货方法

美国硅谷的一家中型电信设备制造商实施新型的订货方法，显示出新式算法与技术的威力。该公司外包了产品的生产业务，但仍保持对元器件采购环节的控制。像许多其他公司一样，该公司也曾根据ABC理论来制定订货政策。但是为应对新的市场环境，该公司在调整订货策略时决定尝试传统方式以外的方案。新方案考虑的关键包括成本因素、具体元器件的数据和预期中的需求波动情况，且为用户提供了不同条件下的订货模拟，这使该公司能比较新方案与ABC订货策略的结果差异。通过模拟，该公司预期新方案将使交易工作量减少56%～69%，库存水平下降8%～23%。

在实施新方案以后，实际结果与模拟的情况非常符合：交易工作量减少了61%，而且库存水平有望下降27%。但实现这一目标可能需要多一些时间，因为该公司首先必须消化现有的库存。目标库存（模型所预测的库存水平）与实际库存之间的差距在最初两个月缩小了19%。按这种速度，该公司预计将在新方案实施六个月之内将达到目标库存。

此外，这种新型的订货策略还取得了积极的财务结果。该方案易于实施且不需要投资任何新的软件，具体做法是根据该公司的常规信息计算出新的订货策略，并载入该公司的ERP系统。库存和交易水平的统计数据为高管们提供了重要信息，供他们制定关键业务决策时使用。

使用ABC订货策略的OEM和EMS公司应该考虑采用更高级的方法。最近几十年，电子产业发生了巨大的变化：制造业务外包、产品生命周期缩短、全球化竞争和财务业绩面临巨大的压力。所有这些因素都在改变电子制造业的面貌，用简单的ABC模型应付一切的日子已经过去，为了保持竞争力，厂商必须调整订货策略的基本方式与操作方法。

（资料来源：国际电子商情，2007 [EB/OL]. http：//www.esmchina.com.）

第九节　采购结算管理

案例十一

大华集团采购物资采购结算审计

大华集团内部控制部紧紧围绕集团“抓管理，增效益”这个中心任务，积极进行比价采购审计，为企业节约资金 1 500 多万元，审计不合理工程费用约 2 800 万元。其基本思路是：大华集团为了加强物资采购管理，对全集团所属各单位物资实行集中统一采购和供应。为了对物资采购进行监督，综合评价，择优确定供应商，审计部参与了物资采购的全过程，并实施全程审计。其基本内容包括：

1. 物资采购招标

大华集团所需物资基本上全部实行招标，大宗物资或金额较大的物资招标工作必须要求分管领导参与，审计部、采购部、财务部等有关部门必须全体参与到这项工作。最终签订的采购合同及单据各部门各一份，分别保管，以便互相监督。

2. 计划审批

大华集团公司各部门依据本部门实际需要制订物资需求计划，并经部门领导同意，分管公司领导签字后，于每月 30 日前报采购部，采购部分别汇总全公司各部门的计划，形成采购订单，寻找 3 个以上供应商并填报价格后报审计部。审计部根据网上信息、价格信息、市场行情等情况，确定供应商及价格，前提是审计部确定的价格不能高于采购部提交的价格；最后由公司经理批准，于每月 15 日返回采购部等部门。

3. 计划执行

总经理批准的计划一式四份，采购部门一份，按计划采购；仓管部门一份，按计划入库；财务部门一份，按计划付款；审计部门一份，便于单据审核及各项采购制度的考核。

为了便于执行计划，审计部制定了严格的审计制度，仓管部门有材料库存定额，采购部如果超计划采购，仓管部可以不予办理入库手续。仓管部门有专门的把关员，对质量不合格产品坚决不允许入库并退货，并将不合格品信息在月底报审计部门，由审计部门对采购人员进行考核。若把关员使不合格品入库，使用部门在 3 个月内使用的材料不合格，应写明具体原因，经使用人员签字后交审计部，由审计部对把关员进行考核。由此在采购部和仓管部之间形成相互制约、相互监督的机制，保证了采购计划的执行质量。

针对物资采购不及时、不能满足生产需要的情况，审计部制定了正常计划采购落实制度。同时对物资入库手续，财务付款等作了详细具体的规定。

4. 票据审计

公司所需物资采购入库时，把关员必须在检验单上签字，等对方开具增值税发票后，采购部采购员根据采购物料的品名、价格、数量、金额等填写入库单，把关员、采购员、保管员全部在入库单上签字后可连同发票一并交审计部。审计部根据计划，审核价格是否超过计划价格，是不是计划的供应商。如果要更换供应商，采购部要上报并写明理由，并由部门负责人签字报告。经审计部审核符合规定的票据并签发审计合格通知单后，财务部方凭以付款。

5. 信息管理

凡是公司采购的物资，审计部不管数量大小，价格高低，都按供应商、品种、数量、价格等分门别类登记台账，以考核采购部门的计划执行情况，同时核销计划。所登记台账长期留存，以备核查。

为使采购物资符合生产需要，对仓管部把关员所报的不合格品逐一登记，建立质量台账。凡 3 次供货不符合招标规定的供应商，列为不合格供方；对于不能及时供货的供应商，做好详细记录，因供货不及时而耽误生产的，依据合同约定进行处理。

第十节　采购绩效管理和监督稽查

案例十二

一个成功的供应商绩效管理案例——弗莱克斯特罗尼克斯国际公司

电子制造服务提供商弗莱克斯特罗尼克斯国际公司两年前便面临既充满机遇又充满挑战的市场环境。弗莱克斯特罗尼克斯国际公司面临的境遇不是罕见的。事实上，许多其他行业的公司都在它们的供应链中面临同样的问题。很多岌岌可危的问题存在于供应链的方方面面，如采购、制造、分销、物流、设计、融资等。

1. 供应链绩效控制的传统方法

惠普、3COM、诺基亚等高科技原始设备制造商（OEM）出现外包趋势，来自电子制造服务业的订单却在减少，同时，弗莱克斯特罗尼克斯受到来自制造成本和直接材料成本大幅度缩减的压力。供应链绩效控制变得日益重要。

与其他公司一样，弗莱克斯特罗尼克斯首要的业务规则是改善交易流程和数据存储。通过安装交易性应用软件，企业同样能快速减少数据冗余和错误。比如，产品和品质数据能够通过订单获得，并且和库存状况及消费者账单信息保持一致。第二个规则是将诸如采购、车间控制、仓库管理和物流等操作流程规范化、流程化。这主要是通过供应链实施软件诸如仓库管理系统等实现的，分销中心能使用这些软件接受、选取和运送订单货物。

控制绩效的两种传统的方法是指标项目和平衡积分卡。在指标项目中，功能性组织和工作小组建立和跟踪那些被认为是与度量绩效最相关的指标。不幸的是，指标项目这种方法存在很多局限。试图克服某些局限，许多公司采取了平衡积分卡项目。虽然概念上具有强制性，绝大多数平衡积分卡作为静态管理“操作面板”实施，不能驱动行为或绩效的改进。弗莱克斯特罗尼克斯也被供应链绩效控制的缺陷苦苦折磨着。

2. 供应链绩效管理周期

弗莱克斯特罗尼克斯实施供应链绩效管理带给业界很多启示：供应链绩效管理有许

多基本的原则。可以避免传统方法的缺陷。交叉性功能平衡指标是必要的，但不是充分的。供应链绩效管理应该是一个周期，它包括确定问题、明确根本原因、以正确的行动对问题做出反应、连续确认处于风险中的数据、流程和行动。

弗莱克斯特罗尼克斯公司认为，一旦异常情况被确认，使用者需要知道潜在的根本原因、可采取的行动的选择路线以及这种可选择行为的影响。以正确的行动对异常的绩效做出快速响应是必要的。但是，一旦响应已经确定，只有无缝地、及时地实施这些响应，公司才能取得绩效的改进。这些响应应该是备有文件证明的，系统根据数据和信息发生以及异常绩效的解决不断更新、调整。响应性行动导致对异常、企业规则、业务流程的重新定义。因此，周期中连续地确认和更新流程是必要的。

在统计流程控制中，最大的挑战往往是失控情形的根本原因的确认。当发现异常时，需要能确认这些异常的根本原因。供应链绩效管理也应该能在适当的位置上支持理解和诊断任务。这允许管理迅速重新得到相关的数据，相应地合计或者分解数据，按空间或者时间对数据进行分类。

3. 成功的例子

弗莱克斯特罗尼克斯公司的成功，确认供应链绩效管理作为供应接管理的基础性概念和实践的力量。

弗莱克斯特罗尼克斯使用了供应链绩效管理的方法，使它能确认邮政汇票的异常情况，了解根本原因和潜在选择，采取行动更换供应商、缩减过度成本、利用谈判的力量。绩效管理的方法包括实施基于 Web 的软件系统加速供应接绩效管理的周期。弗莱克斯特罗尼克斯在 8 个月的“实施存活期”中节约了几百亿美元，最终在第一年产生了巨大的投资回报。供应链绩效管理周期使弗莱克斯特罗尼克斯获得这样的结果。

识别异常绩效，弗莱克斯特罗尼克斯系统根据邮政汇票信息连续比较了合同条款和被认可的卖主名单。如果订单价格是在合同价格之上的，系统就提醒买方。另外，如果邮政汇票价格是在合同价格之下的，系统会提醒货物管理人员可能的成本解决机会。向接近 300 个使用者传递的邮件通告包含详细绩效信息的 Web 链接和异常情况的总结。

同样，采购经理分析市场状况、计算费用，然后通过商品和卖主区分成本解决的优先次序。在供应链绩效管理周期开始之前或者周期进行中，弗莱克斯特罗尼克斯确认数据、流程和行动的有效性。当实施它们的绩效系统时，弗莱克斯特罗尼克斯建立指标加界限，保证数据的质量。使用绩效管理系统，弗莱克斯特罗尼克斯已经能通过资本化各种机会节约成本并获得竞争优势。

（资料来源：朱道立. 供应链管理习题与案例 [M]. 上海：复旦大学出版社，2006：175.）

案例十三

英国航空公司供应链绩效的改进

英国航空公司（BA）是世界上最大的国际客运航空公司，每年有 293 架飞机运送 3610 万乘客到达 175 个终点站。一百多年来，这个私有化的国家航空公司通过追求优质和创新的顾客服务，建立和维持着“全球最受欢迎的航空公司”的地位。服务导向的战略在 BA 颇有成效。1997 年 5 月，公司宣布又创下了另一个利润纪录。

它们没有满足于现有的荣誉，公司的首席执行官 Robert Ayling 宣布他的意图是增加 BA 的全球经营范围，同时通过实施增长客运收入、降低运营成本的五年计划，逐步提高利润。此决策是有针对性的。因为公司认识到，以往提供完美的顾客服务的最高目标没有根据对成本的现实性理解而加以调整。

英国航空餐饮公司是 BA 客户服务部门的一部分，它力图通过供应链管理的即期和远期改进为新的公司目标做出重大贡献。BA 餐饮公司每年负责运送由基地设在伦敦希思罗机场和盖特威克机场的第三方餐仗承办商或其他分布在世界各地的 150 家由第三方运营的小型 BA 供应站提供的 4 400 万件食物。

它的经营规模是相当大的，仅伦敦食品加工厂每年就需要约 250 吨鸡肉、73 吨鸡蛋和 38 000 箱酒和香槟。BA 餐饮公司并不负责向食品加工厂供应这些易腐物品，它负责管理“向上”运送完工的食品和许多其他“非食用物品”，包括盒子、玻璃杯、塑料纸、垫布和不易腐烂的“干食品”，还有用于途中移送和盛载食物的设备。当每架喷气式飞机起飞时，约有 4 000 件物品通过这个供应链。

一家公司对此供应链的调查表明，世界各地共有 250 家供应商为它供应 1 400 种物品。绝大多数是通过希思罗配送中心发送的，经调查，希思罗配送中心持有的缓冲库存的价值约 1 500 万英镑。持有存货根源于季节波动，可是进一步调查揭示，在小型供应中心的网络中普遍也保持相当数量的缓冲库存（总价值差不多）。

在需求拉动的基础上，物品可以从配送中心自由地调派到供应基地，但是在餐饮承办商合同中缺少对库存管理的核算责任，导致习惯性的存货过剩，反过来产生了大量逆向后勤活动（主要指过期物品）。

餐饮承办商持有缓冲库存以预防不可靠的供给系统的波动，偶尔会有较长的运送提前期，问题的根本在于早期带有良好初衷的降低成本运动虽然实现了即期目标，但是它的实施并没有考虑更大范围的供应链效益。例如，为使向海外基地供应的运送成本最小化，BA 利用了 BA 货机的剩余能力——如果有可能的话——当然费用很优惠。这就意味着运送的时间安排是以货机可用性为依据，而不是以顾客为依据。

有类似的情况，把配送中心活动外包使以成本为中心的经营者通过餐饮承办合同卸下存货包袱，从而降低了自身的库存成本。但是综合考虑这些问题，配送中心上游的劣质采购会造成进场运送不及时和不合格。

为逐步提高BA餐饮公司的绩效水平，需要建立新的存货管理系统，但是执行和安装要花费大量时间。同时设计一个三点计划，以求在短期内提高运作效率，为更根本性的改革铺平道路。这个计划旨在重新调整BA餐饮公司中服务与成本之间的不平衡，同时缩短供应链的时间并提高经营伙伴之间的协作水平。

提前期的缩短成为起始点。通过提高运送的频度、准确度和可靠度，餐饮承办商被说服同意降低缓冲库存，腾出昂贵的存储空间给那些食品准备活动。在三个月之内，在服务水平提高的同时，由于使用了过剩的库存而使配送中心下游的需求减少，从而节省了100万英镑。最重要的是从长期来看，这种做法向BA自己的物料管理团队展示了供应链提前期、准确性和成本之间的联系。

同时也说明不必以牺牲服务水平为代价来实现成本降低，从而鼓舞了团队的自信心。为实行更复杂的新供应链管理系统做好准备。

新的支持系统的安装始于1997年，采用了软件供应商的ESS系统。新的系统是BA餐饮公司供应处项目中至关重要的一个环节，这个项目在五年之内总共将会节省5 000万英镑，而且这个系统在满足职能化需求进而不断提高效率之外，还可以带来更大的价值。

ESS系统能够集成BA餐饮公司的供应链计划软件和BA餐饮公司的生产管理与乘客俱乐部数据库，使航空公司能够平衡两者的力量。通过把关键的供应商集成入系统，并通盘监测库存水平，BA餐饮公司就能够随时调整它的存货至最佳水平，并能按照终点站、航班和最终顾客来跟踪存货。随着系统进一步扩展至所有非食用物品，它将会提供完善顾客服务的机会，提高对独立顾客偏好的反应能力。也许，乘客俱乐部“金卡”会员在旅途中会收到一杯他最喜爱的饮料，更重要的是，这个系统使BA餐饮公司能够准确计算它提供这种或其他服务的真实成本，从而更周密地计划如何管理未来服务变革的方向和要求。

（资料来源：罗松涛. 供应链管理［M］. 北京：对外经济贸易大学出版社，2008：300.）

第十一节 现代典型的采购方式

案例十四

合肥市政府采购将试水“网上商城”

像在淘宝上一样挑选商品并下单，今后，在合肥市公共资源交易领域或许将有淘宝式的网上商城。记者从合肥公共资源交易中心获悉，合肥市将在政府采购领域试水网上电子商城，届时政府部门购买物品或服务，只需轻点鼠标就能完成“下单”。

据了解，电子商城系统是打造政府采购的网上虚拟商城。商城和“淘宝”有些类似，供应商将自己的商品放在电子商城里展示，政府部门在其中选择商品进行采购。使用电子商城系统，采购人在网上发布询价通知书进行询价，询价信息直接面向所有供应商，各供应商报价情况、成交供应商、成交价格、商品历史成交价格等详细情况均可在电子商城系统查询。交易方式快捷方便，并且所有过程在网络上都有清晰记录，交易各方主体更加放心。

网上交易，出现恶意串标、中标又弃标的行为将如何监管？记者了解到，政府采购电子商城的供应商必须缴纳一定数额的保证金，一旦出现违规行为，将扣缴保证金，情节严重者甚至会被列入信用黑名单，乃至被取消资格。同时，政府采购网上商城系统通过相应的技术限制以及人工审核机制，确保采购公平、公正。

合肥公共资源交易中心相关负责人表示，今后中心将借鉴其他城市的成功经验，熟悉并逐步掌握电子商城的运作模式，以便更好地运用信息系统服务合肥招投标工作。

（资料来源：中国物流与采购网. 合肥市：政府采购将试水“网上商城”[N/OL]. http：//www. chinawuliu. com. cn/zixun/201404/22/288883. shtml，2014.）

附 录 1
采购管理制度范例

采购管理制度

本采购管理制度适用于公司所有物品（如原材料、辅料、备品备件、固定资产、劳保用品、办公用品等）或劳务（如技术、服务等）的采购。

一、采购管理制度目的

加强采购业务工作管理，做到有章可循，预防采购过程中的各种弊端，降低采购成本，提高采购业务的质量和经济效益。

二、采购管理制度范围

本制度适用于公司所有物品（如原材料、辅料、备品备件、固定资产、劳保用品、办公用品等）或劳务（如技术、服务等）的采购管理制度。

三、采购管理制度职责

1. 市场部根据销售订单编制销售计划并下发相关部门。

2. 生产部根据市场部销售计划，编制原辅材料需求清单。负责制版、模具、量板等外包产品、技术服务以及其他外协业务采购申请及计划的编制。

3. 采购部根据生产部门报送的材料需求清单，核实仓库存量，结合材料库存安全定额，编制采购计划，报经总经理批准后组织采购管理制度。

4. 办公室负责编制公司劳保、办公用品的采购和办公用品日常维修申请计划。

5. 设备工程部依据公司固定资产投资计划、设备运行状况以及生产经营需要编制设备的采购管理制度、固定资产维修以及零星维修制造所用备品备件采购计划。

6. 各物品、劳务需求部门根据需求物品或劳务的性质和权属向办公室、生产部、采购部、设备部提交申请，并经初审后交各分管副总或总经理批准。

7. 分管副总负责权限内的采购审批和超出权限的采购管理制度初审，总经理负责生产经营采购、固定资产购置、维修等计划的审批。

8. 财务部负责日常采购的价格审查，负责对价值10万元以上的采购组织或上报集团公司进行招标。

9. 质量部负责原材料、辅料的验收，设备部会同生产技术部负责备品备件、设备、监视和测量工具及维修等劳务的验收。

10. 各采购经办人负责索要发票、办理结算，并对发票的真实性和合法性负责。

四、采购管理制度采购作业操作规程

1. 物资采购的计划、申请与审批

（1）授权的请购部门根据生产计划、实际需要以及库存情况每月28日前报次月的采购计划，报分管经理审核。

（2）经分管副总初审后的月度采购计划报财务副总审批后执行。

（3）未列入月份采购计划或超出计划的临时采购申请需根据需求物品或劳务的性质和权属向办公室、生产部、采购部、设备部提交申请，并经初审后交各分管副总或总经理批准。

（4）对价值超过200元以上的办公用品及500元以上的配件、设备、仪器、劳务等需要由申请部门写出申请报告经分管副总签署意见报总经理审批后实施。

（5）采购计划或申请应列明采购物品或劳务的名称、规格型号、数量、质量技术要求、估计价值、交货日期、用途等。

2. 采购比价

（1）采购部门在采购前须将采购计划或申请，交财务部进行比价；在提交采购计划或申请的同时，采购部门应对新采购物品提供至少3家以上的供应商报价和联系资料，由财务部对提供的供应商（但不仅限于）进行询价或实地调查。

（2）价值在2万元以上的维修、服务等劳务，5万元以上的单台（套）设备的采购需召集3家以上的供应商报价，进行比价；10万元以上的设备、仪器等固定资产采购必须采取招标方式。

（3）对常用大宗原辅材料实行招标比价采购，公司根据市场行情每年至少举行2次招标，确定采购价格和供应商，一经通过招标确定价格，只能在定标价格基础上根据市场行情下调，不能上浮；如属国家政策调整等客观原因所致采购价格上涨，并且采购物资属供不应求的卖方市场，价格可以上调，但必须经过总经理办公会研究同意后才能执行。

（4）国家明码标价垄断经营的特殊商品采购以及政府有收费标准的行政事业性服务收费不实行比价程序，物价审计只对采购物品或劳务的价格、收费标准、数量、质量的真实性进行审查。

（5）所有采购业务应经审查后方可报总经理签批报销。

3. 采购管理制度实施及物资验收

（1）公司的采购业务统一由采购部门负责办理，其他部门或人员不得自行采购。

（2）采购部门应根据生产部下达的原辅材料需用计划结合库存物资的数量编制采购计划，报分管副总批准后执行。

（3）采购部门根据批准的采购计划组织采购，除零星采购外，批量采购业务必须先与供货方签订采购合同，并与财务部、质量部、生产部等相关部门进行会审，采购合同应包括品种、规格、数量、质量、价格、交货日期、运费承担、结算方式及经济处罚等项条款。在采购合同有效期内，若因市场行情发生较大变化时，经过总经理批准可以与供货商签订调价协议，并报请财务部门备案。

（4）采购物资运到本公司时，先由采购部门对照核对采购计划，经确认无误后开具请验单，交质量部或设备部进行质量检验，质量部、设备部在验收条件允许的范围内组织物资检验，并出具检验报告单，检验合格的物资由保管点数入库并办理入库手续，检验不合格的物资不得办理入库。

4. 结算

（1）按规定能够取得增值税发票的，且在我方能够抵扣增值税的采购项目必须索取增值税发票，不能取得的，价格按扣除增值税以后执行。

（2）无论是现款采购还是赊购，在结算付款时均需由采购部门填开采购付款申请单，连同有关凭证报经财务部门审核，并经总经理批准后，出纳人员方可付款。

（3）财务部在对采购物品结算付款时，应当认真审核请购单、采购合同、采购计划单、采购付款申请单、入库单、发票或收款收据等有关单证，账目结算不清或未按合同规定期限付款以及不符合税务制度规定的结算凭证财务部门不得办理相关手续。

（4）出纳员须在接到经总经理批准的付款凭证后办理付款手续，付款时必须认真审核是否具备签章齐全的条件，对签章不全的付款凭证不得办理付款手续。

五、采购管理制度责任

1. 不按规定程序未经审批采购的，由经办部门和人员自行负责处理，已经与供方签订购销合同，导致公司因不能履约而发生的损失由经办人员全额承担。

2. 经审批的采购计划和申请，负责采购的部门和人员应在规定采购期限内采购到位，因没有人导致不能按时采购而影响正常经营的，发现查实一次罚款100元，给公司造成损失的按确定损失额的40%。

3. 未经比价即进行采购的，采购价格明显高于比价结果的，价格高出部分由采购人员自行承担。提交供应商报价时，与供应商串通抬高价格，从中谋取私利，或未认真进行比价而导致采购价格明显过高，经查实后采购人员承担相应损失，损失额在5 000元以上的责令其下岗。

4. 物品使用部门（车间）必须依据生产计划、生产管理实际需要，认真按照4.1.5

条之规定填制购物申请单。填写不规范，导致无法确认请购物资须知信息的，采购部门有权拒绝采购。采购计划及申请必须由请购部门主管签字，无请购部门主管签字，审批人不得予以审批。对贪图省事、乱报采购计划，造成本公司流动资金使用浪费的，依照银行贷款利率的两倍标准对有关责任人处以罚款。

5. 采购部门在确保品质的前提下，必须充分考虑市场变化和库存成本等因素，制定大宗物品的采购方案，落实供货单位。并对采购物品的品质、货款结算安全负责。若因玩忽职守，造成公司经济损失的，应负相应的经济赔偿责任。特别是结算过程中产生的应收款项，有关采购人员负有无条件的清收责任。

6. 财务部必须认真履行审核监督责任，对审核把关工作不严、不及时向总经理汇报有关事情真相，并造成公司经济损失的，给予相应的经济和行政处分。

7. 验收部门必须对所有运抵本公司的采购物品，依照采购合同规定的质量要求进行质量检验。若发现品质不符时，必须及时报告采购部门（必要时直接报告总经理）处理。严禁品质不符的外购物品入库。因验收人员玩忽职守造成经济损失的，给予相应的经济和行政处分。

8. 仓库对验收部门验收合格的外购物品办理入库手续，并对入库采购物品的数量负责。若发现数量不符时，应当及时向有关部门报告（必要时直接报告总经理），同时妥善保管该批采购物品等待处理。对仓库保管员工作马虎，未按本办法规定操作，造成入库数量短缺、超计划采购或不合格物资入库的应负经济赔偿责任。

六、采购绩效考核

1. 采购绩效评估的指标

采购人员绩效评估应以“5R”为核心，即适时、适质、适量、适价、适地，并用量化指标作为考核尺度。

（1）时间绩效

用以下指标考核时间管理绩效：

1）停工断料影响工时；

2）紧急采购（如空运）的费用差额。

（2）品质绩效

用以下指标考核品质管理绩效：

1）进料品质合格率；

2）物料使用的不良率或退货率。

（3）数量绩效

用以下指标考核数量管理绩效：

1）呆滞物料金额；

2）呆滞处理损失金额；

3）库存金额；

4）库存周转率。

（4）价格绩效

用以下指标考核价格管理绩效：

1）实际价格与标准成本的差额；

2）实际价格与过去移动平均价格的差额；

3）比较使用时价格和采购时价格的差额；

4）将当期采购价格与基期采购价格之比率同当期物价指数与基期物价指数的比率相互比较。

（5）效率指标

其他采购绩效评估指标有：

1）采购金额；

2）采购金额占销货收入的百分比；

3）采购部门的费用；

4）新开发供应产商的数量；

5）采购完成率；

6）错误采购次数；

7）订单处理的时间；

8）其他指标。

2. 采购绩效评估的方式

本公司采购人员的绩效评估方式，采取目标管理与工作表现考核相结合的方式。

（1）绩效评估说明

1）目标管理考核占采购人员绩效评估的 70％。

2）公司的人事考核（工作表现）占绩效评估的 30％。

3）两次考核的总和即为采购人员的绩效，即：

绩效分数＝目标管理考核×70％＋工作表现考核×30％。

（2）目标管理考核规定

1）每年 12 月，公司制定年度目标与预算。

2）采购部根据公司营业目标与预算，提出本部门次年度的工作目标。

3）采购部各级人员根据部门工作目标，制定个人次年度的工作目标。

4）采购部个人次年度的工作目标经采购部主管审核后，报人事部门存档。

5）采购部依《目标管理卡》逐月对采购人员进行绩效评估。

6）《目标管理卡》采取个人自填、主管审核的方式。

（3）工作表现考核规定

1）依公司有关绩效考核的方式进行，参照《员工绩效考核管理方法》。

2）工作表考核由直属主管每月对下属进行考核，并报上一级主管核准。

（4）绩效评估奖惩规定

1）依公司有关绩效奖惩管理规定给付款绩效资金。

2）年度考核分数80分以上的人员，次年度可晋升一至三级工资，视公司整体工资制度规划而定。

3）拟晋升职务等级之采购人员，其年度考核分数应高于85分。

4）年度考核分数低于60分者，应调离采购岗位。

5）年度考核分数在60～80分之间者，应加强职位训练，以提升工作绩效。

七、执行

本采购管理制度自发布之日起执行，自本制度执行之日起，原有相关规定同时废止。

附 录 2
采购人员行为规范

采购部员工是公司富有代表性的员工之一，其仪表、仪容、谈吐、举止、行为不仅是个人修养的体现，是公司对内、对外形象的体现。优秀合作伙伴的引进与良好合作，将与员工的行为直接相关。为继承和发扬公司宝贵文化，维护“公司人”的光辉形象，特制定采购部行为规范。

一、员工形象要求

1. 形象意识

员工必须具备强烈的形象意识，从基本做起，塑造良好的形象。

2. 仪容仪表

（1）员工衣着、发型要求得体，保持健康向上的精神。

（2）长袖衬衣要塞在裤腰内，裤脚和袖子不能卷起。

（3）女士要求着淡妆，勿佩戴过多的饰物。

3. 社交、谈吐

（1）内部交流一律使用普通话，交谈中善于倾听，不随便打断他人谈话，不鲁莽提问，不打听总公司内部机密和他人隐私，不要言语纠缠不休或话带讽刺，更不能高高在上、出言不逊。

（2）对外交谈诚恳、热情，不卑不亢，语言流利准确。业务之外，注意话题健康、客观，不要主动涉及敏感政治话题。待人接物，做到有理有节。

（3）互相尊重文化、宗教信仰、风俗习惯。

4. 举止、行为

（1）遵守考勤制度，按时上下班，不迟到早退。病事假一律及时申请并通知部门主管。

（2）公共办公场所禁止吃东西和吸烟，不酗酒，保持良好的精神状态。

（3）对上司要尊重，对同事要热情。

（4）遵循下级服从上级的组织原则，不得当众顶撞上级领导；意见和建议通过合理的渠道反映。

（5）工作时，要保持清晰的思维和冷静的头脑，安排的工作要善始善终，工作汇报要条理清晰。

（6）开诚布公，坦诚待人，平等尊重、团结协作，不将个人喜好带进工作中，不拉帮结派、党同伐异。

（7）养成良好、严谨的工作作风；公司和个人理财要有计划，开源节流。

（8）热情接待总公司内外的每一位来宾，不以貌取人，不盛气凌人，客人约见一定要守时。

（9）保持良好的坐姿、行姿，切勿高声喧哗和呼叫他人。

（10）出入会议室、上司办公室要先敲门，进入房间要随手关门。

（11）办公时间禁止干私事，禁止浏览与工作无关的网页和玩电子游戏。

（12）禁止带小孩进入办公场所。

二、员工日常活动行为规范

1. 爱护公物、讲究环境卫生

（1）养成讲卫生的美德，不随地吐痰，不丢弃纸屑、果皮、烟头和杂物，不乱涂、乱画。

（2）办公室保持整洁，无污痕，文件入柜并摆放整齐。

（3）爱护并正确使用办公用品，如电话、计算机、传真机等，保持清洁。

（4）经常擦洗公共设施，保持良好的环境。

2. 名片

（1）名片是员工对外交往的工具之一，使用名片，应讲究礼节。

（2）员工一律使用总公司统一的名片格式，不得标新立异，职务资料变更后应印制新的名片。

（3）主动向对方递送名片，递送时身体稍欠，双手递出名片，从正面向对方递出。

（4）接受对方的名片同样要欠身，双手接过名片，诵读对方的名片，并妥善保留。

（5）谈判时，应将对方的名片排列在桌上，不要随意丢弃对方的名片，谈判结束后应放入公文包或妥善保管。

3. 电话

（1）员工电话行为应符合规范，注意控制语气、语态、语调，做到亲切、简练、有理有节；接听电话，首先说“您好，我是××公司员工”，再报上自己的姓名。

（2）接待客人时需要接听电话，应先说“对不起”。重要会议和洽谈，不允许接听手机，不能关机，应设置成无声或会议状态。

（3）仔细、耐心倾听对方的讲话，不要打断对方的解释。

（4）准确认录、转告电话内容。

（5）谈话结束，表示谢意，等待对方挂机。

（6）工作时与业务无关的电话应简洁扼要，对广告、推销等电话一律拒绝，对找领导的电话要注意技巧。

（7）同国外客户通话之前应做好准备。

（8）严禁打付费电话，避免打电话的时间过长。

（9）手机 24 小时开通，不得关机；在无法使用手机时，应主动与部门保持联系。

4. 宴请

（1）衣冠整洁，准时到场。

（2）宴请地点要适合客户的喜好，菜式符合客人的习惯和口味。

（3）陪客人数要尽可能少，无关人员不得参与陪同。

（4）进餐时举止文明，不要大声咀嚼食物，喝汤不能出声。

（5）不要将餐具碰出声响。

（6）客人不吸烟，陪同人一般不许吸烟。

（7）不要酗酒和强行劝酒。

（8）不可留客户先行离开，有事暂时离座要先说“对不起”，征得客户同意。

三、保持廉洁形象

1. 不得接受供应商的宴请、钓鱼等与工作无关的社会活动。

2. 严禁向供应商索要礼品及礼金。

3. 不接受供应商赠送的礼品、礼金，确实推脱不掉的礼金或大额礼品（单价超过 800 元）需上交公司纪检部门。

四、集体活动和团队精神

1. 总公司活动

培养广泛的个人爱好和高尚的情趣，积极参加总公司组织的各种文体活动，如文艺表演、舞会、球类棋类竞赛等。

2. 采购部活动

凡采购部组织的各种集体活动，不得以任何理由推诿。

3. 团队精神

自觉维护公司人员和采购部的荣誉和形象。

五、本规则由采购部负责解释

附 录 3
中华人民共和国招标投标法

第一章 总 则

第一条 为了规范招标投标活动，保护国家利益、社会公共利益和招标投标活动当事人的合法权益，提高经济效益，保证项目质量，制定本法。

第二条 在中华人民共和国境内进行招标投标活动，适用本法。

第三条 在中华人民共和国境内进行下列工程建设项目包括项目的勘察、设计、施工、监理以及与工程建设有关的重要设备、材料等的采购，必须进行招标：

（一）大型基础设施、公用事业等关系社会公共利益、公众安全的项目；

（二）全部或者部分使用国有资金投资或者国家融资的项目；

（三）使用国际组织或者外国政府贷款、援助资金的项目。

前款所列项目的具体范围和规模标准，由国务院发展计划部门会同国务院有关部门制定，报国务院批准。

法律或者国务院对必须进行招标的其他项目的范围有规定的，依照其规定。

第四条 任何单位和个人不得将依法必须进行招标的项目化整为零或者以其他任何方式规避招标。

第五条 招标投标活动应当遵循公开、公平、公正和诚实信用的原则。

第六条 依法必须进行招标的项目，其招标投标活动不受地区或者部门的限制。任何单位和个人不得违法限制或者排斥本地区、本系统以外的法人或者其他组织参加投标，不得以任何方式非法干涉招标投标活动。

第七条 招标投标活动及其当事人应当接受依法实施的监督。

有关行政监督部门依法对招标投标活动实施监督，依法查处招标投标活动中的违法行为。

对招标投标活动的行政监督及有关部门的具体职权划分，由国务院规定。

第二章 招 标

第八条 招标人是依照本法规定提出招标项目、进行招标的法人或者其他组织。

第九条 招标项目按照国家有关规定需要履行项目审批手续的，应当先履行审批手续，取得批准。

招标人应当有进行招标项目的相应资金或者资金来源已经落实，并应当在招标文件中如实载明。

第十条 招标分为公开招标和邀请招标。

公开招标，是指招标人以招标公告的方式邀请不特定的法人或者其他组织投标。

邀请招标，是指招标人以投标邀请书的方式邀请特定的法人或者其他组织投标。

第十一条 国务院发展计划部门确定的国家重点项目和省、自治区、直辖市人民政府确定的地方重点项目不适宜公开招标的，经国务院发展计划部门或者省、自治区、直辖市人民政府批准，可以进行邀请招标。

第十二条 招标人有权自行选择招标代理机构，委托其办理招标事宜。任何单位和个人不得以任何方式为招标人指定招标代理机构。

招标人具有编制招标文件和组织评标能力的，可以自行办理招标事宜。任何单位和个人不得强制其委托招标代理机构办理招标事宜。

依法必须进行招标的项目，招标人自行办理招标事宜的，应当向有关行政监督部门备案。

第十三条 招标代理机构是依法设立、从事招标代理业务并提供相关服务的社会中介组织。

招标代理机构应当具备下列条件：

（一）有从事招标代理业务的营业场所和相应资金；

（二）有能够编制招标文件和组织评标的相应专业力量；

（三）有符合本法第三十七条第三款规定条件、可以作为评标委员会成员人选的技术、经济等方面的专家库。

第十四条 从事工程建设项目招标代理业务的招标代理机构，其资格由国务院或者省、自治区、直辖市人民政府的建设行政主管部门认定。具体办法由国务院建设行政主管部门会同国务院有关部门制定。从事其他招标代理业务的招标代理机构，其资格认定的主管部门由国务院规定。

招标代理机构与行政机关和其他国家机关不得存在隶属关系或者其他利益关系。

第十五条 招标代理机构应当在招标人委托的范围内办理招标事宜，并遵守本法关于招标人的规定。

第十六条 招标人采用公开招标方式的，应当发布招标公告。依法必须进行招标的项目的招标公告，应当通过国家指定的报刊、信息网络或者其他媒介发布。

招标公告应当载明招标人的名称和地址，招标项目的性质、数量、实施地点和时间以及获取招标文件的办法等事项。

第十七条 招标人采用邀请招标方式的，应当向三个以上具备承担招标项目的能力、资信良好的特定的法人或者其他组织发出投标邀请书。

投标邀请书应当载明本法第十六条第二款规定的事项。

第十八条 招标人可以根据招标项目本身的要求，在招标公告或者投标邀请书中，要求潜在投标人提供有关资质证明文件和业绩情况，并对潜在投标人进行资格审查；国家对投标人的资格条件有规定的，依照其规定。

招标人不得以不合理的条件限制或者排斥潜在投标人，不得对潜在投标人实行歧视待遇。

第十九条 招标人应当根据招标项目的特点和需要编制招标文件。招标文件应当包括招标项目的技术要求、对投标人资格审查的标准、投标报价要求和评标标准等所有实质性要求和条件以及拟签订合同的主要条款。

国家对招标项目的技术、标准有规定的，招标人应当按照其规定在招标文件中提出相应要求。

招标项目需要划分标段、确定工期的，招标人应当合理划分标段、确定工期，并在招标文件中载明。

第二十条 招标文件不得要求或者标明特定的生产供应者以及含有倾向或者排斥潜在投标人的其他内容。

第二十一条 招标人根据招标项目的具体情况，可以组织潜在投标人踏勘项目现场。

第二十二条 招标人不得向他人透露已获取招标文件的潜在投标人的名称、数量以及可能影响公平竞争的有关招标投标的其他情况。

招标人设有标底的，标底必须保密。

第二十三条 招标人对已发出的招标文件进行必要的澄清或者修改的，应当在招标文件要求提交投标文件截止时间至少十五日前，以书面形式通知所有招标文件收受人。该澄清或者修改的内容为招标文件的组成部分。

第二十四条 招标人应当确定投标人编制投标文件所需要的合理时间，但是，依法必须进行招标的项目，自招标文件开始发出之日起至投标人提交投标文件截止之日止，最短不得少于二十日。

第三章 投　　标

第二十五条 投标人是响应招标、参加投标竞争的法人或者其他组织。

依法招标的科研项目允许个人参加投标的，投标的个人适用本法有关投标人的规定。

第二十六条 投标人应当具备承担招标项目的能力；国家有关规定对投标人资格条件或者招标文件对投标人资格条件有规定的，投标人应当具备规定的资格条件。

第二十七条 投标人应当按照招标文件的要求编制投标文件。投标文件应当对招标文件提出的实质性要求和条件作出响应。

招标项目属于建设施工的，投标文件的内容应当包括拟派出的项目负责人与主要技术人员的简历、业绩和拟用于完成招标项目的机械设备等。

第二十八条 投标人应当在招标文件要求提交投标文件的截止时间前，将投标文件送达投标地点。招标人收到投标文件后，应当签收保存，不得开启。投标人少于三个的，招标人应当依照本法重新招标。

在招标文件要求提交投标文件的截止时间后送达的投标文件，招标人应当拒收。

第二十九条 投标人在招标文件要求提交投标文件的截止时间前，可以补充、修改或者撤回已提交的投标文件，并书面通知招标人。补充、修改的内容为投标文件的组成部分。

第三十条 投标人根据招标文件载明的项目实际情况，拟在中标后将中标项目的部分非主体、非关键性工作进行分包的，应当在投标文件中载明。

第三十一条 两个以上法人或者其他组织可以组成一个联合体，以一个投标人的身份共同投标。

联合体各方均应当具备承担招标项目的相应能力；国家有关规定或者招标文件对投标人资格条件有规定的，联合体各方均应当具备规定的相应资格条件。由同一专业的单位组成的联合体，按照资质等级较低的单位确定资质等级。

联合体各方应当签订共同投标协议，明确约定各方拟承担的工作和责任，并将共同投标协议连同投标文件一并提交招标人。联合体中标的，联合体各方应当共同与招标人签订合同，就中标项目向招标人承担连带责任。

招标人不得强制投标人组成联合体共同投标，不得限制投标人之间的竞争。

第三十二条 投标人不得相互串通投标报价，不得排挤其他投标人的公平竞争，损害招标人或者其他投标人的合法权益。

投标人不得与招标人串通投标，损害国家利益、社会公共利益或者他人的合法权益。

禁止投标人以向招标人或者评标委员会成员行贿的手段谋取中标。

第三十三条 投标人不得以低于成本的报价竞标，也不得以他人名义投标或者以其他方式弄虚作假，骗取中标。

第四章 开标、评标和中标

第三十四条 开标应当在招标文件确定的提交投标文件截止时间的同一时间公开进行；开标地点应当为招标文件中预先确定的地点。

第三十五条 开标由招标人主持，邀请所有投标人参加。

第三十六条 开标时，由投标人或者其推选的代表检查投标文件的密封情况，也可以由招标人委托的公证机构检查并公证；经确认无误后，由工作人员当众拆封，宣读投标人名称、投标价格和投标文件的其他主要内容。

招标人在招标文件要求提交投标文件的截止时间前收到的所有投标文件，开标时都应当当众予以拆封、宣读。

开标过程应当记录，并存档备查。

第三十七条 评标由招标人依法组建的评标委员会负责。

依法必须进行招标的项目，其评标委员会由招标人的代表和有关技术、经济等方面的专家组成，成员人数为五人以上单数，其中技术、经济等方面的专家不得少于成员总数的三分之二。

前款专家应当从事相关领域工作满八年并具有高级职称或者具有同等专业水平，由招标人从国务院有关部门或者省、自治区、直辖市人民政府有关部门提供的专家名册或者招标代理机构的专家库内的相关专业的专家名单中确定；一般招标项目可以采取随机抽取方式，特殊招标项目可以由招标人直接确定。

与投标人有利害关系的人不得进入相关项目的评标委员会；已经进入的应当更换。

评标委员会成员的名单在中标结果确定前应当保密。

第三十八条 招标人应当采取必要的措施，保证评标在严格保密的情况下进行。

任何单位和个人不得非法干预、影响评标的过程和结果。

第三十九条 评标委员会可以要求投标人对投标文件中含义不明确的内容作必要的澄清或者说明，但是澄清或者说明不得超出投标文件的范围或者改变投标文件的实质性内容。

第四十条 评标委员会应当按照招标文件确定的评标标准和方法，对投标文件进行评审和比较；设有标底的，应当参考标底。评标委员会完成评标后，应当向招标人提出书面评标报告，并推荐合格的中标候选人。

招标人根据评标委员会提出的书面评标报告和推荐的中标候选人确定中标人。招标人也可以授权评标委员会直接确定中标人。

国务院对特定招标项目的评标有特别规定的，从其规定。

第四十一条 中标人的投标应当符合下列条件之一：

（一）能够最大限度地满足招标文件中规定的各项综合评价标准；

（二）能够满足招标文件的实质性要求，并且经评审的投标价格最低；但是投标价格低于成本的除外。

第四十二条 评标委员会经评审，认为所有投标都不符合招标文件要求的，可以否决所有投标。

依法必须进行招标的项目的所有投标被否决的，招标人应当依照本法重新招标。

第四十三条 在确定中标人前，招标人不得与投标人就投标价格、投标方案等实质性内容进行谈判。

第四十四条 评标委员会成员应当客观、公正地履行职务，遵守职业道德，对所提出的评审意见承担个人责任。

评标委员会成员不得私下接触投标人，不得收受投标人的财物或者其他好处。

评标委员会成员和参与评标的有关工作人员不得透露对投标文件的评审和比较、中标候选人的推荐情况以及与评标有关的其他情况。

第四十五条　中标人确定后，招标人应当向中标人发出中标通知书，并同时将中标结果通知所有未中标的投标人。

中标通知书对招标人和中标人具有法律效力。中标通知书发出后，招标人改变中标结果的，或者中标人放弃中标项目的，应当依法承担法律责任。

第四十六条　招标人和中标人应当自中标通知书发出之日起三十日内，按照招标文件和中标人的投标文件订立书面合同。招标人和中标人不得再行订立背离合同实质性内容的其他协议。

招标文件要求中标人提交履约保证金的，中标人应当提交。

第四十七条　依法必须进行招标的项目，招标人应当自确定中标人之日起十五日内，向有关行政监督部门提交招标投标情况的书面报告。

第四十八条　中标人应当按照合同约定履行义务，完成中标项目。中标人不得向他人转让中标项目，也不得将中标项目肢解后分别向他人转让。

中标人按照合同约定或者经招标人同意，可以将中标项目的部分非主体、非关键性工作分包给他人完成。接受分包的人应当具备相应的资格条件，并不得再次分包。

中标人应当就分包项目向招标人负责，接受分包的人就分包项目承担连带责任。

第五章　法 律 责 任

第四十九条　违反本法规定，必须进行招标的项目而不招标的，将必须进行招标的项目化整为零或者以其他任何方式规避招标的，责令限期改正，可以处项目合同金额千分之五以上千分之十以下的罚款；对全部或者部分使用国有资金的项目，可以暂停项目执行或者暂停资金拨付；对单位直接负责的主管人员和其他直接责任人员依法给予处分。

第五十条　招标代理机构违反本法规定，泄露应当保密的与招标投标活动有关的情况和资料的，或者与招标人、投标人串通损害国家利益、社会公共利益或者他人合法权益的，处五万元以上二十五万元以下的罚款，对单位直接负责的主管人员和其他直接责任人员处单位罚款数额百分之五以上百分之十以下的罚款；有违法所得的，并处没收违法所得；情节严重的，暂停直至取消招标代理资格；构成犯罪的，依法追究刑事责任。给他人造成损失的，依法承担赔偿责任。

前款所列行为影响中标结果的，中标无效。

第五十一条　招标人以不合理的条件限制或者排斥潜在投标人的，对潜在投标人实行歧视待遇的，强制要求投标人组成联合体共同投标的，或者限制投标人之间竞争的，责令改正，可以处一万元以上五万元以下的罚款。

第五十二条　依法必须进行招标的项目的招标人向他人透露已获取招标文件的潜在投标人的名称、数量或者可能影响公平竞争的有关招标投标的其他情况的，或者泄露标底的，给予警告，可以并处一万元以上十万元以下的罚款；对单位直接负责的主管人员和其他直接责任人员依法给予处分；构成犯罪的，依法追究刑事责任。

前款所列行为影响中标结果的，中标无效。

第五十三条　投标人相互串通投标或者与招标人串通投标的，投标人以向招标人或者评标委员会成员行贿的手段谋取中标的，中标无效，处中标项目金额千分之五以上千分之十以下的罚款，对单位直接负责的主管人员和其他直接责任人员处单位罚款数额百分之五以上百分之十以下的罚款；有违法所得的，并处没收违法所得；情节严重的，取消其一年至二年内参加依法必须进行招标的项目的投标资格并予以公告，直至由工商行政管理机关吊销营业执照；构成犯罪的，依法追究刑事责任。给他人造成损失的，依法承担赔偿责任。

第五十四条　投标人以他人名义投标或者以其他方式弄虚作假，骗取中标的，中标无效，给招标人造成损失的，依法承担赔偿责任；构成犯罪的，依法追究刑事责任。

依法必须进行招标的项目的投标人有前款所列行为尚未构成犯罪的，处中标项目金额千分之五以上千分之十以下的罚款，对单位直接负责的主管人员和其他直接责任人员处单位罚款数额百分之五以上百分之十以下的罚款；有违法所得的，并处没收违法所得；情节严重的，取消其一年至三年内参加依法必须进行招标的项目的投标资格并予以公告，直至由工商行政管理机关吊销营业执照。

第五十五条　依法必须进行招标的项目，招标人违反本法规定，与投标人就投标价格、投标方案等实质性内容进行谈判的，给予警告，对单位直接负责的主管人员和其他直接责任人员依法给予处分。

前款所列行为影响中标结果的，中标无效。

第五十六条　评标委员会成员收受投标人的财物或者其他好处的，评标委员会成员或者参加评标的有关工作人员向他人透露对投标文件的评审和比较、中标候选人的推荐以及与评标有关的其他情况的，给予警告，没收收受的财物，可以并处三千元以上五万元以下的罚款，对有所列违法行为的评标委员会成员取消担任评标委员会成员的资格，不得再参加任何依法必须进行招标的项目的评标；构成犯罪的，依法追究刑事责任。

第五十七条　招标人在评标委员会依法推荐的中标候选人以外确定中标人的，依法必须进行招标的项目在所有投标被评标委员会否决后自行确定中标人的，中标无效。责令改正，可以处中标项目金额千分之五以上千分之十以下的罚款；对单位直接负责的主管人员和其他直接责任人员依法给予处分。

第五十八条　中标人将中标项目转让给他人的，将中标项目肢解后分别转让给他人的，违反本法规定将中标项目的部分主体、关键性工作分包给他人的，或者分包人再次分包的，转让、分包无效，处转让、分包项目金额千分之五以上千分之十以下的罚款；有违法所得的，并没收违法所得；可以责令停业整顿；情节严重的，由工商行政管理机关吊销营业执照。

第五十九条　招标人与中标人不按照招标文件和中标人的投标文件订立合同的，或者招标人、中标人订立背离合同实质性内容的协议的，责令改正；可以处中标项目金额千分之五以上千分之十以下的罚款。

第六十条　中标人不履行与招标人订立的合同的，履约保证金不予退还，给招标人造成的损失超过履约保证金数额的，还应当对超过部分予以赔偿；没有提交履约保证金的，应当对招标人的损失承担赔偿责任。

中标人不按照与招标人订立的合同履行义务，情节严重的，取消其二年至五年内参加依法必须进行招标的项目的投标资格并予以公告，直至由工商行政管理机关吊销营业执照。

因不可抗力不能履行合同的，不适用前两款规定。

第六十一条　本章规定的行政处罚，由国务院规定的有关行政监督部门决定。本法已对实施行政处罚的机关作出规定的除外。

第六十二条　任何单位违反本法规定，限制或者排斥本地区、本系统以外的法人或者其他组织参加投标的，为招标人指定招标代理机构的，强制招标人委托招标代理机构办理招标事宜的，或者以其他方式干涉招标投标活动的，责令改正；对单位直接负责的主管人员和其他直接责任人员依法给予警告、记过、记大过的处分，情节较重的，依法给予降级、撤职、开除的处分。

个人利用职权进行前款违法行为的，依照前款规定追究责任。

第六十三条　对招标投标活动依法负有行政监督职责的国家机关工作人员徇私舞弊、滥用职权或者玩忽职守，构成犯罪的，依法追究刑事责任；不构成犯罪的，依法给予行政处分。

第六十四条　依法必须进行招标的项目违反本法规定，中标无效的，应当依照本法规定的中标条件从其余投标人中重新确定中标人或者依照本法重新进行招标。

第六章　附　　则

第六十五条　投标人和其他利害关系人认为招标投标活动不符合本法有关规定的，有权向招标人提出异议或者依法向有关行政监督部门投诉。

第六十六条　涉及国家安全、国家秘密、抢险救灾或者属于利用扶贫资金实行以工代赈、需要使用农民工等特殊情况，不适宜进行招标的项目，按照国家有关规定可以不进行招标。

第六十七条　使用国际组织或者外国政府贷款、援助资金的项目进行招标，贷款方、资金提供方对招标投标的具体条件和程序有不同规定的，可以适用其规定，但违背中华人民共和国的社会公共利益的除外。

第六十八条　本法自 2000 年 1 月 1 日起施行。

附 录 4
中华人民共和国仲裁法

（1994 年 8 月 31 日第八届全国人民代表大会常务委员会第九次会议通过　1994 年 8 月 31 日中华人民共和国主席令第三十一号公布　自 1995 年 9 月 1 日起施行）

目　录

第一章　总则
第二章　仲裁委员会和仲裁协会
第三章　仲裁协议
第四章　仲裁程序
第五章　申请撤销裁决
第六章　执行
第七章　涉外仲裁的特别规定
第八章　附则

第一章　总　　则

第一条　为保证公正、及时地仲裁经济纠纷，保护当事人的合法权益，保障社会主义市场经济健康发展，制定本法。

第二条　平等主体的公民、法人和其他组织之间发生的合同纠纷和其他财产权益纠纷，可以仲裁。

第三条　下列纠纷不能仲裁：

（一）婚姻、收养、监护、扶养、继承纠纷；

（二）依法应当由行政机关处理的行政争议。

第四条　当事人采用仲裁方式解决纠纷，应当双方自愿，达成仲裁协议。没有仲裁协议，一方申请仲裁的，仲裁委员会不予受理。

第五条　当事人达成仲裁协议，一方向人民法院起诉的，人民法院不予受理，但仲裁协议无效的除外。

第六条　仲裁委员会应当由当事人协议选定。

仲裁不实行级别管辖和地域管辖。

第七条　仲裁应当根据事实，符合法律规定，公平合理地解决纠纷。

第八条　仲裁依法独立进行，不受行政机关、社会团体和个人的干涉。

第九条　仲裁实行一裁终局的制度。裁决作出后，当事人就同一纠纷再申请仲裁或者向人民法院起诉的，仲裁委员会或者人民法院不予受理。

裁决被人民法院依法裁定撤销或者不予执行的，当事人就该纠纷可以根据双方重新达到的仲裁协议申请仲裁，也可以向人民法院起诉。

第二章　仲裁委员会和仲裁协会

第十条　仲裁委员会可以在直辖市和省、自治区人民政府所在地的市设立，也可以根据需要在其他设区的市设立，不按行政区划层层设立。

仲裁委员会由前款规定的市人民政府组织有关部门和商会统一组建。

设立仲裁委员会，应当经省、自治区、直辖市的司法行政部门登记。

第十一条　仲裁委员会应当具备下列条件：

（一）有自己的名称、住所和章程；

（二）有必要的财产；

（三）有该委员会的组成人员；

（四）有聘任的仲裁员。

仲裁委员会的章程应当依照本法制定。

第十二条　仲裁委员会由主任一人、副主任二至四人和委员七至十一人组成。

仲裁委员会的主任、副主任和委员由法律、经济贸易专家和有实际工作经验的人员担任。仲裁委员会的组成人员中，法律、经济贸易专家不得少于三分之二。

第十三条　仲裁委员会应当从公道正派的人员中聘任仲裁员。

仲裁员应当符合下列条件之一：

（一）从事仲裁工作满八年的；

（二）从事律师工作满八年的；

（三）曾任审判员满八年的；

（四）从事法律研究、教学工作并具有高级职称的；

（五）具有法律知识、从事经济贸易等专业工作并具有高级职称或者具有同等专业水平的。

仲裁委员会按照不同专业设仲裁员名册。

第十四条　仲裁委员会独立于行政机关，与行政机关没有隶属关系。仲裁委员会之间也没有隶属关系。

第十五条　中国仲裁协会是社会团体法人。仲裁委员会是中国仲裁协会的会员。中国仲裁协会的章程由全国会员大会制定。

中国仲裁协会是仲裁委员会的自律性组织，根据章程对仲裁委员会及其组成人员、仲裁员的违纪行为进行监督。

中国仲裁协会依照本法和民事诉讼法的有关规定制定仲裁规则。

第三章 仲裁协议

第十六条 仲裁协议包括合同中订立的仲裁条款和以其他书面方式在纠纷发生前或者纠纷发生后达成的请求仲裁的协议。

仲裁协议应当具有下列内容：

（一）请求仲裁的意思表示；

（二）仲裁事项；

（三）选定的仲裁委员会。

第十七条 有下列情形之一的，仲裁协议无效：

（一）约定的仲裁事项超出法律规定的仲裁范围的；

（二）无民事行为能力人或者限制民事行为能力人订立的仲裁协议；

（三）一方采取胁迫手段，迫使对方订立仲裁协议的。

第十八条 仲裁协议对仲裁事项或者仲裁委员会没有约定或者约定不明确的，当事人可以补充协议；达不成补充协议的，仲裁协议无效。

第十九条 仲裁协议独立存在，合同的变更、解除、终止或者无效，不影响仲裁协议的效力。

仲裁庭有权确认合同的效力。

第二十条 当事人对仲裁协议的效力有异议的，可以请求仲裁委员会作出决定或者请求人民法院作出裁定。一方请求仲裁委员会作出决定，另一方请求人民法院作出裁定的，由人民法院裁定。

当事人对仲裁协议的效力有异议，应当在仲裁庭首次开庭前提出。

第四章 仲裁程序

第一节 申请和受理

第二十一条 当事人申请仲裁应当符合下列条件：

（一）有仲裁协议；

（二）有具体的仲裁请求和事实、理由；

（三）属于仲裁委员会的受理范围。

第二十二条 当事人申请仲裁，应当向仲裁委员会递交仲裁协议、仲裁申请书及副本。

第二十三条 仲裁申请书应当载明下列事项：

（一）当事人的姓名、性别、年龄、职业、工作单位和住所，法人或者其他组织的名称、住所和法定代表人或者主要负责人的姓名、职务；

（二）仲裁请求和所根据的事实、理由；

（三）证据和证据来源、证人姓名和住所。

第二十四条　仲裁委员会收到仲裁申请书之日起五日内，认为符合受理条件的，应当受理，并通知当事人；认为不符合受理条件的，应当书面通知当事人不予受理，并说明理由。

第二十五条　仲裁委员会受理仲裁申请后，应当在仲裁规则规定的期限内将仲裁规则和仲裁员名册送达申请人，并将仲裁申请书副本和仲裁规则、仲裁员名册送达被申请人。

被申请人收到仲裁申请书副本后，应当在仲裁规则规定的期限内向仲裁委员会提交答辩书。仲裁委员会收到答辩书后，应当在仲裁规则规定的期限内将答辩书副本送达申请人。被申请人未提交答辩书的，不影响仲裁程序的进行。

第二十六条　当事人达成仲裁协议，一方向人民法院起诉未声明有仲裁协议，人民法院受理后，另一方在首次开庭前提交仲裁协议的，人民法院应当驳回起诉，但仲裁协议无效的除外；另一方在首次开庭前未对人民法院受理该案提出异议的，视为放弃仲裁协议，人民法院应当继续审理。

第二十七条　申请人可以放弃或者变更仲裁请求。被申请人可以承认或者反驳仲裁请求，有权提出反请求。

第二十八条　一方当事人因另一方当事人的行为或者其他原因，可能使裁决不能执行或者难以执行的，可以申请财产保全。

当事人申请财产保全的，仲裁委员会应当将当事人的申请依照民事诉讼法的有关规定提交人民法院。

申请有错误的，申请人应当赔偿被申请人因财产保全所遭受的损失。

第二十九条　当事人、法定代理人可以委托律师和其他代理人进行仲裁活动。委托律师和其他代理人进行仲裁活动的，应当向仲裁委员会提交授权委托书。

第二节　仲裁庭的组成

第三十条　仲裁庭可以由三名仲裁员或者一名仲裁员组成。由三名仲裁员组成的，设首席仲裁员。

第三十一条　当事人约定由三名仲裁员组成仲裁庭的，应当各自选定或者各自委托仲裁委员会主任指定一名仲裁员，第三名仲裁员由当事人共同选定或者共同委托仲裁委员会主任指定。第三名仲裁员是首席仲裁员。

当事人约定由一名仲裁员成立仲裁庭的，应当由当事人共同选定或者共同委托仲裁委员会主任指定仲裁员。

第三十二条　当事人没有在仲裁规则规定的期限内约定仲裁庭的组成方式或者选定仲裁员的，由仲裁委员会主任指定。

第三十三条　仲裁庭组成后，仲裁委员会应当将仲裁庭的组成情况书面通知当事人。

第三十四条　仲裁员有下列情形之一的，必须回避，当事人也有权提出回避申请：

（一）是本案当事人或者当事人、代理人的近亲属；

（二）与本案有利害关系；

（三）与本案当事人、代理人有其他关系，可能影响公正仲裁的；

（四）私自会见当事人、代理人，或者接受当事人、代理人的请客送礼的。

第三十五条 当事人提出回避申请，应当说明理由，在首次开庭前提出。回避事由在首次开庭后知道的，可以在最后一次开庭终结前提出。

第三十六条 仲裁员是否回避，由仲裁委员会主任决定；仲裁委员会主任担任仲裁员时，由仲裁委员会集体决定。

第三十七条 仲裁员因回避或者其他原因不能履行职责的，应当依照本法规定重新选定或者指定仲裁员。

因回避而重新选定或者指定仲裁员后，当事人可以请求已进行的仲裁程序重新进行，是否准许，由仲裁庭决定；仲裁庭也可以自行决定已进行的仲裁程序是否重新进行。

第三十八条 仲裁员有本法第三十四条第四项规定的情形，情节严重的，或者有本法第五十八条第六项规定的情形的，应当依法承担法律责任，仲裁委员会应当将其除名。

第三节 开庭和裁决

第三十九条 仲裁应当开庭进行。当事人协议不开庭的，仲裁庭可以根据仲裁申请书、答辩书以及其他材料作出裁决。

第四十条 仲裁不公开进行。当事人协议公开的，可以公开进行，但涉及国家秘密的除外。

第四十一条 仲裁委员会应当在仲裁规则规定的期限内将开庭日期通知双方当事人。当事人有正当理由的，可以在仲裁规则规定的期限内请求延期开庭。是否延期，由仲裁庭决定。

第四十二条 申请人经书面通知，无正当理由不到庭或者未经仲裁庭许可中途退庭的，可以视为撤回仲裁申请。

被申请人经书面通知，无正当理由不到庭或者未经仲裁庭许可中途退庭的，可以缺席裁决。

第四十三条 当事人应当对自己的主张提供证据。

仲裁庭认为有必要收集的证据，可以自行收集。

第四十四条 仲裁庭对专门性问题认为需要鉴定的，可以交由当事人约定的鉴定部门鉴定，也可以由仲裁庭指定的鉴定部门鉴定。

根据当事人的请求或者仲裁庭的要求，鉴定部门应当派鉴定人参加开庭。当事人经仲裁庭许可，可以向鉴定人提问。

第四十五条 证据应当在开庭时出示，当事人可以质证。

第四十六条 在证据可能灭失或者以后难以取得的情况下，当事人可以申请证据保全。当事人申请证据保全的，仲裁委员会应当将当事人的申请提交证据所在地的基层人民法院。

第四十七条　当事人在仲裁过程中有权进行辩论。辩论终结时，首席仲裁员或者独任仲裁员应当征询当事人的最后意见。

第四十八条　仲裁庭应当将开庭情况记入笔录。当事人和其他仲裁参与人认为对自己陈述的记录有遗漏或者差错的，有权申请补正。如果不予补正，应当记录该申请。

笔录由仲裁员、记录人员、当事人和其他仲裁参与人签名或者盖章。

第四十九条　当事人申请仲裁后，可以自行和解。达成和解协议的，可以请求仲裁庭根据和解协议作出裁决书，也可以撤回仲裁申请。

第五十条　当事人达成和解协议，撤回仲裁申请后反悔的，可以根据仲裁协议申请仲裁。

第五十一条　仲裁庭在作出裁决前，可以先行调解。当事人自愿调解的，仲裁庭应当调解。调解不成的，应当及时作出裁决。

调解达成协议的，仲裁庭应当制作调解书或者根据协议的结果制作裁决书。调解书与裁决书具有同等法律效力。

第五十二条　调解书应当写明仲裁请求和当事人协议的结果。调解书由仲裁员签名，加盖仲裁委员会印章，送达双方当事人。

调解书经双方当事人签收后，即发生法律效力。

在调解书签收前当事人反悔的，仲裁庭应当及时作出裁决。

第五十三条　裁决应当按照多数仲裁员的意见作出，少数仲裁员的不同意见可以记入笔录。仲裁庭不能形成多数意见时，裁决应当按照首席仲裁员的意见作出。

第五十四条　裁决书应当写明仲裁请求、争议事实、裁决理由、裁决结果、仲裁费用的负担和裁决日期。当事人协议不愿写明争议事实和裁决理由的，可以不写。裁决书由仲裁员签名，加盖仲裁委员会印章。对裁决持不同意见的仲裁员，可以签名，也可以不签名。

第五十五条　仲裁庭仲裁纠纷时，其中一部分事实已经清楚，可以就该部分先行裁决。

第五十六条　对裁决书中的文字、计算错误或者仲裁庭已经裁决但在裁决书中遗漏的事项，仲裁庭应当补正；当事人自收到裁决书之日起三十日内，可以请求仲裁庭补正。

第五十七条　裁决书自作出之日起发生法律效力。

第五章　申请撤销裁决

第五十八条　当事人提出证据证明裁决有下列情形之一的，可以向仲裁委员会所在地的中级人民法院申请撤销裁决：

（一）没有仲裁协议的；

（二）裁决的事项不属于仲裁协议的范围或者仲裁委员会无权仲裁的；

（三）仲裁庭的组成或者仲裁的程序违反法定程序的；

（四）裁决所根据的证据是伪造的；

（五）对方当事人隐瞒了足以影响公正裁决的证据的；

（六）仲裁员在仲裁该案时有索贿受贿、徇私舞弊、枉法裁决行为的。

人民法院经组成合议庭审查核实裁决有前款规定情形之一的，应当裁定撤销。

人民法院认定该裁决违背社会公共利益的，应当裁定撤销。

第五十九条 当事人申请撤销裁决的，应当自收到裁决书之日起六个月内提出。

第六十条 人民法院应当在受理撤销裁决申请之日起两个月内作出撤销裁决或者驳回申请的裁定。

第六十一条 人民法院受理撤销裁决的申请后，认为可以由仲裁庭重新仲裁的，通知仲裁庭在一定期限内重新仲裁，并裁定中止撤销程序。仲裁庭拒绝重新仲裁的，人民法院应当裁定恢复撤销程序。

第六章 执 行

第六十二条 当事人应当履行裁决。一方当事人不履行的，另一方当事人可以依照民事诉讼法的有关规定向人民法院申请执行。受申请的人民法院应当执行。

第六十三条 被申请人提出证据证明裁决有民事诉讼法第二百一十三条第二款规定的情形之一的，经人民法院组成合议庭审查核实，裁定不予执行。

第六十四条 一方当事人申请执行裁决，另一方当事人申请撤销裁决的，人民法院应当裁定中止执行。

人民法院裁定撤销裁决的，应当裁定终结执行。撤销裁决的申请被裁定驳回的，人民法院应当裁定恢复执行。

第七章 涉外仲裁的特别规定

第六十五条 涉外经济贸易、运输和海事中发生的纠纷的仲裁，适用本章规定。本章没有规定的，适用本法其他有关规定。

第六十六条 涉外仲裁委员会可以由中国国际商会组织设立。

涉外仲裁委员会由主任一人、副主任若干人和委员若干人组成。

涉外仲裁委员会的主任、副主任和委员可以由中国国际商会聘任。

第六十七条 涉外仲裁委员会可以从具有法律、经济贸易、科学技术等专门知识的外籍人士中聘任仲裁员。

第六十八条 涉外仲裁的当事人申请证据保全的，涉外仲裁委员会应当将当事人的申请提交证据所在地的中级人民法院。

第六十九条 涉外仲裁的仲裁庭可以将开庭情况记入笔录，或者作出笔录要点，笔录要点可以由当事人和其他仲裁参与人签字或者盖章。

第七十条　当事人提出证据证明涉外仲裁裁决有民事诉讼法第二百五十八条第一款规定的情形之一的，经人民法院组成合议庭审查核实，裁定撤销。

第七十一条　被申请人提出证据证明涉外仲裁裁决有民事诉讼法第二百五十八条第一款规定的情形之一的，经人民法院组成合议庭审查核实，裁定不予执行。

第七十二条　涉外仲裁委员会作出的发生法律效力的仲裁裁决，当事人请求执行的，如果被执行人或者其财产不在中华人民共和国领域内，应当由当事人直接向有管辖权的外国法院申请承认和执行。

第七十三条　涉外仲裁规则可以由中国国际商会依照本法和民事诉讼法的有关规定制定。

第八章　附　　则

第七十四条　法律对仲裁时效有规定的，适用该规定，法律对仲裁时效没有规定的，适用诉讼时效的规定。

第七十五条　中国仲裁协会制定仲裁规则前，仲裁委员会依照本法和民事诉讼法的有关规定可以制定仲裁暂行规则。

第七十六条　当事人应当按照规定交纳仲裁费用。

收取仲裁费用的办法，应当报物价管理部门核准。

第七十七条　劳动争议和农业集体经济组织内部的农业承包合同纠纷的仲裁，另行规定。

第七十八条　本法施行前制定的有关仲裁的规定与本法的规定相抵触的，以本法为准。

第七十九条　本法施行前在直辖市、省、自治区人民政府所在地的市和其他设区的市设立的仲裁机构，应当依照本法的有关规定重新组建；未重新组建的，自本法施行之日起届满一年时终止。

本法施行前设立的不符合本法规定的其他仲裁机构，自本法施行之日起终止。

第八十条　本法自 1995 年 9 月 1 日起施行。

附录 5
采购管理术语及解释

1. ABC ANALYSIS ABC分析

ABC分析是应用柏拉图定律或80/20的比例原则，将经常性存货计算出每一项目占总存货项目，以及总存货金额的比例。一般而言，5%～10%的项目（称为A项目）占总存货金额的75%～80%，20%～25%的项目（称为B项目）占总存货金额的15%～20%，而70%～75%的项目（称为C项目）占总存货金额的5%～10%。

2. ACQUISITION COST 取得成本

在经济订购量（EOQ）分析里，取得成本包含产生及处理订单所有花费的成本，以及其相关的文书作业。从管理的广义角度来看，取得成本则是与取得物料相关的订购、运输、搬运及所有存货持有成本的成本总和。

3. ANTICIPATION INVENTORIES 预期存货

预期存货是在未来需求被明确界定的情况下，所预期的累计存货水准。它与缓冲（安全）存货不同之处，预期存货是为了确定的未来需求所准备的。

4. ARBITRAGE 套利

套利属于财务用语，意指利用在不同市场同时买卖相同项目的债券、商品，或外汇来获取利益的行为。在国际货币交易，人们利用套利同时买卖交易一种货币或通过一种以上货币交易以获取利益。套利最主要是在市场短暂混乱之际买卖交易获利。

5. BALANCE OF TRADE 贸易差额

贸易差额是指一个国家出口值与进口值的差异。分为有形贸易差额与无形贸易差额，无形贸易差额只包括劳务和援助等，并不包括实质物品。

6. BASE-STOCK SYSTEM 基本存量法

在它最简单的形式里，基本存量系统是一种存货系统，它在每次完成提货就发出补货订单，而订单数量等于提货数量，此类型的系统被普遍引用，称为平准库存系统。

7. BEST BUY 最佳采购

最佳采购是指采购在品质、价格与各种所需的服务等要素上，对于公司的需求，整体而言是最佳的状态。

8. BID ANALYSIS 标案分析

标案分析是指针对报价的条款进行分析，其目的通常在于比较分析不同报价的优势和弱势。虽然有些组织使用标案分析表格去协助分析报价或提案，但无一致的做法。相反，在公共采购中，进行密封报价时，一般有较严格的分析规定。

9. BILATERAL CONTRACT 双边合约

双边合约是一项双方立约人有满足相互义务的合约。这样的合约在提议的一方被要约的一方正式接受时便立即生效。

10. BILL OF MATERIALS (B/M or BOM) 物料清单

物料清单是一份包含所有物料需求数量及名称的清单。

11. BONDED WAREHOUSE 保税仓库

保税仓库用于储存和监管要报关缴税的进口商品，或是即将转运而不进关的货物，经海关核准登记，供存储保税货物的仓库，货物在规定存仓期间内，原货退运出口者可以免税。

12. BREAK BULK 拆运

拆运是指将合拼或大宗载运的货物，分割成较小载运量送交给最终的受货人。通常用于叙述将整箱数量拆散，以供个别销售的做法。

13. BREAK-EVEN ANALYSIS 损益平衡分析

损益平衡分析可以帮助管理者找出收益（revenue）、成本（cost）和利润（profits）之间的关系。

14. BUYBACK 产品返销/购回冲销

产品返销/购回冲销属于一种相对贸易，它发生于当厂商在国外设厂（或提供技术、设备、训练或其他服务）时，同意拿回工厂一定比例的产出，作为部分投资偿还，即用外商提供的设备、技术和其他物资直接生产出来的产品返销，以偿还外商提供的设备、技术和其他物资的借款及利息。

15. CAPACITY REQUIREMENTS PLANNING (CRP) 能力需求计划

在制造资源计划的范畴内，制定、测量和调整产能的标准，以决定要投入多少的人力及机器来完成生产。将现场的订单和计划中的订单输入能力需求计划（CRP）中，这些订单将转换成在每一时期、每一个工作站的工作时数。

16. CASH DISCOUNT 现金折扣

现金折扣是一种为了确保客户迅速付款的折扣形式。采购项目的实价定位在给予供应商合理的利润，也是供应商期望大多数客户付款的价格。没有在特定期限内付款的则须付总价格，亦是未折扣的价格。

17. CENTRALIZED PURCHASING 集权采购

在组织中，成立单独的个人或部门，并授权执行大部分的采购项目。这种形式的采购组织架构有许多优点，包括产品易于标准化、因采购量较大而有较大的议价杠杆、缺料时部门间竞争较有限、管理供应商的行政效率较高，以及采购作业专长的发展。集权采购可以在多厂区的组织或单一厂区的组织中实施。

18. COST AND FREIGHT（C&F）运费在内交货

在这种安排下，当供应商提报销售货物价格时，其报价内包括货物送至指定目的地的运送费用（成本）。

19. CRITICAL-VALUE ANALYSIS 关键价值分析

关键价值分析是对 ABC 存货分析观念的一种修正，存货项目根据其主观的价值重要性分类，而不是以其实际金额大小分类。

20. CYCLE COUNTING 循环盘点

循环盘点是对现场库存品进行实际清点的做法，是将库存货物平均分为 52 组，每一周实际清点一组库存品，实际清点的作业以持续方式进行，不会中断影响生产或库房作业。

21. CYCLE STOCK 循环库存

循环库存是经常性入出库的存货部分，例如，这些部分的存货会通过正常使用而被消耗，需经由重复订购来补足。

22. DECENTRALIZED PURCHASING 分权采购

当公司将采购作业分权方式处理时，各部门（单一厂区组织情形下）或各厂经理（多厂区组织情形下）分别控制其本身的采购作业。在单一厂区的运作里，没有隶属于中央采购部门的专业采购人员的配置存在；而在多厂区的运作中，每一厂区则会有其各自的采购部门。

23. DEMAND ELASTICITY 需求弹性

需求弹性是指因价格变动而引起的需求量的相对应变动率，即需求量对价格变动的反应程度。以需求量变动的百分比和影响需求量的价格的百分比的比例来表示。

24. DEMAND FLOW TECHNOLOGY（DFT）需求流动技术

需求流动技术可以实现买方与卖方之间的连接，使需求资讯能够有效分享，以降低供应链上的成本。

25. DEMAND-PULL SYSTEM 需求拉曳系统

需求拉曳系统借助由客户端发动的物料移转技术，允许下游加工中心只在需要物料的时候，自上游加工中心或外部供应商拉曳所需的物料，而非按照排定计划供应物料。

26. DEPENDENT DEMAND 相依需求

相依需求是从零件或成品所直接衍生出的需求。

27. EARLY SUPPLIER INVOLVEMENT（ESI）供应商先期参与

在规格开发的过程初期，邀请一个或多个经过筛选的供应商，参与买方的产品设计小组的做法。供应商先期参与的目的，是在运用供应商的专业知识以及经验，来共同设计开发出符合可有效制造的产品规格。

28. ECONOMIC ORDER QUANTITY（EOQ）经济订购量

经济订购量可以用来决定订购或制造产品数量的最低总成本，以及存货持有成本。

29. ENTERPRISE RESOURCE PLANNING（ERP）企业资源计划

企业资源计划是指将企业内部各部门包括财务、会计、生产、物料管理、采购、品质管理、销售与配销、人力资源管理等，利用资讯科技连接在一起一个跨部门、地区的整合工作流程。

30. EXPRESS WARRANTY 明示担保

明示担保是由卖方所提供，有关其销售货物或服务性能、品质或本质的一个具体保证。明示担保通常描述当货物或服务发生瑕疵现象时买卖双方的权利与义务。

31. FOB Destination，Freight Collect FOB 目的地，运费到付

在 FOB 目的地，运费到付的交易下，货物的所有权在目的地由供应商转移给买方，运费则由买方负担。供应商拥有在运送中的货物，同时应负责向船公司申请遗失损毁的索赔事宜，但是买方支付并承担运费，及负责超额运费的索赔事宜。

32. FOB Origin FOB 出货点

在 FOB 出货点的交易下，卖方承担所有的风险，直到货物装载到指定的货运公司后，买方承担所有的损失，并可以向货运公司对在运输途中的货物损害或损失提出索赔。

33. FOB Origin，Freight Allowed FOB 出货点，运费内含

在 FOB 出货点，运费内含的交易下，买方在原产地取得货物的拥有权，同时也负所有向货运公司提出索赔的责任，但是运费则由供应商承担支付。

34. FREE ALONG SIDE（FAS）VESSEL 船边交货

在 FAS 的安排下，供应商同意将物品妥善地运送到船边，而买方在货品送到码头后，便开始承担所有后续的风险及费用。

35. FREE ON BOARD（FOB）船或运输工具上交货

FOB 是一种合约性的货运安排方式，是货物所有权的转换，在供应商与买方 FOB

所指定的地点进行。

36. INCIDENTAL DAMAGES 附带损害赔偿

附带损害赔偿是指采购因为合法退货，对货物进行的检验、收料、运输，以及照顾，对卖方所提出的合理费用。

37. INVENTORY CONTROL 存货管制

存货管制是对存货的有效管理，包括决定在何处储存何种物品，在不同作业阶段各须维持多少库存量，每次购买的时间及数量，防止失窃及损害，以及管理缺货及应交未交订单。

38. INVENTORY HOLDING COST 存货持有成本

存货持有成本是指维持存货的成本，包括投入资金的机会成本，储存、处理存货的成本，关税，保险费，缩水及过时风险的成本。

39. INVENTORY TURNOVER 存货周转率

存货周转率的计算方法以年销货成本除以当年平均累计存货值。

40. LANDED PRICE 抵岸价格

抵岸价格包括货物价格以及运输费用。

41. LEVERAGED BUYING 杠杆采购

杠杆采购是指为满足各事业单位或不同部门的需求量，集中扩大采购量，而增加议价空间的方式。

42. MASTER PRODUCTION SCHEDULE (MPS) 主生产计划

主生产计划为一个短期生产计划，其规划水平通常为2～4个月，且定期更新计划，其更新计划频率通常以周为单位。上承整体生产计划（aggregate planning），下接物料需求计划（MRP），包含的项目有期初存货、生产预测、顾客已下订单量、预计库存量、计划生产量、可订购数量等。

43. MATERIAL REQUIREMENTS PLANNING (MRP) 物料需求计划

物料需求计划用来决定相依需求物料的数量和时间。物料可以外购或自制，计算机化的系统使用主生产排程、产品材料表和当前存货资料，来决定当前的需求量和需求时间。

44. ORDERING SYSTEMS 订购系统

订购系统可以控制订单时间与数量。循环订购系统是依每一存货项目，以固定时间间隔或循环周期来审核存货的水平，订单则是依据计划的需求来下达。固定订购数量系统则是每当库存水平下降到一个设定值时，订单就会被按照预设的数量下达。

45. PROSPECTIVE PRICING 预期价格法

预期价格法是在履约之前的定价方法，将可比较价格的分析、成本估算、过去成本综合纳入考虑。

46. PURCHASING AUDIT 采购稽核

采购稽核是指对采购环境、目标、策略与作业活动综合、系统化、独立，以及定期性的检视，来观察其强处与弱点，包括改善采购绩效的行动计划。

47. PURCHASING MANAGERS'INDEX (PMI) 采购经理人指数

采购经理人指数是衡量制造业的一个综合指数，包含五个主要部分的月报：新订单、生产、就业、供应商交货、存货。采购经理人指数超过 50%时，代表整体制造业景气在扩张，指数低于 50%时，则代表整体制造业景气在衰退。

48. SUPPLIER DEVELOPMENT 供应商开发

供应商开发是指建立和维持一个有能力供应商的网络，并同时改进各供应商的各种能力，以保持采购组织有能力迎接日益激烈的竞争。

49. SUPPLIER EVALUATION 供应商评估

供应商评估用于客观评估目前供应商的过去绩效表现，或对未来的新供应商进行初步评估。评估供应商的主要方向在于他们的技术品质、交货、服务、成本和管理上的能力。

50. SUPPLIER PARTNERSHIP 供应商伙伴关系

供应商伙伴关系是介于采购与供应商之间的供应商伙伴关系，包含在一定时间范围内相互的承诺，以双方互惠的方式一起工作，且共享资讯，分担彼此关系间的风险和报酬。

51. SUPPLIER PERFORMANCE REPORT 供应商绩效报告

供应商绩效报告涉及供应商供货品质、交货、与服务绩效的记录。

52. SUPPLIER RATING SYSTEM 供应商评等制度

供应商评等制度是评估并评等供应商绩效的一种方法，评等项目通常包括品质、服务、交期以及价格。

53. SUPPLIER VISIT 供应商拜访

供应商拜访是指亲自到供应商的工厂且与其人员接触，对采购而言是很有价值的学习经验，并且能收集到许多信息。

54. SUPPLY CHAIN MANAGEMENT 供应链管理

供应链管理是指设计并管理跨越组织界限，紧密结合，附加价值的作业流程，以符合最终顾客的确实需求。产品由起始原料转换成完成品至最终顾客手上的流动过程中，影响其执行绩效的个体组合而成的网络称为供给链。供应链管理通过需求与供应适当的结合，以达到资源（人、设备、物、资金）配置的有效性与及时性。

55. SUPPLY CHAIN 供应链

供应链是一群供应商的组合，包括由原料的取得，为后续产品从事不同附加价值的加工，并制造出最终顾客所购买的成品。

56. SUPPLY MANAGEMENT 供应管理

供应管理是某些公司为了将材料成本、品质及服务等因素进行最佳运用所采用的系统管理观念。这可从整合以下作业来完成：采购、运输、仓储、进料品保、存货管理，以及内部物流系统。这些作业通常被整合在单一部门，类似于物料管理形态的组织。

57. TOTAL COST OF OWNERSHIP（TCO）整体拥有成本

整体拥有成本所包含的成本内容包括采购物品的价格，与物品的运送成本，加上搬运、检验、返工、维修，以及其他与采购相关的成本，也包括报废成本。

58. VENDOR-MANAGED INVENTORY（VMI）供应商管理库存

供应商管理库存是一种存货管理系统，由供应商负责采购工厂中的存货量在适当的水准，当存货量下降时则执行补货动作。在零售业中，是以掌握零售商销售资料和存货量，作为市场需求预测和存货补货的解决方法，由销售资料得到消费需求资讯，供应商可以更快速地反映市场变化和消费者需求，因此，供应商管理库存可以用来降低存货量，改善存货周转，进而维持存货量的最佳化。

59. ZERO INVENTORY 零库存

零库存是即时供料生产方法的用语，描述利用即时送达的材料来供应生产，以达到无过剩库存的情况。

附 录 6
国家采购师职业标准

一、职业概况

1. 职业名称

采购师。

2. 职业定义

从事商品和服务采购工作的人员。

3. 职业等级

本职业共分为四个等级，分别为采购员（国家职业资格四级）、助理采购师（国家职业资格三级）、采购师（国家职业资格二级）、高级采购师（国家职业资格一级）。

4. 职业环境

室内外、常温。

5. 职业能力特征

身体健康，具有较强的表达能力、沟通能力、判断能力、计算能力、信息处理能力和组织协调能力，视觉、听觉正常，色觉敏锐。

6. 基本文化程度

高中毕业（或同等学力）。

7. 培训要求

（1）培训期限

全日制职业学校教育，根据其培养目标和教学计划确定。

（2）培训教师

培训教师应具备系统的采购、供应链管理和物流管理知识，有实际管理经验和教学经验。培训采购员的教师应具有本职业二级职业资格证书或相关专业中级及以上专业技术职务任职资格；培训助理采购师的教师应具有本职业二级职业资格证书或相关专业中级及以上专业技术职务任职资格 2 年以上；培训采购师的教师应具有本职业一级职业资格证书或相关专业高级专业技术职务任职资格；培训高级采购师的教师应具有本职业一级职业资格证书或相关专业高级专业技术职务任职资格 2 年以上。

（3）培训场地设备

标准教室；有必要的教学设备和设施，室内光线、通风、卫生条件良好，有专门的网上培训条件。

8. 鉴定要求

（1）适用对象

从事或准备从事本职业的人员。

（2）申报条件

——采购员（具备以下条件之一者）

1）连续从事本职业 3 年以上，经采购员正规培训达规定标准学时数，并取得结业证书。

2）具有相关专业大专（或大专以上）学历，经采购员正规培训达规定标准学时数，并取得结业证书。

——助理采购师（具有以下条件之一者）

1）取得本职业四级资格证书后，连续从事本职业工作 2 年以上，经助理采购师正规培训达规定标准学时数，并取得结业证书。

2）具有相关专业大专学历（或同等学力），连续从事本职业 2 年以上，经助理采购师正规培训达规定标准学时数，并取得结业证书。

3）具有相关专业大学本科（或以上）学历，经助理采购师正规培训达规定标准学时数，并取得结业证书。

——采购师（具备以下条件之一者）

1）取得本职业三级资格证书后，连续从事本职业工作 5 年以上，经采购师正规培训达规定标准学时数，并取得结业证书。

2）具有相关专业大学本科学历（或同等学力），连续从事本职业工作 5 年以上，经采购师正规培训达规定标准学时数，并取得结业证书。

3）具有相关专业硕士研究生学历（或同等学力），连续从事本职业工作 2 年以上，经采购师正规培训达规定标准学时数，并取得结业证书。

——高级采购师（具备以下条件之一者）

1）取得本职业二级资格证书后，连续从事本职业工作 5 年以上，经高级采购师正规培训达规定标准学时数，并取得结业证书。

2）具有相关专业大学本科（或以上）学历，连续从事本职业工作 10 年以上，经高级采购师正规培训达规定标准学时数，并取得结业证书。

3）具有相关专业硕士研究生学历（或同等学力），连续从事本职业工作 5 年以上，经采购师正规培训达规定标准学时数，并取得结业证书。

4）取得相关专业博士学位，连续从事本职业 2 年以上，经高级采购师正规培训达规定标准学时数，并取得结业证书。

（3）鉴定方式

分为理论知识考试和专业能力考核。理论知识考试和专业能力考核采用闭卷或者上机考试的方式。理论知识考试和专业能力考核均实行百分制，成绩皆达 60 分及以上者为合格。采购师和高级采购师还须进行综合评审。

（4）考评人员与考生配比

理论知识考试考评员与考生配比为 1∶20，每个标准教室不少于 2 名考评人员；专业能力考核考评员与考生配比为 1∶20，每个考场不少于 3 名考评员；综合评审委员不少于 5 名。

（5）鉴定时间

理论知识考试不少于 90 分钟，专业能力考核时间不少于 90 分钟，综合评审不少于 30 分钟。

（6）鉴定场所设备

标准教室。综合评审在条件较好的小会议室进行，室内需配备必要的计算机设备、照明设备、投影仪或多媒体设备等，室内卫生、光线、通风条件良好。

二、基本要求

1. 职业道德

（1）职业道德基本知识

（2）职业守则

1）遵纪守法，廉洁自律。

2）爱岗敬业，诚信尽职，具有团队精神。

3）树立服务意识，尊重用户和供应商。

4）讲究效率，善于创新。

5）保守商业秘密，保证安全。

2. 基础知识

（1）采购基础知识

1）采购类型与方式；

2）采购作业流程；

3）采购管理基本知识。

（2）商品学与商品流通学基础知识

1）商品分类；

2）商品标准与标准化；

3）商品质量与商品检验；

4）商品包装；
5）商品仓储与养护；
6）商品交易组织；
7）商品中介组织；
8）商品流通政策。
（3）物流基础知识
1）物流及其构成要素；
2）物流系统规划；
3）运输与配送；
4）第三方物流管理；
5）企业物流管理；
6）库存管理；
7）物流信息化。
（4）市场营销基础知识
1）市场营销概述；
2）市场分析；
3）营销组合；
4）营销广告；
5）营销管理。
（5）商务谈判基础知识
1）商务谈判基本技巧；
2）客户关系知识；
3）商务礼仪知识；
4）公共关系基本知识。
（6）相关法律、法规知识
1）《公司法》相关知识；
2）《合同法》相关知识；
3）商品质量法规相关知识；
4）《价格法》相关知识；
5）《反不正当竞争法》；
6）《广告法》相关知识；
7）《消费者权益保护法》相关知识；
8）《商标法》相关知识。
（7）工商、税务和财务知识
1）工商管理基本知识；
2）税务基本知识；

3）财务管理基本知识。

三、工作要求

本标准对采购员、助理采购师、采购师、高级采购师的技能要求依次递进，高级别涵盖低级别的要求。

1. 采购员

职业功能	工作内容	技能要求	相关知识
一、需求分析	（一）市场调查	1. 能够发放和回收市场调查问卷 2. 能够采集商品、市场价格信息 3. 能够识读市场调查报告	市场调查基本知识
	（二）需求确定	1. 能够识读生产计划和销售计划 2. 能够收取和整理请购单 3. 能够汇总库存明细单和物料清单	1. 生产计划和销售计划的有关知识 2. 需求确定的程序和方法
二、采购洽商	（一）供应商选择	1. 能够以函电等方式传递采购信息 2. 能够索取供应商及其商品的基础资料 3. 能够进行采购洽商资料准备	1. 采购信息发布方法 2. 供应商选择基本知识 3. 采购洽商准备知识
	（二）商务洽谈	能够根据洽商方案询价、比价和议价	1. 采购洽商方法 2. 询价、比价和议价知识
	（三）采购合同签订	1. 能够识读采购合同 2. 能够处理采购合同签订手续	采购合同基本知识
三、采购合同履行	（一）订单管理	1. 能够制作和跟踪采购订单 2. 能够进行订单统计	订单管理基础知识
	（二）货款支付	1. 能够根据合同和订单编制用款计划 2. 能够运用现金、支票和汇票办理支付手续	1. 用款计划编制方法 2. 支付工具知识 3. 发票知识
	（三）进货与验收	1. 能够识读运单和提单 2. 能够进行运输方式的选择 2. 能够办理验收、入库手续 3. 能够识别质量标识	1. 货运单据知识 2. 运输方式和承运商选择知识 3. 商品验收知识
	（四）退货换货	1. 能够填写退货单、换货单 2. 能够办理货物出库手续	退货换货手续知识
四、供应商管理	（一）供应商关系管理	1. 能够处理供应商来电、来函、来访事宜 2. 能够收集与供应商纠纷的证据	1. 商务沟通基本方法 2. 商务纠纷类型知识
	（二）供应商绩效评估	1. 能够收集供应商合同履行信息 2. 能够填写供应商评价记录表	供应商评价程序知识

续表

职业功能	工作内容	技能要求	相关知识
五、采购信息管理	（一）采购信息采集	能够通过网络等各种方式采集外部和内部采购信息	信息采集手段与方法
	（二）采购信息处理	能够运用计算机等手段处理一般采购信息	信息处理手段与方法

2. 助理采购师

职业功能	工作内容	技能要求	相关知识
一、需求分析	（一）市场调查	1. 能够设计市场调查问卷 2. 能够汇总市场商品种类、品牌、价格、服务、质量等信息	1. 市场调查问卷设计方法 2. 调查资料的分类、整理和统计知识
	（二）需求确定	1. 能够分析生产计划和销售计划 2. 能够识读物料需求计划（MRP） 3. 能够填写需求报表	1. 生产与运营的基本知识 2. MRP 的基本知识 3. 定额管理知识
二、采购计划制订	（一）采购计划编制	1. 能够按照采购对象准备采购计划编制资料 2. 能够根据行业或业务特性区分商品品类及质量等级	1. 采购计划基本知识 2. 商品分类知识 3. 原材料采购计划编制准备知识 4. 零部件采购计划编制准备知识 5. 设备采购计划编制准备知识 6. 零售业商品采购计划编制准备知识
	（二）采购计划分解	1. 能够根据年度采购计划，编制分期采购计划 2. 能够编制采购计划明细表	
三、采购洽商	（一）供应商选择	1. 能够搜集、整理供货信息 2. 能够执行供应商选择方案	1. 供货信息搜集方法 2. 供应商选择程序知识
	（二）商务洽谈	能够进行不同采购方式下的采购洽商	1. 谈判技巧知识 2. 不同采购方式下的洽商程序知识 3. 电子商务和电子采购知识
	（三）采购合同签订	能够增减和修改采购合同条款	各类采购合同条款知识
四、采购合同履行	（一）订单管理	1. 能够修改和撤销采购订单 2. 能够执行采购订单管理流程	1. 订单处理知识 2. 物流管理初步知识
	（二）货款支付	1. 能够处理不同支付方式下的支付手续 2. 能够进行货款支付信息处理	1. 结算程序知识 2. 货物运输知识

续表

职业功能	工作内容	技能要求	相关知识
四、采购合同履行	（三）进货与验收	1. 能够会同物流部门制定运输方案 2. 能够填写验收报告	1. 运输计划与运输合理化知识 2. 运输调度知识 3. 货物验收方法 4. 商品保管与养护方法
	（四）商品质量管理	1. 能够填写商品送检单 2. 能够执行质量检测方案 3. 能够进行质量缺陷统计 4. 能够执行解决质量问题方案	1. 商品质量管理初步知识 2. 商品和服务质量标准与检验知识
	（五）退货换货	1. 能够决定退货、换货的种类和数量 2. 能够处理进口货物退货换货手续	1. 退货换货流程与规范知识 2. 进口货物退货换货手续知识
五、供应商管理	（一）供应商关系管理	1. 能够对供货渠道进行综合比较 2. 能够审查由供应商提供的资料和信息 3. 能够建立供应商关系管理档案 4. 能够执行纠纷处理方案 5. 能够执行供应商经济补偿方案	1. 供货渠道知识 2. 供应商关系管理基本知识 3. 商务纠纷处理方式知识 4. 供应商经济补偿方法
	（二）供应商绩效评估	能够进行成本、质量、交货和服务等供应商行为分析	供应商绩效评估方法知识
六、采购信息管理	（一）采购信息处理	1. 能够通过内部管理信息系统进行采购信息的统计分析 2. 能够使用网络和 EDI 等技术手段处理采购信息	1. 采购信息统计分析知识 2. 采购信息处理技术知识
	（二）采购管理信息系统应用	能够使用采购管理软件	采购管理软件使用方法

3. 采购师

职业功能	工作内容	技能要求	相关知识
一、需求分析	（一）市场调查	1. 能够制定市场调查方案 2 能够组织市场调查、撰写采购调查报告 3. 能够预测价格变化趋势 4. 能够进行竞争对手分析	1. 一般市场调查方法 2. 市场预测知识 3. 撰写调查报告知识
	（二）需求确定	1. 能够监控库存水平变化 2. 能够分析物料需求计划（MRP）和制造资源计划 3. 能够根据经营计划、消耗定额、需求报表等确定需求	1. 库存水平控制知识 2. 制造资源计划知识

续表

职业功能	工作内容	技能要求	相关知识
二、采购计划制订	（一）采购计划编制	1. 能够按采购对象编制不同类型采购计划 2. 能够制定采购商品结构优化方案 3. 能够确定采购经济批量 4. 能够制定采购成本计划和采购预算 5. 能够执行自有品牌开发和委托生产（OEM）计划	1. 原材料与零部件采购计划编制知识 2. 设备采购计划编制知识 3. 零售业商品采购计划编制知识 4. 商品品类管理知识 5. 采购经济批量知识 6. 采购成本与采购预算知识 7. 自有品牌开发和委托生产（OEM）基本知识
	（二）采购计划调整	能够根据内外部环境变化调整采购计划	
三、采购洽商	（一）供应商选择	1. 能够定位和选择商品与服务的潜在来源 2. 能够选择、确定和开发供应商	1. 分销渠道管理知识 2. 供应商选择标准知识
	（二）商务洽谈	1. 能够制定和实施采购洽商方案 2. 能够决定采购方式 3. 能够组织招标采购 4. 能够组织订货会 5. 能够进行国际采购洽商 6. 能够与供应商共同制定和实施商品展示与促销方案	1. 采购方式选择知识 2. 招标、投标、议标、评标与定标知识 3. 组织谈判知识 4. 国际贸易洽商知识 5. 商品展示与促销知识
	（三）采购合同签订	1. 能够处理国际采购合同签订手续 2. 能够处理长期采购协议签订手续 3. 能够审核采购合同	1. 国际贸易合同条款知识 2. 长期采购协议知识合同审核知识
四、采购合同履行	（一）订单管理	1. 能够设计采购订单管理流程 2. 能够监督订单管理工作	订单流程监控方法
	（二）货款支付	1. 能够决定支付方式 2. 能够处理预付、分期付款、延期付款等支付手续	1. 支付方式知识 2. 财务信用管理知识 3. 预付、分期付款、延期付款知识
	（三）商品质量管理	1. 能够确定质量检测方案 2. 能够评定供货样品质量 3. 能够制定解决质量问题方案	1. 行业质量标准与检验知识 2. 质量控制基本方法 3. ISO 9000 质量管理体系标准基础知识 4. 商品质量法规知识 5. 计量法知识 6. 消费者权益保护法知识

续表

职业功能	工作内容	技能要求	相关知识
五、供应商管理	（一）供应商关系管理	1. 能够组织对供应商信用等级、公司诚信和财务状况的评估 2. 能够进行供应商分级管理 3. 能够执行采购战略联盟方案 4. 能够制定纠纷处理方案、完成相关司法程序 5. 能够制定供应商经济补偿方案	1. 供应商评级和分级管理知识 2. 采购战略联盟实施程序知识 3. 商务纠纷处理原则知识 4. 商务纠纷处理的仲裁与司法措施知识 5. 供应商经济补偿程序知识
	（二）供应商绩效评估	1. 能够对供应商供应价格、交货时间、质量、服务等进行综合评估 2. 能够参与供应商绩效指标的制定 3. 能够实施供应商绩效管理方案	1. 供应商绩效指标知识 2. 绩效管理方案实施知识
六、采购信息管理	（一）采购管理信息化方案评估	1. 能够编制采购信息分析报告 2. 能够进行采购管理信息化方案可行性论证	1. 采购信息分析报告的撰写方法 2. 采购与供应管理软件功能
	（二）采购管理信息系统建立	1. 能够根据采购管理各环节的基础数据组织建立分模块采购管理数据库 2. 能够实施采购管理信息系统建设	1. 采购管理信息系统建设流程 2. 网络安全知识
七、培训与指导	（一）培训	1. 能够培训采购员和助理采购师 2. 能够编制专项采购培训计划	1. 专项培训计划编制方法 2. 教学法有关知识
	（二）指导	能够对采购员和助理采购师进行业务指导	1. 案例教学法 2. 角色模仿

4. 高级采购师

职业功能	工作内容	技能要求	相关知识
一、需求分析	（一）市场研究	1. 能够对宏观经济形势、行业状况和商品供求进行综合分析 2. 能够对市场发展趋势进行预测 3. 能够分析国际市场行情	1. 宏观经济与产业经济知识 2. 市场预测知识 3. 国际市场行情知识 4. 物料需求预测知识
	（二）需求确定	1. 能够预测中长期内部需求变化 2. 能够修订内部需求计划	
二、采购计划制订	（一）采购战略制定	1. 能够制定采购战略 2. 能够制定分包采购和业务外包方案 3. 能够制定采购政策 4. 能够组织编写采购手册	1. 企业战略管理基本知识 2. 长期采购规划知识 3. 采购运营政策知识 4. 采购决策知识 5. 分包和外包知识

续表

职业功能	工作内容	技能要求	相关知识
二、采购计划制订	（二）采购计划审核	1. 能够审核和修订采购计划 2. 能够审核和修订商品结构优化方案 3. 能够制订自主品牌开发和委托生产（OEM）计划 4. 能够统控多事业部集团公司采购计划和采购预算制订与修订	1. 采购计划审核和修订知识 2. 商品结构优化知识 3. 自主品牌开发和委托生产（OEM）知识 4. 多事业部集团公司采购计划知识
三、采购过程控制	（一）采购流程规划	能够制定采购流程规划	1. 采购流程规划知识 2. 准时制（JIT）采购流程知识
	（二）采购洽商管理	1. 能够制定供应商选择标准 2. 能够进行采购洽商过程评估 3. 能够组织国际订货会 4. 能够制定期货交易方案	1. 供应商选择标准知识 2. 商务洽商过程控制方法 3. 国际订货会方案设计知识 4. 期货交易知识
	（三）采购合同管理	1. 能够编写采购合同文本 2. 能够监控合同履行 3. 能够进行合同风险管理	1. 采购合同文本知识 2. 合同风险管理知识 3. 涉外经济法和国际商法的相关知识
	（四）采购物流管理	1. 能够规划和控制采购物流系统 2. 能够制定库存管理方案	物流系统规划与物流管理知识
	（五）采购费用控制	能够制定采购费用控制方案	采购费用控制方法
	（六）采购组织管理	1. 能够进行采购组织机构的选型与设计 2. 能够制定和实施采购绩效评估方案 3. 能够制定采购管理制度 4. 能够监督采购岗位职责和行为规范的执行情况	1. 采购组织机构类型知识 2. 采购组织机构设计知识 3. 采购绩效考核指标知识 4. 采购绩效评估方案设计知识 5. 采购管理制度知识
四、供应商管理	（一）供应商关系管理	1. 能够与供应商建立战略联盟关系 2. 能够制定供应商经济补偿原则	1. 采购战略联盟方案设计知识 2. 供应商经济补偿原则知识
	（二）供应商绩效评估	1. 能够制定供应商绩效指标 2. 能够制定供应商绩效管理方案	1. 供应商绩效评估系统知识 2. 绩效管理方案实施监控方法
	（三）供应链管理	1. 能够制定供应链管理战略 2. 能够选择供应链管理解决方案	1. 供应链一体化知识 2. 供应链管理知识
五、采购信息管理	（一）采购管理信息系统规划	能够制定采购管理信息系统建设规划	1. 采购与供应信息需求调查方法 2. 采购管理信息系统设计知识
	（二）采购管理信息系统的利用与改进	1. 能够利用采购管理信息系统进行决策分析 2. 能够提出采购管理信息系统改进建议	1. ERP（企业资源计划）知识 2. 采购管理信息系统运行与管理知识

续表

职业功能	工作内容	技能要求	相关知识
六、培训与指导	（一）培训	1. 能够编制采购综合培训计划 2. 能够培训采购师 3. 能够编写培训讲义	1. 综合培训计划编制方法 2. 培训讲义的编写方法
	（二）指导	能够对采购师进行业务指导	采购理论与实践发展的前沿知识

5. 比重表

（1）理论知识

项目		采购员（%）	助理采购师（%）	采购师（%）	高级采购师（%）
基本要求	职业道德	5	5	5	5
	基础知识	20	15	10	5
相关知识	需求分析	10	10	10	10
	采购计划制订	—	10	13	20
	采购洽商	20	19	12	—
	采购合同履行	25	19	15	—
	采购过程控制	—	—	—	25
	供应商管理	12	12	15	15
	采购信息管理	8	10	10	10
	培训与指导	—	—	10	10
合计		100	100	100	100

（2）专业能力

项目		采购员（%）	助理采购师（%）	采购师（%）	高级采购师（%）
能力要求	需求分析	13	13	13	13
	采购计划制订	—	10	13	20
	采购洽商	28	27	18	—
	采购合同履行	35	27	18	—
	采购过程控制	—	—	—	26
	供应商管理	14	13	15	16
	采购信息管理	10	10	10	10
	培训与指导	—	—	13	13
合计		100	100	100	100

附 录 7
中华人民共和国政府采购法

第一章 总 则

第一条 为了规范政府采购行为，提高政府采购资金的使用效益，维护国家利益和社会公共利益，保护政府采购当事人的合法权益，促进廉政建设，制定本法。

第二条 在中华人民共和国境内进行的政府采购适用本法。

本法所称政府采购，是指各级国家机关、事业单位和团体组织，使用财政性资金采购依法制定的集中采购目录以内的或者采购限额标准以上的货物、工程和服务的行为。

政府集中采购目录和采购限额标准依照本法规定的权限制定。

本法所称采购，是指以合同方式有偿取得货物、工程和服务的行为，包括购买、租赁、委托、雇用等。

本法所称货物，是指各种形态和种类的物品，包括原材料、燃料、设备、产品等。

本法所称工程，是指建设工程，包括建筑物和构筑物的新建、改建、扩建、装修、拆除、修缮等。

本法所称服务，是指除货物和工程以外的其他政府采购对象。

第三条 政府采购应当遵循公开透明原则、公平竞争原则、公正原则和诚实信用原则。

第四条 政府采购工程进行招标投标的，适用招标投标法。

第五条 任何单位和个人不得采用任何方式，阻挠和限制供应商自由进入本地区和本行业的政府采购市场。

第六条 政府采购应当严格按照批准的预算执行。

第七条 政府采购实行集中采购和分散采购相结合。集中采购的范围由省级以上人民政府公布的集中采购目录确定。

属于中央预算的政府采购项目，其集中采购目录由国务院确定并公布；属于地方预算的政府采购项目，其集中采购目录由省、自治区、直辖市人民政府或者其授权的机构确定并公布。

纳入集中采购目录的政府采购项目，应当实行集中采购。

第八条　政府采购限额标准，属于中央预算的政府采购项目，由国务院确定并公布；属于地方预算的政府采购项目，由省、自治区、直辖市人民政府或者其授权的机构确定并公布。

第九条　政府采购应当有助于实现国家的经济和社会发展政策目标，包括保护环境，扶持不发达地区和少数民族地区，促进中小企业发展等。

第十条　政府采购应当采购本国货物、工程和服务。但有下列情形之一的除外：

（一）需要采购的货物、工程或者服务在中国境内无法获取或者无法以合理的商业条件获取的；

（二）为在中国境外使用而进行采购的；

（三）其他法律、行政法规另有规定的。

前款所称本国货物、工程和服务的界定，依照国务院有关规定执行。

第十一条　政府采购的信息应当在政府采购监督管理部门指定的媒体上及时向社会公开发布，但涉及商业秘密的除外。

第十二条　在政府采购活动中，采购人员及相关人员与供应商有利害关系的，必须回避。供应商认为采购人员及相关人员与其他供应商有利害关系的，可以申请其回避。

前款所称相关人员，包括招标采购中评标委员会的组成人员，竞争性谈判采购中谈判小组的组成人员，询价采购中询价小组的组成人员等。

第十三条　各级人民政府财政部门是负责政府采购监督管理的部门，依法履行对政府采购活动的监督管理职责。

各级人民政府其他有关部门依法履行与政府采购活动有关的监督管理职责。

第二章　政府采购当事人

第十四条　政府采购当事人是指在政府采购活动中享有权利和承担义务的各类主体，包括采购人、供应商和采购代理机构等。

第十五条　采购人是指依法进行政府采购的国家机关、事业单位、团体组织。

第十六条　集中采购机构为采购代理机构。设区的市、自治州以上人民政府根据本级政府采购项目组织集中采购的需要设立集中采购机构。

集中采购机构是非营利事业法人，根据采购人的委托办理采购事宜。

第十七条　集中采购机构进行政府采购活动，应当符合采购价格低于市场平均价格、采购效率更高、采购质量优良和服务良好的要求。

第十八条　采购人采购纳入集中采购目录的政府采购项目，必须委托集中采购机构代理采购；采购未纳入集中采购目录的政府采购项目，可以自行采购，也可以委托集中采购机构在委托的范围内代理采购。

纳入集中采购目录属于通用的政府采购项目的，应当委托集中采购机构代理采购；属于本部门、本系统有特殊要求的项目，应当实行部门集中采购；属于本单位有特殊要求的项目，经省级以上人民政府批准，可以自行采购。

第十九条 采购人可以委托经国务院有关部门或者省级人民政府有关部门认定资格的采购代理机构，在委托的范围内办理政府采购事宜。

采购人有权自行选择采购代理机构，任何单位和个人不得以任何方式为采购人指定采购代理机构。

第二十条 采购人依法委托采购代理机构办理采购事宜的，应当由采购人与采购代理机构签订委托代理协议，依法确定委托代理的事项，约定双方的权利义务。

第二十一条 供应商是指向采购人提供货物、工程或者服务的法人、其他组织或者自然人。

第二十二条 供应商参加政府采购活动应当具备下列条件：

（一）具有独立承担民事责任的能力；

（二）具有良好的商业信誉和健全的财务会计制度；

（三）具有履行合同所必需的设备和专业技术能力；

（四）有依法缴纳税收和社会保障资金的良好记录；

（五）参加政府采购活动前三年内，在经营活动中没有重大违法记录；

（六）法律、行政法规规定的其他条件。

采购人可以根据采购项目的特殊要求，规定供应商的特定条件，但不得以不合理的条件对供应商实行差别待遇或者歧视待遇。

第二十三条 采购人可以要求参加政府采购的供应商提供有关资质证明文件和业绩情况，并根据本法规定的供应商条件和采购项目对供应商的特定要求，对供应商的资格进行审查。

第二十四条 两个以上的自然人、法人或者其他组织可以组成一个联合体，以一个供应商的身份共同参加政府采购。

以联合体形式进行政府采购的，参加联合体的供应商均应当具备本法第二十二条规定的条件，并应当向采购人提交联合协议，载明联合体各方承担的工作和义务。联合体各方应当共同与采购人签订采购合同，就采购合同约定的事项对采购人承担连带责任。

第二十五条 政府采购当事人不得相互串通损害国家利益、社会公共利益和其他当事人的合法权益；不得以任何手段排斥其他供应商参与竞争。

供应商不得以向采购人、采购代理机构、评标委员会的组成人员、竞争性谈判小组的组成人员、询价小组的组成人员行贿或者采取其他不正当手段谋取中标或者成交。

采购代理机构不得以向采购人行贿或者采取其他不正当手段谋取非法利益。

第三章　政府采购方式

第二十六条 政府采购采用以下方式：

（一）公开招标；

（二）邀请招标；

（三）竞争性谈判；

（四）单一来源采购；

（五）询价；

（六）国务院政府采购监督管理部门认定的其他采购方式。

公开招标应作为政府采购的主要采购方式。

第二十七条　采购人采购货物或者服务应当采用公开招标方式的，其具体数额标准，属于中央预算的政府采购项目，由国务院规定；属于地方预算的政府采购项目，由省、自治区、直辖市人民政府规定；因特殊情况需要采用公开招标以外的采购方式的，应当在采购活动开始前获得设区的市、自治州以上人民政府采购监督管理部门的批准。

第二十八条　采购人不得将应当以公开招标方式采购的货物或者服务化整为零或者以其他任何方式规避公开招标采购。

第二十九条　符合下列情形之一的货物或者服务，可以依照本法采用邀请招标方式采购：

（一）具有特殊性，只能从有限范围的供应商处采购的；

（二）采用公开招标方式的费用占政府采购项目总价值的比例过大的。

第三十条　符合下列情形之一的货物或者服务，可以依照本法采用竞争性谈判方式采购：

（一）招标后没有供应商投标或者没有合格标的或者重新招标未能成立的；

（二）技术复杂或者性质特殊，不能确定详细规格或者具体要求的；

（三）采用招标所需时间不能满足用户紧急需要的；

（四）不能事先计算出价格总额的。

第三十一条　符合下列情形之一的货物或者服务，可以依照本法采用单一来源方式采购：

（一）只能从唯一供应商处采购的；

（二）发生了不可预见的紧急情况不能从其他供应商处采购的；

（三）必须保证原有采购项目一致性或者服务配套的要求，需要继续从原供应商处添购，且添购资金总额不超过原合同采购金额百分之十的。

第三十二条　采购的货物规格、标准统一、现货货源充足且价格变化幅度小的政府采购项目，可以依照本法采用询价方式采购。

第四章　政府采购程序

第三十三条　负有编制部门预算职责的部门在编制下一财政年度部门预算时，应当将该财政年度政府采购的项目及资金预算列出，报本级财政部门汇总。部门预算的审批，按预算管理权限和程序进行。

第三十四条　货物或者服务项目采取邀请招标方式采购的，采购人应当从符合相应资格条件的供应商中，通过随机方式选择三家以上的供应商，并向其发出投标邀请书。

第三十五条　货物和服务项目实行招标方式采购的，自招标文件开始发出之日起至投标人提交投标文件截止之日止，不得少于二十日。

第三十六条 在招标采购中，出现下列情形之一的，应予废标：

（一）符合专业条件的供应商或者对招标文件作实质响应的供应商不足三家的；

（二）出现影响采购公正的违法、违规行为的；

（三）投标人的报价均超过了采购预算，采购人不能支付的；

（四）因重大变故，采购任务取消的。

废标后，采购人应当将废标理由通知所有投标人。

第三十七条 废标后，除采购任务取消情形外，应当重新组织招标；需要采取其他方式采购的，应当在采购活动开始前获得设区的市、自治州以上人民政府采购监督管理部门或者政府有关部门批准。

第三十八条 采用竞争性谈判方式采购的，应当遵循下列程序：

（一）成立谈判小组。谈判小组由采购人的代表和有关专家共三人以上的单数组成，其中专家的人数不得少于成员总数的三分之二。

（二）制定谈判文件。谈判文件应当明确谈判程序、谈判内容、合同草案的条款以及评定成交的标准等事项。

（三）确定邀请参加谈判的供应商名单。谈判小组从符合相应资格条件的供应商名单中确定不少于三家的供应商参加谈判，并向其提供谈判文件。

（四）谈判。谈判小组所有成员集中与单一供应商分别进行谈判。在谈判中，谈判的任何一方不得透露与谈判有关的其他供应商的技术资料、价格和其他信息。谈判文件有实质性变动的，谈判小组应当以书面形式通知所有参加谈判的供应商。

（五）确定成交供应商。谈判结束后，谈判小组应当要求所有参加谈判的供应商在规定时间内进行最后报价，采购人从谈判小组提出的成交候选人中根据符合采购需求、质量和服务相等且报价最低的原则确定成交供应商，并将结果通知所有参加谈判的未成交的供应商。

第三十九条 采取单一来源方式采购的，采购人与供应商应当遵循本法规定的原则，在保证采购项目质量和双方商定合理价格的基础上进行采购。

第四十条 采取询价方式采购的，应当遵循下列程序：

（一）成立询价小组。询价小组由采购人的代表和有关专家共三人以上的单数组成，其中专家的人数不得少于成员总数的三分之二。询价小组应当对采购项目的价格构成和评定成交的标准等事项作出规定。

（二）确定被询价的供应商名单。询价小组根据采购需求，从符合相应资格条件的供应商名单中确定不少于三家的供应商，并向其发出询价通知书让其报价。

（三）询价。询价小组要求被询价的供应商一次报出不得更改的价格。

（四）确定成交供应商。采购人根据符合采购需求、质量和服务相等且报价最低的原则确定成交供应商，并将结果通知所有被询价的未成交的供应商。

第四十一条 采购人或者其委托的采购代理机构应当组织对供应商履约的验收。大型或者复杂的政府采购项目，应当邀请国家认可的质量检测机构参加验收工作。验收方成员应当在验收书上签字，并承担相应的法律责任。

第四十二条　采购人、采购代理机构对政府采购项目每项采购活动的采购文件应当妥善保存，不得伪造、变造、隐匿或者销毁。采购文件的保存期限为从采购结束之日起至少保存十五年。

采购文件包括采购活动记录、采购预算、招标文件、投标文件、评标标准、评估报告、定标文件、合同文本、验收证明、质疑答复、投诉处理决定及其他有关文件、资料。

采购活动记录至少应当包括下列内容：

（一）采购项目类别、名称；

（二）采购项目预算、资金构成和合同价格；

（三）采购方式，采用公开招标以外的采购方式的，应当载明原因；

（四）邀请和选择供应商的条件及原因；

（五）评标标准及确定中标人的原因；

（六）废标的原因；

（七）采用招标以外采购方式的相应记载。

第五章　政府采购合同

第四十三条　政府采购合同适用合同法。采购人和供应商之间的权利和义务，应当按照平等、自愿的原则以合同方式约定。

采购人可以委托采购代理机构代表其与供应商签订政府采购合同。由采购代理机构以采购人名义签订合同的，应当提交采购人的授权委托书，作为合同附件。

第四十四条　政府采购合同应当采用书面形式。

第四十五条　国务院政府采购监督管理部门应当会同国务院有关部门，规定政府采购合同必须具备的条款。

第四十六条　采购人与中标、成交供应商应当在中标、成交通知书发出之日起三十日内，按照采购文件确定的事项签订政府采购合同。

中标、成交通知书对采购人和中标、成交供应商均具有法律效力。中标、成交通知书发出后，采购人改变中标、成交结果的，或者中标、成交供应商放弃中标、成交项目的，应当依法承担法律责任。

第四十七条　政府采购项目的采购合同自签订之日起七个工作日内，采购人应当将合同副本报同级政府采购监督管理部门和有关部门备案。

第四十八条　经采购人同意，中标、成交供应商可以依法采取分包方式履行合同。

政府采购合同分包履行的，中标、成交供应商就采购项目和分包项目向采购人负责，分包供应商就分包项目承担责任。

第四十九条　政府采购合同履行中，采购人需追加与合同标的相同的货物、工程或者服务的，在不改变合同其他条款的前提下，可以与供应商协商签订补充合同，但所有补充合同的采购金额不得超过原合同采购金额的百分之十。

第五十条 政府采购合同的双方当事人不得擅自变更、中止或者终止合同。

政府采购合同继续履行将损害国家利益和社会公共利益的，双方当事人应当变更、中止或者终止合同。有过错的一方应当承担赔偿责任，双方都有过错的，各自承担相应的责任。

第六章 质疑与投诉

第五十一条 供应商对政府采购活动事项有疑问的，可以向采购人提出询问，采购人应当及时作出答复，但答复的内容不得涉及商业秘密。

第五十二条 供应商认为采购文件、采购过程和中标、成交结果使自己的权益受到损害的，可以在知道或者应知其权益受到损害之日起七个工作日内，以书面形式向采购人提出质疑。

第五十三条 采购人应当在收到供应商的书面质疑后七个工作日内作出答复，并以书面形式通知质疑供应商和其他有关供应商，但答复的内容不得涉及商业秘密。

第五十四条 采购人委托采购代理机构采购的，供应商可以向采购代理机构提出询问或者质疑，采购代理机构应当依照本法第五十一条、第五十三条的规定就采购人委托授权范围内的事项作出答复。

第五十五条 质疑供应商对采购人、采购代理机构的答复不满意或者采购人、采购代理机构未在规定的时间内作出答复的，可以在答复期满后十五个工作日内向同级政府采购监督管理部门投诉。

第五十六条 政府采购监督管理部门应当在收到投诉后三十个工作日内，对投诉事项作出处理决定，并以书面形式通知投诉人和与投诉事项有关的当事人。

第五十七条 政府采购监督管理部门在处理投诉事项期间，可以视具体情况书面通知采购人暂停采购活动，但暂停时间最长不得超过三十日。

第五十八条 投诉人对政府采购监督管理部门的投诉处理决定不服或者政府采购监督管理部门逾期未作处理的，可以依法申请行政复议或者向人民法院提起行政诉讼。

第七章 监督检查

第五十九条 政府采购监督管理部门应当加强对政府采购活动及集中采购机构的监督检查。

监督检查的主要内容是：

（一）有关政府采购的法律、行政法规和规章的执行情况；

（二）采购范围、采购方式和采购程序的执行情况；

（三）政府采购人员的职业素质和专业技能。

第六十条 政府采购监督管理部门不得设置集中采购机构，不得参与政府采购项目的采购活动。

采购代理机构与行政机关不得存在隶属关系或者其他利益关系。

第六十一条　集中采购机构应当建立健全内部监督管理制度。采购活动的决策和执行程序应当明确，并相互监督、相互制约。经办采购的人员与负责采购合同审核、验收人员的职责权限应当明确，并相互分离。

第六十二条　集中采购机构的采购人员应当具有相关职业素质和专业技能，符合政府采购监督管理部门规定的专业岗位任职要求。

集中采购机构对其工作人员应当加强教育和培训；对采购人员的专业水平、工作实绩和职业道德状况定期进行考核。采购人员经考核不合格的，不得继续任职。

第六十三条　政府采购项目的采购标准应当公开。

采用本法规定的采购方式的，采购人在采购活动完成后，应当将采购结果予以公布。

第六十四条　采购人必须按照本法规定的采购方式和采购程序进行采购。

任何单位和个人不得违反本法规定，要求采购人或者采购工作人员向其指定的供应商进行采购。

第六十五条　政府采购监督管理部门应当对政府采购项目的采购活动进行检查，政府采购当事人应当如实反映情况，提供有关材料。

第六十六条　政府采购监督管理部门应当对集中采购机构的采购价格、节约资金效果、服务质量、信誉状况、有无违法行为等事项进行考核，并定期如实公布考核结果。

第六十七条　依照法律、行政法规的规定对政府采购负有行政监督职责的政府有关部门，应当按照其职责分工，加强对政府采购活动的监督。

第六十八条　审计机关应当对政府采购进行审计监督。政府采购监督管理部门、政府采购各当事人有关政府采购活动，应当接受审计机关的审计监督。

第六十九条　监察机关应当加强对参与政府采购活动的国家机关、国家公务员和国家行政机关任命的其他人员实施监察。

第七十条　任何单位和个人对政府采购活动中的违法行为，有权控告和检举，有关部门、机关应当依照各自职责及时处理。

第八章　法 律 责 任

第七十一条　采购人、采购代理机构有下列情形之一的，责令限期改正，给予警告，可以并处罚款，对直接负责的主管人员和其他直接责任人员，由其行政主管部门或者有关机关给予处分，并予通报：

（一）应当采用公开招标方式而擅自采用其他方式采购的；

（二）擅自提高采购标准的；

（三）委托不具备政府采购业务代理资格的机构办理采购事务的；

（四）以不合理的条件对供应商实行差别待遇或者歧视待遇的；

（五）在招标采购过程中与投标人进行协商谈判的；

（六）中标、成交通知书发出后不与中标、成交供应商签订采购合同的；

（七）拒绝有关部门依法实施监督检查的。

第七十二条 采购人、采购代理机构及其工作人员有下列情形之一，构成犯罪的，依法追究刑事责任；尚不构成犯罪的，处以罚款，有违法所得的，并处没收违法所得，属于国家机关工作人员的，依法给予行政处分：

（一）与供应商或者采购代理机构恶意串通的；

（二）在采购过程中接受贿赂或者获取其他不正当利益的；

（三）在有关部门依法实施的监督检查中提供虚假情况的；

（四）开标前泄露标底的。

第七十三条 有前两条违法行为之一影响中标、成交结果或者可能影响中标、成交结果的，按下列情况分别处理：

（一）未确定中标、成交供应商的，终止采购活动；

（二）中标、成交供应商已经确定但采购合同尚未履行的，撤销合同，从合格的中标、成交候选人中另行确定中标、成交供应商；

（三）采购合同已经履行的，给采购人、供应商造成损失的，由责任人承担赔偿责任。

第七十四条 采购人对应当实行集中采购的政府采购项目，不委托集中采购机构实行集中采购的，由政府采购监督管理部门责令改正；拒不改正的，停止按预算向其支付资金，由其上级行政主管部门或者有关机关依法给予其直接负责的主管人员和其他直接责任人员处分。

第七十五条 采购人未依法公布政府采购项目的采购标准和采购结果的，责令改正，对直接负责的主管人员依法给予处分。

第七十六条 采购人、采购代理机构违反本法规定隐匿、销毁应当保存的采购文件或者伪造、变造采购文件的，由政府采购监督管理部门处以二万元以上十万元以下的罚款，对其直接负责的主管人员和其他直接责任人员依法给予处分；构成犯罪的，依法追究刑事责任。

第七十七条 供应商有下列情形之一的，处以采购金额千分之五以上千分之十以下的罚款，列入不良行为记录名单，在一至三年内禁止参加政府采购活动，有违法所得的，并处没收违法所得，情节严重的，由工商行政管理机关吊销营业执照；构成犯罪的，依法追究刑事责任：

（一）提供虚假材料谋取中标、成交的；

（二）采取不正当手段诋毁、排挤其他供应商的；

（三）与采购人、其他供应商或者采购代理机构恶意串通的；

（四）向采购人、采购代理机构行贿或者提供其他不正当利益的；

（五）在招标采购过程中与采购人进行协商谈判的；

（六）拒绝有关部门监督检查或者提供虚假情况的。

供应商有前款第（一）至（五）项情形之一的，中标、成交无效。

第七十八条　采购代理机构在代理政府采购业务中有违法行为的，按照有关法律规定处以罚款，可以依法取消其进行相关业务的资格，构成犯罪的，依法追究刑事责任。

第七十九条　政府采购当事人有本法第七十一条、第七十二条、第七十七条违法行为之一，给他人造成损失的，并应依照有关民事法律规定承担民事责任。

第八十条　政府采购监督管理部门的工作人员在实施监督检查中违反本法规定滥用职权，玩忽职守，徇私舞弊的，依法给予行政处分；构成犯罪的，依法追究刑事责任。

第八十一条　政府采购监督管理部门对供应商的投诉逾期未作处理的，给予直接负责的主管人员和其他直接责任人员行政处分。

第八十二条　政府采购监督管理部门对集中采购机构业绩的考核，有虚假陈述，隐瞒真实情况的，或者不作定期考核和公布考核结果的，应当及时纠正，由其上级机关或者监察机关对其负责人进行通报，并对直接负责的人员依法给予行政处分。

集中采购机构在政府采购监督管理部门考核中，虚报业绩，隐瞒真实情况的，处以二万元以上二十万元以下的罚款，并予以通报；情节严重的，取消其代理采购的资格。

第八十三条　任何单位或者个人阻挠和限制供应商进入本地区或者本行业政府采购市场的，责令限期改正；拒不改正的，由该单位、个人的上级行政主管部门或者有关机关给予单位责任人或者个人处分。

第九章　附　　则

第八十四条　使用国际组织和外国政府贷款进行的政府采购，贷款方、资金提供方与中方达成的协议对采购的具体条件另有规定的，可以适用其规定，但不得损害国家利益和社会公共利益。

第八十五条　对因严重自然灾害和其他不可抗力事件所实施的紧急采购和涉及国家安全和秘密的采购，不适用本法。

第八十六条　军事采购法规由中央军事委员会另行制定。

第八十七条　本法实施的具体步骤和办法由国务院规定。

第八十八条　本法自 2003 年 1 月 1 日起施行。

附 录 8
采购合同样本

购货方：（以下简称甲方）

地址：

传真：

联系人：

电话：

供货方：（以下简称乙方）

地址：

传真：

联系人：

电话：

根据《中华人民共和国合同法》及其他有关法律法规的规定，甲乙双方遵循平等、自愿、公平和诚实信用的原则，就甲方购买乙方货物相关事宜协商订立本合同，供双方共同恪守。

第一条　合同标的

1.1　合同标的的名称、品牌、型号、数量、单价、金额等详见合同附件。

第二条　合同标的质量

2.1　交付货物的质量应符合产品制造厂商有关技术手册、产品说明书的标准，以及双方约定的其他质量标准（详见附件），并且不低于国家或行业相关标准。

2.2　乙方保证提供给甲方的货物是产品原生产厂商制造，是全新、未使用过的。

2.3　乙方保证提供的产品能够使甲方实现合同目的并满足甲方需求。

2.4　如因乙方提供的货物硬件或软件存在缺陷，或乙方提供的技术资料有错误，或因乙方在现场的技术人员操作有误而使货物不能达到采购合同规定的指标或技术性能，乙方应负责修理或更换有缺陷和损坏的产品硬件或软件，使货物运行指标和技术性能达到本合同规定，由此发生的退货、换货、运输等全部费用均由乙方承担。

2.5　本合同所包括的软件产品乙方均应提供软件版权所有人颁发的永久软件使用许可证。

第三条 合同价款

本合同总金额：￥ （人民币大写： 元）。甲乙双方变更供货品种、规格及数量时，应另行签订补充协议。本合同及补充协议均可作为双方结算合同总金额的依据。

第四条 交货时间、方式、地点

4.1 甲乙双方选择以下第 种交货时间：

(1) 在签订本合同后第 个工作日内向甲方送达附件约定的全部产品。

(2) 签订后，甲方根据进度，向乙方发出书面发货通知，乙方在收到书面通知后第 个工作日内向甲方送达产品。

4.2 甲乙双方选择以下第 种交货方式：

(1) 在乙方处自提货物，并承担相关费用。

(2) 代办运输，全部费用（包括但不限于运输费、保险费等）均由甲方承担。

(3) 乙方送货到甲方处并承担全部运输费。

4.3 送货地址：

交货联系人： 联系人电话：

若甲方改变交货地点、联系人，应及时通知乙方。

4.4 乙方如不能如期交付本合同产品，应及时通知甲方，甲方有权采取其他补救措施，由此增加的费用由乙方承担。

第五条 付款时间及方式

5.1 甲乙双方选择以下第 种付款方式：

(1) 本合同签订后第 日内，甲方一次性向乙方支付全部款项；若甲方增加产品需求量，则在乙方确认后，支付增加货物的价格。

(2) 本合同签订后第 日内，甲方向乙方支付合同总价款的 %，即人民币 元（￥）；货物余款在乙方全部供货并经甲方验收合格后第 日内付清。

5.2 甲乙双方选择以下第 种付款方式：

(1) 现金支付。

(2) 银行转账。乙方账户信息如下：

A. 开户行：

B. 户名：

C. 账号：

5.3 乙方在收到甲方全额支付的首笔货款后，向甲方出具合同价款全额增值税票据，并于每次收款前向甲方出具该次收取款项的财务收据。对未付款项，则双方挂账记录予以确认。

第六条 包装及运输

乙方按照本合同附件向甲方提供的所有产品及相关配件应当是该产品生产商生产的全新的合格产品，且该产品应适合长距离运输，并符合生产商的产品出厂包装要求。如果乙方提供的产品包装不符合生产商出厂包装的要求，或产品存在划痕或被损毁的现象，甲方均有权要求乙方更换该产品或做退货处理。

第七条　交货及验收

7.1　乙方将本合同附件列明的产品，按照本合同约定的时间、地点及运输方式交付到约定地点。

7.2　甲方应当妥善安排工作人员在到货后按照货物的种类、规格、数量等进行初步验收，并出具加盖甲方或者其项目部印章及验收人员签字的收获凭证。如果乙方提交的产品与本合同规定不符，则甲方有权要求乙方退换货，乙方应按照甲方的要求进行修理或退换并承担由此产生的一切费用。

7.3　合同产品的验收期限自甲方签收乙方合同产品之日起算为7个工作日，甲方应在此期限内验收完毕。

7.4　甲方对于已经验收的产品发展存在质量问题的，应当在质量保证期内提出，无质量保证期的在收货后12个月内提出。

7.5　数量和质量均符合合同规定，方为验收合格。全部货物经验收合格后，货物的风险转移到甲方，此前货物灭失、损坏等风险由乙方承担。

7.6　经甲方验收产品不符合要求时，视为乙方未交货；乙方如约交付符合要求的货物之日即确定为乙方实际交货日。

第八条　服务与保修

8.1　自全部货物验收合格之日起，乙方对所供货物提供　　个月的质保期（若产品说明书的质保期长于本合同约定时，则以本合同的约定期限为准），在质保期内乙方应提供本合同产品原厂家标准的售后服务。

8.2　当由第三方或甲方自身进行这种服务时，乙方应向指定的服务方提供所需的材料以使其能进行此种服务，并且乙方应提供相应的证明，确保第三方能履行此种服务；若第三方不能尽上述维修义务，则由乙方承担甲方因此遭受的损失。

8.3　乙方应建立相应的备件库，以保证甲方的设备在保修期内正常运行。乙方保证验收后原设备厂家向最终用户提供最少5年的备品备件供应保证，若原厂家决定停止生产某种备品备件，乙方应提前6个月通知甲方，以便甲方能够及时购买足够的备品备件。

第九条　权利保证

乙方保证提供的货物不存在对任何第三方的侵权（包括商标、专利等知识产权），若发生侵权事件，则由乙方负责处理，乙方应承担可能发生的一切经济及法律责任，赔偿甲方因此所受到的损失并按合同总价款的30%向甲方支付违约金。

第十条　保密条款

在本合同有效期内及合同终止后三年内，若事先未得到对方的书面认可，任何一方不得以任何方式透露双方签订本合同的事实、本合同内容以及在双方履行本合同过程中所得到的对方的各种信息。

第十一条　违约责任

11.1　乙方在规定期限内不能按时履行义务的，未能按时交付合同产品或服务，则每延期一天承担合同金额 0.1%的延期交货违约责任，延迟履行超过 10 日的，甲方有权单方解除本合同，乙方应承担合同总价款的 20%违约金，如给甲方造成损失的还应负赔偿责任。

11.2　乙方所提供的产品质量不符合本合同约定标准时，乙方应按照甲方的要求负责及时更换货或修理，甲方保留退货的权利。在此情况下，乙方交付不符合合同产品的期间及更换或修理的期间按乙方延期交货处理，乙方应按每延期一天承担合同总价款 0.1%的延期交货违约金责任。

11.3　如乙方违反了本合同的第九条和第十条，则甲方有权单方以书面通知来解除本合同，并不承担任何违约责任，给甲方造成损失的，乙方还应承担损害赔偿责任。

11.4　若乙方提供产品或服务不符合合同约定，甲方有权拒付到期款项。

11.5　除非本合同另有明确规定，否则本合同中应该偿付的违约金或赔偿金应当在明确责任后 10 日内付清，否则按逾期付款处理。守约方可以从其应向对方支付的到期应付款中直接扣除上述违约金或赔偿金。本合同约定的违约金不能或不足以补偿守约方损失的，守约方有权要求违约方就其损失进一步给予补偿或采取其他法律许可范围内的救济措施。

第十二条　不可抗力

不可抗力是指双方在缔结协议时不能预见的，并且它的发生及后果是不能克服和不能避免的客观情况。一方因不可抗力不能履行合同或不能完全履行合同的，根据不可抗力的影响，可以部分或全部地免除责任。由于不可抗力原因致使合同无法履行时，无法履行合同义务的一方应以合理方式立即将不能履行合同的事实通知另一方，并在不可抗力事件发生后 15 天内向对方发出事件发生地点有关政府部门、公证机关或商会出具的证明，以证实不可抗力的存在；如因一方怠于通知而造成另一方损失或损失扩大的，则怠于通知的一方应负责赔偿另一方的相应损失。

第十三条　争议解决

双方当事人在履行合同过程中应遵守诚信原则，如产生争议，则应先进行友好协商；若不能达成一致意见，则双方当事人皆应诉请甲方所在地法院。

第十四条　其他条款

14.1　本合同一式三份，甲方执两份，乙方执一份，自合同双方及授权代表签字并盖章之日起生效。

14.2　任何一方未行使其于合同项下的任何权利均不得构成或被视为该方对这些权利的放弃或丧失。

14.3　若本合同中的任何条款或规定被确认无效或不可执行时，不影响本合同其他条款的效力和可执行力。

14.4　除非得到另一方的事先书面许可，任何一方不得转让或转移本合同或本合同项下的任何义务。

14.5　本合同及其附件（含补充协议）构成合同双方之间就本合同项下之合作所达成的全部合同，并替代双方以前或执行本合同过程中所做的任何口头交流、声明等。对本合同的任何修改仅得以经双方有权代表签字并盖章生效后的书面补充协议进行。

14.6　本合同未尽事宜由双方共同协商，另行订立书面文件，该类文件经合同双方盖章生效后与本合同具有同样的法律效力。

14.7　本合同包含附件（产品明细），附件是本合同的重要组成部分，经双方当事人共同签署确认的附件方为有效附件，同本合同具有同等的法律效力。

甲方：　　　　　　　　　　　　　　乙方：

（盖章）　　　　　　　　　　　　　（盖章）

授权代表签字：　　　　　　　　　　授权代表签字：

日期：　　年　月　日　　　　　　　日期：　　年　月　日

附件：产品明细

序号	产品名称	品牌	型号	数量	单价/元	总价/元
1						
2						
3						
4						
5						
总金额						

参考文献

[1] 熊伟，徐明，林旭东，朱桂平. 采购与仓储管理［M］. 北京：高等教育出版社，2006.
[2] 鲍春生. 采购管理实务［M］. 西安：西北工业大学出版社，2011.
[3] 张晓华. 采购与库存控制［M］. 武汉：华中科技大学出版社，2001.
[4] 李严锋，罗霞. 物流采购管理［M］. 北京：科学出版社，2010.
[5] 陈建华. 采购管理的100种方法［M］. 北京：中国经济出版社，2006.
[6] 卢园，邓春姊. 物流采购管理［M］. 北京：北京理工大学出版社，2012.
[7] 周淑敏. 10分钟做好采购管理［M］. 北京：中国经济出版社，2005.
[8] 李荷华. 现代采购与供应管理［M］. 上海：上海财经大学出版社，2010.
[9] 成毅. 工厂采购精细化管理手册［M］. 北京：人民邮电出版社，2010.
[10] 张晓华. 采购与库存控制［M］. 武汉：华中科技大学出版社，2011.
[11] 孙丽. 采购管理实操手册［M］. 北京：中国电力出版社，2012.
[12] 刘志超. 采购与供应链管理［M］. 广州：广东高等教育出版社，2011.
[13] 汤晓华. 采购管理工具箱［M］. 北京：机械工业出版社，2012.
[14] 张浩. 采购管理与库存控制［M］. 北京：北京大学出版社，2010.
[15] 霍红，华蕊. 采购与供应链管理［M］. 北京：中国物资出版社，2005.
[16] 魏国辰. 采购实际操作技巧［M］. 北京：中国物资出版社，2007.
[17] 李恒兴，鲍钰. 采购管理［M］. 北京：北京理工大学出版社，2007.
[18] 孙丽. 采购管理实操手册［M］. 北京：中国电力出版社，2012.
[19] 付伟. 采购管理职位工作手册［M］. 北京：人民邮电出版社，2012.
[20] 韩建国. 采购管理［M］. 北京：人民邮电出版社，2013.
[21] 张玉斌，陈宇. 采购管理［M］. 北京：化学工业出版社，2009.
[22] 徐杰，鞠颂东. 采购管理［M］. 北京：机械工业出版社，2009.
[23] 翟光明. 采购与供应商管理［M］. 北京：中国物资出版社，2009.
[24] 孙宗虎，程淑丽. 采购和供应管理流程设计与工作标准［M］. 北京：人民邮电出版社，2007.

[25] 朱仕友，孙科柳. 供应商管理实操手册 [M]. 北京：中国电力出版社，2012.
[26] 骆守俭，郝斌. 供应商关系管理 [M]. 上海：上海财经大学出版社，2009.
[27] 霍红，张玉斌. 采购管理实务 [M]. 北京：科学出版社，2010.
[28] 李荷华. 现代采购与供应管理 [M]. 上海：上海财经大学出版社，2012.
[29] 吕泽宇，赵振智. 构建供应链战略合作伙伴关系 [J]. 商场现代化，2005 (25).
[30] 吴岩. 供应链管理中的信息共享及对策研究 [J]. 信息系统工程，2009 (9).
[31] 龚花萍，袁林娜. 制造商与供应商信息共享程度评价研究 [J]. 现代情报，2010 (9).
[32] 陈国庆，黄培清. 供应链中的信息共享与激励机制 [J]. 上海交通大学学报，2007 (12).
[33] 伍蓓，王姗姗. 采购与供应管理 [M]. 杭州：浙江大学出版社，2010.
[34] 计国君，蔡远游. 采购管理 [M]. 厦门：厦门大学出版社，2012.
[35] 骆建文. 采购与供应管理 [M]. 北京：机械工业出版社，2009.
[36] 冯启泰. 采购供应理论与管理 [M]. 北京：中国劳动社会保障出版社，2006.
[37] 冯启泰. 采购供应规范与实务 [M]. 北京：中国劳动社会保障出版社，2008.
[38] 刘伟，王文. 供应链管理教程 [M]. 上海：上海人民出版社，2008.
[39] 刘伟. 供应链管理 [M]. 成都：四川人民出版社，2002.
[40] 刘伟. 物流管理概论（第 3 版）[M]. 北京：电子工业出版社，2011.
[41] 刘伟. 物流与供应链管理案例 [M]. 成都：四川人民出版社，2009.